Adalbert Ludwig Balling

Der braune Abt von Mariannhill

Adalbert Ludwig Balling

Der braune Abt von Mariannhill

Nivard Georg Streicher (1854–1927)
Architekt am
Kap der guten Hoffnung

Spuren-Suche

Ein Genie in der Mönchskutte

MISSIONSVERLAG MARIANNHILL
WÜRZBURG

ISBN 3-935700-10-5

1. Auflage 2003

Missionsverlag Mariannhill, Hauptstraße 1a, 86756 Reimlingen.
Druck: Missionsdruckerei & Verlag Mariannhill,
86756 Reimlingen.

Bilder: Adalbert L. Balling und Archiv Mariannhill, Köln
Umschlaggestaltung nach einer Idee von Alexander J. Ultsch

Inhaltsverzeichnis

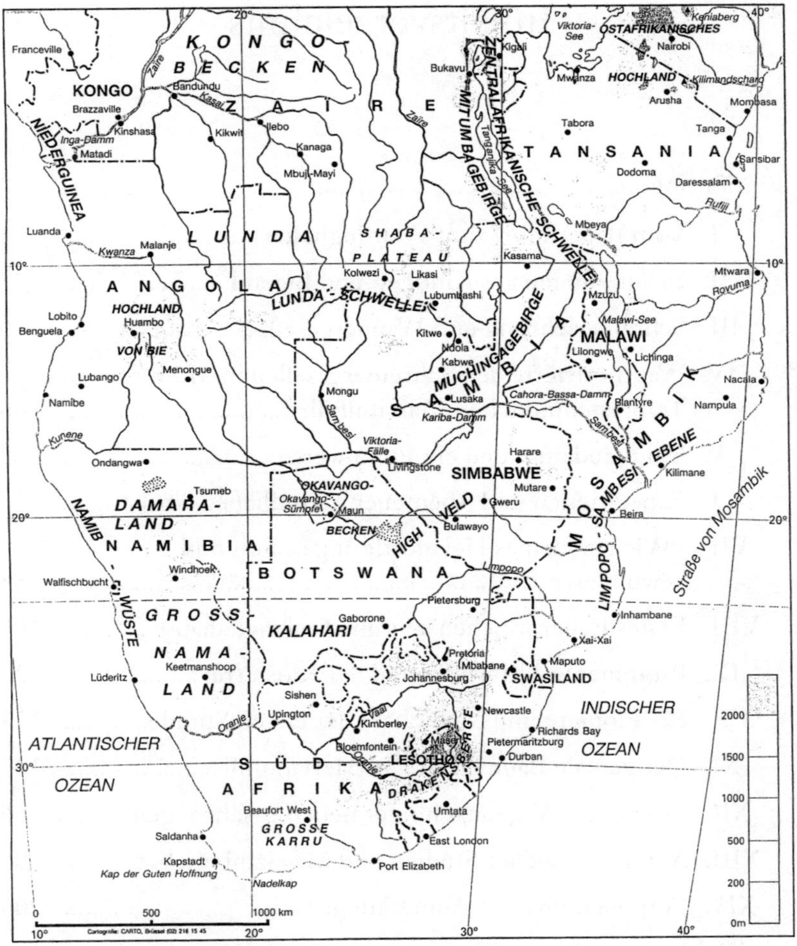

Afrika südlich des Kongo (2002)

EINFÜHRUNG

Warum Biografien nicht langweilig sein müssen

Ein Tausendsassa unter schweigenden Mönchen

> »Die Lebensgeschichte eines jeden Menschen ist ein Märchen, das von Gottes Hand geschrieben wurde.«
> *Hans Christian Andersen*

Jeder Biograf, so sagte Professor Hans-Peter Schwarz einmal, fühle zwei Herzen schlagen in seiner Brust – das eigene und das Herz dessen, über den er schreibe. Hingerissen nach zwei Seiten, müsse der Biograf sichten, abwägen, in die Zeit des Darzustellenden sich hineindenken, in dessen Psyche sich vertiefen – und am Ende doch kritisch Abstand halten. »Große Menschen sind immer von einer enormen Spannweite der Emotionalität. Sie sind nicht eindeutig gut und nicht eindeutig schlecht.« Wichtig sei sowohl »der kalte Blick des Forschers«, seine Distanz und Ironie, aber auch sein Mitgefühl »mit dem Menschen in der Mühle«. Diese Mischung käme der Wahrheit am nächsten; sei ihr am bekömmlichsten. Leider sei es ein Grundübel vieler Autoren, dass sie nur an ihre Fachkollegen dächten, anstatt an die Leserinnen und Leser. (Vgl. FAZ-Interview, 06. 05. 1988)

Was Professor Schwarz offensichtlich meinte: Biografien sind dann besonders interessant und spannend, wenn sie die betreffende Persönlichkeit von möglichst vielen Seiten her beleuchten und sie selber oft zur Wort kommen lassen; und, wenn der Autor um beides sich müht: kritisches Hinterfragen sowie sympathischen Respekt.

Papst Johannes Paul II. – übrigens ein Liebhaber von Biografien – hat wiederholt betont: Was andere (vor allem junge) Menschen am meisten bewege, seien die Lebensläufe großer Menschen. Ihre Taten sprächen für sich. Dabei müsse es sich nicht unbedingt um Heilige handeln; auch und gerade die einfachen Christen gäben oft wunderbare Beispiele gelebten Christentums.

Genau das soll in diesem Band versucht werden: Das Leben und Wirken des Mariannhiller Missionars Bruder Nivard Georg Streicher – in seiner erstaunlichen Vielfalt, aber auch in seiner ganzen Gespaltenheit darzustellen – und dabei Mensch, Mönch und Missionar ebenbürtig zu würdigen.

Bruder Nivard war nicht nur ein Berater des Missionsabtes Franz Pfanner; er war auch ein unwahrscheinlich fähiger und versierter Mann. Seine Biografie ist seit langem überfällig.

In der Tat, schon vor 20 Jahren wollte Pater Dietmar Seubert diese Lebensgeschichte schreiben. Der Verlag St. Gabriel in Mödling bei Wien hatte eigens darum gebeten; sie sollte in der Reihe »Missionare, die Geschichte machten« erscheinen – parallel zu den beiden anderen großen Mariannhillern: Abt Franz Pfanner (»Er war für Nägel mit Köpfen«, Mödling 1981) und Pater Bernhard Huss (»Er hatte ein Herz für die Schwarzen«, Mödling 1983). Leider kam die Biografie über Bruder Nivard damals nicht zustande.

So ist dies ein neuer Versuch – aufbauend auf den mühsamen Recherchen, die Pater Dietmar über viele Jahre hin angestellt hat. Ohne diese Vor-Arbeiten – in großer Genauigkeit und wissenschaftlicher Akribie zusammengetragen – wäre diese Biografie kaum zustande gekommen. Daher gilt ihm an dieser Stelle mein besonderer Dank.

Jetzt aber zurück zu Bruder Nivard, dem »Tausendsassa am Kap der Guten Hoffnung«; dem »braunen Abt« (sprich: nicht offiziellen) von Mariannhill; dem Ingenieur und Architekten; dem Mönch *und* Missionar, von dem Abt Ger(h)ard Wolpert schrieb, er sei allenthalben in ganz Natal bekannt und werde »angestaunt und bewundert wie ein kleines Herrgöttlein«. (VG 5/1886)

Ohne Bruder Nivard und die zahlreichen anderen fähigen Brüdermissionare wäre die Missionsabtei Mariannhill bei Durban (im heutigen KwaZulu-Natal, Südafrika) nicht das Zentrum der Evangelisation unter den Bantus geworden, als das man es heute noch bezeichnen kann.

Daher, auch deshalb, diese, wie gesagt, längst überfällige Biografie.

Steckbrief und Voraus-Resümee

Liebe Leserin, lieber Leser, um Ihnen vorweg einen knappen Überblick über das Leben und Wirken des Bruders zu geben – auch um Ihnen zu zeigen, wie aufregend und abwechselnd Mönche zuweilen leben – hier in geraffter Form eine Art Voraus-Zusammenfassung. Eine biografische Skizze, die Sie dann – im Laufe der Kapitel – mit Details und Hintergrund-Infos ausfüllen können. Also ein Resümee, das wie eine gute Vorspeise wirken sollte: als Anreiz zum Weiterlesen – um noch mehr und noch Interessanteres zu erfahren.

Bruder Georg Nivard Streicher (aus Erding bei München) erlernte nach der Volksschule das Handwerk seines Vaters: er wurde Tischler und Zimmermann. Den ersten Anstoß zum Ordensleben gab wahrscheinlich Papst Pius IX. anlässlich einer Audienz in Rom. Der 19-jährige Georg erlebte es nach seinen eigenen Worten so: »Den Stein, den ich das Glück hatte, aus den Händen des unvergesslichen Pio nono zu erhalten, habe ich noch immer, und er erinnert mich stets daran, dass der Heilige Vater mich bei der Audienz beim Ohr nahm und schüttelte, weil ich ihm auf eine Frage eine recht drollige Antwort gegeben habe. Vielleicht hat die Berührung dieser heiligen Hände das Ohr meines Herzens geöffnet, sodass ich die Stimme, die mich in den heiligen Ordensstand rief, hören und verstehen konnte.« (Erinnerung/GA)

Von 1874 bis 1877 leistete der junge Mann Wehrdienst im »Kgl. Bayerischen Infanterie-Regiment Prinz Carl von Bayern«. Er besuchte die »Feldwebelschule« und wurde als Fourrier ausgebildet. Wieder entlassen, eröffnet er in München eine Bautischlerei und half unter anderem bei der Errichtung der Auerkirche mit. Damals gewann er auch bei der Lotterie das Hauptlos – und ließ daraufhin mit dem gewonnenen Geld das Dach seines Elternhauses in Erding mit Kupfer decken.

1880 trat Georg Streicher ins Trappistenkloster Mariastern in Bosnien-Herzegowina ein, nannte sich fortan Bruder Nivard und legte am Heiligen Abend 1882 seine Ordensprofess ab. Zwei Tage später (im gleichen Jahr) begann Prior Franz Pfanner, der Gründer von Mariastern, im fernen Südafrika die Neugründung Mariannhill bei Durban im heutigen KwaZulu-Natal. Beide Klöster, Mariastern und

Mariannhill, unterstanden Prior Pfanner. Erst 1883 verzichtete dieser auf das Priorat auf dem Balkan, erbat sich aber vorher vom Generalkapitel der Trappisten mehrere Professen dieses Klosters, um sie ans Kap der Guten Hoffnung zu holen. Bruder Nivard war einer von ihnen.

Ein Freibillett für den Chef-Architekten

Nach einer unruhigen Seefahrt traf Bruder Nivard Mitte Juli 1883 in Durban ein. Pfanner – er wurde 1885 erster Abt des Missionsklosters – erkannte sofort die außergewöhnlichen Fähigkeiten des jungen Tischlers. Er übertrug ihm große Verantwortung und machte ihn alsbald zum Chef der gesamten Bauplanung von Mariannhill. Die Klostermühle war Bruder Nivards erstes großes Werk, ein imposanter Bau, in dem übrigens jahrelang auch die erste Schnellpresse Südafrikas lief.

Es folgten viele andere, große Gebäude: die Kirche im Monastery, der Brüderkonvent und zahlreiche Schulen, Schwesternheime, Hospitäler und Werkstätten auf verschiedenen Außenstationen bzw. späteren Missions-Zentren.

Eine wichtige Aufgabe Bruder Nivards, der sich durch Selbststudium zum Architekten und Ingenieur fortgebildet hatte, war die Errichtung des »Johannesbrunnen« zur Wasserversorgung des Mutterklosters Mariannhill. Er legte einen 33 Meter langen Damm mit Stausee an, installierte eine Turbine, schloss ein Pumpwerk an und schaffte so 19 Hektoliter Wasser pro Stunde in ein 96 Meter hoch gelegenes Reservoir. Ein Meisterwerk für einen Selfmademan!

Dr. Groetschel[1] schrieb 1887 nach einem Besuch in Mariannhill: »Dieser Bruder Nivard ist jener Trappisten-Ingenieur, der aus einem künstlich hergestellten Wasserfall des Umhlatuzane-Flusses so viele Kräfte gezogen und zu industriellen Leistungen verwandelt hat, wie die Engländer nach ihren eigenen Angaben in Südafrika bis heute nichts Ähnliches fertiggebracht haben.«

Bald war Bruder Nivard bekannter als Abt Franz – außerhalb des Klosters. Sogar protestantische Missionare und Regierungsbeamte holten bei ihm Rat. Man rief ihn, wenn man nicht mehr weiter wusste, und bat ihn um ein Gutachten. Wo immer Mühlen errichtet oder Turbinen aufgestellt wurden, der »braune Abt von Mariannhill« war als Fachmann zur Stelle.

1909 erhielt er ein Freibillett für die Natal-Eisenbahn – und zwar auf Lebenszeit; eine Auszeichnung, die wohl keinem anderen Missionar vor bzw. nach ihm zuteil wurde. Im Anerkennungsschreiben des Ministers für Eisenbahn und Häfen heißt es, Bruder Nivard erhalte diese Vergünstigung »in Anbetracht seiner wertvollen Verdienste für Land und Leute«.

Gebete aus Stein und Mörtel

Nach dem Tod Pfanners (1909) schrieb Bruder Nivard an seinen (leiblichen) Bruder Mathias: »Abt Franz hat sein Werk in Afrika vollendet und ruht unter dem herrlichen wilden Feigenbaum auf unserem Friedhof, und unsere Aufgabe ist es nun, ein dem großen Mann würdiges Denkmal zu errichten.« Mathias Streicher, Bildhauer und später Professor für Plastik am Polytechnikum in Aachen, sollte das Pfanner-Denkmal entwerfen, das dann von Bruder Nivard ausgeführt wurde.

Für viele Jahre blieb der »Erdinger Schreiner« Herz und Seele des Bau-Teams von Mariannhill, auch unter den Nachfolgern Pfanners. Langsam aber stellten sich Krankheiten und Beschwerden ein. Schon 1896 hatte er sich auf einer Missions-Safari im heutigen Simbabwe eine schwere Malaria zugezogen; hinzu kamen später Ruhr, Para-Typhus, Rheuma und Ischias. Trotz alledem gab der vielseitig begabte Mönch nicht auf. Das »Ora et labora« (Bet und arbeite), das in großen Lettern über der Klosterpforte von Mariannhill steht, hat ihn täglich neu daran erinnert, dass zum Werken und Schuften auch das Beten gehört. Und Bruder Nivard war ein großer Beter. Oft sah man ihn, den Rosenkranz in der Hand, innerhalb des Klosterkreuzganges auf- und abgehen.

Als seine körperlichen Gebrechen größer wurden, rieten ihm die Ärzte, für ein Jahr nach Europa zu gehen und sich dort kurieren zu lassen. Nur widerstrebend folgte er ihrem Rat – von seinen Ordensobern dazu verpflichtet. Am 12. Juli 1922 verließ er sein geliebtes Mariannhill, auf den Tag genau 39 Jahre nach seiner Ankunft.

In Sankt Paul bei Arcen, dem Zentrum der Mariannhiller in den Niederlanden, fand der kranke Bruder eine neue Heimat. Es ging ihm gar nicht gut; er konnte kaum schlafen und fühlte sich hundeelend. An eine Rückkehr nach Südafrika war nicht mehr zu denken.

Am 26. Februar 1927 rief Gott ihn zu sich. Auf dem Klosterfriedhof von Sankt Paul wurde er am 1. März zu Grabe getragen. Im Nachruf hieß es, er sei vom Scheitel bis zur Sohle ein Mönch gewesen, aber gleichzeitig auch weltgewandt und blitzgescheit – wie nur wenige Mitglieder seiner Gemeinschaft.

Als Trappist war er in Mariastern eingetreten. Nachdem Rom die Missionszentrale Mariannhill vom Orden gelöst hatte (1909), wurde er Mariannhiller Missionar – und blieb es bis zu seinem Tod. »Mariannhill wäre nicht geworden, was es wurde, hätte es nicht 39 Jahre einen solch fähigen Mann an maßgebender Stelle gehabt« (Dietmar Seubert).

Trotz aller äußeren Erfolge blieb Bruder Nivard ein bescheidener Mann. Er betete und arbeitete viel – und wurde so zum Vorbild für seine Mitbrüder. Als rechte Hand Franz Pfanners und als Freund der Afrikaner bleibt er in Erinnerung. Die großen Bauten seines Schaffens sind heute noch Zeugen seiner Genialität und Tatkraft; Gebete aus Stein und Mörtel.

Soweit, liebe Leserin, lieber Leser, unsere Vor-Schau, unser Voraus-Resümee, um Ihren Lesehunger weiter anzuspornen, um Sie neugierig zu machen auf das, was auf den folgenden Seiten und in den späteren Kapiteln über diesen außergewöhnlichen Menschen namens Georg Nivard Streicher geschrieben steht. Und wenn Sie am Ende des Buches angelangt sind – vielleicht voller Respekt für dieses »Genie in der Kutte« –, dann kann ich nur noch raten: Sagen Sie es weiter! Auch jungen Menschen. Und erinnern Sie sich an ein Wort von Peter Lippert: »Die Menschheit lebt von denen, die in Liebe sich selbst aufgeopfert haben.«

Ich danke Ihnen für Ihr Interesse und wünsche Ihnen alles Liebe und Gute, besonders Gottes Segen.

Adalbert Ludwig Balling

Anmerkungen

Die Orthographie bei Zitaten und Dokumenten, Briefen und Tagebüchern wurde behutsam modernisiert; offensichtliche Schreibfehler wurden korrigiert, Kürzel, sofern nicht erkenn- und deutbar, aufgelöst. Hin und wieder wurden neue Absätze eingefügt; so Überschriften, Kommas und Punkte. Letztere vor allem, wenn die Sätze überlang waren. Zahlen wurden bisweilen in Worte gefasst; zum Beispiel Erster Weltkrieg. Ergänzungen des Verfassers stehen in Klammern oder werden als dessen Zusätze mit d.Verf. vermerkt.

Zum Buchtitel

Seine Mitbrüder im Orden nannten Bruder Nivard gerne den »braunen Abt von Mariannhill«, denn die Brüder trugen braune Kutten – im Unterschied zu den Patres, die einen weißen Habit hatten mit einem schwarzen Skapulier. »Brauner Abt« hieß soviel wie: Er hatte großen Einfluss; er war der Motor hinter vielen Projekten; sein Genie, wenngleich von ihm nie an die große Glocke gehängt, war unübersehbar. Mit anderen Worten: Er war ein Tausendsassa unter schweigenden Mönchen.

I.

Vom Bauerndorf zum Weltflughafen

Erding bei München hat eine lange und interessante Geschichte

»Man sucht sich das Land und den Ort seiner Geburt nicht aus, und liebt doch die Region, wo man geboren wurde.«
Giocona Belli/Nicaragua

Will man einen Menschen kennen lernen, so genügt es nicht, seine Werke zu studieren; man muss früher ansetzen – in seiner Kindheit und Jugend; man muss seinen Werdegang durchleuchten und seine Entwicklung verfolgen.

Davor aber steht das Erbe seiner Vorfahren; der Ort seiner Geburt; die Region, in der er aufwuchs; das Land, das ihn kulturell beeinflusst hat. Und vieles mehr. Bruder Nivard Georg Streicher (von dem in diesem Band ausführlich die Rede sein wird) wurde in Erding geboren, also rund 30 Kilometer nordöstlich von München. An der Bundesstraße B 388 gelegen.

Über Jahrhunderte war Erding ein verträumtes Bauerndorf – bis bayerische Herzöge ihm ihren Stempel aufprägten; bis wohlhabende Bürger es zum Zentrum des Getreidehandels machten; bis die Bierbrauereien Erdings weit über Bayern hinaus bekannt wurden; bis Wollzeug-Manufakturen (Lodererbetriebe) Erdinger Tuche salonfähig machten.

Aber selbst dann war Erding kein Allerweltsort; dazu wurde es erst mit dem Bau des neuen Münchner Flughafens Ende des 20. Jahrhunderts. Im Erdinger Moos hatte man schier über Nacht ein Wunder moderner Technik geschaffen – einen der größten Flughäfen Europas.

Gewiss, das einst verschlafene Provinznest (um 1930 zählte Erding noch keine 5000 Einwohner!) war wohlhabend, aber auch behäbig. Ludwig Thoma's »Tante Frieda« war hier angesiedelt, und der Erdinger Arzt Dr. Henkel reimte denn auch kurz vor der Jahrhundertwende (1893): »Also lebt sich's ohne Fragen, hier in Erding mit Behagen.«

Dabei meinten Thoma und Henkel sicher nicht nur das Erdinger Weißbier, wenngleich auch sie den Spruch kannten: »Traunstein und Erding, Vilshofen und Schärding; in Bayern der Orte vier, wo man trinkt das beste Bier!« Um die Bedeutung Erdings im ausgehenden Mittelalter und der beginnenden Neuzeit richtig einzuordnen, muss man wissen: Dieses »Bier- und Getreidestädtchen« im Osten von München war 1771 immerhin die zwölfgrößte Stadt Bayerns – mit etwas über anderthalb Tausend Einwohnern, wobei damals Teile des heutigen Österreich (zum Beispiel Schärding) noch zu Bayern gehörten.

Wissenswertes aus Frühgeschichte und Mittelalter

Hans Niedermayer, dessen »Erdinger Stadtführer« diesen Angaben zugrunde liegt, verweist auf frühe Funde in der Jungsteinzeit (Mitte des dritten Jahrtausends vor Christus). Dann – mit der Einwanderung und Stammesbildung der »Baiern« – wurde die Region um »Erding an der Sempt« zum Kerngebiet solcher Siedlungen. 1966 fanden Wissenschaftler ein riesiges Gräberfeld bei Klettham (heute Stadtteil von Erding); es handelt sich um einen Bajuwaren-Friedhof.

Urkundlich belegt ist Altham (ein weiterer Stadtteil Erdings) für das Jahr 742; der Stadtkern (Alten-Erding) ist für 788 als »Ardeoingas« verbürgt. »Die Stadt Erding selbst ist viel jünger«, schreibt Niedermayer; Ludwig der Kehlheimer gründete Erding wahrscheinlich im Jahr 1228; es war die Zeit der Wittelsbacher. Erding wurde verkehrstechnisch wichtig; es liegt von München und Landshut gleichweit entfernt – jeweils 36 Kilometer.

»Diese Strecke machte im Mittelalter etwa eine Tagesreise aus. Für eine zweitägige Reise zwischen der damaligen Landeshauptstadt Landshut und der späteren Hauptstadt München bot sich also hier (in

Erding) ein sicherer Platz zum Übernachten an, nicht nur für den Herzog selbst, sondern auch für seine Beamten« (Niedermayer, 6). – Nach der Landesteilung (1255) wurden Landshut und München Hauptstädte – und Erding wurde »niederbayerische Grenzstadt zum Herzogtum Oberbayern hin«; hier trafen sich gelegentlich auch die »Wittelsbacher Vettern« zu hausinternen Verhandlungen.

Der Ortsname Erding soll übrigens auf den Bajuwaren Ardeo zurückgehen, wahrscheinlich der Gründer des Dorfes Alten-Erding. Den Stadt-Titel (oppidum) hatte Erding laut Urkunde bereits im Jahre 1314. Damals wurden wohl auch Stadtgraben und Stadtmauer angelegt – mit Mauerring und Wehrtürmen.

Die Erdinger Bürger hatten ihre eigene Gerichtsbarkeit; die vornehmen Familien waren stolz auf ein Wappen, und das Heilig Geist-Spital sorgte für die Kranken und Altersschwachen. Man war, sozusagen, sozial abgesichert.

Grosse Bedeutung hatte Erding als Getreide-Umschlageplatz. »Schrannenmeister mit ihren Knechten sorgten dafür, dass die Schrannen-Ordnung eingehalten wurde. Gemessen wurde das Getreide mit dem ›Erdinger Scheffel‹ ... Die Erdinger Getreideschranne entwickelte sich nach dem Münchner Markt zur zweitgrößten in Bayern.« (Niedermayer, 14)

Einen starken wirtschaftlichen Einbruch erlebte Erding im Dreißigjährigen Krieg. In den Jahren 1620 und 1623 mussten die Bürger je 7000 Gulden »Kriegssteuer« aufbringen; acht Jahre später abermals 3000. Aber der Feind konnte damit nicht abgewehrt werden. 1632 plünderten schwedische Soldaten die Stadt; an die 100 Einwohner wurden erschlagen oder starben an ihren Misshandlungen; über 100 Häuser wurden niedergebrannt. 1634 wurde Erding erneut geplündert und in Brand gesetzt – diesmal unter dem Schweden-Anführer Bernhard von Weimar. Schier gleichzeitig wütete die Pest, der über 300 Personen zum Opfer fielen.

Zur Zeit der Reformation blieben die Erdinger – wie ihre Landesherren – katholisch – gemäß dem Grundsatz »Cujus regio, ejus religio«. Katholisch blieb auch die Atmosphäre und das Umfeld der Stadt.

Dazu trug auch die Wallfahrt zum Heiligen Blut bei. Der Legende zufolge setzte die Verehrung um Ostern 1417 ein. Ein Bauer wollte die Hostie heimlich mit nach Hause nehmen – zu welchem Zweck, ist nicht überliefert –, doch unterwegs löste sich die Hostie aus seinem Schnupftuch, worin sie eingewickelt war, und schwebte vor ihm her in der Luft, bis sie schließlich im Erdboden versank.

Zu Tode erschrocken, mühte sich der Landwirt, die Hostie wieder an sich zu reißen. Es gelang ihm nicht. Nicht einmal der später herbeigerufene Bischof von Freising schaffte es, die Hostie von der Stelle zu bewegen. Daraufhin errichteten die Bürger von Erding an dieser Stelle eine Kapelle – zu Ehren des Christus Salvator.

Die heutige Wallfahrtskirche wurde um 1675 unter Baumeister Hans Kogler errichtet. 1704 hat Johann Georg Bacher sie mit Stuckdekor versehen.

Betreut wurde die Wallfahrtskirche zunächst von den Bartholomäern, einer Vereinigung von Weltpriestern; sie errichteten auch das Emeritenhaus von Erding, ein Heim für Geistliche im Ruhestand. Gegen Ende des 17. Jahrhunderts übernahmen Kapuziner die Seelsorge; zuweilen lebten bis zu 25 Ordensmitglieder im Erdinger Kloster.

Ein jähes Ende kam 1803; im Rahmen der Säkularisation wurden die Erdinger Kapuziner »in einer Nacht- und Nebelaktion« nach Traunstein verfrachtet. Auf dem Klostergelände zog das Finanzamt ein, das Amtsgericht und das Gefängnis; die Niederlassung der Bartholomäer wurde abgerissen, die Frauenkirche wurde für die kommenden 150 Jahre als Feuerwehrhaus benützt. Die Erdinger Bürger aber blieben ihrem Glauben treu. Mehrheitlich.

1891 wurde die Stadtpfarrei gegründet; 1896 kamen die Armen Schulschwestern und begannen mit einer Haushaltungsschule, eine Vorläuferin der heutigen Mädchen-Realschule.

Eine »landwirtschaftliche Winterschule« kam später hinzu – für die Ausbildung von Jungbauern. 1903 wurde das »Königliche Landgestüt« von Markt Schwaben nach Erding verlegt, ein weiterer Beweis für das Vertrauen der Landesherren in die Fähigkeiten der Erdinger Bürger.

Dann brach der Erste Weltkrieg aus; 123 Erdinger fielen in Frankreich und Russland. Mehr noch waren es im Zweiten Weltkrieg. 251 Soldaten kehrten nicht mehr in ihre Heimat zurück. Und bei einem Fliegerangriff am 18. April 1945 kamen weitere 144 Bewohner ums Leben.

Schließlich besetzten amerikanische Soldaten die Stadt und zerstörten den dortigen Fliegerhorst. Zur Zeit der Berlin-Blockade spielte der Erdinger Stützpunkt eine wichtige Rolle. Vorübergehend.

Der große Durchbruch kam schließlich mit der Inbetriebnahme des Franz Josef-Strauß-Flughafens im Erdinger Moos – im Mai 1992. Jetzt machte das einst für seinen Getreidemarkt und sein Bier bekannte Städtchen neue Schlagzeilen. »München II« war wahrgeworden. Heute starten von hier Flugzeuge in alle Welt.

Pfarrkirche, Getreide-Schranne und Schöner Turm

Sehenswert geblieben sind eine Reihe von Gebäuden der Altstadt, zum Beispiel die Stadtpfarrkirche Sankt Johann, eine spätgotische Hallenkirche, zwischen 1370 und 1460 an der Stelle errichtet, wo bislang eine

Erding – der Stadtturm

romanische Kirche gestanden hatte. Der Stadt-Turm dient gleichzeitig als Kirchturm, eine Eigenheit, die man sonst selten findet.

Früher hielten hier die Türmer Ausschau nach nahenden Feinden; bei Brandgefahr läuteten seine Glocken Alarm. Einer alten Erdinger Sage zufolge soll den als reich geltenden Erdingern während des Kirchbaus das Geld ausgegangen sein. Daher machte ein cleverer Handwerker aus dem benachbarten Moosburg dem Erdinger Magistrat den Vorschlag, gegen 100 Gulden den Stadtturm ein paar Meter bis zur Kirche hinüberzuschieben.

Der Bürgermeister, auf seine Kasse bedacht, lehnte das Angebot ab, schlug aber seinerseits den Bürgern vor, den Turm selber zu verschieben.

Kräftige Männer und starke Ochsen traten an. Aber der Turm bewegte sich nicht. Nach einem guten Schluck Bier wurde erneut probiert; da verschwand der weite Mantel des Schultheiß unter dem Bauwerk – ein markantes Zeichen für den deutlichen Ruck Richtung Kirche. Als anderntags der Herzog zu Besuch kam, vermeldete man ihm das »Wunder«. Später jedoch mussten die Erdinger ihren Schildbürgerstreich eingestehen; des Bürgermeisters Mantel war im Rathaus gefunden worden – und die Erdinger waren die Blamierten. Das Turm-Schieben haben sie nicht mehr versucht. (Vgl. Hans Niedermayer, Erdinger Stadtführer 1993, 34)

Modernen Besuchern von Erding fällt neben der Stadtpfarrkirche und dem Stadtturm vor allem der Schrannenplatz auf mit dem »Frauenkircherl« sowie der sogenannte »Schöne Turm«. Aber auch die Lange Zeile (eine prächtige Häuserfront) und die alte Stadtmauer.

Neu hinzugekommen ist ein Freilichtmuseum in der Taufkirchnerstraße, der Stadtpark und die Freizeit-Anlage Erding Nord.

Abschließend über die Sehenswürdigkeiten Erdings noch ein paar Worte zur bereits erwähnten Erdinger Getreide-Schranne. Es war die zweitgrößte in Bayern; nur die Münchner setzte größere Mengen Getreide um. Der Getreidemarkt, meist an Donnerstagen, stand unter der Aufsicht und Verantwortung eines Schrannen-Meisters und seiner Knechte. »Zum Feststellen der Menge benutzten sie ein eigenes Maß, den Erdinger Schäffel. Der Großteil des Getreides wurde nach München verkauft, wohin die Fahrzeit für ein Pferdefuhrwerk neun Stunden betrug«. (Niedermayer, 36)

Stadtpfarrkirche Erding, Marienaltar

Um Getreide, das nicht direkt weiterverkauft wurde, zu lagern, errichteten die Erdinger die Schrannen-Halle, eine Art Vorläuferin der genossenschaftlichen Lagerhäuser.

Später, nach der Einstellung des Schrannen-Betriebs, diente die alte Halle verschiedenen Zwecken; zeitweise war hier die landwirtschaftliche Winterschule untergebracht. Dann beherbergte sie die Stadtsparkasse.

Mit der Schranne von Erding hatten wahrscheinlich die Vorfahren der Streicher zu tun; denn der Familienname »Streicher« kommt vom mittelhochdeutschen »Stricher« – und das war ein behördlicher Prüfer, etwa beim Korn-Abmessen oder beim Überprüfen von Tuch-Ballen. (Vgl. Hans Bahlow, Deutsches Namenslexikon, Suhrkamp Frankfurt/Main 1972)

Soviel über Erding und Erdinger Bürger. Im Laufe der Biographie werden wir immer wieder auf diesen Heimatort Bruder Nivards zurückkommen, sehr ausführlich gleich zum Beginn seiner Vita; denn die Kinderjahre verbrachte der spätere Mönch von Mariannhill fast ausschließlich in Erding, wo sein Vater das Zimmerhandwerk ausübte.

II.

Erinnerungen aus Kindheit und Jugend

Die Familie Streicher gehörte zu den angesehenen der Kleinstadt Erding

»Heimat ist die glücklichere Stunde des Daseins. Zur Heimat wird ein allmählich dem Unheimlichen abgerungenes Stück der Welt.«
Alexander Mitscherlich

Über Heimat und Herkunft ist schon viel geredet und geschrieben worden. Heimat prägt den Charakter des Menschen mit; Heimat hat Einfluss auf das Denken und Wollen des Einzelnen; Heimat – das sind immer und vor allem die Menschen, mit denen wir Heimat verbinden: Eltern, Geschwister, Freunde, Lehrer... Heimat sei – so Julien Green – »die Freundschaft, während man auf das Paradies wartet«. Siegfried Lenz ist ähnlicher Meinung: »Heimat ist der Platz, an dem man aufgehoben ist – in der Sprache, im Gefühl, ja selbst im Schweigen.« Heimat ist »der Ort, aus dem ich komme; dessen Sprache (Mundart) ich spreche; Heimat ist die Natur in der Region meiner Kindheit im Wechsel der Jahreszeiten.« (Hans Zehetmair, Heimat heute, Rosenheim, 2000)

Zur Heimat gehören Elternhaus, Kindergarten, Schule; zur Heimat gehören Bräuche und Sitten, Tradition und Aufbruch; Werden und Wandlung, Heimat ist vielschichtig, aber nie willkürlich, Heimat schafft Gefühle – nicht nur gute; Heimat lässt hoffen, zuweilen aber auch befürchten.

Kein Mensch kann sich des Einflusses seiner Heimat, seiner Mitmenschen, seines Umfeldes entziehen. Wir alle sind – so oder so – eingebettet in den Strom derer, die vor uns waren.

Die Streicher-Eltern, Mutter und Vater des Bruder Nivard

Wertvolle Details zum Stammbaum der Streicher aus Erding habe ich von einer Großnichte und einem Großneffen Bruder Nivards erhalten. Beide zeigten enormes Interesse an einer ausführlichen Biografie ihres Großonkels; beide waren sehr behilflich bei der Beschaffung wichtiger Daten.

Dr.Gebhard Streicher verwies in seinem Schreiben vom 14. Januar 2001 gleichzeitig auf seinen »anderen Großonkel, einen leiblichen Bruder von Nivard, den Bildhauer und Kunstprofessor Mathias Streicher, der neben Abt Pfanners Grabdenkmal in Mariannhill auch die Büste Nivards schuf, die als Gipsmodell sich bei uns (in München, d.Verf.) befindet.«

Ein Abguss in Bronze wurde im Jahr 2000 dem Monastery in Mariannhill/Südafrika übergeben; ebenfalls im Besitz von Dr. Gebhard Streicher befindet sich die Bronzeplatte der Eltern des Bruder Nivard, »ein feines Doppelporträt in Relief, das ebenfalls Mathias Streicher schuf, wie auch die Michaelszene an der Kirchenfassade von St. Michael (in KwaZulu-Natal, d.Verf.) und meines Erachtens höchstwahrscheinlich auch die Andreasfigur in Reichenau-Mission sowie die Reliefs der Nachfolge-Äbte von Franz Pfanner.« (Vgl. Brief von Dr. G. Streicher an d.Verf., 14. 1. 2000)

Interessant in diesem Zusammenhang: Dr. Gebhard Streicher, der Großneffe von Bruder Nivard, trug sich gleich nach seiner Rückkehr aus Südafrika mit dem Gedanken, in »das münster«, Zeitschrift für christliche Kunst und Kunstwissenschaft, deren Redaktion er angehört, einen Aufsatz über die Kirchen- und Missionsbauten Bruder Nivards zu schreiben. Künstlerisch ist Dr. Streicher gleich doppelt »vorbelastet«; denn der Maler Professor Dr. Gebhard Fugel war sein Großvater mütterlicherseits. Von 1981 bis 1998 betreute Dr. Streicher zudem die Veröffentlichungen der Deutschen Gesellschaft für christliche Kunst, die 1893 von Professor Fugel gegründet worden war. Auf Fugel geht übrigens auch das Altöttinger Panorama zurück; er hatte es zusammen mit Architekt Völkl und Landschaftsmaler Krieger selber finanziert.

Nach dieser Abschweifung, die aber gleichzeitig das »künstlerische Element« der Streicherfamilie aufzeigt, zurück zum Stammbaum.

Großnichte Anna Kreutner (Schloss Strössendorf, Altenkunstadt) lieferte dazu exakte Unterlagen. Ihr väterlicher Großvater war Ludwig Streicher, der jüngere Bruder des Bruder Nivard; sie – eine geborene Streicher – war mit dem Diplomkaufmann Georg Kreutner verheiratet, seinerseits ein Neffe des früheren Abtes von Metten, Corbinian Hofmeister. Im fränkischen Schloss Strössendorf bei Lichtenfels fungierte Kreutner als Güterdirektor und Testamentsvollstrecker für das alte adelige Geschlecht.

Frau Kreutner schreibt: »Schon seit meiner Kindheit hörte ich, dass im Hause Streicher immer mit ganz besonderer Hochachtung und großem Stolz der Name Bruder Nivard fiel.« (Brief an d. Verf., 2.1.1983)

Georg (Bruder Nivard) Streicher war das zweite von neun Kindern

Im Taufregister von Erding ist Georg Streicher als zweites von neun Kindern der Eheleute Mathias Streicher (Zimmermanns-Meister) und Ursula, geborene Anderl, eingetragen. Der Vater stammt aus Erding (* 3.5.1826; † 3.4.1900), die Mutter (* 11.4.1825; † 22.10.1901) aus dem benachbarten Altenerding. Im Sterbebuch der Stadtpfarrei Erding ist auf Seite 238 vermerkt: Mathias Streicher war »ein verständiger, äußerst fleißiger Mann; ein trefflicher Vater«.

In der Neuen Bayerischen Zeitung (Nr. 82, II. Jahrgang) stand am Samstag, dem 7. April 1900: »Am 3. April starb Herr Mathias Streicher, Zimmermann und Hausbesitzer dahier, ein Mann voll Gottvertrauen, der unermüdlich bis an sein Lebensende tätig war. Obwohl er von Jugend an in bescheidenen Verhältnissen lebte, war er als Vater einer zahlreichen Familie doch bestrebt, seinen Kindern eine sorgfältige Erziehung angedeihen zu lassen. Sein jüngster Sohn ist als akademisch gebildeter Bildhauer in München, während der älteste als Fr. Nivardus sämtliche Bauten der Trappistenniederlassung in Südafrika leitet. Der alte Streicher-Vater war im wahren Sinn ein Edelmann.« (Vgl. Brief von A. Kreutner a. d. Verf., 18. 2. 1982) Die Streicher-Eltern waren tüchtige, arbeitsame und fromme Leute. So haben sie auch ihre neun Kinder erzogen.

Die älteste Tochter, Katharina, wurde am 21. 11. 1851 geboren; sie starb 1934. Georg – alias Bruder Nivard, das zweite Kind – er kam am 26. August 1854 zur Welt, ebenfalls in Erding. Es folgten Christine (*19. 2. 1857; † 18. 5. 1911), Ludwig (*16. 9. 1858; †16. 6. 1932), Pius (* 25. 11. 1861; † 1. 9. 1911), Anna (* 20. 3. 1863; Sterbetag unbekannt), Mathias (* 8. 12. 1864; † 17. 4. 1916), Rosa (* 30. 8. 1866; † 28. 1. 1947); (sie wurde Mariannhiller Missionsschwester und war lange Jahre Generalökonomin in Heilig Blut, Niederlande), Ursula (* 12. 5. 1870; † 24. 6. 1895).

Großnichte Anna Kreutner schreibt: »Die vier Söhne haben es schnell zu etwas gebracht. Georg (Bruder Nivard) wurde Trappist, Ludwig, mein Großvater, stieg vom einfachen Knecht zum Güter- und Brauereidirektor namhafter Adelsbetriebe auf, Pius wurde Braumeister in Steppberg bei Neuburg/Donau und Mathias wurde schließlich Professor für Bildhauerei in Aachen und München.« (s. o. 18. 2. 1982)

Ein Jahr später ergänzte Kreutner ihre Angaben: Leider habe sie erst in ihren späten Jahren begonnen, sich mit der Familiengeschichte zu beschäftigen, aber zum Glück habe ihr Vater, Karl Streicher, ein »wohlgeordnetes« Familienalbum hinterlassen. Auf diese Weise habe sie einen Überblick bekommen über ihre Ahnengalerie[2].

Die Überraschung daheim muss groß gewesen sein, als der 26-jährige Georg seinen bevorstehenden Eintritt ins Trappistenkloster Mariastern bei Banjaluka/Bosnien bekannt gab. Sein Erlebnis mit dem Papst in Rom (Vgl. Einleitungskapitel) hatte man wohl inzwischen fast vergessen, und doch bahnte sich offensichtlich schon damals eine »innere Wende« in seinem Leben an, wenngleich mehrere Jahre vergingen, bis den ersten Überlegungen Taten folgten.

Über den »anderen berühmten Großonkel«, Mathias Streicher [3], dem späteren Professor an der Technischen Hochschule in Aachen, berichtet Großnichte Kreutner: »Er soll ein besonders fähiger Bildhauer gewesen sein, der bei großen Kunst-Ausstellungen für seine Bildhauerwerke internationale Preise bekommen hat. Ich besitze noch einige Fotos seiner Arbeiten, unter anderem auch von einer Lourdes-Madonna, einem Kruzifix und einem heiligen Michael… Er war mit Adele Fischer, Tochter des kgl. Bevollmächtigten zum Bundesrat, Geheimrat Fischer aus Berlin verheiratet und starb 1916 in Egglfing. – Erwähnen möchte ich noch, dass alle neun Kinder der Erdinger Streicher-Familie fähige, fleißige, angesehene Menschen waren. Mein Großvater, Ludwig Streicher, der die kgl. Ackerbauschule in Schleißheim als ›erster Preisträger‹ absolvierte, hat es vom einfachen Knecht bis zum Güter- und Brauereidirektor namhafter Adels- und Industrie-Besitzungen gebracht. Sein Bruder Pius Streicher war Braumeister bei Graf Moy in Steppberg; eine Schwester war Hofschneiderin am kgl. Bayerischen Hof in München, eine andere Schwester war mit einem höheren Beamten am kgl. Hof verheiratet.« (A. Kreutner, Brief an d.Verf., 2.1.1983)

Hänschen, Hänschen, denk daran, was aus dir noch werden kann

Georg (Nivard) zeigte schon als Jugendlicher und junger Mann, dass er Sinn für Komik und Humor hatte. Seine handgeschriebenen Erinnerungen aus dem Jahre 1876 – er war gerade 22 Jahre alt – triefen von ulkigen Frotzeleien und ironischen Anmerkungen. Eine Eigenschaft, die auch den späteren Mönch auszeichnete. Schon der Sinn-

Spruch gleich am Anfang verrät diese Handschrift: »Hänschen, Hänschen, denk daran, was aus dir noch werden kann!« Für einen gerade Erwachsenen, dessen Leben und Werk noch vor ihm lag, eine erstaunliche Selbst-Distanzierung!

Seine Aufzeichnungen widmete Georg seinen Eltern und Geschwistern; deren »längst gehegtem Wunsch« wolle er willfahren: »Die Militärzeit, welche ich fast die ›Saure-Gurkenzeit‹ nennen möchte, bietet mir die nötige Zeit dar, welche ich zum Niederschreiben bedarf.« Da ihm nicht mehr alles in Erinnerung sei, verwende er Tagebücher und Briefkopien aus seiner Lehrzeit in der Fremde, Briefe, die er damals nach Hause schrieb und in denen »Freud und Leid« abgelagert seien. »Sollten diese Blätter vielleicht außer unseren Familien-Gliedern in die Hände von jemandem anderen geraten, so bitte ich zu berücksichtigen, dass sie bloß für diese und von einem Individuum, welches nur die Volksschule besuchte, geschrieben sind.« (E = Erinnerungen, 1)

Die Aufzeichnungen des 22-jährigen beginnen mit den ersten Erinnerungen in der »Kinderbewahranstalt«, deren Leiterin seine Tante Christina war. Es handelte sich wohl mehr um eine Beaufsichtigung der Kleinen, um deren Mütter zu entlasten. Es wurden Gedichte auswendig gelernt und mit Bauklötzchen gespielt. Georg war fünf Jahre alt. Er erinnert sich auch an Benefiziat Auerbach, der mit der Violine vorspielte und die Stimmorgane der Kinder prüfte.

Es war seine »glücklichste Zeit«, wie er schreibt; sicher auch seine sorgloseste. Im Sommer tummelten sich die Kleinen den ganzen Tag im Garten, durften vorbeifahrenden Getreidefuhren nachschauen. »Ein Hauptspaß war es, auf den Zaun hinaufzuklettern«; fürwahr, es gab damals »kein glücklicheres Völkchen als uns zirka 30 Knaben und ungefähr ebenso viele Mädchen.« (E, 4)

Im Winter spielte sich fast alles im großen Saal ab; es ging vermehrt ums »Verselernen«; nur die Schlittenfahrt zur Anstalt und zurück war eine echte winterliche Abwechslung. Gelegentlich probierten die Kinder es auf der Eisbahn. »Einige Jahre später riskierte ich solche Rutschpartien auf eigene Faust; auf Kosten meiner jüngeren Geschwister, die ich damals von der Anstalt holen musste«, heißt es ein paar Zeilen weiter unten. Einmal gab es Hiebe vom Vater, weil er die kleinen Geschwister »so unbarmherzig hatte frieren lassen«.

Als 1859 österreichische Soldaten durch Erding marschierten – Georg war fünf! – waren zwei von ihnen bei der Streicher-Familie einquartiert. Einer schenkte seiner drei Jahre älteren Schwester eine schöne Pfauenfeder; er selber erhielt eine Schachtel Bleisoldaten.

Über die ersten Monate in der Volksschule schreibt der 22-jährige, das Stillsitzen sei ihm, »dem Wechselbalg«, schwergefallen. Aber »Lehrer Raucheisen war es, der mir die ersten Begriffe vom ABC und vom Einmaleins beibrachte. Das Lernen gefiel mir; ich hatte Lust und Liebe dazu und begriff alles leicht, lernte mit der Zeit auch ruhig sitzen. Dafür wurden meine Bemühungen am Schluss des ersten Schuljahres auch mit dem 2. Preis belohnt.« (E, 10)

Als Lehrer Eser das Musikgehör der Kinder testete, weil er Mitglieder für den von ihm dirigierten Chor suchte, stellte sich heraus, dass Georgs Stimme – nach eigenen Worten – »allenfalls zum Rindfleischessen, nicht aber zum Singen tauglich wäre«.

Im zweiten und dritten Schuljahr fehlten auch die Preise – und schließlich fiel für ihn der Unterricht ganz aus – ein halbes Jahr lang, weil in der Familie Streicher die »Blattern« (Pocken!) herrschten. Zwischenzeitlich sorgte Lehrer Eser allerdings für Hausaufgaben. Die beiden letzten Jahre an der Erdinger Volksschule waren für Georg wieder zufriedenstellend: beidesmal holte er den 1. Preis. In seinen frühen Erinnerungen – er war ja erst 22 Jahre alt, als er diese schrieb! – ist weiter vom Tod der Großmutter die Rede, von Kinderstreichen, vom Rosenkranzgebet am Palmsonntag sowie von verschiedenen kleinen Handreichungen und Arbeiten, die die Streicherkinder zuhause verrichten mussten, zum Beispiel beim Bau des neuen Hauses am Erdinger Graben. Georg und sein Bruder Ludwig mussten Steine, Mörtel und Wasser herbeischleppen und alte Ziegel reinigen, die von der abgebrochenen städtischen Ringmauer stammten.

Weil Georg so tüchtig mithalf, versprach ihm der Vater, er dürfe ihn nach München begleiten. »In der Nacht des 4. August 1867 trabten der Vater, die Katl und ich mit Schusters Rappen der Residenzstadt zu, und in der Morgendämmerung sahen wir schon das Wahrzeichen derselben – die beiden Frauentürme ... – Während der Vater in einem Barbierladen dasjenige aus dem Gesicht entfernen ließ, was ich mir jetzt hineinwünschte, staunten ich und die Katl die Auslagenfenster eines Meerschaumwarenlagers an und blickten sehnsüchtig auf die vielen Fiaker, die an uns vorübereilten.« (E, 17/18)

Mittags war man bei Herrn Holzmann in der Schellingstraße, einem Bekannten des Vaters. »Ich wurde dort unter anderem auch gefragt, was ich denn einmal werden wolle. Diese Frage kam mir ganz ungelegen, denn vorderhand nahm München mit seinen Herrlichkeiten meinen Sinn gefangen. Herr Holzmann wusste eine Stelle für einen Lehrjungen, der Lust zur Schreinerei in sich verspüre. Das war (etwas) anderes! In München Lehrjunge zu werden, dazu war ich gleich bereit, denn der großartige Eindruck, den diese Stadt auf mich machte, bannte mich förmlich dort fest. Wäre ein Konditorjunge gesucht worden, ich glaube, ich wäre Konditor geworden, um nur in München bleiben zu können.« (E, 18/19)

III.

Schreinerlehrling und Wandergeselle

Von der Härte der Lehr- und den Freuden der Gesellenzeit

»Mit der Lust zu leben und etwas zu unternehmen, nimmt auch die Lust zu arbeiten zu – und der Mut, mehr zu wagen und zu riskieren.«
Theodor Fontane

München war es also, was den Jungen reizte; die Großstadt; der Flair der weiten Welt. Erding war ihm zu klein geworden, zu unbedeutend. »Und hätte ich dort ein Handwerk lernen sollen, ich glaube gewiss, ich wäre viel heikler gewesen«, meint Georg Streicher. »Eine halbe Stunde später klopften wir schon an die Tür meines zukünftigen Lehrmeisters, Herrn Karl Leibig, Türkenstraße 14, welchen wir mitsamt Familie eben beim Essen störten.«

Man musterte sich gegenseitig und vereinbarte eine Probezeit von acht Tagen. Der Vater kehrte nach Erding zurück, Georg trat anderntags die Lehrstelle an, woraus am Ende dreieinhalb Jahre wurden. Zum Glück war ihm das Schreinerhandwerk nicht neu; vieles hatte er zu Hause beim Vater schon gelernt: »Über das Holznägelschneiden und Bettladbretter-Abschroppen, gewöhnlich die Erstlingsarbeiten, war ich in den ersten Tagen schon hinweg; bald kamen Spuckkästchen, Fußschemel, Kindertischchen usw. an die Reihe.« (E, 21)

Bedenken des Meisters wegen der »zarten Körperkonstitution und der unbedeutenden Größe« zerstoben, als er sah, dass der Junge gute Arbeit leistete – trotz seiner nur 1,64 Meter. Arbeit gab's genug, »denn die Gesellen ließen sich ordentlich bedienen, und das Aufräumen mittags und abends war für mich keine kleine Arbeit, zumal mein älterer Kollege mir dies großmütig allein überließ.« Mit den Gesellen kam er gut aus; sie hatten ihn gern. Am wenigsten behagte ihm die Besorgung der Gartenarbeit – nach Feierabend und vor Beginn der Arbeitszeit. Dann musste der »Stift«, wie damals üblich, allerlei häusliche Dienste für den Meister und seine Familie übernehmen, ohne dafür belohnt zu werden. Georg musste Wasser pumpen, den Garten gießen, Holz herbeischleppen und dgl. mehr.

Am Kirchweihmontag 1867 passierte ihm ein kleines Missgeschick: Mit einem Stemmeisen entfernte er die Spitze seines linken Zeigefingers, samt Nagel. Beim Bader wurde sofort Heftpflaster drübergeklebt, ohne die Wunde vorher ausbluten zu lassen. Die Folge war eine Entzündung – und Wochen Spitalaufenthalt.

Nicht weniger aufregend war's am Neujahrstag 1868; Georg wurde erneut, diesmal per Fiaker, ins Spital am Sendlingertor gebracht, wegen Typhus. Diesmal pflegten ihn Barmherzige Schwestern. Nach vier Wochen durfte er zu seinem Meister in die Türkenstraße zurückkehren.

Zum Glück half man während seiner Genesung von zu Hause tüchtig mit: Alle zwei, drei Wochen kam das »Waschkistchen« zurück – neben Wäsche auch mit Brot, Schmalznudeln und »Geselchtem« (geräuchertes Schweinefleisch). »Denn mit des Meisters Kost hätte ich mich schwerlich erholen können: Morgens eine Tasse Kaffee und ein Stück Brot – und das Mittagessen war von einer Beschaffenheit, welche den Wunsch der Wiederkehr der wunderbaren Brotvermehrung gerechtfertigt hätte.« (E, 23)

Pro Kopf wurde ein Teller Suppe gereicht – manchmal mit etwas Fleisch. Für den körperlich hart arbeitenden Jugendlichen viel zu wenig! Ähnlich fiel das Abendessen aus. Der Magen knurrte ununterbrochen. Kein Wunder, dass Georg sich gelegentlich ins Cafe Zehetmeier begab, wo Kathi servierte und ihm eine Halbe Bier und ein Stück Brot auf ihre Kosten reichen ließ. Bisweilen brachte ihm Kathi auch ein paar übriggebliebene Brocken eines Braten. »Die Stunden, die ich in einer Ecke der Zehetmeier'schen Küche verlebte, gehören zu den schönsten in meiner Lehrzeit. Die Familie Zehetmeier, die zur Kundschaft meines Lehrmeisters zählte, war mir sehr gewogen, und manchmal, wenn sich über der Werkstätte ein Gewitter entlud, suchte ich das bei Zehetmeier zu vergessen; namentlich die drei liebenswürdigen Töchter Kathi, Marie und Anna nahmen sich meiner an und trösteten mich damit, dass Lernjahre keine Herrenjahre seien, denn der Teufel müsse davon schon eine Ahnung gehabt haben, da er alles werden wollte, nur nicht Lehrjunge und Rekrut. Mir ward beides zuteil.« (E, 25)

Den Meister lobt Georg als Fachmann; seine Frau lobt er in seiner Erinnerung weniger; sie sorgte allenthalben für Disharmonie; sie stammte aus Amberg, »war protestantisch und fast einen Kopf größer als ihr katholischer Karl – und von robustem Körperbau.« Georg hat keine gute Meinung von ihr; er skizziert sie launisch-boshaft so: »Die Farbe des plattgedrückten Gesichtes mit den kleinen grauen Augen und einem nicht gerade allerliebsten Stumpfnäschen hatte genau die Farbe eines vom Wind und Wetter mitgenommenen Dachziegels ...« Nach ihrer Anschauung musste ein Schreinerjunge nicht bloß an der Hobelbank Bescheid wissen, sondern auch in den häuslichen Verrichtungen (Wasser- und Holztragen, Stiefelputzen und Kinderwarten) bewandert sein, wenn er einen ordentlichen Freibrief (Gesellenbrief; d.Verf.) erlangen wollte.« (E, 26/27)

Von den Leiden (und Launen) eines Handwerksburschen

Die Sonntage waren für den Lehrjungen meist auch Arbeitstage, vorwiegend im Haushalt und Garten des Meisters, unterbrochen allerdings von dem Besuch der »Feiertagsschule«. Rein zufällig kam er gleich in die höchste Klasse, die sechste, wo Lehrer Abele unterrichtete. »Bei der Prüfung erhielt ich das 2. Preis-Diplom. Die Zeichen-Schule besuchte ich bei Herrn Lehrer Hahn. Als das 2. Jahr die Stiftungspreise in Geld der Knaben-Abteilung zufielen, errang ich in meiner Klasse den 3. Hauptpreis, der in 12 fl. (Gulden; d.Verf.) in seidenen Täschchen bestand.« (E, 29)

Am Tag der Preisverteilung im Münchner alten Rathaussaal kam es dann noch zu einer Überraschung. Vater Streicher war zufällig in München, erfuhr von der Ehrung seines Sohnes und ließ es sich nicht nehmen, sich unters Publikum zu mischen. Für Georg eine ganz große Freude!

Im letzten »Feiertagsschuljahr« war er besonders stark engagiert: »Von 8–9 Uhr Gesellenschule; von 9–11 Uhr Zeichnen, von 11–12 Uhr Moral-Vorträge von Gesellenpräses Geistlichem Rat Maier. Kaum Zeit zum Essen; denn von 1–4 Uhr (13–16 Uhr; d.Verf.) musste ich wieder in die Modellierschule, in welcher ich aber nicht viel Erfolg erzielte.« (E, 30)

Mit seinem Gesellenstück ging's gut voran. Was ihn zeitweise seelisch bedrückte, war ein Lehrling aus München, der so gar keine rechte Lust am Arbeiten hatte. Sein Vater war Feldwebel in der Strafanstalt Wasserburg, seine Mutter Näherin in einer Fabrik. Tagsüber war der Junge meist auf sich gestellt. Sein Mittagessen erbettelte er sich bei den Kapuzinern; sonst strich er auf dem Viktualienmarkt herum, der »Schule für angehende Gauner«, wie Georg Streicher vermerkt. Aus dem »Münchner Früchtl« war denn auch kein echter Lehrjunge zu machen. Und die Meisterin ärgerte er, wo und wann immer er konnte. Einmal steckte er lange Bodennägel in die Gelbenrüben; er sollte auch auf der Stelle entlassen werden. Sein Vormund legte Fürsprache ein; man müsse zuvor den Vater des Buben informieren. Davor aber fürchtete sich der Knabe. »Meinst du, ich wart, bis mein Vater kommt und mich halbtot schlägt?« sagte er zu Georg; »lieber ertränk ich mich!« Da es tiefer Winter war, spottete Georg zurück: Erhängen wäre erfolgreicher, denn zur Zeit seien ja alle Bäche zugefroren.

Diese im Spaß hingeworfene Äußerung verfolgte den späteren Klosterbruder noch lange; denn eines Morgens beim Kaffeetrinken sagte das »Münchner Früchtl« unverblümt: »Adjeu, Schorsch! Des is mei letzte Suppn!« – und ging hinauf in die gemeinsame Schlafkammer. »Als die Lehrmeisterin im Lauf des Vormittags die Betten aufmachen wollte und die Falltür oberhalb der engen Treppe öffnete, stieß sie mit dem Kopf an einen beweglichen Gegenstand, an einem Balken über der Falltür. Wiederbelebungsversuche schlugen fehl. Der 14-jährige Selbstmörder wurde ins Leichenhaus gebracht und anderntags christlich begraben, »da ihm dieser Schritt als im Unverstande ausgeführt angerechnet wurde; möge er einen gnädigen Richter gefunden haben.« (E, 58/59)

In angenehmerer Erinnerung ist ein anderes Ereignis: Die Hochzeit seiner Schwester Kathi mit Karl Adelmansoder, königlicher Ge-

Der jugendliche Georg Streicher (Bruder Nivard)

richtsvollzieher in Rotthalmünster. Georg wurde gebeten, den Kranzljungherr (Art Ehrengeleit für den Bräutigam) zu machen. Die Feierlichkeiten fanden an Dreikönig (1869) statt. Es lag tiefer Schnee; Georg stapfte alleine von Freising nach Erding, bis ihn der Vater mit Ludwig entgegenkam. Zuhause herrschte reges Hochzeitstreiben. »Nachdem ich schwarz eingewickelt war, stülpte man mir auch ein gewaltiges Angst-Rohr (einen Zylinderhut) auf den Kopf, steckte die zierlichen Sträußchen ins unterste Knopfloch, rindslederne Glace-Handschuhe über meine schrundigen Finger, (hinzu kamen) Stehkragen mit schwarzer Krawatte – und fertig war der ›Kranzljungherr‹. Wirklich, jeder Zoll ein Kranzljungherr! Der Prokurator brachte mich glücklich zur Kirche, wo die feierliche Trauung um 10 Uhr stattfand. Sehr delikat waren die Bratwürste, die es beim Frühstück im ›Edelmann‹ gab. Seit der Firmung hatte ich nicht mehr genug Bratwürste gegessen. Die Gelegenheit kam mir daher erwünscht, und was die Hauptsache war, an Würsten war kein Mangel, und zum Glück waren nur wenige Anwesende mit einem Appetit gleich dem meinen gesegnet!« (E, 37)

Gefeiert wurde schließlich im »Klösterl«. In den Memoiren heißt es dazu: »So einen ganzen Tag lang zu essen, das hatte ich mir schon lange gewünscht, doch erhielt ich die Überzeugung, dass es leichter sei, einen Tag lang zu arbeiten, ohne zu essen als umgekehrt.« (E, 38)

Nachdem die Brautleute Richtung Rotthalmünster abgefahren waren, kehrte Georg nach München zurück. Der Abschied fiel ihm schwer. »Als ich wieder an meiner Hobelbank stand, dünkte mir die ganze Hochzeitsgeschichte wie ein Traum – nur mein schwerer Kopf und mein schlechter Magen sagten mir deutlich, dass es Wirklichkeit

Zusammen mit seinen drei Brüdern

gewesen ist. Eine Nacht auf meinem luftigen Speicher (gemeint ist seine Dachkammer; d.Verf.) brachte alles wieder ins Gleichgewicht. Als ich morgens den Schnee von der Bettdecke schüttelte, war ich wieder frisch und munter wie ein Fisch – und mit doppeltem Eifer warf ich mich auf mein Gesellenstück ...« (E, 40)

Nach einer Aushilfe bei einem Zahnarzt Heimkehr nach Erding

Am 5. Februar war's soweit: Die dreieinhalbjährige Lehrzeit ging zu Ende; der Sekretär, sein Gesellenstück, war fertig – und für Rotthalmünster bestimmt. Nach 1278 Tagen hat Georg die Türkenstraße in München wieder verlassen, mit Lehrzeugnis und guten Wünschen von Seiten seines Meisters: »Wie sehnsüchtig habe ich diesen Tag herbeigewünscht! Nun war er da; ich konnte auf einen wichtigen Lebensabschnitt zurückblicken, vielleicht auf den wichtigsten. Die Lehrzeit ist diejenige, in der das Kapital, das später Zinsen tragen soll, gesammelt wird. Wohl dem, der diese Zeit vollständig ausgenützt hat!« (E, 42)

Etwas später heißt es in seinen Erinnerungen: »Wirklich schöne Tage hatte ich nur, als ich acht Tage der Schreinerei valet sagte und mich auf die Zahntechnik verlegte. Zahnarzt Dr. Ehrensberger in der Maximilianstraße zählte zu den besten Kunden (des Schreinermeisters in der Türkenstraße; d.Verf.); er war mir der liebste, denn unter sechs Kreuzer (damals ein großzügiges Trinkgeld; d.Verf.) durfte ich nie gehen.« (E, 43)

Als während des Deutsch-Französischen Krieges (1870/71) der Zahntechniker krank wurde, bat der Zahnarzt Georgs Lehrmeister, diesen ihm zu überlassen – für ein paar Tage. So wurde der Schreiner-Lehrling kurzfristig zum Zahnarzthelfer. Was war da zu tun? Morgens den Warteraum herrichten, die Zeitschriften ordnen, das Operationszimmer vorbereiten und – natürlich die Patienten hereinlassen und sie in das Wartezimmer führen. Für Georg eine interessante Abwechslung. Es machte ihm Vergnügen: »Kam ein Glockenzeichen aus dem Operationszimmer, so musste ich flugs dorthin, um entweder dies oder jenes zu ordnen oder ein Gebiss, das eine ›Dame in den besten Jahren‹ soeben ihren Lippen entschlüpfen ließ, auf einer feinen Serviette, die auf einem silbernen Teller lag, mit in die Werkstätte zu nehmen und zu reinigen. Als die Tür hinter mir zu war und ich das Gebiss in der Werkstätte hatte, rührte ich es nicht mehr mit der Serviette, sondern mit meinen bloßen Fingern an und bürstet es in frischem Wasser her, dass es eine Freude war.« (E, 44)

Man spürt den Schalk hinter diesen Worten des 22-jährigen; in seiner Erinnerung mischte sich Humor mit Laune, aber auch mit leiser

Ironie – ein Markenzeichen, das wir immer wieder auch am späteren Klosterbruder feststellen.

»Nachdem keine Spur von Konfekt oder anderen Speiseresten mehr dran zu entdecken war – und auch die Federn und die Federnstifte mit einem weichen, spitzen Hölzchen ausgekratzt waren, trocknete ich das Ding wieder sauber ab, legte es auf die Serviette und brachte es wieder ins Operationszimmer, wo dann der harrenden Holden ihre Kauwerkzeuge wieder eingesetzt wurden. Die hatte freilich keine Ahnung, dass ein Schreinerjunge mit seinen leimigen Fingern daran herumgetappt hat.« (E, 44)

Nach acht Tagen ging das zahnärztliche Zwischenspiel zu Ende. Georg erhielt ein kräftiges Trinkgeld. Zurück blieb leise Wehmut; »ein schöner Traum«, meinte er selber. Dann fuhr er per Boten-Schlitten nach Hause; den Sekretär, sein Gesellenstück, brachte er auf dem Anhängerschlitten mit. »Abends kam ich glücklich nach Erding und wurde von den Meinen liebevoll empfangen. Die kleine Leutschar stand schon an der Johannisbrücke und erwartete mich.« (E, 46)

Seine Heimat bedeutete ihm viel, jetzt – nach dreieinhalb Jahren in der Fremde, erst recht, »unter, ich möchte fast sagen, lauter lieblosen Menschen, die in mir nichts anderes als eine Ware, aus der sich Kapital schlagen lässt, erblickten«, sinniert er, sich rückerinnernd, ein paar Jahre später.

Und schon am andern Morgen stand er in der Werkstatt seines Vaters – jetzt als ausgewiesener Geselle.

Um diese Zeit wurde er – auf Empfehlung seines Vaters – Mitglied des katholischen Gesellenvereins, spielte zeitweise in einer lokalen Theatergruppe mit – trotz »kolossaler Angst und Lampenfieber« und dachte alsbald daran, sein berufliches Wissen und Können auf der Walz quer durch Deutschland zu vervollständigen. Köln am Rhein hatte er sich vorgenommen; von seinen Aufzeichnungen erfahren wir allerdings nur über seine Fußmärsche nach Simbach/Braunau, Schärding, Passau, Nürnberg und Würzburg. Diese Orte aber beschreibt er sehr ausführlich. (Davon soll gleich noch die Rede sein.)

Am liebsten hätte der frischgebackene Schreinergeselle sofort sein Bündel geschnürt. Doch Vater und Mutter meinten, »so abgemagert und fast ausgezehrt, wie ich von München kam, könne man mich nicht in die Fremde schicken«; erst solle er sich erholen, ein paar Kilo zulegen, um so wieder zu Kräften zu kommen.

Schließlich war's dann so weit. Das Felleisen, wie man damals zum Rucksack/Tornister sagte, war gepackt; die Reisetasche, von Sattler Rappolt eigens angefertigt, war mit Wäsche gefüllt und ein »Ziegenhainer« (kräftiger Spazierstock) vom Drechsler Bauer erstanden worden. Am Freitag, dem 22. September 1871 hieß es Abschied nehmen – von Eltern, Geschwistern, Taufpaten und anderen Verwandten. »Schlafen konnte ich nicht«, schreibt er ein paar Jahre später; »um vier Uhr war ich schon auf; Mütterchen hatte bereits Kaffee fertig; der wurde noch getrunken, dann ging's frohen Mutes der Post zu, welche mich bis zur nächsten Bahnstation Hörlkofen (bei Wörth; d.Verf.) bringen sollte, von wo aus ich über Neuötting und Braunau nach Rotthalmünster gelangen sollte, um der Schwester Kathi noch einen Besuch abzustatten.«(E, 53)

In Simbach überquerte er den Inn und betrat in Braunau bereits österreichischen Boden. »Boass! Rief mir unter dem Stadttor ein Soldat der Grenzwache zu, und schnell beeilte ich mich, meinen Reisepass – das erste Mal – einem Diener des Gesetzes zur Prüfung zu übergeben. Als der Graubärtige den vielsagenden Passus ›welcher ins Ausland reist‹ fand, war er zufrieden. Ich durchstreifte die Stadt, kam am Rathaus vorbei, suchte das Bildnis von Hans Steininger, dem langbärtigen Bürgermeister, welcher über seinen langen Bart und die Rathaustreppe fiel und dabei das Leben einbüßte.« (E, 54)

Der Wandergeselle übernachtete – wie damals üblich – im Gesellenhaus, erhielt dort Brot, Bier und Bett, schlief gut und marschierte anderntags ins rund vier Stunden entfernte Rotthalmünster.

Karl, sein Schwager, brachte ihn am 28. September nach Mittich; sie kehrten in Hartkirchen »bei der Wirtin mit dem schönen Töchterlein ein«, und die letzten anderthalb Stunden Fußmarsch führten ihn wieder nach Schärding zurück, von wo aus er nach Passau fuhr, zu den Eltern seines Schwagers. Vater Adelmansoder war Landrichter in der Dreiflüssestadt. Er behandelte Georg Streicher wie seinen eigenen Sohn. Der ließ sich Zeit, die Stadt zu erkunden.

Sehr beeindruckt war er vom Wallfahrtskirchlein Mariahilfberg – mit dem herrlichen Panoramablick auf die ganze Stadt. Natürlich besichtigte er auch die Feste Oberhaus und den Dom, und die vielen anderen Kirchen. Großes Interesse zeigte er an der Konstruktion des Drahtstegs über die Donau. Seine ausführliche Beschreibung desselben lässt vorausahnen, wie sehr er später – als Mönch von Mariannhill – einmal in den Bereich der Ingenieure vordringen würde: »Zwei Seile, über die Donau gespannt, darauf einen Laufboden angehängt – und der Drahtsteg ist fertig! – Die ›schöne blaue Donau‹ hat an der überspannten Stelle eine Breite von 45 Fuß. Am Ufer auf der Stadtseite befindet sich ein massiv aus Sandstein gebautes Tor, über welches zwei Drahtseile, die im Boden verankert und befestigt sind, hinweggehen … Jedes Seil besteht aus 5 500 aneinandergelegten Drähten, welche 55 Zoll Dicke zusammen ausmachen … Diese zwei Seile hängen nun auf neun Fuß Abstand voneinander über die Donau, und von diesen Seilen herab hängt an Eisenstangen der Boden des Stegs. Dieser gewährt in seiner leichten Konstruktion einen zierlichen und doch imposanten Anblick.« (E, 56/57)

Nicht weniger beeindruckt war Georg vom Straßentunnel durch den graublauen Granitfelsen, der Passau mit der Ilzstadt verbindet: der steile, zwischen Donau und Ilz liegende Felsen trägt die alte Feste Oberhaus; am Fuße derselben besuchte er die Salvatorkirche, stieg dann den mühsamen Weg hinauf und war von dem Ausblick bezaubert – vor allem vom Zusammenfluss von Inn, Donau und Ilz (»drei Wasser – weißlich, grünblau und braun«). Auf der Ilz schwammen »ungeheure Massen Triftholz«. Auf dem Rückweg – herunter von der Veste Oberhaus, passierte der Schreinergeselle Hals, »eine Ortschaft mit großer Wasserkraft, Mühle an Mühle, von der Ilz getrieben«.

(Wir werden uns vielleicht daran erinnern, wenn wir von Bruder Nivards Mühlenbau in Natal erfahren – und von seinem genial angelegten »Johannesbrunnen«, der als Wasserwerk für Mariannhill errichtet wurde – unter seiner Leitung.)

»Anderntags machte ich mich auf, am Donau-Ufer entlang, nach Vilshofen. Der steinerne Löwe bei Schalding stiert noch immer in die Donau. Beim Sternwirt anständig übernachtet, weiter über Pleinting und Bruck nach Osterhofen, Münchdorf, Plattling, Posching, Straßkirchen, Amselfing und Straubing. Kam dort erst spät abends an und fand mit Mühe den Katholischen Gesellenverein, welcher eine wahrhaft idyllische Lage hat. Vorne die Aussicht auf die Donau, rückwärts der prächtige Garten; die Weintrauben sind mir zum Fenster meines Schlafzimmers hereingewachsen.« In diesem Stenogrammstil fasst Georg Streicher seine Erlebnisse zusammen. Weil das Wetter regnerisch war, fuhr er per Bahn weiter nach Regensburg, lief bei strömendem Regen durch die Innenstadt und fand wieder im Gesellenverein eine gute Bleibe. Am nächsten Morgen ging er zum Dom, aß in der Wurstkuchel »Schweinernes mit Kraut« und zog schließlich weiter Richtung Neumarkt. Es herrschte scheußliches Wetter: »Den ganzen Tag unterm Regen marschiert, kaum eine warme Suppe bekommen, im Schlafloch die Fenster zerschlagen. Wurde über Nacht krank, konnte keinen Menschen wecken, ging doch andernmorgens über Dassnang, Seubers nach Neumarkt, wo ich beim Schirmberger (Wirtshaus, d. Verf.) ordentlich zu essen bekam. Von Neumarkt brach ich gen Nürnberg auf, kam am ›Ludwig-Donau-Main-Kanal‹ vorbei (gemeint ist der alte, vom bayerischen König erbaute; d. Verf.) über Pelling, Postbauer, Oberried, Feucht und Altfurt abends nach Nürnberg.« (E, 60/61)

Nachdem er seinen durchnässten Ranzen im Gesellenverein an der Museumsbrücke hinterlegt hatte, besuchte er die berühmten Kirchen der Innenstadt (Lorenz, Sebald, Sankt Marien), bewunderte das Sakramentshäuschen, den »Schönen Brunnen« und die Burg. »Sie thront auf stolzer Höhe; das rußige, rauchige Nürnberg lässt sich schön übersehen. Nördlich gegen Bamberg liegt die Gegend wie ein Teppich da, die endlosen Gärten, wo der Kren wächst; das erinnerte mich an die Krenweiber, die bei uns zu Hause regelmäßig Besuche abstatteten.« (E, 61)

Die Nürnberger Burg schildert er ausführlich, vor allem die dortige Folterkammer samt ihren mittelalterlichen »Werkzeugen«. Beinahe makaber wirkt seine Beschreibung der »eisernen Jungfrau«. Bis ins kleinste Detail. Offensichtlich hatten die Burgführer ihren besonderen Spaß daran, diese Schreckensprozedur bei der öffentlichen Hinrichtung besonders plastisch darzustellen.

»Ganz unheimlich war es mir, als ich aus diesen, vom Tageslicht nie beschienenen Räumen heraufstieg – und als ich die liebe Sonne begrüßen wollte, die schon längst untergegangen war. Ich eilte nach dem Gesellenverein und verkroch mich bald unter die Bettdecke – und träumte fürchterlich von der Eisernen Jungfrau.« (E, 66/67)

Nach einer kurzen Besichtigung des Hopfenmarkts in Nürnberg fuhr er per Bahn nach Würzburg, wo er früh um 2 Uhr eintraf; er schlief auf einer hölzernen Bank im Wartesaal, bis er den Gesellenverein aufsuchen konnte, den er in der Nähe des Juliusspitals entdeckte. Kaum hatte er sein Gepäck hinterlegt, war er schon wieder auf den Beinen: zur alten Mainbrücke, zur Feste Marienberg und zum Käppele: »Der Weg hinauf ist sehr nett angelegt; breite Steinstufen – mit großen Ruheplätzen, auf denen dann rechts und links je eine Kapelle steht, in der die Kreuzwegstationen in lebensgroßen Figuren, aus Stein gemeißelt, dargestellt sind. Wirklich, eine prächtige Arbeit; doch sind die Kapellchen im Rokokostil etwas überladen. Die Ruheplätze, auf denen die Kapellchen stehen, erhalten durch die prächtigen Nuss- und Kastanienbäume etwas ungemein Romantisches. (Heute sind es Platanen, die hier angepflanzt sind; d.Verf.) Und dann erst die (Wein)Rebgelände an den Umfassungsmauern! Die ganze Treppenanlage geht nämlich durch einen Weinberg, und außen an der Mauer hingen die schönsten Trauben, die gerade – Anfang Oktober – reif geworden waren. Ich konnte mich nicht enthalten, über die Mauer hinüber zu langen und ein paar Exemplare zum Frühstück zu verzehren – und zwar in aller Gemütsruhe im Schatten eines Nussbaums. Ich dachte allerdings nicht, mit welcher Gefahr dies verknüpft war, hätte mich der Traubenhüter ertappt.« (E, 68)

Georg Streicher beendet seine Memoiren – schier abrupt und ohne Hinweis, ob er sie je würde fortsetzen – mit folgendem Satz: »Auf dem Weg vom Käppele zurück zur Stadt hört ich Feueralarm; in dem nahen Heidingsfeld (heute ein Stadtteil von Würzburg; d.Verf.) war in einer Brauerei Feuer ausgebrochen; die Feuerwehr sauste im Galopp mit den Spritzen über die Mainbrücke herüber.« (E, 69) Darunter schrieb er: »Bis hierher geschrieben, Lindau Oktober 1876, Streicher Schorschl.« Diese Bemerkung ist mit andersfarbiger Tinte geschrieben, also wohl später angefügt worden.

Pater Dietmar Seubert, der die Originalschrift (sie befindet sich im Generalats-Archiv der Mariannhiller in Rom / GA) ins Reine getippt hat, fügte noch ein paar persönliche Anmerkungen hinzu, die interessant und wichtig sind – auch für die Leser dieser Biografie: »Die ›Erinnerungen‹ sind auf Doppelblätter von der Größe 21 mal 17 cm geschrieben; insgesamt 69 Seiten. – Georg (Schorschl hieß er zu Hause; d.Verf.) Streicher war am 1. Oktober 1876 Sergeant (Vizefeldwebel) geworden und hatte wohl etwas mehr Zeit als der einfache Soldat zur Verfügung – und sicher auch einen ruhigeren Raum für seine Niederschrift. – Die Abhandlung ist ziemlich zügig geschrieben; Korrekturen finden sich kaum. Allerdings haben sich dabei nicht wenige Flüchtigkeitsfehler eingeschlichen. Wo sie als solche zu erkennen sind, wurden sie in der Abschrift verbessert… Die Interpunktion ist um der besseren Lesbarkeit willen dem heutigen Stand angeglichen worden. – Bei der Beurteilung der ›Erinnerungen‹ muss man immer im Auge behalten, dass sie nicht für die Öffentlichkeit, sondern für die Familie bestimmt waren, geschrieben von einem jungen Mann, der nur die Volksschule von damals mit sechs Klassen besucht hat. (Der Buchstabe E mit der Zahl, zum Beispiel E, 69, verweist auf die Original-Seitenzahl der Streicher'schen Erinnerungen; d.Verf.) Das handgeschriebene Original ist ein Geschenk von Herrn Dr. Gebhard Streicher an die Missionare von Mariannhill.« (D. Seubert, Lohr, 15.11.2000)

Ein Besuch in Lindau / Verse für den Vater

Ebenfalls via Dr. Gebhard Streicher gelangte ein weiteres Original-Dokument (seines Großonkels) Bruder Nivards zu den Mariannhillern bzw. ins Archiv der Missionare in Rom. Geschrieben hat es Georg Streicher anlässlich eines Besuches seines Vaters in Lindau. Es trägt das Datum vom 14. Juli 1877, ist also etwa ein Jahr nach den »Erinnerungen« entstanden. Pater Dietmar Seubert, der auch dieses handgeschriebene »Epos« ins Reine tippte, meinte dazu: »Die Anwandlung und die Fertigkeit, ›Poesie zu treiben‹, dürften dem Schorschl (gemeint ist Georg Streicher; d.Verf.) beim Theaterspielen gekommen sein. Er hat gerne beim katholischen Gesellenverein in Erding mitgespielt sowie beim ›alten Fahrner‹, einer Theatergruppe, die auch nach Erding kam. Das Lernen der Rollen-Texte ist ihm leicht gefallen. Unter ihnen befanden sich sicher auch gereimte Texte.« (D. Seubert, Lohr, 17. 11. 2000)

Georg Streicher leistete seine dreijährige Wehrpflicht bei der 10. Kompagnie des kgl. Bayerischen Infanterie-Regimentes Prinz Carl von Bayern ab, die in Lindau stationiert war. Dort – in Lindau – entstanden seine Memoiren (s.o.); dort reimte er auch die Verse für seinen Vater, von denen hier die Rede ist.

Es handelt sich gewiss nicht um Literatur; es sind schlichte Verse – im Aufbau wie nach Inhalt. Alltags-Beobachtungen, die im Wesentlichen mit dem Besuch seines Vaters zusammenhingen bzw. auf Ereignisse und Personen bezogen sind, die dieser kannte. Die Widmung deutet das an: »Seinem Vater widmet dieses Andenken der Streicher Schorsl.« Dann folgen die Verse – über zehn Seiten verteilt. Um einen kleinen Einblick in die Art seiner Verse zu bekommen, hier ein paar wenige, willkürlich herausgegriffen aus dem Gesamt-Gedicht:

»An Peter-Pauli-Tag des Morgens es war's,
da reibt aus den Augen sich den Schlaf der Schorsl,[4]
rutscht übers Bett hinab bedächtig,
stürzt den Gang hinaus und blickt durchs Fenster. (…)
Wer anders konnte das sein als sein lieber Vater;
winkt ihm herauf, geht auf der Treppe
ihm entgegen und heißt herzlich ihn willkommen.
Bedächtig blickt im Zimmer er umher,
indem der Schorsl sich in Gala wirft. (…)

Am Bahnhof trafen wir den Schlossermichel,
ein alter Spezl war's vom Vater.
Der Vater dacht nun an ein Frühstück,
auch des Schorsls Magen hatte nichts dagegen,
dass nach der Helvetia (Gasthaus, d. Verf.) den Schritt man lenkte,

dort den Wein und auch das Bier versuchte.
Schweinskoteletten, zierlich nett, rutschten
gar wundersam durch des Schorsls Hals. (...)

Damit das Essen sich verdaue und der Geist
erfrischet werde, macht der Schorsl mit dem Vater
einen Gang hinaus vor d'Stadt.
Von der Vogelperspektive hätt der Vater Lindau
gern gesehen; guten Rat wusst da der Schorsl.
Dacht so bei sich: Wüsst wohl ein Plätzchen,
wo die Aussicht nicht bloß wunderschön,
sondern wo die Einsicht auch nicht zu verachten wär.
Gehst nach Streitelsfingen mit dem Vater,
hat dir immer dort gefallen, hast gar oft
die schöne Gegend dort bewundert,
wird's der Vater auch nicht übel finden.« (...)

Nach einer weiteren Mahlzeit beim »Lenerl«, ein anderes Wirtshaus, ging's zum Schützengarten, wo der Vater alsbald mit dem Hauptmann ins Gespräch kam und dem Schorsl einen freien Sonntag erbettelte.

Weil die See ruhig und das Wetter schön war, machten die beiden, Vater und Sohn, einen Bootsausflug. Am nächsten Tag fuhren sie nach Bregenz; beim Forster gab's Bier und saure Leber; in der Pfarrkirche wurde das Chorgestühl bewundert, vor allem die Intarsien-Arbeiten.

Alles in allem – ein gelungener Ausflug, wie der Schorsl in seinem Epos feststellt:

»Wurd' der Pfändergipfel noch bestiegen,
um voll und ganz die Aussicht zu genießen.
Der ganze Bodensee, drin Lindau wie ein Pfännlein
mit zwei Stielen liegt.
Die schöne Fernsicht über Württemberg und übers Allgäu.
Dann nach rückwärts, diese prächt'ge Alpenlandschaft,
die schönen grünen Matten mit den Alpenhütten,
diese Täler, die Schluchten, durch die die Ach sich windet.
Und im Hintergrund die silbergrauen Gletscher,
dann erst das Rheintal nauf!« (...)

Schließlich zieht Georg ein Manuskript aus der Rocktasche und beginnt dem Vater vorzulesen – vom Leben, das er in Lindau geführt, »was ihm begegnet dorten und so weiter«.

Leider ist diese Handschrift nicht erhalten geblieben; es hätte wohl guten Einblick gegeben in das Denken und Treiben des jungen Mannes in der Kaserne. Er war ja am 1. Oktober 1876 zum »Sergeanten« (Vizefeldwebel) ernannt worden; das Original der Bestallungsurkunde befindet sich im Archiv der Mariannhiller in Rom.

Schließlich fuhren die Streichers (sen. und jun.) per Bahn in die Schweiz, nach Lauterbach, Fussach-Hard, Rheineck, Rorschach und St. Gallen. Gemeinsam bestaunten sie die Kirche, *»ein würdiger Gottestempel«*, dichtet Schorsl; *»großartig angelegt, edel, einfach und doch reich an Stil!«* Man meint schon den späteren Architekten herauszuhören.

Damit schließt das dem Vater gewidmete Gedicht.

Laut (uns erhaltenem) »Militärpass« war Georg Streicher am 12. Dezember 1874, als 20-jähriger, wehr-verpflichtet worden. »Zur Reserve entlassen« wurde er am 20. September 1877 – und zwar »nach Erding, infolge erfüllter aktiver Wehrpflicht«. (GA)

IV.

Was motivierte den Schreinergesellen in München zum Trappistenmönch in Mariannhill?

Der Papst in Rom, die Oberammergauer Passionsspiele, die Persönlichkeit Franz Pfanners oder das Abenteuer am Kap der Guten Hoffung?

»Sage Ja zu den Überraschungen, die deine Pläne durchkreuzen, deine Träume zunichte machen, deinem Leben eine andere Richtung geben. Sie sind keine Zufälle. Lass dem Himmlischen Vater die Freiheit, selber den Einfluss deiner Tage zu bestimmen.«
Dom Helder Camara

Sein weiteres Leben war vorgezeichnet. Nach den Lehrjahren beim Münchner Meister, der kurzen Mitarbeit in der Werkstatt des Vaters, den Wanderwochen quer durch Bayern und dem dreijährigen Wehrdienst in Lindau – mit der Ernennung zum Feldwebel der Reserve – stand eigentlich alles fest: Jetzt wurde in die Hände gespuckt und der eigene Betrieb eröffnet. In der bayerischen Hauptstadt, die ihm inzwischen ans Herz gewachsen war. Erding – das war fast schon Provinz, wenngleich die Verbindung zu den Eltern und Geschwistern eine gute blieb.

Erding – das war Kindheit und Jugend: München war Lehre, wenn auch eine sehr harte; aber in München wehte der Duft der weiten Welt. Hier wollte der junge Schreinergeselle künftig wirken. Hier sah er seine Zukunft.[5]

Wenn wir den Mitteilungen seiner Großnichte, Frau Anna Kreutner, folgen, dann ging das Geschäft recht gut. Georg Streicher, in den frühen Zwanzigern seines Lebens – fühlte sich fit für vieles. Er soll sogar als Kunstschreiner gearbeitet haben. Schriftlich nachweisen lässt sich das nicht, aber wer ihn aus seinem späteren Leben kennt, wird kaum daran zweifeln, dass er auch damals schon künstlerisch begabt war.

Alles in allem – das Geschäft lief gut; die Zukunft war vielversprechend; an Geld fehlte es offensichtlich auch nicht. Ob er damals ans Heiraten dachte – oder erst seinen Meister machen wollte, wissen wir nicht. Schriftliche Hinweise fehlen diesbezüglich ganz. Was ihn schließlich bewegte bzw. motivierte, ins Kloster zu gehen – und gar noch zu den Trappisten – auch darüber gibt es keine klaren Aussagen. Einmal erzählt er von einem früheren Rombesuch. Bei der Audienz hat ihn der Heilige Vater am Ohr gezogen. Worum es dabei ging, wieso der Heilige Vater dies getan hat, schreibt Bruder Nivard nicht; nur, dass dies vielleicht Anlass zum Nachdenken gewesen sein könnte – auch zum Nachdenken über sein Leben!

Vielleicht hatte der Schreinergeselle etwas Vorlautes gesagt; vielleicht war's auch nur eine humorvolle Bemerkung. Wir wissen ja, dem Georg Streicher saß der Schalk im Nacken – damals, in jungen Jahren, aber auch später noch, als Mönch und Missionar.

Nun, egal ob der Papst seinen Lebensweg wirklich beeinflusst hat – sicher scheint zu sein, dass der Besuch der Oberammergauer Passionsspiele im Jahr 1880 einen tiefen Eindruck auf den Schreiner aus Erding hinterlassen hat. Großnichte Anna Kreutner erwähnt es mehrmals in ihren Briefen. Aber auch dazu liegen uns keine ausführlichen Notizen des späteren Mönches vor. Wie beim Rombesuch, wissen wir nicht, was ihn dazu gedrängt hat

Immerhin, er war Mitglied des katholischen Gesellenvereins; er interessierte sich für religiöse Fragen; und er hatte ja auch von zu Hause eine gediegene religiöse Erziehung mitbekommen. Hinzu kommt, dass der lebensfrohe und lustige junge Handwerksmann eigentlich nach allen Seiten offen und aufgeschlossen war. Und Oberammergau war – für praktizierende Katholiken – immer schon eine Reise wert.

Wer selber schon die Leidensspiele miterlebt hat, weiß, wie sehr sie innerlich aufwühlen. Vielleicht jene, die theologisch weniger bewandert sind mehr, als jene, die die Bibel und die Dogmen der Kirche studiert haben. Religiös unvoreingenommene Menschen sind meist auch empfänglicher, weil gefühlsmäßig näher, für solche Bühnenstücke. Georg Streicher war da sicher keine Ausnahme. So gilt es als gesichert – laut Äußerungen aus seiner Verwandtschaft –, dass Oberammergau eine gewisse Zäsur bildete in seinem Leben. Und nicht nur hinsichtlich seines religiösen Empfindens, auch im Hinblick auf seinen künftigen Werdegang.

Ob er damals, vielleicht just um diese Zeit, Prior Franz Pfanner kennen lernte – Pfanner, der Prior des Trappistenklosters Mariastern bei Banjaluka/Bosnien war und inzwischen auch Prior jener Mönche, die im fernen Südafrika eine Niederlassung gründen wollten – das entzieht sich unserer Kenntnis. Bruder Nivard kommt in seinen schriftlichen Äußerungen nie darauf zu sprechen. Aber es liegt nahe, dies zu vermuten. Pfanner war damals schon weithin bekannt – und seine Werbetouren (um Geld und Berufe) führten ihn immer wieder nach Österreich und Bayern. Zudem wurden seine Artikel und Bettelbriefe in zahlreichen katholischen Zeitungen nachgedruckt.

Um die Situation damals, in Mariastern wie am Kap der Guten Hoffnung – und zu der Zeit, als Georg Streicher sich ernsthaft Gedanken machte, selber ins Kloster zu gehen – besser zu verstehen, wollen wir innehalten und das Umfeld beschreiben, das der Erdinger Schreinergeselle vorfand, als er sich für das Trappistenpriorat auf dem Balkan entschied. Und was dann später dazu führte, dass er von dort nach Südafrika reiste.

Im Zentrum dieses Geschehens steht die Persönlichkeit Pfanners, jenes Mannes, den man später den »gehorsamen Rebellen« nannte und den »Abenteurer in der Kutte«. Seine Ausstrahlung auf den jungen Streicher muss gewaltig gewesen sein. Pfanner, der um 20 Jahre Ältere von beiden, hätte der Vater des Anderen sein können; altersmäßig. Aber er behandelte Bruder Nivard wie Seinesgleichen; ja er bewunderte ihn uneingeschränkt, was sein fachliches Können betraf – und seinen gesunden Hausverstand. Davon wird noch oft die Rede sein. Jetzt aber vorweg ein kurzer Lebensabriss Pfanners, jenes Mannes, der Georg Streicher zum Bruder Nivard machte – zu einem seiner besten und fähigsten Mitarbeiter am Kap.

Wendelin Pfanner wurde am 20. September 1825 in Langen-Hub/Vorarlberg geboren; er hatte neben seinem Zwillingsbruder Johannes einen jüngeren Bruder, Franz Anton, sowie die Schwestern Creszentia und Anna Maria. Die Geburt der jüngeren Schwester kostete der jungen Mutter das Leben; sie starb am damals noch berüchtigten »Kindsbettfieber«.

Die Pfanners hatten eine Landwirtschaft und eine Sägemühle; Vater Franz Anton und Mutter Anna Maria, geborene Fink, waren fromme und fleißige Leute. Der rothaarige Wendelin – ein Lausbub sondergleichen – musste wie alle Pfanner-Kinder schon in jungen Jahren zupacken: auf dem Hof, in der Mühle, beim Viehhüten, im Wald. Der Zwölfjährige sollte beim Umbau der Sägemühle Sand herbeikarren. Die Fuhre kippte, der Sand rollte die Böschung hinunter. Da stand für den Pfannerbauer fest: lassen wir ihn studieren! Nach der fünften Klasse auf dem Gymnasium in Feldkirch wollte Wendelin heraus aus der Enge Vorarlbergs; zusammen mit einem Schulkameraden ging er nach Innsbruck und später nach Padua. Und von da ins Priesterseminar nach Brixen. Er hatte sich entschlossen, Weltpriester zu werden. In den Ferien arbeitete er regelmäßig zu Hause auf dem Hof und den Feldern mit. Ein Jahr vor seiner Priesterweihe unternahm er eine lange Reise, die ihn über Würzburg nach Köln, und dann via Strassburg und Einsiedeln nach Vorarlberg zurückführte. Nach der Priesterweihe (1850) und der Primiz in Langen wurde er Pfarrverweser in Haselstauden/Dornbirn. Das Dorf hatte keinen guten Ruf – und Pfanner tat sich anfangs sehr schwer. Aber mit der Zeit wurde das Verhältnis des Pfarrers zu den Leuten immer besser. Nur seine Gesundheit ließ zu wünschen übrig. Molkekuren in der Schweiz schienen keine Besserung zu versprechen. Er dachte an einen frühen Tod; zusammen mit seiner Schwester Creszentia, die ihm den Haushalt führte, kaufte er auf dem Friedhof eine Grabstätte; seine Absicht war deutlich.

Doch dann, neun Jahre nach seinem Amtsantritt in Haselstauden, bewarb sich Pfanner um den Posten eines Feldkaplans. Napoleon III. war mit seinen Truppen nach der Eroberung Mailands gegen Verona unterwegs, um die Österreicher aus Oberitalien zu vertreiben.

Während Pfanner noch auf die Antwort seines Bischofs wartete, auf dessen Aufruf hin er sich angeboten hatte, traf die Nachricht ein, Napoleon habe Frieden geschlossen. Feldkapläne wurden nicht mehr benötigt.

Stattdessen offerierte nun Fürstbischof Gasser, übrigens Pfanners ehemaliger Theologieprofessor in Brixen, eine Stelle als Beichtvater bei den Barmherzigen Schwestern in Agram (heute Zagreb) in Kroatien.

Der Abschied von Haselstauden verlief nicht ohne Wehmut. Es gab Tränen bei den einst so misstrauischen Dörflern. Schwester Creszentia kehrte wieder nach Langen-Hub zurück.

Von 1859 bis 1863 war Pfanner dann Seelsorger bei den aus Tirol stammenden Schwestern in Agram; nebenher betreute er noch das städtische Zuchthaus. Für beide, Nonnen wie Knastbrüder, ein Gewinn. Sie schätzten den Vorarlberger sehr, seine handfeste Art, seinen gesunden Hausverstand, seine stete Bereitschaft, denen zu helfen, die seelisch litten.

Doch gesundheitlich schien sich kaum etwas zu ändern. Pfanner dachte lang und viel über sein Leben nach – und kam zu dem Entschluss, er wolle die paar ihm noch verbliebenen Jährchen nützen, sich selber auf den Tod vorzubereiten. Also trug er sich mit dem Gedanken, ins Kloster zu gehen. Erst liebäugelte er mit den Jesuiten, meldete sich aber dann bei den Trappisten in Mariawald in der Eifel. »Besser zu Tode fasten als zu Tode studieren!« witzelte er später.

Davor aber, vor dem Eintritt ins Kloster, machte er noch zwei ausgedehnte Reisen; eine nach Rom und eine ins Heilige Land. Dann – so seine feste Überzeugung – wollte er die ihm noch verbliebene Zeit für das eigene Seelenheil nutzen.

Im Eifelkloster musste er sich unterordnen. Die Mönche stehen sehr früh auf, verrichten die Stundengebete der Kirche, feiern die Eucharistie und widmen sich der Handarbeit. Alles lautlos, in strengstem Stillschweigen. Sie schlafen in Sälen auf harten Strohsäcken in ihren Kleidern, im Sinne einer steten Verfügbarkeit; die Toten werden ohne Sarg, nur mit dem Ordenskleid bedeckt, in die nackte Erde gelegt. Die Trappisten sind Vegetarier. Ihr Leben spielt sich in ständiger Gemeinschaft ab; sie beten, arbeiten, studieren, essen und schlafen nie einzeln, sondern immer gemeinsam.

Für den Selbständigkeit gewohnten Pfarrer aus Vorarlberg etwas ganz Neues! Aber so wollte er es. Am Fest Mariä Geburt 1863 hatte er von den Schwestern in Agram Abschied genommen; in Mariawald erhielt der Novize den Namen Franziskus, Pater Franz nannte er sich jetzt. Das Arbeiten im Freien (Straßen reparieren, Hecken roden, Wiesen entwässern, Holz sägen und spalten) und die vegetarische Kost machten ihn von Tag zu Tag gesünder und kräftiger. Und die Oberen erkannten rasch seine Fähigkeiten. Schon wenige Wochen nach den ersten Gelübden wurde Pater Franz Subprior; später sogar Novizenmeister.

Als im Sommer 1865 der Prior von Mariawald zum Generalkapitel abreiste, übernahm Pfanner die Leitung des Klosters. (Mariawald war damals Priorat; Abtei wurde es erst später!) Zwar verwaltete er sein neues Amt regeltreu, aber für den heimkehrenden und ehrgeizigen Prior schien er zu selbstsicher zu sein. Bei der nächsten Visitation des Klosters wurde Pater Franz verklagt und kurz darauf seines Postens enthoben. Um künftige Unstimmigkeiten zu vermeiden, beauftragte man Pfanner mit einer Klosterneugründung im österreich-ungarischen Raum. Dazu kam es erst nach ein paar Jahren – und zwar am Rande von Banjaluka in Bosnien, damals noch von den Türken besetzt. Das war 1869. Zuvor hatte ihm der Abt-Visitator geraten, wieder in »die Welt zurückzugehen«, in seine alte Diözese. Dort könne er noch viel Gutes tun! Pater Franz sah es anders – und hatte am Ende Erfolg. Mariastern, wie er seine Gründung auf dem Balkan nannte, wuchs sehr schnell; nach zehn Jahren war die Zahl der Mönche auf 70 angewachsen. Das Kloster sollte zur Abteil erhoben und Pfanner erster Abt werden.

Wenn keiner geht, dann gehe ich!

Prior Franz Pfanner, dem jüngsten Mitglied auf dem Generalkapitel der Trappisten in Septfons/Frankreich, winkte also 1879 der Krummstab. Der 54-jährige Vorarlberger hatte schon bei seiner Ankunft vom Generalvikar vernommen, dass seine Ernennung anstehe – zusammen mit der Erhebung Mariasterns zur Abtei.

Doch da wurde der Ablauf der Tagesordnung gestört; ein südafrikanischer Bischof bat die streng beschaulichen Mönche um ein Dutzend mutiger Leute für sein Missionsgebiet. Betretenes Schweigen bei den Kapitularen. Wie sollte man dem Prälaten möglichst schonend beibringen, dass die kontemplativen Trappisten andere Aufgaben als aktive Seelsorge hätten?! Doch der Bischof ließ nicht locker; er wolle beschauliche, Ackerbau treibende und handwerklich versierte Mönche; damit die Afrikaner von ihnen lernten – Arbeiten vor allem, aber vielleicht auch Beten. Weil keiner willens war, meldete sich Pfanner zu Worte: »Wenn keiner geht, dann gehe ich!«

Wieder zurück in Mariastern, gab der Prior die bevorstehende Afrika-Expedition bekannt. Seine Mitbrüder waren begeistert. Und als er scherzhaft sagte, er könne dort nur sonnengebräunte Männer gebrauchen, weil Bleichgesichter die afrikanische Sonne nicht aushielten, meldeten sich sogar die Schneider und Schuster zur Feldarbeit, um nur ja rasch braun – und mitgenommen zu werden.

Am 22. Juni 1880 war's so weit. Prior Franz richtete ein letztes väterliches Wort an die zurückbleibenden Mitbrüder, ein letzter Friedenskuss – und 30 Mönche plus ein Laie, ein Buchdrucker, zogen zur Klosterpforte hinaus, einer ungewissen Zukunft entgegen.[6]

Nach einer beschwerlichen Seereise erreichten die wackeren Mönche südafrikanischen Boden; die erste Enttäuschung war groß; das »Klostergelände« von Dunbrody, das ihnen der Missionsbischof versprochen hatte, war eine heruntergekommene Farm, mit verkrüppeltem Steppengras und steinigen Böden. Ein Blechschuppen diente als Notunterkunft. Dennoch machten sich die Brüder sofort an die Arbeit. Sie rodeten, bebauten Felder und legten Gärten an. Aber der lebenspendende Regen blieb aus. Was trotzdem reifte, wurde ein Raub der Affen und Vögel und anderer Tiere. In dieser misslichen Lage gestand schließlich der Bischof, er habe kein Geld mehr; die finanziellen Mittel, die er den Trappisten für die ersten beiden Jahre versprochen hatte, könne er nicht mehr aufbringen. Das Unternehmen »Dunbrody« (übrigens nach einer Kloster-Ruine in Süd-Ostirland benannt) endete als Katastrophe.

Pfanner war der Verzweiflung nahe. Er reiste nach Europa, um Gelder zusammenzutrommeln, auch um weitere Berufe anzuwerben. Den Brüdern am Kap schrieb er: »Schaut euch nach einer anderen

Missionsabt Franz Pfanner, der Gründer von Mariannhill in Südafrika

Niederlassung um, am besten in Natal, fragt den dortigen Apostolischen Vikar, ob er bereit wäre, uns aufzunehmen!«

Jolivet, Bischof von Pietermaritzburg (und ganz Natal) sagte zu. Per Schiff und Ochsenwagen gelangten die Mönche nach Durban; es war spät im Jahre 1882. Pfanner traf Ende Dezember, vom Generalkapitel kommend, dort ein, ließ sich kurz über die Lage der von Jolivet angebotenen Missionsstation unterrichten – und entschied sich dagegen. Er ritt sofort nach Pietermaritzburg, legte dem Prälaten seine Einwände vor und schickte ein Telegramm an die Wagenkolonne seiner Mönche: »Das Ganze halt! Die Ochsen zurück! Pater Franz.«

Schon in den kommenden Tagen, kurz vor Weihnachten, machte Pfanner eine andere Farm ausfindig – in der Nähe des Städtchens Pinetown, knappe 20 Kilometer von Durban entfernt. Dort wollten sie neu beginnen. Doch da geschah ein Missgeschick. Ausgerechnet am 2.Weihnachtstag (in Südafrika kein Feiertag!) blieb schon der erste Ochsenkarren im Schlamm stecken. Es war später Nachmittag. Der Hügel, wo das neue Kloster errichtet werden sollte, war nicht weit entfernt. Unmut kam auf, auch unter den Brüdern. Da entschied Prior Franz: »Abladen! Hier bleiben wir. Hier bauen wir unser Kloster. Das ist Gottes Wille!«

Man legte ein paar Meter Plane über die Ochsenwagen – und fertig war das Nachtlager auf eigenem Grund und Boden, wie Pfanner später wiederholt betonte. Und schon nach wenigen Tagen glich der »Klosterplatz« eher einem Soldatenlager – voller Zelte, Hütten und Baracken – als einer künftigen Abtei. Die beschaulichen Mönche von Mariastern legten Felder und Gärten an, bauten Straßen und Brücken, sägten und hobelten und mauerten, sofern sie nicht das Chorgebet verrichteten oder schliefen. Über allem Tun lag eine freudige Erwartung, wie denn das neue Kloster heißen sollte. Endlich brach Prior Franz das Schweigen: »Mariannhill ist sein Name, denn zu Ehren der Gottesmutter und der Heiligen Mutter Anna wollen wir es bauen. Mary-Ann-Hill wird es heißen, weil der Hauptbau dieser Gründung auf einer kleinen Anhöhe zu stehen kommt!«

Gottes Segen lag offensichtlich auf diesem Werk des Vorarlbergers. Nach wenigen Monaten waren Brunnen gebohrt, Backöfen gebaut, Keller ausgeschachtet und Werkstätten errichtet. Nach knapp einem Jahr waren aus den 30 müden Männern, die am Stefanstag 1882 die Ochsenwagen abluden, inzwischen 80 geworden. Einige von ihnen waren aus Mariastern nachgeholt worden.

Das war also die Situation, die Georg Streicher vorfand, als er in das Balkankloster eintrat bzw. zwei Jahre später, am Tag seiner Ordensprofess. Eine aufregende Zeit; eine abenteuerliche; eine herausfordernde!

Mariastern sollte nur ganz kurze Zwischenstation sein; Anlaufstelle für den Kloster-Anwärter, ehe er – von seinem Prior, dem späteren Abt Franz Pfanner ans Kap gerufen – ins Mutterkloster Mariannhill kam, dem er selber bald einen unverkennbaren Stempel aufprägen würde.

Von Banjaluka in Bosnien nach Mariannhill in KwaZulu-Natal

Warum Georg Streicher, der Schreinergeselle aus Erding, zu den Trappisten ging und was ihn dabei besonders motivierte, wissen wir nicht.

Von seiner Begegnung mit Papst Pius IX. und dem Besuch in Oberammergau einmal abgesehen, kennen wir keine Details. Dass er Franz Pfanner persönlich kennen lernte, ehe er sich in Mariastern anmeldete, kann man nicht ganz ausschließen. Und die Ausstrahlung des Vorarlbergers gerade auf junge Menschen muss gewaltig gewesen sein, wie wir aus den Lebensläufen vieler Mariannhiller Schwestern, Brüder und Patres wissen. Andererseits dürfte der junge Streicher durchaus auf Abenteuer ausgewesen sein; und Bosnien, das zunächst zu seiner neuen Heimat wurde, lag immerhin auf dem »wilden und geheimnisvollen Balkan«.

Warum er den Klosternamen »Bruder Nivard« erhalten hat, ist unbekannt. Wahrscheinlich wurde ihm – wie damals üblich – dieser Heilige einfach zugeteilt. Der selige Nivard von Clairvaux war Zisterzienser; das Wort »Nivard« ist althochdeutsch; »nid« steht für Kampfeszorn; wohl mit unserem Wort »Neid« verwandt. Und »Ward/Wart« steht für Hüter, Wächter. Nivard heißt also soviel wie »kämpferischer Wächter«. Der selige Nivard war übrigens der jüngste Bruder des heiligen Bernhard von Clairvaux und trat, seinen vier älteren Brüdern folgend, schon in jungen Jahren in Clairvaux (Diözese Troyes/Frankreich) ein. Er genoss das besondere Vertrauen seines Bruders Bernhard und war an der Gründung einiger Klöster mitbeteiligt, zum Beispiel 1132 in Vaucelles/Belgien (Provinz Namur), wo er auch als Novizenmeister tätig war. Später wirkte er in Buzay als Prior sowie in

Val-Richer und in Espina/ Spanien. Nach 1150 haben wir keine Kunde mehr über ihn; sein Gedenktag fällt auf den 7. Februar.

Ein ganz anderer Nivard war Erzbischof von Reims/Frankreich; er stammte aus dem fränkischen Hochadel und wurde am Hof König Chlodwigs II. erzogen. Als Bischof von Reims und Epernay förderte er viele Klostergründungen. Dieser (also wesentlich ältere) Heilige starb am 1. September 673 und wurde in Hautvillers bestattet; sein Gedächtnis wird am 1. September begangen.

Soviel zur Namensgebung und Deutung. Jetzt aber wieder zurück zu Nivard Streicher, den man schon bald den »braunen Abt von Mariannhill« nannte. Frotzelnderweise, gewiss, aber auch in Anerkennung seiner außergewöhnlichen Fähigkeiten und Verdienste um dieses erste beschauliche Trappistenkloster südlich der Sahara.

Während der Novize Nivard noch in Mariastern weilte – er war dort 1880 eingetreten und hat am 24. Dezember 1882 die Erste Ordensprofess abgelegt, also genau zwei Tage vor der Gründung von Mariannhill bei Durban –, rackerten Pfanner und seine Mannen im fernen Südafrika. Knapp drei Wochen nach dem Einzug der Mönche auf der ehemaligen »Seekuhgrabenfarm« (das gewaltige Stück Land, worauf Mariannhill zu stehen kam), also Mitte Januar 1883, rollten die ersten »Fliegenden Blätter« über die primitive Handpresse, die Prior Franz in seinem engen Wellblechhäuschen hatte aufstellen lassen. (Der einzige Laie – unter den 30 Mönchen –, den Pfanner von Anfang an mit auf seine Südafrika-Expedition genommen hatte, war nämlich ein gelernter Buchdrucker – und der sorgte nun dafür, dass Pfanners Freunde und Wohltäter im deutschsprachigen Europa informiert wurden; denn deren Hilfe hatten die Mönche von Mariannhill jetzt nötiger denn je.)

Nur mit Schützenhilfe aus der Heimat – mit Geld und Berufen – würde es gelingen, die Errichtung der geplanten Abtei und des späteren Missionszentrums zügig voranzubringen – und, sehr wichtig, nur mit Hilfe versierter Brüder-Mönche! Ohne die fähigen Handwerker in den eigenen Reihen wäre Mariannhill nie geworden, was es wurde. Das wusste Pfanner von Anfang an. Daher sein vermehrtes und sehr intensives Werben um tüchtige Brüder-Mönche. Bald schon waren die Zeitungen Natals voll des Lobes über das »Phänomen Pfanner« und die »Oase Mariannhill«.

Davon, von diesem »Wunder in der Wüste«, hatten auch die Mönche von Mariastern erfahren; der junge Bruder Nivard brauchte nicht erst überredet zu werden, als Prior Franz 1883 abermals um Mitbrüder für Südafrika bat. Am 28. Mai 1883 brach die Mannschaft von Banjaluka auf, von Pfanner selbst ausgesucht und angeführt. Zuvor hatte er offiziell auf den Priortitel von Mariastern verzichtet. In Southampton bestiegen elf Professen (einer war krank und galt als »Zugabe« von Mariastern!), zwölf Novizen und elf Postulanten den Dampfer; letztere hatte Pater Franz neu angeworben. Unter den Elf aus Mariastern befand sich, wie schon angedeutet, auch Bruder Nivard.

Zur Gruppe um Pfanner gehörten noch sechs Schwestern aus Menzingen im Kanton Zug/Schweiz und vier deutsche Aussiedler. Insgesamt waren es 45 Personen, die er ans Kap begleitete. Wie auf allen Seereisen, wurde er seekrank; er litt schrecklich. Aber sobald es ihm wieder etwas besser ging – oder wenn gerade der Dampfer vor Anker lag, nützte er die Gelegenheit, um die Mitreisenden über Ziele und Aufgaben seiner Mönche zu informieren und ihnen dadurch auch ein wenig die Lehre des Christentums näher zu bringen.

»Meine Mannschaft«, sagte er, während das Schiff hin und her schaukelte, »meine Mannschaft (die Trappisten, meinte er; d. Verf.) schweigt von Bosnien bis Natal – mit Ausnahme von dreien, welchen ich Erlaubnis zum Sprechen und zum Verkehr mit der Außenwelt gegeben habe. Und sie schweigen mitten unter den Angriffen, Sticheleien und Lästerungen der Mitreisenden. Ein Schweigewunder! – Aber weiter: Wie konnte ich diese Leute dazu bringen? Wo liegt der Zauberstab? Was biete ich ihnen dafür? – Nun, eine ausgezeichnete Kost – nur kein Fleisch, keinen Fisch, keine Eier, keine Butter, keinen Kaffee, keinen Tee, keine Gewürze, keine Süßigkeiten. Zum Trinken erhalten sie nichts als Wasser, dieses aber in Fülle.«

Die Passagiere lauschten gespannt, wunderten sich, wollten mehr wissen. Pfanner fuhr fort: »Ich biete ihnen (den Mönchen von Mariannhill; d. Verf.) einen harten Strohsack als Bett und grobhaarige Stoffe zur Bekleidung. Ich fordere strenge Handarbeit wie Graben, Dreschen, Mähen, Waschen, Holzspalten, Bodenscheuern – und dies in Hitze, Wind, Eis und Schnee. Ich verlange von allen, um zwei Uhr früh aufzustehen. Für all das verspreche ich und gebe ich keinen

Lohn, kein Entgelt. Jeder muss auf eigene Kosten kommen, und wenn es ihm (bei uns) nicht gefällt oder wenn er nicht nach meinem Geschmack ist, auf eigene Kosten (in seine europäische Heimat; d. Verf.) zurückreisen ... Und keiner darf eine Frau nehmen. – Schließlich stellt sich die Frage: Was sind das für Leute, vielleicht lauter Dummköpfe? – Nein, es sind Leute von jedem Stand. Wir haben unter uns Offiziere, Doktoren, Ingenieure, Literaten, Barone, Grafen, sogar Generäle. Wir haben Leute mit allen möglichen Kenntnissen, Leute, welche schöne Partien in der Welt fanden, die Felder und Häuser besaßen, schöne Stellen aufgaben.«

Pfanner sah einige der Passagiere die Köpfe schütteln – und ging gleich darauf ein: »So etwas können Sie nicht fassen? So aber ist das Christentum. Es ist wie ein großer Wundergarten mit unterschiedlichen Blumen. Es gibt Blumen mit verschiedenen Farben und Düften. Übelriechende und abstoßende, aufblühende und verwelkende. Manche stehen verborgen und einsam wie die Lilien unter den Dornen ...« (Vgl. Der Trommler Gottes, Freiburg 1981, 159 ff.)

Zu den Letztgenannten zählte Pfanner natürlich auch seine Leute, die Mönche; sie nannte er zuweilen »stumme Prediger in der Wüste«. Selbstverständlich hielt er während der mehrwöchigen Seereise auch Vorträge über das Ordensleben – für seine Leute. Mehrere hat er später in den »Fliegenden Blättern« (FB) veröffentlicht. Sie handeln von den Ordensgelübden, Klosterzucht, körperlicher Abhärtung und Handarbeit; »Für uns (Trappisten; d.Verf.) ist es nötig, dass wir von den Andern nicht zu sehr abhängig sind; daher ist die Handarbeit so wichtig, damit wir die hohen Auslagen für Dienstpersonal sparen und das Geld zum Wohl der Kinder und Waisen – und zum Unterricht und für die Erziehung der Jugend – verwenden können ... Die Trappisten sind dazu berufen, die Arbeit zu heiligen ... Sie betrachten die Handarbeit aber auch als ein vorzügliches Mittel der Heiligung ... In einem Trappistenkloster, wo man die Handarbeit fleißig übt, hält sich die Ordenszucht; wo man sie nicht ernstlich betreibt, erschlafft diese, erbleicht der Eifer, nistet sich die Faulheit ein ...« (FB)

Worüber Prior Franz zu den Passagieren noch sprach: Über das Chorgebet, das Schweigen der Mönche, die Liturgiefeier u.v.m. Die jungen Klosterleute waren von seiner Art begeistert. Als sie Mitte Juli

1883 in Mariannhill eintrafen, war nicht mehr alles so neu. Pfanners Vorträge hatten viel dazu beigetragen, dass ihnen manches bekannt vorkam. Aber zu langen Überlegungen war keine Zeit. Sie wurden sofort gebraucht – an vielen Stellen. Und der junge Bruder Nivard gehörte bald zu den Beratern Pfanners beim weiteren Ausbau des Klosters.

V.

Ein Staudamm und ein Pumpwerk

Bruder Nivard zeigt großes Geschick als Wasser- und Brückeningenieur Seine heitere Lebensart und sein gesunder Humor sind sprichwörtlich

»Gründe deine Meinung nicht auf die Ansichten anderer. Unabhängig für sich zu denken, ist ein Zeichen von Furchtlosigkeit.«
Mahatma Gandhi

Der junge Mönch, der von München nach Mariannhill gekommen war, fand in Natal nicht nur ein anderes Klima vor; auch sein Arbeitsfeld war binnen weniger Monate ein total anderes. Prior Franz, der ihn inzwischen ein wenig besser kennen gelernt hatte – während der Seereise war er ihm schon angenehm aufgefallen –, machte ihn sehr bald zum technischen Berater und zum Chef über landwirtschaftliche wie bau- und ingenieur-technische Projekte.

Bruder Nivard wuchs sozusagen in seine neue Rolle hinein; mit jedem neuen Objekt, das stand, wurde er selbstsicherer und eigenständiger. Gewiss, da waren viele andere Brüder-Talente am Werk; hervorragende Fachleute auf schier allen Gebieten des Handwerks. Pfanner hatte es in seiner Schiffspredigt schon angedeutet, sogar prahlerisch gegenüber den anderen Passagieren: Seine Mönche seien ein »Ausbund von fähigen Kerlen«; Genies in der Kutte; wagemutige Männer, die alles riskierten, wenn es um die Verbreitung des Gottesreiches ginge. Bruder Nivard war also keineswegs allein gelassen. Jeder der Brüder beherrschte auf seine Weise seinen Beruf. Jeder trug etwas Wichtiges bei, damit die Niederlassung bei Durban wuchs und

Die Mühle von Mariannhill,
das Erstlingswerk des Schreinergesellen aus Erding – als Architekt

Eine von mehreren Brücken, die Bruder Nivard
im südlichen Afrika gebaut hat

gedieh. Wie in einem Ameisenhaufen, wusste jeder einzelne, dass es gewiss auch ohne ihn ginge, aber nicht so gut! Und dass jeder sein Steinchen beizutragen hätte zum Gesamtwerk.

Pater Franz dirigierte und delegierte. Er war der Motor – und der geniale Beschaffer von Geldern und Berufen. Wenn er die Trommel schlug, wenn er quer durch Europa reiste, dann flogen ihm die zum Ordens- und Missionsleben willigen Männer und Frauen nur so zu. Als zwei Jahre nach der Ankunft des Bruder Nivard Mariannhill zur Abtei erhoben und Pfanner zum ersten Abt gewählt wurde, gehörten bereits mehr Mönche zu Mariannhill als bei seiner Abreise in Banjaluka zu Mariastern.

Um es nochmals deutlich hervorzuheben: Es waren viele fähige Mönche, vor allem Brüder, die Mariannhill auf- und ausgebaut haben. Ohne Pfanner wäre es nie dazu gekommen. Aber ohne Bruder Nivard hätte es wohl ein ganz anderes Gesicht bekommen, möglicherweise ein weniger markantes und weniger originelles! Ihm verdankt die heutige Missionszentrale unendlich viel; seine großen Bauten sind nach wie vor sichtbare Zeichen seines Genies.

Sein erstes größeres Werk als künftiger Klosterarchitekt war der Bau der mehrstöckigen Mühle. Sie steht heute noch, wenn auch inzwischen für andere Zwecke verwendet. Lange Jahre lief hier die erste Schnellpresse Südafrikas; lange Jahre wurden hier die Mariannhiller Zeitschriften und Kalender gedruckt. Ein imposanter Bau – und als Erstlingswerk des Erdingers gewiss etwas Außergewöhnliches.

Der Johannesbrunnen bei Mariannhill

Bruder Nivard, der neben der Volksschule und seiner Gesellenausbildung keinerlei Schulen besuchte, hatte schon in frühen Jahren eine Begabung zum Schreiben und Fabulieren gezeigt. Wir erinnern uns an die Memoiren des 22-jährigen während seiner Militärzeit!

In Südafrika entwickelte er sich sehr schnell zu einem hervorragenden Beobachter und Erzähler. Prior Franz hat ihn denn auch ermutigt, für die Wohltäter und Freunde in Europa einen Artikel über das neue Wasserwerk von Mariannhill zu schreiben. Der als »Johannesbrunnen« bekannte Stausee und die daran angeschlossene Turbine mit Pumpwerk und Reservoir war eine erste Meisterleistung des gelernten Schreiners und angehenden Architekten und Ingenieurs. Sein Bericht wurde am 26. August 1884 in »Der Trappist unter den Kaffern« (TR) veröffentlicht. Wir bringen nachfolgend ein paar wichtige Passagen daraus:

»Als unser heiliger Vater Benedikt auf der Felsenhöhe von Subiaco sein Kloster gründete und seine Schüler mit großer Mühe das nötige Wasser hinaufschaffen mussten, baten diese ihn, das Kloster in eine wasserreiche Gegend zu versetzen. Der Heilige willigte zwar nicht ein, bat aber den lieben Gott inständig – und als die Brüder zurückkehrten, fanden sie einen frischen Quell auf der dürren Höhe.«

Nach dieser legendären Einleitung kam er gleich auf Mariannhill zu sprechen: Der vorgesehene Hügel sei zwar dominierend für die ganze Region, aber es fehle da oben die Lebensader, das Wasser. »Seit einigen Tagen plätschert aber auf dem von afrikanischer Sonne ausgebrannten Scheitel des Hügels ein frischer Quell ... Freilich können wir nicht sagen, dass unser Glaube und Gebet so stark sei wie beim heiligen Benedikt, aber die gütige Vorsehung hat uns doch Mittel und

Der Johannesbrunnen

Wege an die Hand gegeben, auf eine ganz natürliche Weise unser zukünftiges Kloster mit Wasser zu versorgen.« (TR)

Gewiss, der vorgesehene Klosterbau auf dem Maria-Anna-Hügel kam nie zustande; der Auf- und Ausbau von zahlreichen Außenstationen hat dies lange verzögert und verschoben, bis man – nach Jahren – gar nicht mehr daran dachte, die ursprünglichen Pläne zu verwirklichen. Heute steht auf dem Mary-Ann-Hill (Maria-Anna-Hügel) eine Votivkapelle zum heiligsten Herzen Jesu; sie war kurz nach dem Ersten Weltkrieg zum Dank für Gottes Schutz und Segen errichtet worden.

Aber zurück zu Bruder Nivards Beschreibung der Stauanlage und des Pumpwerkes: »Der unsere Farm durchziehende Fluss Umhlatuzane bespült auch den Fuß des Maria-Anna-Hügels; so lag die Idee nahe, dessen Wasserkraft an einer geeigneten Stelle zum Betrieb eines Pumpwerks auszunützen. Da aber das kleine Wässerlein in der Regenzeit unglaublich schnell und hoch anschwillt, müsste auf die Anlage eine dem größten Hochwasser trotzenden Werkes geachtet werden. Am Fuße einer jäh abschießenden Felswand fanden wir endlich den günstigen Punkt. Dort zieht sich nun ein 33 Meter langer Steindamm über das Flussbett und staut das Wasser zu einem anmutigen See, in dem sich die mit tropischen Gewächsen bedeckten Felswände spiegeln. Der Damm hat eine Höhe von 2,20 Meter, einen Fuß von 3,30 Meter und eine Krone von 1,70 Meter Breite.« (TR, 8/1884)

Da der Grund durchgehend felsig sei, habe man die Spalten wasserdicht mit Zement ausgefugt, an anderen Stellen Felsbrocken gesprengt. »Ein Durchlass von 0,30 Quadratmeter Querschnitt ermöglicht ein vollständiges Ablassen des künstlichen Sees. An den Damm dicht anschließend und zum Teil in diesen hineingemauert steht ein aufrechter eiserner Kessel von 3,50 Meter Höhe und 1 Meter Durchmesser. In diesen gut verschließbaren Kessel ist eine Turbine mit Pumpe angebracht, welche auch beim stärksten Hochwasser wohl geborgen sind … Die Aufgabe (der Pumpe) besteht darin, per Stunde 18 Hektoliter Wasser 96 Meter hoch zu fördern. Das nutzbare Gefälle für die Turbine ist 2,40 Meter. Obiger Kessel ist im Innern durch eine senkrechte Scheidewand wasserdicht in zwei Hälften geteilt. Die eine, dem Damm zugekehrte Seite, nimmt das Triebwasser auf und führt es der unten liegenden Partial-Giard-Turbine zu. Die Achse mit dem Laufrad ist im oberen Teil des Kessels an einem Überwasserzapfen aufgehangen und wird unten von einem mit Zentrier-Schrauben versehenen Porkholzlager geführt …(TR, 8/1884)

Die bis ins Detail gehende Beschreibung weist Bruder Nivard als Fachmann aus. Er, der erst vor einem Jahr nach Mariannhill gekommen war – und von Staudämmen und Pumpen und Wasserwerken keinen blassen Dunst hatte –, hat sich inzwischen ein phänomenales Wissen angeeignet, das selbst diplomierten Ingenieuren gut gestanden hätte.

Seinen Artikel beschließt er so: »Recht glücklich ist die Bezeichnung des Brunnens mit dem Namen des heiligen Johannes des Täufers. Nicht nur dass der hl. Johannes der erste und vollkommenste Trappist war und uns in allen Tugenden als Vorbild dienen kann, ich glaube auch, dass dieser seine Fürbitte bei Gott für recht viele von den uns umgebenden Afrikanern ein wahrer Johannes, ein Taufbrunnen, werden wird, an dem sie dann jenes lebendige Wasser schöpfen können, welches fließt ins ewige Leben. Gott gebe es.« (TR, 8/1884)

Prior Franz Pfanner erweiterte die Namensdeutung: Ein anderer Johannes, ein großer Wohltäter aus München, sei ebenfalls mit diesem Stausee zu Ehren gekommen; ein Johannes Baptist Rath; seine Spende habe dazu beigetragen, dass der Johannesbrunnen errichtet werden konnte. Eine weitere Gabe sei von der Herder'schen Verlagshandlung in Freiburg gekommen.

Fachkundiger Berater des Priors und des späteren Abtes

Es wäre nur die halbe Wahrheit, wenn wir Bruder Nivard künftig »nur« als Ingenieur und Architekt von Mariannhill und seiner Außenstationen führen würden. Er war beides – und sehr intensiv! Wir werden wiederholt darauf zurückkommen – bei der Installierung der Turbinenanlage für Mariathal, bei der Errichtung der großen Mühle von Reichenau, beim Bau von diversen Brücken und Straßen auf der Missionsfarm von Mariannhill – und natürlich laufend als Bauherr aller großen Kirchen, Internate und Schulen. Ohne Bruder Nivard lief nichts.

Aber das war noch lange nicht alles! Er wurde stets herangezogen, wenn es darum ging, neue Stationen auszukundschaften; er half mit, die richtigen Stellen zu finden, wo man künftig ein neues missionarisches Zentrum errichten wollte. Er blieb Schreiner, Bauschreiner und Zimmermann, gewiss, aber er kümmerte sich fortan auch um die Maurer-, Dachdecker-, Spengler- und Installateurs-Arbeiten. Den Schmieden und Wagnern und Sattlern gab er wertvolle Ratschläge; die Ziegelbrenner erhielten von ihm Anweisungen, mit welchem Material (wo kein Lehm vorhanden war, nahm man meistens den Boden von verlassenen Termitenhügeln) sie die Ziegel herstellen und brennen sollten. Kurzum, es gab fast keinen Bereich, wo er nicht dann und wann gebraucht wurde; wo man nicht dankbar gewesen wäre für sein fachmännisches Wissen – oder auch nur (und das war sehr viel!) für seinen praktischen Hausverstand.

Wenngleich kein gelernter Landwirt, so gab Pater Franz doch sehr viel auf den Selfmademan aus Erding, der eben auch für die Farmer am Kap der Guten Hoffnung so manchen guten Tipp parat hatte, vor allem, wenn es um ihre landwirtschaftlichen Maschinen ging – oder um das Bohren von Brunnen und das Errichten künstlicher Erddämme zur Speicherung von Regenwasser.

Ein Artikel aus dem Jahr 1884 (eine Beilage zu »Der Trappist unter den Kaffern«) aus der Feder von Prior Pfanner beruft sich immer wieder auf den »fachkundigen Bruder«, der so ziemlich alles reparieren konnte und auch in schwierigen Situationen noch Rat wusste.

Da ist von seinem Besuch bei einem Farmer die Rede, der nebenbei auch Fabrikant sei. Er besitzt eine Mühle mit »französischen Steinen und eine hydraulische Ölpresse und ist eingerichtet auf Wasser- und Dampfkraft«. Aber seine Ölpresse war kaputt und seine Getreidemühle stotterte; das Wasserrad tat nicht mehr seine Dienste.

Pfanner: »Eine erbärmliche Wirtschaft, eine verzweifelte Müllerei! Noch erbärmlicher die Ölpresse!« Beide hatten dem Farmer viel Geld gekostet. Nun waren sie außer Betrieb. Aber der Prior war nicht allein gekommen; er »hatte einen fachkundigen Bruder« dabei – und der fühlte der kranken Presse und der verlotterten Mühle gleich auf den Zahn. In Pfanners Bericht heißt es weiter: »Zum Ersten fanden wir seinen Damm, der einst ganz von Zement und Stein gebaut worden war, voller Löcher. Ebenso schadhaft war der Wasserkanal vom Damm bis zum Wasserrad. Das Rad selbst hing auf schiefen, faulen Lagern und war daran, in die Tiefe zu stürzen. Das Eingeweide der Mühle und der Ölpresse war in noch erbärmlicherem Zustand ...« Man gab dem niedrigen Wasserstand die Schuld, oder schimpfte über die Inder und Afrikaner, die sowohl die Presse als auch die Mühle bedienten.

Als Pfanner auf einen zusätzlichen Dampfkessel verwies, hieß es, das sei ein »Lückenbüßer für das mangelnde Wasser«; man habe ihn erst gar nicht bedient, aus schierer Angst, er könne explodieren. Bruder Nivard, der alles mitanhörte, platzte vor Lachen. Pfanner nennt ihn gar »unseren stets heiteren, zum Lachen geneigten Bruder«. Und wie erstaunt war der Farmer, als er hörte, dass der Kloster-Ingenieur willens war, binnen weniger Tage die Gesamtanlage, also Mühle und Presse, zu reparieren.

Zusammen mit drei weiteren Brüdern kehrte Nivard auf die Farm zurück. Während ein Maurer den Damm ausbesserte und ein Steinmetz sich an der Unterlage beschäftigte, reparierte der Erdinger die Radschaufeln und das »Eingeweide« von Mühle und Ölpresse.

Das sprach sich schnell herum. Bald kamen Farmer und Fabrikbesitzer von anderen Teilen Südafrikas und baten ebenfalls um Bruder Nivards Hilfe. Pfanner spottete indes in seinem Artikel über die Lätschigkeit der südafrikanischen Bauern, die nicht wüssten, wie man eine Wagendeichsel oder einen Pflug repariere, aber um so eifriger zu den Trappisten von Mariannhill kämen.

»Ich kann wirklich die großartigsten Werke mit meinen Brüdern wagen«, schreibt er. »Vor einigen Wochen handelte es sich darum, eine neue Straße von hier nach Pinetown (eine Stunde zu Fuß) anzulegen. Von Rechtswegen hätten die Angrenzer sich beteiligen müssen; denn es waren mehrere sumpfige Stellen und Bäche zu überqueren und kurz vor der Stadt der reißende Umbilo-Fluss. Hätte ich jeden beim Recht nehmen wollen, so hätten wir in zwei Jahren noch keine Straße gehabt.« (TR, 8/1884)

Binnen fünf Wochen waren die Sümpfe und Bäche mit Brücken und Furten »passabel« gemacht; darunter eine Steinbrücke über den Umbilo. Abschließend schrieb Pfanner: »Bei dieser Gelegenheit kann ich mit Freude bemerken, dass wir hier einen ›Ausbund‹ von guten, geschickten und wohldisziplinierten Brüdern haben. Es ist eine wahre Freude, solche zu kommandieren.«

Hier noch eine andere Anmerkung, die darauf schließen lässt, dass man ihm, Pfanner, vorgeworfen hat, er habe die »besten Kräfte« aus Mariastern in Bosnien abgezogen. Dort sei niemand, den es etwas angehe »oder der sich darüber beschweren darf; denn ich bin es, der alle nach Bosnien gebracht hat. Also konnte ich als Oberer des Hauses (als Prior der dortigen Ordensgemeinschaft; d.Verf.) sie wieder von Bosnien wegnehmen«. – Wir erinnern uns: Bruder Nivard war unter denen, die von Mariastern nach Mariannhill gerufen wurden – von Pfanner persönlich!

Und den Anderen, die ihn kritisierten, er schnappe ihnen (den anderen Klöstern) die besten Leute weg, sagte er pointiert: »Was kann ich dafür, wenn jene guten und tüchtigen Brüder lieber mit dem Pater Franz gehen wollen? – Es wären noch viel mehr Novizen mit mir gezogen, wenn ich nicht als Bedingung das Reisegeld von jedem verlangt hätte ...« (TR, 8/1884)

Der Prior von Mariannhill wusste also sehr wohl, was er Männern wie Bruder Nivard verdankte. Er war stolz auf sie – und er verteidigte sie, wann immer dies nötig schien.

Aufruf an die Oberen und Schaffner der Stationen

Eigentlich gab es keinen wirtschaftlich-ökonomischen Bereich in Mariannhill und auf seinen zahlreichen Außenstationen, wo Bruder Nivard nicht irgendwie, irgendwann mitbeteiligt war. Das begann schon mit der Wahl des Standortes. Davon wird noch wiederholt die Rede sein – von Nivard, dem cleveren Pfadfinder in Sachen Neugründung.

Bei den diversen Großbauten hatte er praktisch immer seine Hand im Spiel, nicht nur beim Erstellen der Baupläne, auch beim Beschaffen der Materialien sowie beim Aufbau selber. – Im übrigen musste jede Station – und die lagen ja mitunter sehr weit auseinander – darauf bedacht sein, möglichst unabhängig zu wirtschaften. Je autonomer sie wurde, um so weniger Sorgen hatte man – im Regelfall – in der Missionszentrale von Mariannhill. So wundert es nicht, dass schon frühzeitig auch Richtlinien erarbeitet wurden, um ein möglichst reibungsloses Verwalten der Klostergüter zu gewährleisten. Auch da mischte Bruder Nivard mit.

Aus einem Memorandum, das Pater Ivo Hohmann (er stammte aus Hilders bei Fulda und war 1891 in Mariannhill eingetreten) verfasst und Abt Amandus Schölzig (der Nachfolger Pfanners) versandt hat, geht hervor, dass Bruder Nivard von allen Stationsoberen eine gewisse Buchführung einforderte – mit jährlicher Inventur usw. Auch hatte man damals schon das Rechnungsjahr jeweils mit dem 30. Juni abgeschlossen. Alle handwerklichen Betriebe, aber auch die Landwirtschaft und die Schulen wurden angewiesen, nicht nur genauestens Buch zu führen, sondern auch dafür zu sorgen, dass man möglichst sparsam mit den »weltlichen Gütern« umging: »Ein besonderes Augenmerk wird auf die landwirtschaftlichen Betriebe zu richten sein, da man in diesem Punkte, scheint es, bisher ganz unbekümmert ins Blaue hineingewirtschaftet , -gelebt und gearbeitet hat, aber niemand kann sagen, ob wir mit Nutzen wirtschaften, oder wie viel Schaden wir bei all unseren Mühen und Sorgen haben. Das kann und soll anders werden. Wir sind nicht Eigentümer der Klostergüter, sondern nur die Verwalter derselben, und die von uns gelobte Armut erlaubt uns nicht, mit den uns anvertrauten Gütern nur immer so fort ins Blaue hinein zu wirtschaften. Die Rechenschaft, die man einst von uns fordern wird, wird sich wahrscheinlich auch auf die uns anvertrauten Güter erstrecken. Es ist ein schreiendes Unrecht, wenn wir die uns durch die göttliche Vorsehung zufließenden Mittel ohne viel Kopfzerbrechen einfach aufzehren, während durch weise Sparsamkeit und verständiges Wirtschaften viel, viel erspart werden könnte, womit wir in den Stand gesetzt würden, das Licht des heiligen Glaubens zu Tausenden von anderen Heiden zu tragen …« (GA)

Das waren sehr deutliche Mahnworte – vom 19. August 1896. Sie stammten in ihrer Formulierung so nicht von Bruder Nivard, aber seine Bemühungen um eine ordentliche Buchführung und eine jährliche Inventur waren diesem Schreiben vorausgegangen. Man war sich in Mariannhill durchaus bewusst, dass die Almosen, die aus Europa sehr reichlich flossen – nicht zuletzt Dank der Werbetätigkeit Pfanners und mehrerer noch von ihm eingesetzter sogenannter »Bettelbrüder« – sorgfältig verwaltet und genutzt werden müssten. Dazu brauchte es wohl von Zeit zu Zeit ein kleines Mahnwort an jene, die nicht näher darüber nachdachten und vielleicht auch keine Ahnung hatten, wie schwer es war, die Gaben der Wohltäter so regelmäßig zu bekommen. Der Aufruf, jede Station möge mit der Zeit sich selbst erhalten, war eben auch ein Wink, die gelobte Armut auch im Alltag zu leben.

Eine kurze Geschichte von einem langen Gehrock

Dass Bruder Nivards Geisteshaltung näher bei der Heiterkeit und beim Humor angesiedelt war als bei ernster Buchführung und Verwaltungsproblemen, wissen wir. Aber er verstand es durchaus, das eine zu tun oder zu fordern, ohne das andere ganz zu vernachlässigen.

Über seine witzig-humorvolle Art erfahren wir zuweilen aus seinen Briefen an die Angehörigen zu Hause – oder aus einem Zeitschriften–Artikel, der seine Handschrift trägt. Die folgende Geschichte hat er uns selber aufgeschrieben; sie wurde im Mariannhiller Kalender abgedruckt. (Wir bringen sie etwas gerafft, aber im Originalton; notwendige Erklärungen wurden in Klammern gesetzt.)

Der Schneidergustl war aus der Fremde zurückgekehrt (von der Walz; denn ehe sich ein Handwerker niederlassen durfte, musste er zuvor bei mehreren anderen Meistern seines Berufes gearbeitet haben; d. Verf.). Sein Vater, ein ehrsamer Schneidermeister, war schon lange tot; Mutter und Schwester aber hatten mit Sehnsucht des Tages geharrt, da Gustl heimkehrte und des Vaters Geschäft übernehme. Getreulich wollten sie ihm mit Nadel und Fingerhut zur Seite stehen. Jetzt war's soweit. Da ein eigener Laden für Gustl unerschwinglich war, etablierte er seine Werkstatt in der Wohnung der Mutter, droben im zweiten Stock. Ein kurzes Inserat im Wochen- und Amtsblatt vermeldete dieses Ereignis den Bewohnern des kleinen Provinzstädtchens (Erding; d. Verf.), das übrigens innerhalb seiner Ringmauern schon ein halbes Dutzend solcher Nadelhelden barg.

Gustl pfiff manches Liedchen zum Fenster hinaus, um sich die Zeit zu vertreiben, denn kein einziger Kunde wollte sich melden … Aber die erste müßige Woche war verstrichen, und nun brütete Gustl über einen Plan, der ihn sicherlich auf die Beine bringen müsste.

»Schorschl« (gemeint ist Georg Streicher, alias Bruder Nivard; d. Verf.) sagte er zum Sohn seines Hausherrn, der erst kürzlich des Königs blauen Waffenrock ausgezogen hatte (wir erinnern uns: Georg Streicher war von 1874–1877 Soldat; d. Verf.) und dem die vor drei Jahren abgelegte Zivilkleidung nicht mehr recht passen wollte, »Schorschl, du brauchst notwendig einen neuen Anzug. Ich habe die neuesten und feinsten englischen Stoffe mitgebracht und mache dir nun einen Anzug nach dem neuesten Schnitt – einen langen Gehrock, die Schöße zurückgestochen, mit Rabatten und Aufschlägen dran. Sollst mal sehn, wie die Leut spitzen (aufmerken; d. Verf.) werden; die sollen aber auch wissen, dass sie künftig nicht mehr nach München zu laufen brauchen eines modernen Anzugs wegen.

Schorschl ging auf den Vorschlag seines Kameraden ein – und siehe, schon am nächsten Sonntag macht der famose Gehrock sein stolzes Debüt. In der Kirche, auf der Promenade, im Wirtshaus – überall wurde Schorschls Gehrock bewundert – Gustl, der nicht mehr von dessen Seite kam, wurde nicht müde, auf die neugierigen Fragen seiner künftigen Kunden Red und Antwort zu stehen. Ja, er hatte einen guten Wurf gemacht; sein Ruf als vorzüglicher Schneidermeister war gegründet …

Bald darauf konnte man Rock und Träger drüben am freundlichen Neckar und später an der Saale grünem Strande sich sonnen sehen. Eines Tages erblickte man ihn am Fuße der Alpen. In Oberammergau beim Passionsspiel. Ahnungslos traf Schorschl hier sein liebes, gutes Mütterlein zu seiner und nicht minder der Mutter unbändigen Freude. (Wir wissen bereits: Hier in Oberammergau fielen wohl die Würfel; hier reifte der endgültige Entschluss, ins Kloster zu gehen; d. Verf.) Das Spiel war schön; namentlich bewegte unsern Schorschl die tiefergreifende Szene vom Abschied des Herrn von seiner Mutter in Bethanien. Fast hörbar schlug und hämmerte dabei sein Herz unter dem langen Gehrock; denn ohne dass die Mutter es wusste, trug er sich seit letzter Zeit mit gar sonderbaren Gedanken und Entschlüssen, die er niemand anvertrauen wollte. Eine Mutter blickt tief; als sie am nächsten Morgen ihren Sohn anschaute und ihm die Hand zum Abschied bot, sah sie dicke Tränen in seinen Augen glänzen. Unwillkürlich wurden auch ihr die Augen feucht. Was hat er vor? Wohin will er wohl gehen? Sie sinnt und sinnt, doch kann sie's nicht ergründen.

Hier wollen wir die von Bruder Nivard so titulierte und selbst aufgezeichnete »kurze Geschichte vom langen Gehrock« unterbrechen. Denn diese Abschiedszene zwischen ihm und seiner Mutter spricht Bände. Zärtlicher, wohlwollender, liebevoller kann man sie kaum beschreiben. Respekt und Ehrfurcht sprechen aus den Gesten und Worten beider.

Nachforschungen beim Archivar von Oberammergau bestätigen: 1880 gab es insgesamt 39 Aufführungen. Dass Mutter und Sohn die gleiche Vorführung besuchten, war gewiss ein Zufall. Einen schöneren hätten sie sich kaum wünschen können. Und wir wissen auch: Bereits am 20. November 1880 hatte der Schreinergeselle aus Erding im fernen Mariastern bei Banjaluka in Bosnien mit dem Noviziat begonnen, also mit der offiziellen Einführung und Einübung ins klösterliche Leben.

Jetzt aber wieder zurück zum Gehrock. Was passierte mit ihm? – Lassen wir Bruder Nivard weitererzählen:

Bald hing unser Gehrock wohlgeborgen im Vestiarium (Kleiderraum; d.Verf.) des Trappistenklosters Mariastern in Bosnien, gehütet vom gestrengen Pater Alberich, einem ehemaligen österreichischen Offizier, der aber unter seiner martialischen Miene ein seelengutes Herz barg. Der lange Rock (des Schorschl aus Erding; d.Verf.) schien seinem ehemaligen Träger noch zu kurz, denn er wählte jetzt einen noch längeren (die Mönchskutte; d.Verf.); wohl war der nicht nach modernem Schnitt, sondern stammte noch aus Sankt Benedikts Tagen, das heißt wie man ihn schon vor mehr als 1300 Jahren getragen hat. Dennoch ist er ihm über alles teuer und lieb, und er will ihn behalten bis ins Grab. (Ein weiterer Hinweis auf die Lebensweise der Trappisten; sie werden im Ordenshabit begraben – ohne Sarg; d.Verf.)

Der alte Gehrock (des Schreinergesellen Georg Streicher; d.Verf.) war also vergessen; er schien bewahrt und aufgehoben zu sein. Doch siehe, da kommt plötzlich Pater Franz (Pfanner) aus Südafrika nach Mariastern zurück, um frische Mannschaft für Mariannhill zu werben. Am nächsten Samstag hängt er in der Zelle unseres jungen Professen, der alte, stark nach Kampfer riechende Gehrock nebst anderem Krimskrams, in den sich die Weltleute einzuwickeln pflegen; und am Sonntag früh, noch vor Tagesanbruch, rudert Marco, der getreue

Fährmann, den Gehrock samt seinem Besitzer über den reißenden Vrbas. Dann konnte man Rock und Mann in Wien, München, Köln und London sehen. In letzter Stadt, um verschiedene Vorbereitungen zu treffen, bis Pater Franz mit seiner Mannschaft (33 Personen) eintraf. (Der Prior von Mariannhill scheint also sehr schnell die Fähigkeiten des Bruder Nivard erkannt zu haben; wie sonst hätte er ihn schon vor der Seereise mit Sonderaufträgen versehen können? Der Schreinergeselle aus Erding schien Pfanner zu imponieren; d.Verf.)

Wie geht die Geschichte vom langen Gehrock weiter? Nach vier Wochen erreichte das Grüppchen um Prior Franz das Kap der Guten Hoffnung, und Bruder Nivards Gehrock gelangte ins Vestiarium von Mariannhill, das Pater Josef Biegner verwaltete. Dann geschah Folgendes – wie Bruder Nivard selber erzählt:

Eines Tages stürzte ein Ochs eine steile Felswand hinab und musste notgeschlachtet werden. Das Fleisch wurde an die Afrikaner verteilt, die von allen Himmelsrichtungen herbeigeeilt waren – wie die Geier zu einem Aas. Pater Josef verteilte den Ochsen – und gab manchem dieser halbnackten Menschen noch ein Kleidungsstück aus dem Vestiar dazu.

Der frühere Inhaber des Gehrocks war damals gerade damit beschäftigt, die ersten Notbauten zu errichten – da sieht er einen hochgewachsenen, breitschultrigen Schwarzen daherkommen. Der hat weder Hemd noch Hose an, nur eine aus Affenschwänzen hergestellte Umutscha (Lendenschurz der Zulu; d.Verf.) hängt um seine Lenden. Doch siehe da, der Mann trägt (über dem Schurz) seinen berühmten Gehrock! Offenbar hat ihm Pater Josef denselben geschenkt. Was tut auch ein langer Rock in einem Trappisten-Vestiar – zumal hier im Heidenland, wo es so viele Nackte zu bekleiden gibt?!

Bruder Nivard schließt seinen humorvollen Beitrag so:

Der Schwarze (mit dem Gehrock über dem Lendenschurz) marschiert stolz dahin; er trägt einen Stock über der Schulter, und daran hängt ein mächtiges Stück Ochsenfleisch, eine ganze Keule! Aus dem Innern dieser Fleischmasse tropft dem unseligen Menschen ein ganzes Bächlein brauner Brühe über den Rücken. Der alte Gehrock sieht aus, wie weiland der bunte Rock des ägyptischen Josef, als ihn seine Brüder dem Altvater Jakob zeigten … (mmk 1909)

Eine ganz andere, nicht minder interessante Geschichte entnehmen wir dem in Maritzburg erscheinenden »Agricultural Journal« (1/1906). Es ist ein Leserbrief des Bruder Nivard zum Thema »Sauerkraut«.

Einleitend verweist das Blatt, das auf Wunsch des Schreibers keinen Namen nennt, es habe einen Beitrag von einer »most competent authority« erhalten. Dann folgt der Leserbrief des Mariannhiller Mönches:

Jeder Kohlkopf, vorausgesetzt er sei rund und mit festen Blättern versehen, eigne sich für gutes Sauerkraut. »Drumhead« werde aber besonders favorisiert. Sauerkraut könne man in jeder Menge zubereiten. »Wir (Mönche) schlagen zuweilen 300 Kohlköpfe ein.« Doch für den normalen Haushalt reiche ein Krug von zwei bis drei Gallonen.

Dann beschreibt Bruder Nivard die exakte Vorbereitung und Herstellung; auch, wie man das Sauerkraut konserviert und abdeckt, wieviel Wasser man notfalls beimengt und wie lange man es kochen solle. Kurzum – es ist ein perfektes Küchenrezept: Sogar die Nachbehandlung, wenn man Portionen aus dem Krug entfernt hat, wird genauestens beschrieben.[7]

Die Leser des Journals hätten gewiss noch mehr gestaunt, wäre ihnen der Autor des Briefes bekannt geworden. Das aber wollte der schlaue Erdinger vorerst verhindern.

VI.

Expeditionen und Abenteuer im südlichen Afrika

Bruder Nivard und Abt Franz Pfanner sind ein ausgezeichnetes Missions-Team

> »Wenn ihr seid, was ihr sein sollt, dann werdet ihr Feuer auf der ganzen Erde anzünden.«
> *Katharina von Siena*

Ein gutes »Gespann«, wie man in Bayern sagt: Sie verstanden sich, sie schätzten – wechselweise – ihre Fähigkeiten, und ergänzten sich so in vielerlei Hinsicht.

Franz Pfanner war 1885 zum Abt gewählt worden; Mariannhill hatte einen sehr steilen Aufstieg, nicht zuletzt wegen der Tatkraft des Gründers und seines sonst unter Kirchenmännern eher seltenen Geschicks, Geld und Berufe zu bekommen. Wenn er quer durch die deutschsprachigen Lande zog, meldeten sich Dutzende von jungen Männern und Frauen, die willens waren, mit ihm nach Südafrika zu ziehen.

Wenn es ums Geld ging – eigentlich ging es immer auch um Geld! –, dann war Pfanner ein Bettel-Genie. Es kamen gewaltige Summen zusammen – meist aber immer noch zu wenig, um die sich rasch ausbreitende Missionszentrale finanziell abzusichern – und, neuerdings, die immer zahlreicheren Stationen im Hinterland.

Gewiss, die Trappistenmönche hatten ursprünglich nicht vor, missionarisch aktiv zu werden. Als Bischof Ricards sie ans Kap der Guten Hoffnung rief, schwebte ihm ein beschauliches Kloster vor. Er wollte Mönche, ackerbautreibende und betende Mönche. So – schweigend und arbeitend – sollten sie den Schwarzen vor Ort ein Beispiel geben.

Als Pfanner am zweiten Weihnachtag 1882 mit seiner Ochsenwagenkolonne im Schlamm stecken blieb und, weil der Abend bereits dämmerte, er abladen und provisorische Zelte zum Übernachten aufschlagen ließ, da dachte wohl keiner der Mönche, er am allerwenigsten, daran, dass genau dieser Ort einst zum Mittelpunkt einer gewaltigen Missionszentrale werden sollte. Damals waren alle der Meinung: Wenn erst mal die Klostergebäude stehen, dann wird auch ein geregeltes Klosterleben Einzug halten. Mit Mönchen, die sich auch künftig am benediktinischen Ora et labora orientieren würden – und an der stabilitas loci, dem zusätzlichen Versprechen der Bodenständigkeit. An Wandermönche und missionierende Glaubensboten hatte damals niemand gedacht. Schon gar nicht an Außenposten, die sich zu selbständigen Missionszentren entwickeln würden.

Aber genau das kam – und zwar schon sehr schnell nach der Grundsteinlegung in Mariannhill. Es waren vor allem schwarze Häuptlinge, die immer wieder um Schulen und Hospitäler im Hinterland bettelten. Vom Christentum war zunächst weniger die Rede. Aber daran dachte Pfanner!

Der einst kränkelnde Dorfpfarrer von Haselstauden mauserte sich zum glühenden Glaubensboten; und er riss viele seiner Mönche mit. Dass dabei das beschauliche Leben zu kurz kam – zumindest zeitweise – verursachte ihm zwar hin und wieder Kopfschmerzen, aber am Ende siegte die »missionarische Vernunft«: Wenn Menschen um die Gnade der Taufe betteln, wenn »Heiden«, wie man damals die Nicht-Christen in Afrika nannte, ernsthaft ihre Bekehrung anstreben, dann – so Pfanner – habe kein Mönch das Recht, hinterm Ofen sitzen zu bleiben – nur weil die Regel es so wolle. Wenn und wo es um die »Rettung von Seelen« gehe, müssten egoistische Eigenziele zurückstehen.

Was war die Folge? – Mariannhill breitete sich aus, die Mönche wurden Missionare – seit 1885 tatkräftig unterstützt von einer großen Schar Schwestern, die Pfanner selber nach Afrika gerufen und für die er eine eigene Gemeinschaft gestiftet hatte. Die einst homogene Gemeinschaft der Mönche (Abt, Patres und Brüder) zerstreute sich immer häufiger und immer anhaltender. Die diversen Außenposten verlangten die Präsenz der mittlerweile aktive Seelsorge treibenden Trappisten.

Dass damit – zwischen dem Ideal des kontemplativen Mönches und dem des missionierenden Glaubensboten – eine gewisse innere Spannung entstehen würde, war vorauszusehen.

Einige wenige wollten partout alle Ordensregeln einhalten; andere – sie waren in der Mehrzahl – vertraten eher den Standpunkt Pfanners: Regel ja, aber nicht stur und blindlings, sondern dort angepasst, wo dies nötig schien, also auf den Außenstationen zum Beispiel. Der Abt betonte die Ordenszucht, ganz gewiss; aber er machte laufend Ausnahmen, auch schon für die Novizen, wenn diese eben dringend gebraucht wurden.

Zunächst, über einige Jahre hinweg, ging alles ganz gut. Mönche wirkten als Missionare. In diese Zeit fällt auch die große Ausdehnung des Wirkungsfeldes der Trappisten von Mariannhill. (Auf die spätere Spannung kommen wir noch zurück – an anderer Stelle!)

Und dabei waren Bruder Nivard und Abt Franz fürwahr ein Herz und eine Seele. Beiden machte es Spaß, neue Stationen ausfindig zu machen, zu planen und zu organisieren. Uns liegen mehrere Detail-Berichte darüber vor, wie sie diesbezüglich zu Werke gingen – und welche Abenteuer sie mitunter erlebten.

Aufbruch zum Polela in den Drakensbergen

Eine solche abenteuerliche Expedition fand 1886 statt, also ein Jahr nach der Erhebung Mariannhills zur Abtei. Wir haben eine ziemlich genaue Schilderung zum Teil aus der Feder des damaligen Priors Pater Josef Biegner, zum Teil aus einem Brief des Bruder Nivard. Er war nämlich maßgeblich daran beteiligt.

Es ging um die Erkundung und den Ankauf einer Farm am Polela-Fluss im südwestlichen Natal – in unmittelbarer Nachbarschaft zu den Drakensbergen, wo im Winter (im südlichen Afrika sind das die Monate Juni, Juli und August) auch schon mal Schnee fällt. Es handelt sich um die spätere Missionsstation Reichenau. Pater Josef nennt den 28. Oktober als Tag der Abreise:

»Alles war bereit, das Wohnhaus für die abgehenden Brüder mit einem Priester hatte man auf den Ochsenwagen geladen; das nötige

Werkzeug und Material für den Bau der Schule sowie auch die Nahrungsmittel für einige Monate. Vier Ochsenwagen hatte man von unseren Nachbarn gedungen, zwei waren unsere eigenen Wagengespanne. Insgesamt waren es also sechs Karren. Es war ein feierlicher Zug – diese beladenen Wagen, jeder mit vierzehn Ochsen bespannt. Das ist hier so üblich. Schon mancher Afrika-Reisende meinte denn auch: Wenn es keine Ochsen gäbe, könnte man diese Touren gar nicht machen. Namentlich da nicht, wo es recht bucklig ist wie hier im Natal, wo man die Berge und Täler gar nicht zählen kann. Wie könnte man sonst ohne so viele Ochsen einen so schwer beladenen Wagen über so steile Berge ziehen? Wie den Wagen aus dem Sumpf herausziehen – ohne Vorspann? Auf einer so weiten Reise braucht es mindestens zwei Gespanne; damit notfalls das eine dem anderen Hilfe leisten kann. Die Reise (des Mariannhiller Pionierteams; d.Verf.) wird übrigens zehn Tage in Anspruch nehmen.«

Ein Brief Bruder Nivards, am 6. und 7. November 1886 am Polela geschrieben, ergänzt den Bericht des Priors; er wirft vor allem Licht auf diese unwahrscheinlich anstrengende und riskante Expedition.

Bruder Nivard war der Ochsenwagen-Karawane nachgeritten, die von Pater Arsenius Tercko angeführt wurde. Er wollte die Polela-Pioniere auf halbem Weg treffen und, wenn nötig, ihnen behilflich sein. Aber da die sechs Gespanne zeitlich im Verzug waren, hatte er etwas Zeit – und schrieb schon mal über seine eigenen Erlebnisse.

Er nächtigt bei einem Herrn Mitchel. Draußen herrscht schreckliches Wetter; es ist nasskalt. Und keine Spur von den Mitbrüdern. Bruder Nivard vermutet schlimme Weg-Probleme. Er bedauert die »armen Brüder« bei so einem Wetter. Mit ihm war ein Afrikaner namens Jakob: »Nachmittags ritten wir in Richtung (Pieter)Maritzburg auf der Straße zurück und fanden nach zwölf Meilen die Spuren der Wagen … Wir folgten den Spuren bis in den Abend hinein unter Nebel und Regen – und erreichten bei einbrechender Dunkelheit einen Farmer auf dem Hochplateau; von diesem erfuhren wir, dass diese Spuren von leeren Wagen und einem leichten Karren herrührten. Der gute Mann gab uns für Ross und Reiter Quartier für die Nacht. Am Donnerstag morgen ritten wir weiter gen Maritzburg, und zwar nur so weit, um abends wieder bei Mr. Mitchel eintreffen zu können. Da wir auf der ganzen Route keine Spur auffanden, stieg in mir die Vermutung auf, die Karawane könnte den Ixopoweg eingeschlagen haben. Nach einem harten Ritt erreichten wir abends Mr. Mitchel, aber nirgends die kleinste Spur.« (VG, 11/1886)

Anderntags, schon in aller Frühe, sandte Bruder Nivard den Jakob Richtung Ixopo. Er selber ritt zum Gelände, wo künftig die Station errichtet werden sollte. Seine Schilderung: Es sieht sehr öd aus; das Gras ist abgebrannt; der Polela führt wenig Wasser. Aber das Stück Land ist vielversprechend: Fruchtbares Tiefland, wo man eine künstliche Bewässerung installieren kann, »das beste Stück Land für viele Meilen im Umkreis. Ich glaube, unsere Brüder werden sich für ihre Strapazen entschädigt fühlen, wenn sie vom letzten Berg aus hier herein sehen können. Gegen drei Uhr machte ich mich auf die Rückreise. Es war sehr helles, schönes Wetter; man glaubte, die Drakensberge kaum einen Büchsenschuss weit vor sich zu sehen. Während ich mein Pferd sattelnd, an dem nahebei gelegenen Kral stand, begann der Wind die Wolken zusammenzutreiben, und in kurzer Zeit tobte ein heftiger Sturm. Er jagte dichte Regenwolken über den Boden, sodass ich kaum noch den Wasserfall zu finden vermochte. Donner und Blitz, Sturm und Regen stritten um die Herrschaft. Man konnte kaum zwei Pferdelängen vor sich sehen – und nur mit knapper Not fand ich den Weg. Endlich erreichte ich, trotz des Regenmantels tüchtig eingewässert, das gastliche Dach des Mr. Mitchel. Es war ein schauerlicher Ritt. Jakob war noch nicht zurückgekehrt.« (VG, s.o.)

Spät am Abend, als Bruder Nivard in seinen nassen Kleidern frierend über das Schicksal seiner Brüder und des schwarzen Gehilfen nachdachte – und schon einen größeren Unfall an die Wand malte, da traf endlich (»Deo gratias!«) Jakob zusammen mit Bruder Fridolin ein, mit der Nachricht, dass die Wagenkolonne noch etwa 30 Meilen vom künftigen Reichenau entfernt sei, und dass man damit rechne, kommenden Dienstag dort anzukommen. Die Karawane hatte den Weg über Ixopo eingeschlagen; daher die zeitliche Verzögerung.

Bruder Nivard beschließt seinen Brief-Bericht mit den folgenden Beobachtungen: »Von den Drakensbergen, welche seit gestern (Samstag, den 6. November 1886) fest eingeschneit sind, stürmt ein eisiger Wind herab; seit heute morgen tragen auch alle benachbarten Berge dicke weiße Hauben. Wie wundert man sich, wenn man seit drei Jahren (Bruder Nivard war 1883 nach Mariannhill gekommen; d.Verf.) in der südlichen Hitze gelebt hat, und sieht dann wieder einmal Schnee! Wie werden unsere Brüder bei ihrer Ankunft diese Schneehäupter anstaunen! Ich reise heute mit Bruder Fridolin und Jakob den (Ochsen-) Wagen entgegen und freue mich, wenn in meinem von Tee und Kaffee ausgeschwemmten Magen wieder eine ordentliche Bohnensuppe Einzug hält. Brot ist hier fast nirgends zu bekommen, allenfalls Biskuit. Wie ich höre, ist das (Trappisten-)Brot bei den Wagen auch schon alle geworden. Wir drei zittern vor Kälte. Fiat voluntas tua!« (VG, 11/1886)

Mit dem Great Eastern nach Blitzberg und Reichenau

Ähnlich abenteuerliche Expeditionen folgten auch in den kommenden Jahren. Und immer hatte Bruder Nivard seine Hände mit im Spiel. Ohne ihn, den Beauftragten des Abtes, lief nichts mehr. Seine Berichte und Briefe, zunächst nur für Pfanner geschrieben, doch später für die Freunde und Wohltäter Mariannhills veröffentlicht, atmen Unternehmungslust und Freude am Neuen und Unvorhergesehenen. Sie ergänzen die Eindrücke des Abtes. Der plauderte immer wieder von seinen Erkundigungen:

»Auf der Hauptstraße von Maritzburg nach dem Griqualand, wo ich vor 14 Tagen eine Rundreise gemacht hatte, trafen wir an der Stelle, wo sie sich mit der Nebenstraße nach Polela kreuzt, ein prächtiges Plätzchen für eine Missionsstation. Egal, von wo man herkommt, man muss hier vorbei. Sobald ich Nachricht hatte, dass dieser Platz zu verkaufen sei, schickte ich zwei Brüder hin, um darum zu handeln. Am 2. Juni (1887) kam Bruder Nivard abends spät zum Eigentümer; am 3. Juni schloss er den Kauf ab. Sobald dieser Kauf abgeschlossen war, schlugen zwölf Brüder die ersten Pickel in den Grund. Denn diese warteten nur auf das letzte Wort des Kaufes; sie waren gerade von Reichenau auf dem Heimweg (nach Mariannhill; d.Verf.) begriffen und fuhren an diesem Ort vorbei. Bruder Nivard hatte noch vor Abschluss des Handels ihr Fuhrwerk angehalten. So ging es Schlag auf Schlag – wie der Blitz. Der letzte Handschlag beim Kauf war der erste Streich beim Bau. Ich hatte diesen Platz schon vor dem Kauf Blitzberg genannt, weil es dort oft und arg blitzt und einschlägt. Da dachte ich mir: Da gehören Brüder und Schwestern hin, die mit dem Kreuz und mit Gebet den Blitz vertreiben! Das Motto und zugleich die Aufschrift auf die Haustür dieser künftigen Station soll der Vers aus dem Lobgesang der drei Jünglinge im Feuerofen sein: Benedicite fulgura et nubes Domino (Ihr Blitze und Wolken lobet den Herrn!). Ich vertraue fest, dass von nun an der Blitz an diesem Ort nicht mehr schaden wird.« (JB, 1887)

Pfanner, schon immer ein exzellenter Trommler in Sachen Mission, fügte auch gleich einen nur halbversteckten Aufruf hinzu: »Jener Landwirt, der auf seinen Feldern viel von Einschlägen zu leiden hatte, wird ebenfalls verschont werden, wenn er ›Blitzberg‹ stiftet. Warum sollte nicht der eine oder andere diese Probe machen? Mancher setzt oft viel mehr in eine Lotterie oder in ein Hazardspiel, ohne gewiss zu sein – und verliert nicht bloß den Einsatz, sondern oft noch viel dazu, vielleicht sein ganzes Vermögen. Ich vertraue auf das Gebet meiner Brüder und Schwestern viel mehr als auf Lotterie und Hazardspiel. – Kurz und gut, so ist ›Blitzberg‹ entstanden, unsere vierte Station. Wenn es auch so schnell von einem Wohltäter bezahlt wird, so heißt es aus einem weiteren Grund ›Blitzberg‹. Dann hoffe ich noch fester, dass es am ›Blitzberg‹ keine schädlichen Einschläge mehr geben wird, und dass der Stifter von ›Blitzberg-Mission‹ auch nichts mehr zu leiden haben wird.« (JB, 1887)

Die Fortsetzung lässt Abt Franz den Bruder Nivard schreiben; das heißt, er übernimmt ganze Passagen aus dessen Brief und lässt diesen, anschließend an seinen Bericht, abdrucken:

»Ehrwürdiger Vater, ich verließ Reichenau am grimmig kalten Montagmorgen; während ich mich wusch um 3 Uhr früh, fror die Waschschüssel an den Stein. Ich traf den mit Werkzeugen, Bauholz und Lebensmittel beladenen Wagen schon über Mitchels Store hinaus. Ich zog die noch schlafenden Afrikaner unter dem Wagen hervor, und sie waren nicht wenig erstaunt, mich und die aufgehende Sonne zu sehen. Ich trieb sie zur Eile an und machte dann einen Abstecher vom Weg nach Jacksons-Bush und bestellte dorten das vorläufig nötige Bauholz, welches von unseren heimkehrenden Wagen mitgenommen werden kann. Viertel nach 3 Uhr nachmittags kam ich in Blitzberg an; die Entfernung von Reichenau bis dorten beträgt 52 (englische) Meilen.«

Dann schildert Bruder Nivard die Fahrt mit dem »Great Eastern«, den die Brüder zu einem »Dreidecker-Wagen« ganz besonderer Art umgebaut hatten; ein Phänomen für sich, das in ganz Natal für Aufsehen gesorgt hat! Seine Beschreibung ist schillernd und eindrucksvoll – und nicht ohne Humor und Witz. »Oben von der Straße aus sah ich, wie der Great Eastern schon seine Anker ausgeworfen und sich auf dem neuen Platz festgeklammert hatte; die braunen Ameisen (ironisch für die Brüder, die braune Habite trugen; d.Verf.) wühlten schon Steine aus dem Boden. Bruder Nepomuk hat seine Nadel mit dem Brecheisen vertauscht, Bruder Bernard quält sich mit dem Pickel Steine loszumachen, der Tischler Bruder Napoleon radelt die Steine auf dem Schubkarren zum Bauplatz – und, ein Wildling, wie er ist, hat er zu schwer aufgeladen und die Achse gebrochen. Jetzt müssen halt drei Mann die Steine mit dem Schubkarren herbeitragen. Die Maurer sind schon vier Fuß über dem Fundament und warten auf Gerüstholz. Bruder Kolumban mit seinen Ochsen und seinen Kaffernschlitten (primitive Holzschlitten, die über den trockenen Grund gezogen werden; d.Verf.) schleppt auch Steine herbei, und drunten bei der Quelle ›Schönbrunn‹, da brodelt und kocht es; und sobald sich die Sonne über die Berge hinuntergelassen hat, rasselt Bruder Andreas mit seinen zwei Hafendeckeln. Flink wird das Werkzeug zusammengestellt, die Vesper gebetet und zu Tisch gegangen – das heißt, ins Gras gesetzt. Jeder bekommt seinen Teller Maisbrei, den Bruder Andreas mordsmäßig steif macht, was aber gut ist, da seit Montag kein Brot mehr vorhanden ist, und wir in Ixopo auch keines kriegen können. Morgen erhoffen wir neues von den Wagen von Reichenau, dann kann der Palish wieder etwas dünner werden. Nach dem Abendessen halten wir Lesung, Komplet, Rosenkranz, Litanei, Salve Regina – und trachten gegen 8 Uhr zum Einschiffen bereit zu sein.« (JB, 1887)

Schließlich berichtet Bruder Nivard vom Umbau des Great Eastern zu einem Dreidecker: Ganz unten schlafen die »Wilden«; unterm Wagen. Auf dem Wagenboden kampiert die zweite Gruppe, und im

»Zwischendeck« eine dritte; »da hinauf verkriecht sich wie in einem Backofen die leichtere Ware«, wozu er auch sich selber zählte.

Bei Morgengrauen waren alle wieder auf den Beinen. Bruder Nivard ritt nach Ixopo, um Maismehl und Salz zu besorgen. Dabei traf er zufällig auf eine Wagenladung Bauholz, Bretter und Ziegel – von Griqualand her unterwegs. Er kaufte die ganze Ladung – und anderntags konnte Bruder Napoleon schon mit den Tür- und Fensterstöcken beginnen. Schließlich ritt er »hinunter ins Dornland«, um eine Fuhre Brennholz zu kaufen: »Ich glaubte mich nach Dunbrody versetzt (wo die Trappisten ursprünglich ansiedeln wollten, aber wegen Wassermangel und unfruchtbarem Boden wieder aufgaben; d.Verf.); nichts als Dornen; kaum durchzukommen. Es wächst dort nichts ohne künstliche Bewässerung; es ist zu trocken …« Dort traf Bruder Nivard einen Engländer namens Oaks; der ließ seine Obstgärten bewässern und erzielte gute Ernten: »Von seinen Orangen habe ich mir den Magen und die Säcke (Habittaschen!) gefüllt. Diese sollen übermorgen am heiligen Fronleichnamsfest, wenn Pater Josef (Biegner) und Pater Hyazinth (Salomon) von Reichenau kommen, zum Tafelschmaus (als Tisch diente ein alter Kistendeckel) prangen … Die Gegend hier ist dicht mit Hütten besetzt, und der Great Eastern hatte noch nicht geankert, da wollte ein Afrikaner schon Kinder schicken, weil er hörte, wir würden eine Schule gründen. Der Engländer im Dornland hat (übrigens) eine Schwarze zur Frau; die Kinder sind gut erzogen, sprechen ein sehr gutes Englisch und sind artig …« (JB, 1887) Ganz zum Schluss seines Briefes an Abt Franz geht Bruder Nivard auf die Bauvorhaben ein: Zunächst errichte man einen Stall, der aber vorübergehend von den Brüdern benützt werde. Über weitere Pläne müsse er mit Pfanner noch sprechen. »Da der Platz an einer Kreuzung von zwei Straßen liegt (Umkomanzi – Umzimkulu, Polela-Highflats), glaube ich, dass dies ein wichtiger Mittelpunkt werden dürfte. Der volle Mond scheint mir ins Zwischendeck herein; die Brüder knien schon beisammen zum Rosenkranz; drum schneide ich ganz kurz ab – und um die Hilfe des göttlichen Herzens Jesu für Blitzberg bittend verbleibe ich in Ehrfurcht und Liebe Ihr gehorsamer Br. Nivard.« (JB, 1887)

Abt Franz Pfanner ist voll des Lobes für seine Brüder: »Solche Missionare lasse ich mir gefallen!« schreibt er in der Einleitung eines Zeitschriften-Beitrags von Bruder Nivard. Er hat offensichtlich dem ausführlichen Bericht seines Vertrauensmannes – und das war der Erdinger fast von Anfang an und ist es auch für Pfanner bis zu dessen Tod geblieben – nichts hinzuzufügen. Geschrieben wurde der Brief am 12. Juni 1887 in Einsiedeln-Mission/Südafrika.

»Ehrwürdiger Vater! Wenn Sie meinen Brief vom letzten Montag erhalten haben, so wissen Sie, wie es mit der Blitzberg-Gründung bis jetzt gegangen ist. Ich habe nämlich das Land gekauft, so dass die Brüder schon am nächsten Morgen zu bauen anfingen. Und am Fronleichnamsfest kam Pater Josef (Biegner) von Reichenau (die erste Missions-Filiale von Mariannhill, 1886 gegründet; d.Verf.) herunter, um die erste hl. Messe zu lesen. Wie es nun weiterging, will ich Ihnen in diesem Brief mitteilen.« (JB, 6/1887)

Dann plaudert Bruder Nivard in seiner gekonnten Weise; schildert seinen Ritt nach Einsiedeln, wo der Frachtwagen mit Werkzeugen, Bauholz und Lebensmitteln beladen wurde. Den Zeltwagen (Great Eastern!) schickte er nach Mariannhill zurück, da inzwischen eine kleine Bretterhütte errichtet worden war.

Noch unterwegs, auf der Höhe des Wasserfalls, geriet Bruder Nivard in einen Hagelsturm, »der mir beinahe Hände und Gesicht zerfetzte; nur mit Mühe konnte ich mein Pferd vorwärts bringen. Ich dankte Gott, als ich den Einschnitt am Umkomas erreichte, wo ich etwas Deckung gegen das Unwetter fand. Ich kam am Nachmittag mit heiler Haut nach Einsiedeln und traf gleich die nötigen Anstalten, um den Wagen am nächsten Morgen mit Bruder Engelbert nach Blitzberg abgehen zu lassen.«

Zwischenzeitlich erledigte Bruder Nivard ein paar andere Geschäfte und ritt schnurstracks zurück nach Blitzberg, um dort bei der anderntags anberaumten Landvermessung dabei zu sein. Davor besorgte er in (dem Städtchen) Richmond »25 Pfund Eisenzeug« für den Hausbau in Blitzberg. »Wie lustig das Reiten war mit 25 Pfund am Sattel, können Sie sich vorstellen! Als dann auch noch der Riemen der Packtasche sowie meiner Umhängetasche riss, musste ich die langen Schrauben und Nägel in die Habittasche stecken. Dank den Schneidern, die mir einen extra starken Habit zum Reisen mit festen Zwillichsäcken gemacht haben! So ging es ganz leidlich im Trab dahin. Als ich die Höhe von Inkumbine erreichte, sah ich am andern Ufer des Flusses bereits den Zeltwagen stehen und führte meinen Gaul den steilen Berg hinunter. Ehe ich noch zum Fluss kam, hörte ich Bruder Engelbert, der sich schon heiser geschrieen hatte, auf seine Ochsen hineinwettern. Er war etwa 10 Klafter im Fluss und hatte sich an einem der vielen Steinklötze, die in dieser Drift liegen, festgefahren. Bruder Kolumban stand auf der anderen Seite und schickte mit einem Afrikaner zehn Ochsen durchs Wasser, um vorzuspannen. Nun hatten wir 28 Ochsen am Wagen, einen Afrikaner an der Spitze zum Führen, zwei andere an beiden Seiten zum Treiben. Bruder Engelbert stand am Wagen, ich ritt in den Fluss hinein, nahm ebenfalls eine Peitsche – und dann versuchten wir anzufahren. Die Schwarzen schrien mörderisch, die Peitschen zischten im Wasser und auf den Ochsen. Vergebens. Es war unmöglich, das Gespann gleichmäßig zum Anzug zu bringen. Ich war schon tüchtig nass und ritt auf die andere Seite des Flusses, um mein Pferd dem Bruder Kolumban zu geben, damit er als alter Ochsenfuhrmann das Kommando im Wasser übernehme. Doch auch er konnte nichts ausrichten. Die Sonne war längst untergegangen. Ich konnte vom Ufer aus weder Wagen noch Ochsen sehen. Ich hörte nur noch das Geschrei der Afrikaner und das Zischen der Peitschen. Ich schrie aus Leibeskräften hinüber, alle Ochsen auszuspannen und aus dem Wasser zu bringen und den Wagen über Nacht im Wasser zu lassen. Es war (nämlich) schon ganz empfindlich kalt, und die armen Tiere waren über drei Stunden im Wasser – bei einer Tiefe von vier Fuß; sie zitterten, als sie an Land kamen. Dann kam auch Bruder Engelbert, richtig wie eine getaufte Maus, triefend von Wasser. Er hatte seinen Habit ausgezogen und war in Hemd und Hose ins Wasser gesprungen, um die an den Jochen verwickelten Ochsen zurecht zu richten. Schnell machten wir Feuer; Bruder Kolumban hatte etwas trockene Wäsche für den armen Bruder, der nun, in eine Decke gewickelt, sich wieder erwärmte und bald mit heißem Kaffee sich das Dasein ein wenig angenehmer machen konnte.« (JB, 6/1887)

Wie ging's weiter? Was wurde aus dem Ochsenkarren mitten im Fluss? – Nun, nachdem Bruder Kolumban wieder zu Kräften gekommen und sich auch ein wenig erholt hatte, ging er zum Wagen zurück. Es sei zu gefährlich für andere Fuhrwerke, die möglicherweise nachts oder im Nebel die gleiche Furt nehmen wollten. Aber es war auch für den Bruder gefährlich – so mutterseelenallein, mitten im Fluss! Daher entschloss sich Bruder Nivard, Bruder Kolumban Gesellschaft zu leisten; jetzt froren beide. Gegen vier Uhr früh kehrte er ans Ufer zurück, fütterte sein Pferd und sattelte es. Dann, bei Mondlicht und dichtem weißen Nebel über dem Fluss, machte er sich auf den Weg. Es war kalt; die Finger waren klamm. Aber er wollte ja rechtzeitig in Blitzberg sein – wegen der Landvermessung!

Der Geometer traf erst am Nachmittag ein. Es wurde Abend, bis alles erledigt war. Nun ritt Bruder Nivard – noch in der Nacht – nach Einsiedeln zurück. Gegen 10 Uhr erreichte er den Umkomas. »Stille herrschte in dem von himmelblauen Felswänden eingeschlossenen Tal, der Mond war noch nicht aufgegangen, doch der klare Sternenhimmel spiegelte sich in der schauerlichen Tiefe des ruhigen und klaren Wassers. Welcher Kontrast mit dem gestrigen Abend, wo das grässliche Geschrei der Ochsentreiber die Luft erfüllte« – rings um den steckengebliebenen großen Zeltwagen; der war übrigens am Morgen gegen 10 Uhr aus dem Fluss herausgebracht worden, nachdem die Ochsen über Nacht sich ausgeruht hatten und auch kräftig gefüttert worden waren.

Zurück zu Bruder Nivard, dessen Gaul bedenklich die Ohren spitzte und recht »unschlüssig in das ruhige Wasser schaute mit den vielen tausend Sternlein«. Nur mit Mühe brachte er das Tier in den Fluss: »Als es mit breiter Brust das Wasser teilte, gleich einem Schifflein, fingen die Sternlein an zu schaukeln und zu tanzen, sodass sogar mir vor den Augen flimmerte. ›Major‹, mein Pferd, fand das bewegte Spiel nicht so interessant; es wurde unruhig und wollte im Galopp aus diesem Wirrwarr von Sternen und Wassern herausspringen. Doch die vielen Steinblöcke im Fluss machten die Sache schwierig. Ich hatte Mühe, mich im Sattel zu halten und war gefasst, ein nächtliches Vollbad – ohne Ihre (Abt Franz ist gemeint; d.Verf.) schriftliche Erlaubnis nehmen zu dürfen. Doch mein heiliger Schutzengel, welcher sicher einer der meistbeschäftigten im Chor der

Schutzgeister ist, brachte mich auch diesmal wieder glücklich ans Trockene.

Als ich gegen Mitternacht auf die Höhe von Nichelson kam, schlich sich der Mond über den Busch herauf und leuchtete mir bis Einsiedeln hinunter, welches ich um halb zwei Uhr früh erreichte. Ohne jemanden zu stören, versorgte ich mein müdes Pferd und verkroch mich in die Streu im Stall – bis Bruder Sebastian am Morgen kam und mich wach schüttelte. Ich bin froh, dass heute Samstag ist und ich mich geistig und körperlich etwas restaurieren kann.

Der Zeltwagen ist gestern Abend hier eingetroffen und wird anstatt nach Hause von hier mit einer Ladung nach Reichenau fahren und erst in drei Wochen in Mariannhill zurück sein ...« (JB, 6/1887).

Zum Schluss seines ausführlichen und äußerst interessanten Briefes bittet er Abt Franz um seinen Segen und um das Gebet der Mönchsgemeinde. Nach seiner Unterschrift folgt noch ein kurzes PS:

»Sie fragen in Ihrem letzten Brieflein, ob Bruder Cyprian schon ein Kreuz errichtet hat. Ich habe ihm einen Gummibaumstamm von etwa 30 Fuß Länge von Ixopo herausschaffen lassen und bin sicher, dass, bis Sie diesen Brief lesen, das Zeichen des Heils aufgepflanzt ist.«

An anderer Stelle, wohl von Abt Franz oder einem der Patres verfasst, finden wir eine kurze Passage über Bruder Nivards Reise zum Polela – eine Schmunzelgeschichte, die den Erdinger Schreinergesellen stichelnd vorführt: Ein kleines Malheur sei ihm passiert. Bei einem nächtlichen Ritt habe er sich ganz auf den Mond und sein eigenes Ortsgedächtnis verlassen – und verfehlte den Weg. Die Folge: Er irrte in der Steppe und in den Hügeln umher – kam dreimal zur selben Stelle zurück, zitterte vor Kälte und Hunger, bis er früh gegen drei Uhr eine Kralhütte und ein offenes Feuer fand, wo er bis Tagesanbruch verblieb. Der Chronist fügte schmunzelnd hinzu: »Es stellte sich heraus, dass er nicht weit von unserem Land (der Missionsfarm; d.Verf.) entfernt war.« (Vgl. JB, 5/1886)

VII.

»Wie ein kleines Herrgöttle angestaunt und bewundert«

Bruder Nivard hier, Bruder Nivard dort – überall, wo Entscheidungen fallen

»Das Gesetz der Zurückhaltung ist bestimmt, durch das Recht der Herzlichkeit durchbrochen zu werden. Also sagen wir dem Andern, dass er mit uns rechnen kann, wenn er in Not ist.«
Albert Schweitzer

In den 80er Jahren (des 19. Jahrhunderts) bestimmte Franz Pfanner weithin die Richtung Mariannhills in Südafrika. Der Abt war der Motor für das Mutterkloster wie für seine Filialen im Hinterland. Ohne ihn geschah nichts. »Unser Missionsfeld ist ein Stück vom Reiche Gottes – und das hat keine Grenzen!« lautete einer seiner Schlachtrufe. Seine Mönche und Schwestern folgten ihm; er steckte sie an mit seinem Eifer und seinem Engagement. Er beseelte sie mit gleicher Glut und Überzeugung. In seinem missionarischen Team befanden sich hervorragende Männer und Frauen. Persönlichkeiten auf ihre je eigene Weise.

Einer ragte von Anfang an heraus: der Erdinger Schreinergeselle Georg Streicher, jetzt weit über das südliche Afrika hin als Bruder Nivard bekannt. Er war in aller Munde. Über ihn schrieb 1886 Pater Gerard Wolpert, der spätere Abt von Mariannhill: »Unser Bruder Nivard ist es, der allenthalben in Natal herum, ich möchte sagen, wie ein kleines Herrgöttle angestaunt und bewundert wird. Mehrmals wurden wir (bei Reisen und Wanderungen durch das hügelige Natal; d.Verf.) nach ihm gefragt, und wie mir scheint, haben die Protestanten hierzulande bedeutenden Respekt vor dem Trappisten, der alle diese wunderbaren Bauten und Maschinerien in Mariannhill aufgeführt hat.« (PG, 5/1886)

Damals war Bruder Nivard noch keine drei Jahre am Kap der Guten Hoffnung! Umso erstaunlicher, wie rasch sich sein Ansehen auch außerhalb des Klosters verbreitet hatte.

Im gleichen Jahr erschien der Artikel »Die ersten Eindrücke von Mariannhill«, verfasst von Th. Sp., einer Lehrerin aus Oberbayern, die später als Schwester Humbelina Spitzauer bekannt wurde. Auch in ihrem Bericht wird Bruder Nivard namentlich erwähnt:

»Am 7. Oktober (1886) landeten wir im Seehafen Durban – todmüde an Leib und Seele von der langen Seereise; wir konnten es kaum fassen, dass wir dem Ziel unserer Reise so nahe seien. Da auf einmal brauste ein Sturm der Freude durch unsere Gemüter. Drüben an Land sahen wir einen ehrwürdigen Trappistenbruder uns ein freundliches ›Willkommen‹ zuwinken. Verschwunden war die Müdigkeit, unsere Augen blitzten, und, rücksichtslos, wie die übrigen Passagiere, drängten auch wir uns der Landebrücke zu... Nach einer herzlichen Begrüßung lenkten wir unsere Schritte der Zollhalle zu. Da hörten wir hinter unserem Rücken die bekannten Worte: »Schenkts uns a Maßl Boarisch ein!« Blitzschnell machten wir entgegengesetzte Front, und was sahen wir? Der heitere Bruder Nivard stand vor uns mit einem großen Korb voll afrikanischer Früchte, Krapfen und einer Anzahl Bierflaschen – und er machte sich gleich daran, das Mitgebrachte zu verteilen. Während wir uns, auf Wollballen sitzend, alles köstlich munden ließen, drängten sich die mitgefahrenen Passagiere immer dichter um uns und starrten uns mit großem Erstaunen an. Denn die Sorgfalt des im Habit erschienenen Bruders um uns, unser Unbekümmertsein um unser Gepäck – all das schien ihnen ein Rätsel ... Und wir waren mit unserem Mahl noch nicht ganz zu Ende, da erschienen die beiden Brüder (einer hatte die Gruppe während der Seereise begleitet; d.Verf.) mit der freudigen Kunde, das Geschäft mit unserem Gepäck sei beendet; es wäre Zeit zur Abfahrt.« (VG, 11/1886)

Exkursion in den Norden von Natal

Blättert man in den Mariannhiller Zeitschriften der Gründungsjahre, dann stößt man auf viele Originalberichte aus der Feder Franz Pfanners. Er verstand es meisterhaft, seine Leser zu fesseln. Nicht minder lebendig – oft sogar witziger und humorvoller – sind die Artikel des Bruder Nivard. (Wir werden noch oft darauf zurückkommen.) Aber auch in vielen Aufsätzen des Abtes taucht der Name Bruder Nivard auf; zuweilen waren es gemeinsame Erlebnisse, von denen berichtet wird, vor allem gemeinsame Exkursionen ins Hinterland. Diese waren alles andere als einfach; und immer sehr mühsam und anstrengend. Aber Abt Franz und Bruder Nivard wussten auch den misslichsten Situationen meist noch etwas Launisches abzugewinnen.

In der Osterwoche 1886 war Pfanner zum Polela aufgebrochen; davon war schon die Rede. Ein Jahr später, wieder vor Ostern, bereiste er zusammen mit dem »Allround-Verwendbaren«, wie Mitbrüder ihn zuweilen spöttelnd nannten, in den Norden der Kolonie. Auch diesmal ging's darum, Klima und Bodenverhältnisse etc. für eine neue Missionsstation auszukundschaften. Aber geben wir dem Abt selber das Wort:

»Als wir uns dieses Mal zur Reise anschickten, dachten wir, in drei, vier Tagen zurückzukehren (nach Mariannhill; d.Verf.). Wir fuhren mit dem Spider; das ist ein amerikanischer Wagen, sehr leicht und doch stark gebaut, der wegen seiner Form ›Spider‹ (Spinne) genannt wird… Dieser Spider (sprich: Speider; d.Verf.) steigt über die größten Steine und Ränder hinweg und kann deshalb fast nie umwerfen. Man setzt damit über Graben und Gruben, durchwatet tiefe Bäche und Flüsse und fährt an den abschüssigen Halden vorbei… – Um einen großen Umweg abzuschneiden, wagten wir es, eine tiefe Schlucht zu durchsetzen. Von der Höhe besahen wir uns die Abhänge von der einen und anderen Seite; es waren jähe (abschüssig, sehr steil; d.Verf.) Wände, an denen das Vieh kaum weiden konnte. Zudem war das Gras angespickt von spitzen Steinen die aus der Erde hervorguckten. Unten sahen wir einen mit Schilf umkränzten Bach, aber nicht seine Tiefe. Nach einer halsbrecherischen Fahrt in die Tiefe, wobei unsere ›Spinne‹ über Stock und Stein kroch, kamen wir auf einer klafterhohen, mit Schilf bedeckten Ebene an. Aber wo einen Durchgang finden? Am Ufer lagen Steine vom Umfang eines Kubik-Meters übereinander geworfen, und das Wasser war drei Fuß tief. Man musste die Augen schließen, als die Pferde über diese Steinklötze hinabstiegen... – Aber das Unerhörte geschah. Die Pferde stiegen hinüber wie Ziegen, und unser Spider wie eine echte Spinne. Dann dankten wir Gott für diese mehr als glückliche Durchfahrt an einer Stelle, wo gewiss vorher niemand je durchgekommen ist. Ein protestantischer Missionar hatte uns vorher gewarnt; nicht einmal durchreiten würde er diese Schlucht!

Nun ging's die andere Wand hinauf, über Stock und Stein... Als wir auf der Höhe angekommen waren, zeichnete ich mir diese Durchfahrt als den ersten Glanzpunkt dieser Reise an und benannte den Platz »Stanley Trift«, obwohl anzunehmen ist, dass kein zweiter Wagen mehr dort durchreisen wird...« (VG, 5/1887)

Pfanner erwähnt dann ihren Heißhunger – nach den vielen Stunden im Freien: »Wir hatten nichts bei uns. Endlich kam ein Maisacker in Sicht. Aber wegen heuriger Verspätung (der Ernte; d.Verf.) war noch kein Kolben reif; erst nach langem Suchen fand Bruder Nivard ein Stück... Zuerst biss ich die halben Körner weg. Da dies aber meinen unwilligen Magen nur reizte, verzehrte ich den ganzen Stengel so weit herab, als er sich beißen ließ. Bruder Nivard musste meinem gesegneten Appetit zuschauen... So ging's weiter, eine Stunde, bis wieder ein Acker sich zeigte. Da stieg Bruder Nivard wieder ab und brachte so viele Kolben, dass sogar noch einige für die Pferde übrig blieben.« (GV, 5/1887)

Jetzt ahnten beide erstmals, warum die Schwarzen so gerne Maiskolben essen! Weiter ging's über die hügelige Gegend, über nahezu baumlose Schluchten und Abgründe. Nördlich von Greytown erreichten sie eine Region, die an die Dornenwälder am Kap erinnerte. Inzwischen hatten sie auch zwei größere Flüsse passiert, den Mooi und den Tugela. Sie führten reichlich Wasser, und die beiden Spider-Fahrer mussten die Füße einziehen, um nicht nass zu werden. Koffer, Taschen und Mäntel mussten in den Händen gehalten werden. Zwei Pferdehalfter, die aus Versehen am Boden des Spiders liegengeblieben waren, wurden fortgeschwemmt.

Die Weiterreise beschreibt Pfanner sehr ausführlich; vieles ist für ihn und Bruder Nivard Neuland – und fast alles interessant. Beide lassen sich immer wieder überraschen, wie neugierige Kinder, die auf Abenteuer aus sind. Dabei vergessen sie auch die Strapazen. Sie treffen auf weiße Farmer und protestantische Missionare, sind überrascht von der Freundlichkeit der einen oder der schrill abstoßenden Art der anderen. Und sie hören auch von Sonderlingen und Käuzen unter den Weißen im Busch, sprich Hinterland. Von einem protestantischen Missionar ist Pfanner besonders angetan: Er geht eigene Wege, kennt keine Rassenschranken und müht sich allenthalben um das Wohl und Wehe der schwarzen Bevölkerung.

In Escourt bestieg der Abt den Zug, der ihn am Montag in der Karwoche zurück nach Mariannhill bringen sollte. Bruder Nivard war noch drei Tage mit dem Spider unterwegs; er fuhr am 300 Fuß hohen Wasserfall des Umgeni vorbei und hatte noch ein paar Deichselbrüche. Sonst aber ging alles gut.

Lourdes in Südafrika – die Genesis einer Missionsstation

Dass Bruder Nivard überall mitmischte, wo etwas Neues begonnen wurde, wissen wir; das »kleine Herrgöttle«, wie Wolpert ihn nannte, war eben Fachmann in vielerlei Hinsicht, besonders, wenn es darum ging, eine neue Missions-Filiale aus der Taufe zu heben.

Über wenige Außenstationen Mariannhills sind wir so gut informiert wie über Lourdes. Bruder Nivard schrieb 1895 ein Memorandum zur Gründungsgeschichte, als er gerade zur Kur in Mariathal-Mission weilte – und zwar verfasste er das Manuskript auf Bitten des Rektors von Lourdes, Pater Ansgar. Der wollte eine Stations-Chronik anlegen, und da konnte ihm offensichtlich niemand mehr helfen als der Chef des Bauteams selber. Wenngleich dieser mehrseitige Text in dritter Person gehalten ist (also nicht in Ichform), so weist die Handschrift eindeutig seinen Autor aus. Wir werden im Folgenden mehrere Passagen daraus übernehmen.

Begonnen hatte alles zu Beginn des Jahres 1887 mit einem Inserat im Natal Mercury, einer Tageszeitung aus Durban. Dort hatte die Firma Strachan & Co. Land zum Kauf angeboten – in East-Griqualand. Pater Hyazinth Salomon von der Reichenau-Mission war um diese

Zeit von Afrikanern gebeten worden, dort – in East-Griqualand – eine Station zu gründen. Beide Umstände bewogen Abt Franz, sich die Gegend einmal anzuschauen. Er bat Bruder Nivard, ihn zu kutschieren. Über Kokstad und Ibisi ging die Fahrt nach Umzimkulu, wo Mr. Strachan residierte, aber zu der Zeit der Ankunft der Mönche abwesend war. Sein Vertreter, Mr. Brisley, spielte den Lord und ließ Abt Franz und Bruder Nivard stundenlang warten: »Erst musste er ein Bad nehmen, dann das Breakfast – und dabei wurde es Mittag. Nun wurde der Abt wild und beschloss, den Staub East-Griqulands von seinen Füßen zu schütteln; er schickte den Bruder Nivard ins Büro des Herrn Brisley, um zu vermelden, der Abt habe nicht gefunden, was er gesucht hätte – nämlich Afrikaner. Da zeigte Brisley dem Bruder einen Block von 15 Farmen – mit der Bemerkung, dass dort lauter ›Kaffern‹ wären. Bruder Nivard steckte sich eine Landkarte in die Tasche, sprang auf den Spider und fuhr gen Ixopo. Der Abt war noch wild über die schnöde Behandlung seitens Brisleys – und erst nach einiger Zeit erwähnte Bruder Nivard etwas von den 15 Farmen.« (MS/GS)

Abt Franz mit Br. Nivard auf Missionstour

Während der Fahrt erwärmte sich Abt Franz für diese Ländereien so sehr, dass er noch am Abend Bruder Nivard bat, einen Brief an Strachan zu schreiben mit der Weisung, Kaufpreis und Kaufbedingungen einzusenden. Dann wurde für zehn Shilling ein Magistratsbote engagiert, der das Schreiben persönlich abgeben und eine Antwort zurückbringen sollte.

Als nach drei Tagen – die beiden Mariannhiller Mönche waren inzwischen nach Sankt Michael weitergefahren – der Bote immer noch nicht eingetroffen war, fuhr Pfanner über Umzinto die Küste entlang nach Mariannhill zurück. Das war kurz vor Pfingsten 1887. Das Angebot des Herrn Strachan kam per Post. Die Kaufsumme lag bei 15 000 Pfund; viel zu hoch, wie Bruder Nivard meinte. Man antwortete erst gar nicht. »Die Sache schien in Ruhe zu kommen«, kommentierte Bruder Nivard. Aber dem war nicht so. Als Pater Gerard Wolpert und Bruder Nivard im August/September desselben Jahres durchs Zululand reisten und dabei auch nach Reichenau kamen, beschlossen sie auf dem Heimweg einen Abstecher ins Griqualand zu machen, um Strachans Land anzusehen, von dem Bruder Nivard ja eine Karte hatte: »Die beiden Reisenden kamen an den Umzimkulu, gegenüber dem heutigen Centocow, und Bruder Nivard warf einen sehnsüchtigen Blick auf den herrlichen Wasserfall, mit dem der Engländer (Mr. Strachan, d.Verf.) noch gar nichts anzufangen wusste …«

Anderntags betraten die beiden Trappistenmönche »zum großen Erstaunen der neugierigen Afrikaner den Boden des heutigen Lourdes; es war am 11. September 1887. Die Schwarzen waren ganz verblüfft, als Bruder Nivard aus der Karte die Namen der verschiedenen umliegenden Farmen benannte.«

Das Farmgelände wurde kreuz und quer durchritten, und beide Kundschafter fingen auch schon an, Luftschlösser zu bauen und die Plätze für Kloster und Kirche auszusuchen. »Natürlich fand Bruder Nivard bald, wo die Mühle zu bauen sei. Gerade gegenüber der heutigen Mühle saßen die zwei Reisenden im Gras. Während Schimmel und Major (ihr beiden Pferde, d.Verf.) friedlich weideten – und schmiedeten Zukunftspläne für Lourdes.« (MS/GA)

In seinem acht Jahre später geschriebenen Memorandum hält Bruder Nivard fest: »Mühle und Kloster stehen heute genau am selben Platz, wo die beiden (Kundschafter) sie damals in ihrer Phantasie hinprojiziert hatten. Nur ein Plan hat sich nicht verwirklicht – nämlich Pater Gerard wurde nicht Superior und Bruder Nivard nicht Schaffner von Lourdes. Begeistert von der herrlichen Lage, den Wäldern, Weiden und Feldern kehrten sie am 17. September nach Mariannhill zurück und erzählten dem Abt von ihren Erlebnissen ...«

Schon nach ein paar Tagen wurde Bruder Nivard von Pfanner gebeten, mit Strachan[8] erneut zu korrespondieren. Brisley führte die Verhandlungen; er reduzierte erst allmählich die Verkaufssumme auf 12 000 Pfund. Inzwischen hatte der Abt auch den Klosterrat informiert; Pfanner wurde von allen Seiten bestürmt, den Kauf nicht zu tätigen; das Kloster würde sich ruinieren. Nicht einmal die glänzende Schilderung des Bruder Nivard vermochte den Klosterrat umzustimmen.

»Da machte der Abt eine Spritztour nach den Goldfeldern im Transvaal (nach Johannesburg; d.Verf.), und vor dem Weggehen sagte er noch zu Bruder Nivard: ›Kaufen Sie Strachans Land!‹ – und reiste ab. Als er nach drei Wochen wiederkam, war der Handel abgeschlossen«, stellt Bruder Nivard in seinem Bericht nüchtern fest. Also handelte Pfanner (und in seinem Auftrag Bruder Nivard) gegen den Klosterrat – wohl aber im Sinne der Mission, wie sich später herausstellte. Denn der clevere Erdinger hatte den Kaufpreis erneut herunterdrücken können. Am Ende ging das gesamte Farmgelände (die spätere Lourdes-Mission) für 9100 Pfund an Mariannhill. Das Geld musste innerhalb von drei Jahren »zu beliebigen Zeiten und in beliebigen Summen mit 5 % Zinsen« abgezahlt werden; sollte ein viertes Jahr dazu nötig sein, dann stiegen die Zinsen auf 8 %. Aber dazu kam es erst gar nicht: »Glücklicherweise wurde im November 1890 der letzte Pfennig bezahlt, und so kamen die freien Besitztitel in die Hände der Trappisten«, schreibt Bruder Nivard. Das stimmte zwar nicht ganz; denn nachweislich erfolgte dies erst im April 1891. Aber das spielte längst keine Rolle mehr.

Nachdem also im November 1887 der Kaufabschluss vollzogen war, nahmen Abt Franz und Bruder Nivard das Gesamtgelände in Augenschein; Pater Wolpert half mit beim Abstecken der Grenzen und Bruder Leo Starke wurde zum ersten Verwalter bestimmt. Der lebte neun Monate mutterseelenallein auf der riesigen Farm: »Einen Sonntag ritt er nach Mariathal, den andern nach Reichenau (zur Eucharistiefeier; d.Verf.). Seine Hauptaufgabe war, die ausgedehnten Waldungen zu schützen, den (schwarzen) Pächtern die ersten Begriffe von Anstand beizubringen und den Pachtzins einzuziehen … Bruder Nivard besuchte den Bruder Leo ein paar Mal, um Vermessungen für den Klosterbauplatz und zur Mühlenanlage zu machen.« (MS/GA)

Das Gotteshaus in Reichenau

Die Kirche in Lourdes

Die Kathedrale in Mariannhill

Wie entwickelte sich Lourdes weiter? – Wir greifen zeitlich voraus, halten uns aber auch dabei an die Angaben von Bruder Nivard, dessen Rückblick-Memorandum ja erst 1895 geschrieben wurde.

Anfang 1889 traf Verstärkung aus dem Mutterhaus ein – mehrere Brüder und ein Pater; später kam noch »ein Karren voll Schwestern« dazu – und die »nisteten sich im Store (Kaufladen) ein«, wie Bruder Nivard in seiner liebevoll spöttelnden Art vermerkte. Auf der Veranda des Ladens hatte man eine Notkapelle eingerichtet, »wo Pater Arsenius morgens um 4 Uhr bei grimmiger Kälte die heilige Messe las – und das arme Volk (das Häuflein Trappisten und Schwestern; d.Verf.) zitterte und fror«. Eines Morgens brannte das Grasdach lichterloh; nur mit Mühe konnten Altar und Kirchenbänke gerettet werden.

Mitte 1889 begann man mit der Errichtung eines Dammes, eines Wasserkanals, der Mühle und des Sägewerkes; um Mariahimmelfahrt im folgenden Jahr konnte bereits die Mahlmühle, im Dezember die Sägemühle in Betrieb genommen werden. Daran war Bruder Nivard maßgeblich beteiligt. Wir kommen darauf noch zurück. Und 1894/95 wurde der Kirchbau in Auftrag gegeben, wiederum nach den Plänen des Klosterarchitekten Bruder Nivard.

Von einer anderen Expedition erzählt Bruder Nivard in einem Brief »An die christliche Gemeinde von Mariannhill / Meine lieben Väter und Brüder!« Geschrieben wurde dieser am 5. Januar 1888 im Kral Bezweni. Den Auftrag dazu hatte wieder Abt Franz gegeben. Er wollte wohl die Mitbrüder im Mutterkloster nicht im Ungewissen lassen. Und weil er wusste, wie flott und bildhaft Bruder Nivard zu schreiben verstand, hatte er diesen gebeten, einen Überblick zu geben über die Ereignisse und Erlebnisse, die sie beide hatten. Nachgedruckt wurde der Artikel im St. Josefsblättchen.

Kreuz und quer – auf halsbrecherischen Wegen

»Richtscheit und Winkelmaß habe ich aus der Hand gelegt, um den Peitschenstiel und das Leitseil zu ergreifen; nun soll ich, nachdem ich ausgespannt und die zwei Schimmel auf die Weide gejagt habe, den Federkiel anfassen und Ihnen von unseren Glanzpunkten berichten. Dass wir am letzten Montag bei Nacht und Nebel verschwunden sind, werden sich wohl die Meisten gedacht haben, da mit Tagesanbruch keine Spur mehr von uns in Mariannhill zu sehen war. Auf dem ausgefahrenen sandigen Weg erreichten wir um halbzehn Uhr Einsiedeln.« (JB, 1/1888)

Dort trafen sie die Schwestern beim Unterrichten von 20 Krausköpfchen im früheren Maissilo neben dem Pferdestall. Das Mobiliar bestand aus Kisten und Brettern; auch als Katheder diente eine Holzkiste, und der Fußboden war lehmgestampft; durch die Decke hing Haferstroh herab; die Fenster waren kleine Mauerlöcher. »Das einzig Frappante war die schwarze Schultafel mit den feinsäuberlich notierten Buchstaben (des ABC's; d.Verf.) Der ehrwürdige Vater beschied Schwestern und Brüder nacheinander zur Audienz; die zwei Schimmel taten sich gütlich am herrlichen Hafer; ich sah mir Felder und Gärten an und machte Pläne für eine Wasserversorgung. Verschiedene Bauprojekte wurden diskutiert, namentlich der Um- und Ausbau der Schule … – Im Obst- und Gemüsegarten lässt sich die Hand des Bruders Lukas nicht verkennen; gegen hundert Obstbäume sind frisch gepflanzt und haben sehr gut angeschlagen; ein weiteres Hundert wartet der Versetzung ... Lange Beete mit Erdbeeren spielen lieblich in Rot und Grün. Die Feigenbäume strotzen von Früchten. Äpfel sind ziemlich angesetzt, sogar einige sehr schöne Birnen. Bohnen , Kartoffel und Hafer warten schmerzlich auf Regen. Das ist Einsiedeln gegenwärtig.« (JB, 1/1888)

Am nächsten Morgen lenkte Bruder Nivard den Spider Richtung Blitzberg; nach der Messe (um halbdrei Uhr) waren sie schon aufgebrochen. Vor Ort besichtigten sie die im Aufbau befindliche Station, den Obst- und Gemüsegarten (»Trotz sengender Hitze gibt die herrliche Quelle ein prächtig eiskaltes Wasser!«) und fuhren nachmittags weiter nach Umzimkulu, wo sie Mr. Strachan besuchten, bewunderten dessen Wohnsitz, einen großen kralähnlich gebauten Rundbau mit spitzem Strohdach und einer Ringmauer mit gewaltigen Steinblöcken. Bruder Nivard ist angetan von der Inneneinrichtung: Bretterboden, Fenster, Glastüren, Tische u.dgl. mehr. »Der ehrw. Vater hat vorhin den Rosenkranz in der Stube auf- und abgehend gebetet: jetzt sitzt er etwas hinter mir und macht ein recht gesundes Schläfchen, dessen ich mich herzlich freue, weil ich weiß, wie wenig er die letzten Nächte geschlafen hat ...« (JB, 1/1888)

Wieder einen Tag später waren die beiden Mönche erneut mit dem Spider unterwegs, diesmal auf recht halsbrecherischen Pfaden. Der Boden war lehmig-schlüpfrig, »wie Schmalz«, denn es hatte etwas geregnet. Mr. Strachan hatte sie zuvor eine Zeitlang begleitet, neben ihnen herreitend, und ihnen beim Durchfahren besonders gefährlicher Schluchten als Führer beigestanden.

Sehr ausführlich berichtet Bruder Nivard dann über ihre Erkundigungen auf dem Farmgelände (der späteren) Lourdes-Mission, vom Capane-Fluss, der Beschaffenheit des Bodens, von den »saftig grünen Wäldern« und immer wieder von »fast senkrechten Böschungen«, die es galt, mit dem Spider hinauf- oder hinabzufahren. Sein Brief an die Klostergemeinde von Mariannhill schließt mit einer humorvollen Bemerkung über den Abt. Im Quartier bei Mr. Strachan waren »die Brotschnitten viel zu dünn«; man brachte dickere. Und einmal hatten sie »außer dem Frühstück den ganzen Tag nur zwei Tassen Kaffee mit Butterbrot« – und so, hungrig, mussten sie sich schlafen legen – auf hartem Fußboden! Abt Franz fügte, ganz am Schluss, noch einen Satz an: »Da Bruder Nivard so geschwätzig war, will ich es kurz machen; et silui a bonis (ich habe vom Guten geschwiegen (ein Psalmwort; d.Verf.). Für uns gibt's eigentlich gar keine Gefahr mehr, d.h. in unseren Augen, da wir schon solche Praxis gemacht haben. Ich grüße alle Brüder und Schwestern in Deo! Fr. Franz, Abt.« (JB, 1/1888)

Zehntägige Visitationsreise nach Einsiedeln, Mariathal und Reichenau

Franz Pfanner war nicht nur Abt des Mutterklosters Mariannhill bei Durban; ihm unterstanden auch die Außenstationen, von denen sich einige sehr rasch zu selbständigen Missionszentren entwickelten. Lourdes sollte übrigens ein eigenständiges Kloster werden.

Über seine Visitationsreise im Dezember 1889 hat Pfanner selber berichtet; auch in diesem Aufsatz ist immer wieder von Bruder Nivard, seinem Begleiter, die Rede. Er war recht zufrieden mit den Kommunitäten; alles lief gut, Brüder und Schwestern arbeiteten fleißig und hielten die Ordensregeln: »Ich muss das umso mehr rühmend hervorheben, da sie an mehreren Stationen aus Mangel an Gebäulichkeiten oder wegen Überhäufung von Arbeiten viele Entbehrungen und Strapazen auszuhalten haben.« (VG, 2/1890)

In Reichenau blieb Pfanner vier Tage – »bis Bruder Nivard die neue Turbine, welche Mühle und Drescherei in Bewegung setzen soll, aufgestellt hatte«. Dann ging's weiter, über Centocow nach Lourdes, wo Bruder Cornelius Nigg »einen herrlichen Steindamm in den Capane-Fluss gemacht hat«. Unterwegs, zwischen Lourdes und Oetting, kam Nebel auf, sie verfehlten den Weg und irrten zwei Stunden herum. Auf der Fahrt zwischen Mariathal und Einsiedeln stürzte ein Pferd. Es musste mit einem anderen ersetzt werden.

»Auch den Kutscher (Bruder Klemens Sijben) musste ich krank zurücklassen. Doch alles konnte mich nicht aufhalten. Nach zehntägiger Fahrt kehrte ich unversehrt nach Mariannhill zurück, obwohl ich auf jener Fahrt am Polela einmal selbst vom Wagen springen musste und ein andermal es den Bruder Nivard weit hinausschleuderte. Beim Überqueren von tiefen Gräben ist der Kutscher in Gefahr, hinausgeschleudert zu werden, weil er mit beiden Händen die hüpfenden Pferde am Leitseil zurückzuhalten hat. Ich ergriff ihn (Bruder Nivard, d.Verf.) deshalb nachher jedes Mal am Gürtel, um ihn im Sprung festzuhalten.« (VG, 2/1890)

Man braucht keine große Phantasie, um sich die Tragikomik solcher Fahrten bildhaft vorzustellen: Pfanner packt Bruder Nivard; der zügelt die Pferde – und die waghalsige Fahrt über Stock und Stein, durch Abgründe und Schluchten geht weiter. Die Pferde schwitzend und nervös, der Kutscher trotz Erfahrung und Geschicklichkeit, ständig am Rande eines Malheurs, hauchdünn vorbei!

Ebenfalls in der Mariannhiller Zeitschrift (VG), aber in einem ganz anderen Zusammenhang, wurde Bruder Nivard lobenderweise erwähnt: Da war eine landwirtschaftliche Ausstellung am Polela – im Herbst 1891. Auf einem riesigen Weidegrund wurden landwirtschaftliche Erzeugnisse zur Schau gestellt: Früchte, Korngarben, Geflügel, Schafe, Pferde, Ochsen usw. Auf schweren Ochsenwagen waren die Farmer von überall her angereist; ihre Karren waren mit Planen und Decken verhängt. Pferde edelster Züchtung wurden eingeritten; zwei- und vierrädrige Kaleschen herangefahren. Buntes Treiben, wohin man schaute. Kurz nach 12 Uhr wurde mittels einer großen Kuhglocke die Ausstellung eröffnet.

»Obwohl in dieser Gegend weit und breit keine katholischen Farmer leben, sondern nur Engländer und Schotten, die den verschiedenen Sekten angehören oder ganz ungläubig sind, so wurde doch unser Schaffner Bruder Nivard in das Ausstellungskomitee gewählt. Der Vorsitzende und Leiter der Messe, ein großer Farmer, zugleich auch Holzhändler und Kaufmann, kam eigens nach Reichenau, jener Trappisten-Mission, die dem Ausstellungsplatz am nächsten liegt, und drängte so lange, bis man ihm versprach, die Ausstellung auch mit Produkten aus Reichenau zu beschicken. Weil die Zeit (für Vorbereitungen; d.Verf.) knapp war, konnte man in der Eile nur zehn verschiedene Nummern (Exponate; d.Verf.) vorstellen. Dennoch fanden die von den Trappisten erzeugten Produkte Anklang und Würdigung: Für Gerste erhielten sie den ersten Preis; für rote Bohnen ebenfalls; und für frische Butter den zweiten. Von den anderen Ausstellungsgegenständen der Missionare, also zu ihren Bohnen, Gemüsesorten, Kartoffeln, ihrem Schwarzbrot und dem Leinsamen sagte die Jury: höchst empfehlenswert und preisgünstig!« (VG, 6/1892)

†. Mariathal 23.e Oktb. 1895.

Mein lieber P. Ansgar!

Ich habe dieser Tage das Schimper-Neck in die Hand genommen und gefunden, daß die ganze Farm 5993 acre hat. Ich habe ein Diagram für Emmaus gemacht und dasselbe mit Erläuterungen nach Mhill geschickt.

Wenn Sie auf der "Kugel" stehen und schauen nach dem Beacon "Delarey", oder Mntwa, dann gehen Sie auf dieser Linie von "Kugel" aus 1300 Schritte auf Delarey zu und stecken ein Stecken auf den Punkt. Dann gehen Sie auf den Beacon "Claret" auf der anderen Seite und gehen auf den Beacon "Triangle" zu ebenfalls 1300 Schritt und stecken einen Stecken. Eine Linie zwischen den zwei gesteckten Stecken soll die Grenze von Emmaus sein und dann ist Emmaus nur noch 2898 acres groß, also weniger 3000. Wenn ich auch die übrigbleibenden 2000 acres geben wollte, würde die Emmaus City abgebrochen werden müssen. Dieses nur vorläufig. Das Weitere werden Sie von Mhill erfahren.

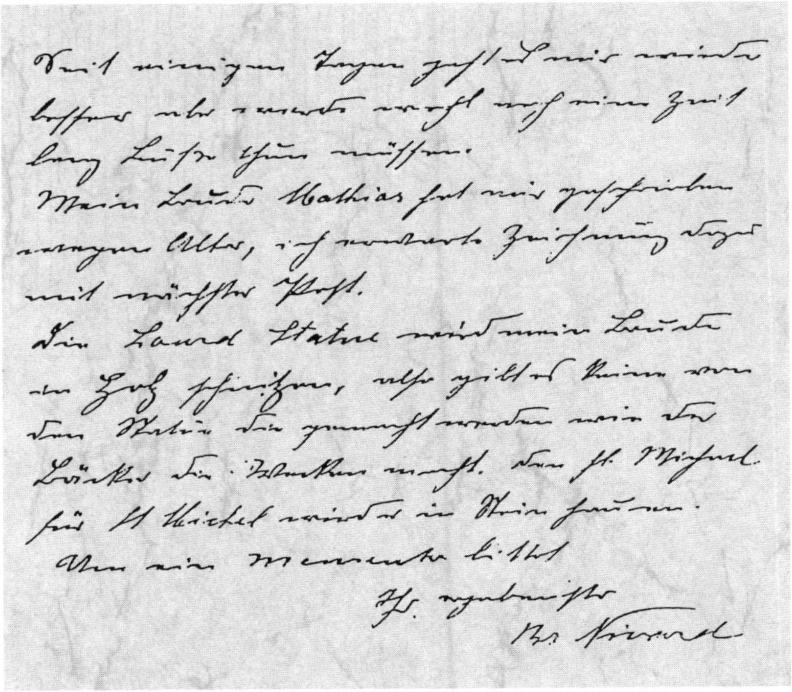

Brief Bruder Nivards an Pater Ansgar – 23. 10. 1895

Wahrscheinlich hätte Reichenau-Mission weitere Preise erhalten, wenn nicht vorweg verkündet worden wäre, dass ein und derselbe Aussteller allenfalls drei Preise zugesprochen bekomme.

Interessant in diesem Zusammenhang: Bruder Nivard war eben ein Tausendsassa; kaum ein Gebiet, wo man ihn nicht hätte einsetzen können. Sein gesunder Hausverstand, seine Freundlichkeit und sein Humor kamen überall gut an. Und er hat bewusst seine Fähigkeiten eingesetzt, wo und wann immer dies dem Kloster und der Mission von Mariannhill zugute kam.

Die Mariannhiller Mission in Natal 1907

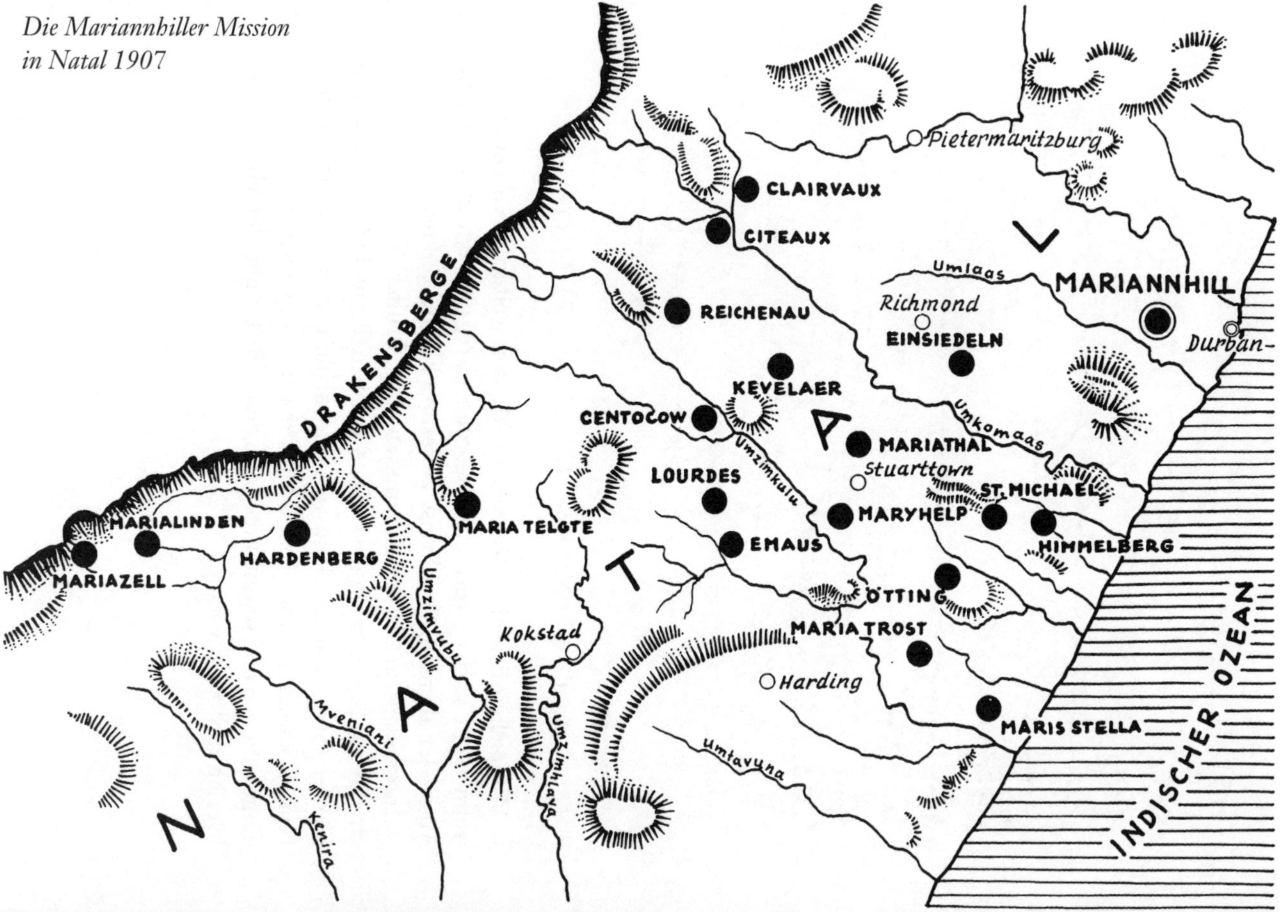

VIII.

Erstes Lebenszeichen an seine Lieben zuhause

Ein langer und interessanter Brief nach sieben Jahren am Kap der guten Hoffnung

»Jeder Mensch lebt auch von denen, die in Liebe an ihn denken;
die für ihn beten und opfern;
die ihn niemals abschreiben, egal wie andere auch über ihn denken oder urteilen.«
Ludwig Treblada

Kaum zu glauben! In den sieben Jahren – seit seiner Ankunft in Mariannhill in Südafrika – hat Bruder Nivard offensichtlich kein einziges Mal nach Hause geschrieben. Gewiss, wer damals ins Kloster ging, wer damals gar in einen anderen Erdteil reiste, blieb dort sein Leben lang. Heimaturlaub war nicht vorgesehen. Möglicherweise war auch der Briefwechsel eingeschränkt, aber sicher nicht völlig untersagt. Denn es war ja Abt Franz selber, der dem Erdinger einen Rippenstoß gab und ihn gleichsam zwang, jetzt endlich mal nach Hause zu schreiben. Das war Anfang März 1890. Zum Glück ist das Original erhalten geblieben; Großnichte Anna Kreutner hat 1983 eine Kopie angefertigt und Pater Dietmar Seubert zugestellt; heute befindet sich diese im Archiv der Mariannhiller in Rom. Soviel zur Vorgeschichte.[9] Wir werden jetzt große Teile des Briefes zitieren; denn so erhalten wir in geraffter Form einen erneuten Überblick über die missionarischen Tätigkeiten Bruder Nivards und vieler seiner Mitbrüder.

Gerichtet ist das Schreiben an seine »Lieben«; gemeint sind die Eltern, Geschwister, Verwandte und Freunde in Erding und Umgebung.

Ein persönliches Schreiben, das aber mit Sicherheit reihum gelesen wurde.

»Meine Lieben! – ›Wenn Sie bis zum Abgang der nächsten europäischen Post keinen Brief an Ihre Eltern geschrieben haben, so verlieren Sie von dort an die hl. Kommunion!‹ so lautete vor einigen Tagen das Diktum unseres ehrwürdigen Vater Abtes an mich. (Zum besseren Verständnis: Damals, vor der Jahrhundertwende, war der tägliche Kommunionempfang auch in Klöstern selten; erst mit Papst Pius X. änderte sich diese Haltung – und der tägliche Empfang wurde allmählich für alle Gläubigen möglich. Die »Drohung« Pfanners mit dem Kommunion-Entzug galt als Strafe für Nicht-Gehorsam; d.Verf.). Und deshalb bin ich heute Abend nach dem Weihwasser nicht ins Bett, sondern nochmals in die Schaffnerei (Arbeitsraum, Büro des Bauleiters; d.Verf.) gegangen, um zu schreiben.

Schreiben! Hm. Schreiben, Briefe in die Welt hinausschreiben! Ich dachte mir, für immer dieser Arbeit enthoben zu sein. Über sieben Jahre habe ich es recht gut ausgehalten und hätte es noch mal 7 x 7 Jahre fertig gebracht. Aber jetzt hilft kein Zittern vorm Frost; nur frisch daran, das Tintenfass ein wenig gerüttelt, auf einer Seite etwas unterlegen, dass man eine tüchtige Feder voll nehmen kann – und dann in Gottes Namen!« (GA)

Leicht gesagt. Wo soll er bloß anfangen mit seinen Kreuz- und Querzügen durch den südafrikanischen Subkontinent? Es sei Oculi; kommenden Sonntag Laetare – und echte Mönche machten ohnehin keine düsteren Gesichter; wenn es ihm nachginge, dann würden alle Fastensonntage mit Laetare anfangen. – Ja, wo soll er anfangen? Drei Briefe aus Erding lägen ihm vor, einer vom Vater an Bruder Pankraz Beierwaltes (Vertreter der Mönche von Mariannhill in Europa; d.Verf.), einer an den »Schorschl« (Bruder Nivards Taufname; d.Verf.) und einer von Tante Christine an den Bruder Nivardus. Leise Ironie schwingt mit in seinen Worten. Anstatt die Klausur zu verlassen und – in Gedanken – nach Bayern zurückzukehren, wolle er lieber die Seinen einladen und auf eine Reise mit dem Spider mitnehmen – vielleicht zusammen mit dem ehrwürdigen Vater. Gezogen werde das Gefährt von zwei Schimmeln. – Und schon ist er mittendrin und plaudert von der letzten Rundreise, die am 8. Dezember 1889 ihren Anfang nahm.

»Es kam so: Von Reichenau lief ein Jammerbrief ein, der Bruder Nivard möchte doch bald kommen und die Mühle aufstellen und einrichten, da jeden Tag vom Tagesgrauen bis in die Nacht hinein sechs kräftige Personen an der Handmühle sich krumm und lahm drehen, und die Ernte sei vor der Tür, wo man jede Hand auf dem Feld brauche. Die Maurer seien mit dem Kanal (Wassergraben vom Polela zur Mühle; d.Verf.) zur Not fertig: eine Ecke vom Mühlengebäude sei auch schon gemauert. Und die Schulkinder werden alle Tage mehr und ihre Mägen weiter. Die Schwester Bäckerin warte auf jede Handvoll Mehl, die heruntergemantet werde von der Handmühle usw. Also richtete ich zuhause den Handwerkern für etwa drei Wochen Arbeit vor und erklärte mich beim ehrwürdigen Vater bereit, nach dem Festtage nach Reichenau zu reiten. ›Da fahren Sie mich mit dem Spider hinauf!‹ erwiderte er. ›Ich will vor Weihnachten noch eine Visitationsreise machen.‹ – Leider wurde aber der ehrwürdige Vater recht ernstlich unwohl, sodass niemand daran denken konnte, er würde die Reise unternehmen. Ich besuchte ihn am Abend noch im Bett und fand ihn sehr schwach. Auf meine Frage, wie es gehe und ob er wohl glaube, reisen zu können, bedeutet er mir: Wenn es über Nacht nicht besser wird, dann soll ich allein reisen, soll aber morgen früh um zwei Uhr in sein Schlafzimmer kommen und nachsehen. ›Nicke ich mit dem Kopf, so fahren wir; nicke ich nicht, so reiten Sie!‹ lautete die letzte Instruktion. (Die Trappisten schweigen ja bekanntlich immer; nur in Ausnahmefällen – oder wenn unterwegs – dürfen sie sprechen; d.Verf.) Dies ist nun sehr kurz und bündig zu lesen, war aber ziemlich kompliziert für mich; denn für den Fall, dass ich vom Abt am nächsten Morgen um zwei Uhr mit einem freundlichen Nicken begrüßt würde, musste ein ganzes Räderwerk von Personen in Bewegung gesetzt werden – als da sind: Subprior, Pförtner, Sakristan, Stallmeister, Koch und Refektoriumsdiener. Ich verabredete mit jedem das nämliche Zeichen: ein Knickser (Kopfnicken) – dann fährt der Abt, und jeder wüsste dann, was er zu tun hätte. Ich ging nochmals in den Pferdestall, um die Hufeisen nachzusehen, Fahr- und Reitzeug bereit zu stellen; dann habe ich vor der Kirche meinen Reisepatron, den heiligen Josef, noch etwas drangsaliert und schließlich den Strohsack (besucht),« (GA)

Bruder Nivard ist ein Meister-Erzähler. Seine Lieben zuhause wussten dies längst, aber auch sie dürften überrascht gewesen sein von den von ihm geschilderten Erlebnissen im fernen Südafrika:

»Der zweite Schlag der Weckerglocke fand mich am nächsten Morgen schon auf den Beinen. Mit ein paar Sprüngen war ich die Abteitreppe oben. Zu meiner großen Freude fand ich den ehrwürdigen Vater auf, der Kopf machte den Knickser – weiter wollte ich nichts; hinunter die Treppe und ein halbes Dutzend Knickser an die Abgemeldeten (gemeint sind jene, die am Vorabend informiert wurden; d.Verf.) – das war das Werk von ein paar Minuten.

Nach dem Marianischen Offizium (neben dem Trappisten-Brevier wurde noch das sogenannte »Kleine Offizium der Gottes Mutter« gebetet; d.Verf.), welche um halbdrei zu Ende ist, las der ehrwürdige Vater am St. Josefs-Altar eine stille heilige Messe, bei der ich ministrierte und kommunizierte. (»Stille Messe« sagte man vor der Liturgiereform, wenn der Priester leise die Eucharistie feierte, während die Gläubigen für sich beteten, eventuell den Rosenkranz; d.Verf.)

Nach derselben eine kurze Danksagung und ein etwas längeres Frühstück; dann ab in den Stall und eingespannt – und in der stockfinsteren Nacht vor der Abtei vorgefahren, wo der ehrwürdige Vater schon zum Einsteigen bereit stand. Ein kleines Handköfferchen, Regenmantel und Brevier – das ist das Reisegepäck.«

Wie gewohnt, schildert Bruder Nivard den Verlauf dieser Reise sehr im Detail – oft mit ironisch-spöttelnden Bemerkungen, aber nie verletzend. Er war ein ausgezeichneter Beobachter!

»Nachdem ich bedächtig um die vielen Hausecken von Mariannhill herumgesteuert und endlich auf freier Straße war, konnte ich den Pferden die Zügel etwas lassen – und fort surrte der Spider, dem Schwestern-Institut zu, wo wir eine Missionarin auf den Hintersitz zu laden hatten. Ich hatte der Schwester am Vorabend Nachricht geschickt, Schlag vier Uhr am Tor zu stehen. Und als ich die Pferde anhielt, hörte man den Englischen Gruß vom Kloster herüberläuten. Mehrere Schwestern standen schon vor der Pforte, um der Abreisenden auf den Wagen zu helfen und die Tascherln und Paketerln, die Tücherln und Kücherln und – der liebe Gott wird's gesehen haben! –

was sonst noch alles neben und unter den Sitz zu stecken war; jetzt noch einen Schal und Regenschirm und ein kleines Handkörberl mit etwas Mundvorrat – und weiter werden sie wohl nichts gehabt haben!

Die Daheimgebliebenen knieten alle nieder; der ehrwürdige Vater gab ihnen den Segen. Ein Schnalzer mit der Zunge, und dahin ging's um die Mariannhill-Hügel herum, um die Mühle herum, über den Sattel hinüber in das sandige und steinige Umlazi-Tal. Es war längst heller Tag; der ehrwürdige Vater hatte schon ein Stück Brevier gebetet, als er mir das ›Benedicite‹ gab, das ist die Erlaubnis zum Sprechen – und ich ihm gleich meine Freude ausdrücken konnte, dass er so munter sei, um die Reise zu machen. Ihr müsst euch nämlich vorstellen, dass vom vergangenen Abend bis jetzt noch kein Sterbenswörtchen gesprochen worden ist. So eine Abreise – das geht bei uns ohne ein einziges Wort. Da gibt es kein langgezogenes Abschied-Nehmen und kein ›grüß mir den, grüß mir sie!‹ – und auch keine Träne und kein Tücherschwenken etc. etc.« (GA)

Nach dreieinhalb Stunden, so erzählt Bruder Nivard weiter in seinem langen Brief an die »Lieben« zuhause in Bayern, vor allem durch sandige Wege, aber auch über hügeliges Land, erreichten sie eine frische Quelle; die Pferde spitzten die Ohren, drehten vom Weg ab und rannten zum Wasser. Verschnaufpause für die Tiere; sie durften im frischen Gras weiden. Die Schwester holte das Körbchen hervor, doch Bruder Nivard erinnert sich rechtzeitig, dass Pfanner – laut ärztlicher Verordnung – nur Grahambrot (Vollkornbrot), Tamarinde (tropischer Fruchtbaum) und Bananen essen soll. Der Abt hatte keinen großen Hunger; er trank auch nur eine halbe Tasse Tamarindentee; umso mehr blieb für den Kutscher übrig, dem es bei der frischen Morgenluft ganz gut schmeckte.

Eine halbe Stunde später wurden die Schimmel wieder eingespannt – und weiter ging die Fahrt Richtung Einsiedeln-Mission: »Es sind 14 bayerische Wegstunden von Mariannhill aus; also wie von Erding nach Altötting. Mit einem guten Pferd reite ich diese Strecke in fünf Stunden, mit dem Spider brauche ich sieben. Wir kommen noch vormittags an; nachmittags hatte ich für den Bruder Schaffner einige Felder auszumessen. Und am nächsten Morgen ging es ebenso früh und ebenso schweigsam weiter nach Mariathal (bei Ixopo) und wieder einen Tag später über Kevelaer nach Reichenau. Es war schon gegen

Abend, als wir über den letzten Hügel fuhren und nun die ganze Polela-Ebene vor uns hatten. Mitten drin, vom Polela umschlängelt, die Missionsstation – mit den Drakensbergen als gewaltigen Hintergrund. Ein freundlich-tröstliches Gefühl habe ich jedes Mal, wenn ich über diese Stelle komme und sehe, was Menschenhände aus einer öden Wildnis zu machen im Stande sind.« (GA)

Wehmut bei der Erinnerung / Rückblick in Dankbarkeit

Bruder Nivard blendet zurück ins Jahr 1886, als er in dieser Region umherritt »wie ein verirrtes Schäflein«; Schnee lag in den Bergen, eisiger Wind pfiff übers Land. Eine Missionskolonne war von Mariannhill unterwegs – mit sechs Ochsenwagen, schwer beladen für die Neugründung Reichenau. Der Polela schlängelt sich müde und gleichgültig durch die Felder – und ihm, Bruder Nivard, seien beim Anblick des Wasserfalls »zauberhafte Bilder« durch den Kopf gegangen: Turbinen, Räderwerke, Mühlen usw. »Schnell hatte ich eine Wollspinnerei gebaut; die nassen und zerrissenen Felder schienen mir schon entwässert und geebnet; wäre mein Schimmel nicht unruhig geworden, ich hätte wohl noch lang so allein dahingeträumt. So musste ich aber wieder zu den Wagen zurückreiten, um diese auf der ausgesuchten Linie auf den Platz zu führen (wo die Station zu stehen kommen sollte; d.Verf.). Am andern Tag gegen Abend kamen wir an, neun Brüder mit Pater Arsenius (Tercko) als Superior. Wir verkrochen uns die ersten Nächte unter die Wagen. Die heilige Messe wurde auf einem Tragaltar gefeiert, den wir mit Segeltüchern vorm Wind schützen mussten – bis wir von unserem zerlegbaren (Fertig-)Haus eine Ecke zusammengestellt hatten. Werkzeuge, Kasten, Kisten, Bretter und Dachblech lagen ausgebreitet am Boden. Das war Reichenau vor dreieinhalb Jahren! – Und heute, ja heute schaut es etwas freundlicher aus. Wenn man über den letzten Hügel kommt, lachen einem etwa 200 Tagwerk wohleingezäunte Felder entgegen; zirka 400 junge Obstbäume stehen im Garten; Stallungen, Fruchtböden, Magazine; Schule, Schlafsäle und geräumige Kirche stehen da. An die 80 schwarze, nudeldicke Kinder hat die Schwester Philippine (Treumund, von den Missionsschwestern vom Kostbaren Blut; d.Verf.) unter ihrem Zepter. Schmiede, Tischlerei und Zimmerei sind eingerichtet. Eine große Scheuer mit Mühle ist im Bau. Der alte Bummler Polela, der seit Noahs Zeiten bloß zu seinem Privatvergnügen Purzelbäume über den 42 Fuß hohen Felsen geschlagen hat, soll jetzt zum Drehen der Mühle herangezogen werden – zur unsäglichen Freude der Schwestern, der Mädchen und Buben, denen diese Arbeit schon gründlich verleidet war.« (GA)

Jetzt greift Bruder Nivard den alten Faden wieder auf – die Fahrt mit Abt Franz auf dem mittlerweile in ganz Natal berühmten Spider. Sie befinden sich kurz vor der Ankunft auf der Station am Polela; die Pferde riechen schon den guten Hafer, den sie dort bekommen; eine ganze Armee von Schulkindern begrüßt den ehrwürdigen Vater. Alle knien nieder, um den Segen des Abtes zu empfangen, der dann in einem kleinen Zimmer neben dem Schwesternhaus einquartiert wird. Bruder Nivard begrüßt die anderen Brüder, »die froh waren, den bekannten alten schäbigen Hut wieder zu sehen«; gemeint ist der breite, abgewetzte Schlapphut des Erdingers.

Am Morgen des nächsten Tages war der schon bei der künftigen Mühle, wo die Maurer und Steinhauer zu Gange waren. Die Installation konnte noch nicht getätigt werden. Daher kutschierte er Abt Franz erst mal nach Centocow, Lourdes und Oetting. Hier sollte ein anderer Bruder den Spider übernehmen. Er ritt dann wieder zurück nach Lourdes, wo er einige Tage am Säge- und »Mahlmühlenbau« zu tun hatte: Dieses Projekt hat ihm viele Sorgen gemacht: »Zu Weihnachten hätten schon sämtliche Maschinen von Hamburg hier sein sollen; doch jetzt, Mitte März, habe ich noch keine Nachricht, ob sie abgeschickt wurden. Auf allen Stationen schreit man nach Brettern und Bauholz – und ich kann die herrlichen Waldungen von Lourdes nur ansehen! In Centocow gibt's mit der Zeit auch eine Mühle. Da haben wir etwa 50 Liter Wasser pro Sekunde, bei 88 Fuß Gefälle.« (GA)

Weihnachten in den Drakensbergen

Schließlich ritt Bruder Nivard nach Reichenau zurück, kurz vor Weihnachten, um nun endlich die Mühle einzurichten. Am Heiligen

Abend (1888) war's soweit. »Im Triumph zogen die Kinder auf dem kleinen Handwagen die ersten Mais- und Weizenmehlsäcke zu den Schwestern vor die Küche. War das eine Weihnachtsfreude! Keine Mühle (per Hand) zu drehen! – Ich freute mich auch mit den Jungen und Alten, und mein rossledernes Herz wäre bald weich geworden vor lauter Christkindfreude, als am Abend die Brüder im Schulzimmer der Weihnachtsfeier beiwohnten. Es war der erste Christbaum, den die Kinder sahen. Die Wachsstöcke der Schwestern wurden zu Lichterln geschnitten; alles mögliche und unmögliche Zeug, was man eben in einer solchen Gegend aufgabeln kann, hing am Baum – oder lag darunter. Die schwarzen Gesichter der Kinder glänzten wie lackiert. Afrikanische, englische und deutsche Lieder wurden mit heiliger Begeisterung gesungen.« (GA)

Er selber stellte seine eigenen Weihnachtsbetrachtungen an. Rückblickend auf seine Kindheit und Jugend. Mit 13 Jahren hatte er das Elternhaus verlassen, um in München seine Lehre zu beginnen. Und jetzt – im afrikanischen Busch – kommt Wehmut auf – und lebhafte Erinnerung an die Lieben daheim: »Ich fand, dass es nun gerade 23 Jahre sind, seit ich mit euch das letzte Christkindl gefeiert habe; vor sieben Jahren am Heiligen Abend habe ich die heiligen Gelübde abgelegt (es war 1882 in Mariastern bei Banjaluka, Bosnien; d.Verf.) und seitdem nicht mehr an euch geschrieben. Das Reichenauer Christkindl hat mir merkwürdiger Weise diesmal etwas von der alten Heimat gebracht, nämlich den Brief des Vaters an Bruder Pankraz wegen der Schlägelhacken, den derselbe an den ehrwürdigen Vater schickte, welcher eben von einer Reise nach Mariannhill zurückgekehrt ist und mir ihn – den Brief – nach Reichenau gesandt hat. Ganz gewiss war es vom Christkindl so eingerichtet, dass mir dieser Brief gerade am Christabend in die Hand kam. Ich muss schon gestehen, dass ich beim feierlichen Weihnachtsgottesdienst mir die Gedanken und Erinnerungen an die alte Heimat nicht verwehren konnte. Da marschierte die Kinderbewahranstalt mit Tante Christine auf, das Deklamieren der Verse, der ›Glaumuckl‹ oder ›Wau-Wau‹ polterte die Bodentreppe herab, die Ahnfrau mit dem Schlitten, darinnen ich und Kathl, die vergrabenen (Blei-)Soldaten, die Alt-Erdinger Kirchweihhosen (Bruder Nivards Mutter stammte aus Alt-Erding; d.Verf.) – alle diese längst begrabenen Erinnerungen kamen wieder an die Oberfläche. Ich musste mir schon Gewalt antun, mir den Gedankenschwall vom Halse zu halten, um der heiligen Handlung auf dem Altar folgen zu können. Es war herzerlebend, wie lieblich und kräftig das kleine Volk zur Christmette gesungen hat. Das Christkindl hat gewiss auch seine Freude daran gehabt. Wir haben es so feierlich als möglich gemacht; Blumen und Kerzen wurden aufgestellt, soviel der Altar tragen konnte!« (GA)

Schaffner-Konferenz in Reichenau
Bruder Nivard führt den Vorsitz

Aber kaum war das Fest vorbei, da war Bruder Nivard schon wieder mitten im Alltag. Zusätzliche Arbeit und Anstrengung brachte für ihn die in den Feiertagen anberaumte Schaffner-Konferenz. Es war in Mariannhill und auf den Filialen üblich, dass ein Bruder den diversen Arbeitsbereichen vorstand; ein Schaffner also; vor allem für die Landwirtschaft; oder für die handwerklichen Betriebe; oder für das Bauwesen. In einem Kalenderartikel (mmk 1891) finden wir eine diesbezügliche Beschreibung: »Die Verwaltung der rein weltlichen Angelegenheiten obliegt der Schaffnerei, welche selbstverständlich, wie alles, unter dem Oberkommando des Abtes steht. Um die vielfachen und oftmals auch verwickelten Geschäfte der Schaffnerei besser auseinander halten zu können, fungieren hier nach jüngster Ressorteinteilung des ehrwürdigen Vaters: Bau-, Handels-, Feld-, Viehschaffnerei; dabei ist der Bauschaffner zugleich Präsident bei Beratungen etc. der Schaffner zu Mariannhill und in den Filialen.«

Bruder Nivard, der Bauschaffner, war also gleichzeitig der Ober-Chef aller Schaffner. Es wurde sogar eine Handreichung gedruckt – mit Anweisungen für eine korrekte Buchführung auf den Außenstationen.

Über die in Reichenau stattgefundene Schaffner-Konferenz schreibt er in seinem Brief an die Lieben zuhause Folgendes: »Alle Stationsschaffner stellten sich am Heiligen Abend ein (in Reichenau); das Haus war voll von Gästen, der Stall voll von Pferden. Es war dies die erste derartige Konferenz überhaupt: Die Notwendigkeit, eine solche abzuhalten, war geradezu zwingend. Es ist nicht so einfach als man glaubt, in einem so großartigen und weitverzweigten Kloster und Missionshaus ein einheitliches Wirtschaftssystem durchzuführen. Ackerbau und Viehzucht stecken sozusagen noch in den Kinderschuhen. Und wenn einer hereinkommt und meint, er wisse alles und habe noch einen Sack voll Kenntnisse übrig, so muss er mit dem hiesigen Klima, mit dem hiesigen Boden, mit dem hiesigen Vieh wieder von vorne anfangen. Nun kommen aber unsere Postulanten aus allen Weltregionen daher, und überall wirtschaftet man anders, und jeder meint halt: ›So, wie man's bei mir zu Hause macht, so wäre es halt gar so gut und gar so praktisch!‹ Und der Oberschaffner (Bruder Nivard) möchte sich die Haare ausreißen, wie er es jedem recht machen soll.« (GA)

Hier spricht der erfahrene Fachmann; aber auch der Kenner der Lage im südlichen Afrika. Vieles – vor allem in der Landwirtschaft – läuft am Kap anders als beispielsweise im Ries oder im Ochsenfurter Gau oder in Schlesien. »Da kommt ein Tiroler, dann ein Rheinländer, dann ein Altbayer und ein Ostpreuße, ein Badener und ein Steyrer, ein Waldler und ein Über-Rheiner, ein Schwabe, Hesse, Pfälzer oder Sachse, ein Allgäuer und ein Pole – und jeder möchte nicht nur nach seiner Manier wirtschaften, sondern auch das Feld- und Ackergeschirr sollte so sein, wie *er* es zuhause gewohnt war! Das kostet gewiss manchem eine schwere Überwindung, sich darein zu schicken. Aber wenn einer Trappist wird und sein will, muss er sich in alles schicken. Um eine Einheit im Wirtschaftssystem auf den verschiedenen Stationen und im Mutterhaus anzubahnen, um gesammelte Erfahrungen zu verzeichnen und dieselben zum Gemeingut zu machen – das war der Zweck der Konferenz. Jeder einzelne Schaffner legte sich einen Fragebogen an über diejenigen Punkte, über die er Aufklärung wünschte, und diese Punkte wurden dann in der gemeinsamen Sitzung diskutiert. Und jeder notierte sich das ihn Betreffende. Der Ort der Konferenz wechselt (künftig) von Mal zu Mal. Auch ist mit der Konferenz stets eine Inspektion der betreffenden Station verbunden, bei welcher Gelegenheit der einzelne Schaffner die verschiedenen Ansichten seiner Mitbrüder namentlich über Feldbau an Ort und Stelle hören kann.« (GA)

Liest man diesen Text heute, 112 oder mehr Jahre später, so kommt man aus dem Staunen kaum mehr heraus – und zwar über die Geschicklichkeit und psychologische Einfühlungskraft des Bruder Nivard, der keine Lehrerausbildung hatte und schon gar kein Psychologen-Diplom. Die Art, wie er die Schaffner-Konferenz durchführt, hätte fachmännischer kaum sein können.

Nach dieser Detail-Schilderung gibt er sich (und den Seinen daheim, an die er schreibt) einen Rippenstoß: Wen werde das schon interessieren? Und er rechtfertig sich damit, er schreibe halt, was ihm gerade unter die Feder bzw. in den Kopf komme. Er habe nicht die Zeit, sich alles schön zurechtzulegen und »auszuraspeln« (abzuschleifen, zu polieren). Und schon schwenkt er auf ein anders Thema ein; eines, worüber vor allem der Streicher-Vater in Erding etwas mehr wissen möchte – nämlich wie es mit der Mühle in Reichenau stehe?!

Der Mühlen-Ingenieur am Polela-Fluß

Er habe gerade in seiner Schublade eine fertige Zeichnung samt Kostenvoranschlägen für die Wasserturbine von Reichenau liegen, um den Polela mit einer 20-, 30- oder gar 50-pferdestarken Turbine auszunützen. Momentan fehle noch das Geld, und auch die Zeit, um dieses Projekt voranzutreiben. Daher denke er über eine billigere Lösung nach, um den Reichenauern doch noch zu einer Wasserkraftmühle zu verhelfen.

»Ich habe also Folgendes gemacht: 300 Fuß oberhalb des Falles habe ich den Polela mit einem massiven Steindamm von 30 Zoll gestaut und das Wasser in einen Seitenkanal zur Mühle umgeleitet. Der Mühlgraben geht durch die Mühle und ist abgedeckt. Die Mühle selber steht hart am Felsenrand, direkt neben dem Wasserfall. Am Ende des Grabens in der Ecke der Mühle ist die Mühlenmauer, welche zugleich Kanalwand ist, durchbrochen, und dadurch würde sich nun das durch den 4″ breiten und 3″ tiefen Kanal kommende Wasser wieder in die Tiefe stürzen. Innen in der Mühle ist vor diesem Loch ein Schütze (bewegliches Wehr; d.Verf.) angebracht, und außen habe ich ein hölzernes Rohr quadratisch 10″ Seite im Lichten und 56 Fuß lang angebracht. Dieses Rohr liegt in einem Winkel von 45 Grad und ist am unteren Ende mit einem vom Spengler in Kupfer getriebenen, ei-

Bruder Nivard (2. v. r.) mit Lord Selborne (lks)

gens geformten Mundstück versehen. Bei 34″ Druckhöhe kommt das Wasser mit einer Geschwindigkeit von ca. 40″ per Sekunde zum Ausfluss. Vor diesem Mundstück habe ich nun ein selbstgemachtes Wasserrad angebracht, welches 4″ Durchmesser und 27 eigens geformte Becher am Umfang befestigt hat. Auf derselben Achse ist eine hölzerne Seilscheibe, einem Wagenrad ähnlich, angebracht. Eine zweite Seilscheibe steckt an der Transmissionsstange, welche durch die Mühlenmauer ins Freie geht. Ein kräftiger Steinpfeiler trägt das äußere Lager, ein 160″ langes Stahldrahtseil verbindet die beiden Scheiben und trägt die Kraft des Wasserrades auf die Transmission in die Mühle über.« (GA)

Man kann sich vorstellen, wie der Vater, Zimmermeister seines Faches, daheim in Erding die kundigen Ausführungen des Schorschl studiert und sicher auch bestaunt hat. Wer ein technisches Projekt, in der Wildnis Südafrikas errichtet, so korrekt und präzise beschreibt, weiß führwahr, wovon er redet. Laien bleibt dabei eher der Mund offen stehen, vor schierer Bewunderung.

Aber geben wir Bruder Nivard erneut das Wort:

»Bis jetzt ist nur eine Excelsior-Mühle von Gruson in Buckau-Magdeburg angehängt. Ich bin aber eben daran, eine Mühle mit vertikalen Steinen an waagerechter Achse hinaufzuschicken (ins höher gelegene Reichenau; d.Verf.) und dort aufzustellen. Ich hätte gewünscht, ihr (die Seinen in Erding; d.Verf.) hättet die Gesichter der schwarzen Kinder gesehen, als ich, nachdem ich soweit fertig war in der Mühle, die Schleuse zog, und dann die Mühle, die ja bis dahin mit so großer Mühe per Hand gedreht wurde, von selbst zu laufen anfing, und so schnell und so dick kam es herunter – das feine Polentamehl (Maisbreimehl)! – Ich muss bemerken, dass die Mühle für vier Pferdekräfte berechnet ist und 300–400 Touren per Minute machen soll. An dieser Mühle, welche mit zwei starken Kurbeln versehen war, haben die ersten Trappisten in Dunbrody gedreht; dann wurde sie in Mariannhill fast drei Jahre lang gedreht, bis die große Mühle erbaut war. Dann haben sich die Reichenauer drei Jahre lang damit ge-

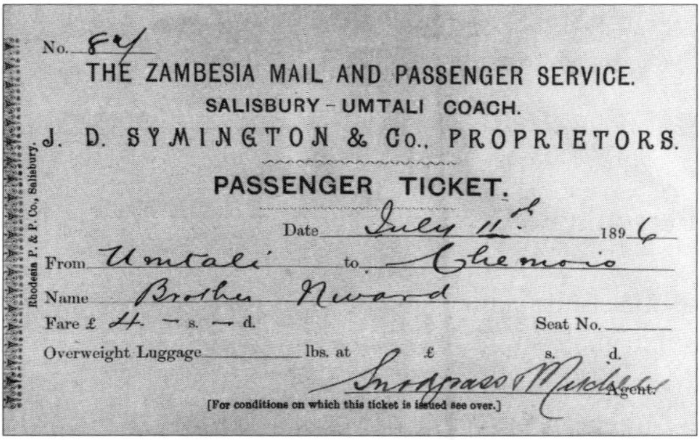
No. 84

THE ZAMBESIA MAIL AND PASSENGER SERVICE.

SALISBURY - UMTALI COACH.

J. D. SYMINGTON & Co., PROPRIETORS.

PASSENGER TICKET.

Date July 11th 1896

From Umtali to Chemoio

Name Brother Nivard

Fare £ 4 — s. — d. Seat No.

Overweight Luggage lbs. at £ s. d.

Snodgrass & Mitchell Agent.

[For conditions on which this ticket is issued see over.]

Rhodesia P. & P. Co., Salisbury.

Eisenbahn-Ticket von Umtali nach Chemoio, 1896

schunden, und erst jetzt wurde sie nämlich vom Schicksal erreicht und dem Polela angehängt.

Ihr dürft nicht lachen, wenn ich sage, dass vom Mühlengebäude erst zwei Mauern gestanden sind, als ich zu mahlen anfing. Nur die Ecke war aufgemauert, wo die Transmission durchgeht und befestigt ist. Ich habe ein Notdach über Transmission und Maschine errichtet, und während die Maurer sich noch plagen, macht Bruder Fidelis Fischer unter seinem Dach ruhig und lustig weiter. – Vor acht Tagen kam ich heim von Reichenau. Ich war wieder oben, um den Dachstuhl auf die Mühle zu machen und das Blechdach einzudecken. Über Lourdes und die Lourder Mühle will ich aber nichts mehr sagen, auch nichts von der Oettinger Bau-Kompanie, welche bald nach Ostern nach Mariathal hinübergezogen wird.« (GA)

Zur Klärung: Abt Franz hatte meist mehrere Bauteams (Kompanien nennt sie Bruder Nivard); sie bestanden aus Maurern, Zimmerleuten und Schmieden und wurden je nach Bedarf auf den verschiedenen Stationen eingesetzt. Ihr Ober-Chef war Bruder Nivard.

Was dieser beim Schreiben seines langen Briefes noch nicht wissen konnte: Bruder Fidelis kam im folgenden Jahr, 1891 im angeschwollenen Polela, den er durchreiten wollte, samt seinem Pferd ums Leben. Sie wurden vom wilden Strom mitgerissen und ertranken.

Solche Unfälle passierten immer wieder. Wir erwähnen es hier lediglich um zu zeigen, wie gefährlich die Unternehmen der Mariannhiller Patres und Brüder damals waren, und wie viel sie riskierten, um die Frohe Botschaft den Afrikanern zu bringen. Denn das war letztlich ihr einziges Motiv: Dass das Reich Gottes auf Erden wachse und gedeihe.

Persönliche Wünsche und Bitten an die Seinen

Der letzte Abschnitt seines langen Briefes ist sehr persönlich gehalten. Zuweilen auch schlitzohrig, gewiss, aber auch ganz auf die Familie Streicher abgestimmt: »Nun ist es genug, das Tintenfass ist fast trocken, und Augen und Finger tun mir weh. Hoffentlich wird mich der ehrwürdige Vater für weitere sieben Jahre mit einem Diktum verschonen, wie dieses war, das ich an die Spitze dieses Geschreibsels gesetzt habe. Und von euch zuhause nehme ich an, dass euch unter sieben Jahren nicht wieder ein Appetit nach einem solchen Kauderwelsch kommt. Ich kann das schon begreifen, wenn ihr beide, Vater und Mutter, ganz allein zu Hause seid und von den anderen Geschwistern jede Woche sieben Briefe haben könnt, ihr auch gerne von mir etwas hören möchtet. Aber alle sieben Jahre einen, das, meine ich, ist völlig genug von einem, der nicht mehr auf der Welt ist. (Er meint, der Welt abgestorben, weil kontemplativer Mönch im fernen Südafrika. Daran gehalten hat er sich aber nicht. Er blieb, Gott sei Dank, auch weiterhin seinen Verwandten und seiner Heimat zeitlebens verbunden; d.Verf.) – Solltet ihr aber bis zum nächsten Brief schon im Himmel sein, so wird Sankt Petrus so freundlich sein und eine Luke aufmachen, durch die man gerade auf Mariannhill herabsieht; dann könnt ihr das alles besser sehen, als ich es hier beschreiben kann.

Von dieser Welt und auf derselben verlange ich für mich nicht mehr, als glückselig aus ihr herauszukommen, und in der anderen Welt möchte ich halt euch und d'Kathl und Christine, den Ludwig, d'Nandl, an Pius, d'Rosl, an Hiasl und d'Ursch (Ursula) und alles, was um sie drum rum hängt (mit Familien, ist wohl gemeint; d.Verf.), beisammen sehen und keines soll fehlen – um das bitte ich den lieben Gott alle Tage und opfere ihm die Beschwerden dieses Lebens in diesem Sinne auf. Und wenn jeder das Seinige dazu tut, wird uns der Allbarmherzige dieses unendliche Glück zuteil werden lassen. Wahrscheinlich. Dieses Glück ist wert, alles auf dieser Welt daranzusetzen, um es zu erreichen. Möchten doch alle das recht verstehen! Gott gebe es. Ich bitte nur noch um eines: Diesem Brief nicht die Verpflichtung ableiten zu wollen, mir eine Antwort zu schreiben.

Ich verbleibe bis auf Weiteres hier – oder im Himmel, euer lieber Sohn, Bruder, Vetter und Freund Bruder Nivard.« (GA)

Nachsatz: »Bruder Zacharias (Vogt) und Bruder Berchmans (Obert) sind jetzt hier und lassen bestens grüßen und vielmals danken für die freundliche Aufnahme, die sie seiner Zeit bei euch gefunden.«

Bruder Zacharias war ein exzellenter »Sammelbruder« für Mariastern wie, später, für Mariannhill; Bruder Berchmans leitete die »Vertretung« der Mariannhiller Mönche in Würzburg; beide waren wohl in Erding vorbeigekommen.

IX.

Prominente Mitbrüder und der Klosterrat

Die Fortentwicklung Mariannhills unter Pfanner und seinen Nachfolgern

»Der Mensch hat drei Wege, klug zu handeln – erstens durch Nachdenken, das ist das Edelste; zweitens durch Nachahmen, das ist das Leichteste; drittens durch Erfahrung, das ist das Bitterste.«
Konfutius

Bei unserer »Spurensuche« nach Bruder Nivard Georg Streicher handelt es sich nicht um eine gradlinige Lebensbeschreibung. Dafür war sein Leben wie sein Werk viel zu vielschichtig und vielseitig, viel zu schillernd und bunt, viel zu umfangreich und umfassend. Seine Biografie – wenn wir diese »Spurensuche« denn so nennen wollen, ist eigentlich ein riesiges Mosaik – aber auch das wird dauernd zer-brochen und zer-stückelt, eben weil ein Genie, das er war, nicht auf eine Gerade gebracht werden kann.

So dürfte es spätestens an dieser Stelle nicht mehr wundern, dass die einzelnen Kapitel dieses Bandes sich immer wieder überschneiden. Die Themen und die Arbeitsbereiche, die Erlebnisse und Lebens-Werke dieses Erdinger Schreinergesellen überlagern einander fast ununterbrochen. Selbst wenn wir einzelne Abschnitte seines Lebens herausgreifen, oder ganz bestimmte Projekte, die seine Handschrift tragen, so sind doch fast alle miteinander verknüpft.

Dasselbe gilt für die Menschen, mit denen er zusammengearbeitet hat, allen voran seine Mitbrüder. Auch diese wirken immer wieder in sein Leben und Schaffen hinein, mal stärker, mal schwächer; mal zeitlich anhaltend, dann wieder jahrelang unterbrochen. Immer aber muss man die Vita des Bruder Nivard auch im Kontext seiner Mitbrüder sehen. Daher wollen wir im Folgenden einige dieser Männer, alle Mönche von Mariannhill, einzeln herausgreifen und deren Leben ein wenig beleuchten – immer aber im Hinblick auf ihre Zusammenarbeit mit und ihren Einfluss auf den mittlerweile als Architekt und Ingenieur hochangesehenen »Schorschl«, wie ihn seine Eltern, Geschwister und Jugendfreunde zeitlebens nannten.

Die mit großem Abstand wichtigste Person im Leben des erwachsenen Bruder Nivard war zweifellos Franz Pfanner, der Gründer von Mariastern/Bosnien und Mariannhill/Südafrika. Ohne den Vorarlberger kein Bruder Nivard, wie wir ihn heute kennen und schätzen. Aber umgekehrt ließe sich fast Ähnliches behaupten: Ohne den versierten Schreinergesellen und späteren Baumeister-Ingenieur wäre Pfanner, zumindest am Kap der Guten Hoffnung, weithin aufgeschmissen gewesen. Und als es dann zur Absetzung Pfanners als Abt von Mariannhill kam – 1892 – und ein Jahr später zu seiner Resignation, war es Bruder Nivard, der im Sinne seines Mentors noch viele Jahre weiterwirkte. Die beiden, der Vorarlberger und der Erdinger, vertrauten einander hundertprozentig. Die Briefe, die sie zur Zeit der Absetzung bzw. in den Jahren danach miteinander wechselten, legen ein beredtes Zeugnis dafür ab.

Wir werden immer wieder darauf zurückkommen, und auch den Einfluss Pfanners nach seiner Resignation auf Bruder Nivard deutlich beobachten können. Dabei war diese Haltung alles andere als ein Protest gegen die Nachfolger Pfanners im Amt; denn auch mit diesen klappte die Zusammenarbeit. Bruder Nivard war ebenfalls für sie einer der besten Berater und Vordenker ihrer eigenen Pläne und Visionen. Als Papst Pius X. das Missionskloster Mariannhill (samt Filialen) im Jahr 1909 vom Verband der Trappisten löste und es zum Mutterhaus einer modernen Missionsgemeinschaft machte – der »Congregation der Missionare von Mariannhill« = CMM –, war Pfanner sehr damit zufrieden.[10]

Abt Amandus Schölzig
Ein Beispiel dienender Bescheidenheit und Liebe

Größere Gegensätze in ihren Charakteren hätte man sich kaum vorstellen können: Franz Pfanner, der unternehmungslustige Haudegen – und sein Amtsnachfolger Abt Amandus Schölzig, der sanfte, liebevolle, väterliche Seelsorger und blitzgescheite Wissenschaftler. Der eine stets offen für Neues, der andere vorsichtig, auf das innere Leben bedacht, die Seele hütend.

Und doch, trotz dieser Grundverschiedenheit ihrer Anlagen und Fähigkeiten – Schölzig war Pfanner nach Südafrika gefolgt. Und später, in den Fußstapfen des resignierten Klostergründers, blieb er dem Vorgänger gegenüber stets loyal verbunden. Jedes Mal, wenn Abt Amandus den Altabt in Emaus-Mission besuchte, kam es zu köstlich-rührenden Szenen. Die beiden Äbte gaben sich, wie bei Trappistenmönchen üblich, den Friedenskuss und knieten dann fast gleichzeitig nieder. Jeder wollte vom andern den Segen empfangen. Dann sagte meistens Abt Franz: »Sie müssen mich zuerst segnen. Sie sind der Abt im Amte!« – Doch Abt Amandus pflegte zu erwidern: »Nein. Sie müssen mir zuerst den Segen geben; Sie sind der Ältere!« – Meistens musste Abt Amandus nachgeben.

Schölzig stammte aus Jauernig/Schlesien (*1836), besuchte in Olmütz das Gymnasium, trat mit 22 Jahren im Chorherrenstift Klosterneuburg bei Wien ein, studierte Theologie (»primus cum eminentia«) und wurde 1863 zum Priester geweiht. Zusätzlich studierte er orientalische Sprachen, war Professor am Großen Seminar und zeitweise auch Novizenmeister. Als Beichtvater war er sehr beliebt und gefragt. Dreißig Jahre nach seinem Klostereintritt wechselte er den Orden und wurde Trappist in Mariannhill; das war 1888. Pfanner war schon drei Jahre Abt; Bruder Nivard fünf Jahre in Natal. Die Kommunität freute sich über den 52-jährigen Novizen, der innere Ruhe und Heiterkeit ausstrahlte und schon nach wenigen Jahren (1893) zum Administrator von Mariannhill bestellt wurde, eben in der Übergangszeit, nach der Absetzung Pfanners! Ein Jahr später wurde er selber Abt – am 24. April 1894. Sein Wahlspruch war: »Non veni ministrari, sed ministrare« (Ich bin nicht gekommen, mich bedienen zu lassen, sondern um zu dienen!) Für rund 2000 Personen hatte die

Missionszentrale damals täglich zu sorgen – darunter etwa 300 Mönche und 300 Schwestern, ferner afrikanische Schulkinder, Arbeiter und Angestellte.

Abt Amandus arbeitete unermüdlich, oft ganze Nächte hindurch. Seine besondere Sorge galt der inneren, geistigen Festigung des Missionsklosters. Er wusste, wer nach außen wirken will, muss selber im Innern gefestigt sein. Dabei geriet manches, was Pfanner begonnen hatte, ins Stocken. Die Druckerei wurde vernachlässigt und die Pfanner'sche Idee von einer eigenen Papier- und Tuchfabrik kam unter Schölzig nicht zum Tragen. Und doch, in der zeitlichen Entfernung näher betrachtet, muss man Abt Amandus zu den großen Missionaren zählen. Während seiner Amtszeit kamen nicht nur ganze Gruppen von Klosterneulingen nach Natal, er betrieb auch die Gründung neuer Stationen – darunter Mariazell, Telgte, Mariatrost, Clairvaux, Citeaux, Hardenberg und Marialinden. 1896 begannen Mariannhiller Mönche in Mashonaland, eine Region im heutigen Simbabwe, zu missionieren. Bruder Nivard war an dieser Expedition maßgeblich beteiligt; wir kommen darauf zurück.

Ein Jahr später gingen Mariannhiller Mönche nach Deutsch-Ostafrika, heute Tansania. Und 1898/99 betreuten sie Polen (und schwarze Wanderarbeiter aus dem Zululand) in Johannesburg/Braamfontein. Ferner entsandte Schölzig Mariannhiller Schwestern nach Ostafrika und in den Kongo. Zeitweise trug er sich mit dem Gedanken, im westafrikanischen Kamerun eine Neugründung zu beginnen.

Zieht man weiter in Betracht, dass unter Abt Amandus zahlreiche große Kirchbauten errichtet wurden (Kevelaer, Einsiedeln, Sankt Wendelin, Sankt Michael, Lourdes), so muss man Abt Franz zustimmen, der die Amtszeit seines Nachfolgers eine »Epoche des Kirchenbaus« genannt hat und ihn mit dem Kompliment ehrte, die Kirche von Lourdes sei »das schönste Gotteshaus in ganz Südafrika«.

Freilich war vieles davon, vor allem die Auskundschaftung neuer Missionen sowie die Planung der Gotteshäuser, letztlich das Werk des Bruder Nivard. Genauer gesagt, das gemeinsame Werk beider – und natürlich vieler weiterer Mitbrüder.

Abt Amandus war ein takt- und liebevoller Klostervorsteher; seine »Abtszelle« war inzwischen ausgebaut worden; sie war nicht mehr so eng wie die Pfanners. Von hier aus wurde das Mariannhiller Missionswerk geleitet. Hier studierte, schrieb und plante er; hier verfasste er Hunderte von (Bettel)-Briefen in seiner zierlichen Handschrift. Und immer hatte er Zeit für jene, die seinen Rat suchten – Mitbrüder, Schwestern, Laien. Sie alle waren willkommen. Seine Schwäche war, so Mitbrüder aus seinen eigenen Reihen –, dass er »zu gut« war. Zuweilen wurde sein Vertrauen missbraucht, er aber hielt sich an seinen Lieblingsheiligen, den Franz von Sales: »Ich will lieber für zu große Güte als für zu große Härte bestraft werden.«

Leider war Abt Amandus den Strapazen des Missionslebens nicht gewachsen. – Er musste, meist zusammen mit Bruder Nivard, immer wieder die Filialen besuchen; das waren anstrengende Reisen, auf holprigen und unbequemen Wegen. Als sich immer häufiger starke Magenkrämpfe einstellten und Kuren und strenge Diät keine Abhilfe schufen, brachte man ihn ins Sanatorium nach Pietermaritzburg; sein Freund Bischof Jolivet besuchte ihn täglich; er spendete ihm auch die Krankensalbung. Am Morgen des 28. Januar 1900 rief Gott ihn zu sich. Im Nachruf hieß es: »Er war ein heiligmäßiger Priester, ein aufrichtiger, nach Vollkommenheit strebender Ordensmann, ein liebevoller und nachsichtiger Vater …« (Vgl. Sie waren Boten der Liebe, Würzburg 1990, 18–20)

Bruder Nivard verlor mit Abt Amandus einen Vorgesetzten, der ihm weithin freie Hand gelassen hatte beim Auf- und Ausbau der weitverzweigten Mariannhiller Mission. Schölzigs Nachfolger wurde der als begeisterter Missionar bekannte Pater Gerard Wolpert.

Abt Gerard Theodor Wolpert
Ein Altersgenosse Bruder Nivards

Er stammte aus Heilbronn (*1855); seine Eltern waren militante Protestanten. Dass ihr Sohn Theodor einmal katholischer Priester würde, war etwas, das sie sich auch in ihrer wildesten Phantasie nicht vorstellen konnten. Der hatte – nach seinem Wehrdienst – um 1882/83 Franz Pfanner kennen gelernt, als der Gründer von Mariannhill auf Werbetour in Deutschland weilte. Der Vorarlberger hat den Heilbronner Offizier so stark beeindruckt, dass dieser sich auf der

Stelle entschloss, zu konvertieren und dem »Trommler Gottes« nach Südafrika zu folgen – sehr zum Schock seiner Eltern, die künftig nie mehr etwas mit ihm zu tun haben wollten. Dass ihr Sohn katholischer Priester werden wollte, überstieg ihre Toleranzfähigkeit um ein Vielfaches.

Pater Gerard widmete sich von Anfang an sehr intensiv dem Studium der Zulusprache; Abt Franz ernannte ihn zum Schulrektor in Mariannhill, dann zum Superior von Centocow-Mission. »Baba Mafastele« (der mit den Augengläsern) nannten ihn die Afrikaner. Unter seiner Leitung wurde die Centocow-Nursery (Baumschule) zu einem Markenzeichen am Kap. Mit Bruder Nivard verband ihn eine gewisse Freundschaft; sie hatten – missionarisch gesprochen – die gleiche Wellenlänge. Wiederholt kundschafteten sie neue Außenstationen aus. (Von ihrem Trip nach Reichenau war schon die Rede!) Und als Pater Gerard Abt wurde (am 14. September 1900), wurde somit ein »Erz-Missionar« zum Chef des Gesamtunternehmens Mariannhill. Er war es, der kurz nach seinem Amtsantritt im heutigen Simbabwe neu beginnen ließ (die Monte Cassino-Mission), nachdem das Experiment von Triashill vorerst fehlgeschlagen hatte.

1900 reiste er mit Bruder Nivard nach Europa. Dabei klopfte er auch, jetzt erstmals als katholischer Priester und Abt eines der größten Missionszentren in der Dritten Welt, an die Tür seines Elternhauses in Heilbronn – nach 16 Jahren Abwesenheit. Es war eine bittere Erfahrung; sein Vater wollte nach wie vor vom eigenen Sohn nichts wissen; er wies ihm die Tür.

Die Missionstätigkeit der Mönche von Mariannhill wuchs zur Amtszeit Abt Gerards immer weiter – und damit auch die interne Spannung zwischen dem kontemplativen Leben (das die Trappisten nach wie vor leben wollten) und der aktiven Seelsorge (nach der die Afrikaner von allen Seiten riefen). Es wurde schier unmöglich, beide Ideale länger zu vereinen: missionarisch gebotene Aktion und vom Orden vorgeschriebene Beschaulichkeit und Meditation. Als die Schwierigkeiten zunahmen, resignierte Wolpert als Abt (1904). Ein in den USA angesiedelter Abt, übrigens von der Abtei Gethesemani, wo Jahrzehnte später Thomas Merton eingetreten ist, wurde Administrator von Mariannhill in Südafrika. Wolpert – und viele andere Mönche, Patres wie Brüder – taten sich schwer mit der »offiziellen

Linie des Neuen«. Das änderte sich erst nach der Trennung Mariannhills vom Trappistenorden (1909); jetzt übernahm vorübergehend Altabt Wolpert die Leitung. Er musste sich vor allem darum sorgen, die neue, moderne Missionsgemeinschaft der Mariannhiller Missionare auf eigene Füße zu stellen. Daher gründete er mehrere Niederlassungen in Europa, zum Beispiel das Missionshaus Sankt Paul in Holland und das Studienseminar Aloysianum in Lohr am Main. Wiederum stand ihm Bruder Nivard beratend zur Seite.

Während des Ersten Weltkrieges wurden viele Brüder und Patres in Südafrika interniert; der Kontakt zur europäischen Heimat wurde abgeschnitten. Für Abt Gerard – der jetzt den Titel »Propst« führte, aber von den meisten Mitbrüdern weiterhin weiter »ehrwürdiger Vater« genannt wurde – war dies eine schwere Zeit. »Katholikenfeindliche Deutschenhasser« in Natal mobilisierten sich und forderten die Konfiskation aller Mariannhiller Besitzungen am Kap. Nach dem Untergang des Dampfers »Lusitania« wollten sie das Kloster stürmen. Ein wild gewordener Mob war schon auf dem Weg nach Mariannhill. »Wie durch ein Wunder«, hieß es später, kam es nicht zum Schlimmsten. Abt Gerard hatte in seiner großen Not mit der Klostergemeinde ein Gelübde gemacht: eine Votivkapelle zu Ehren des heiligsten Herzens Jesu zu errichten, wenn alles gut gehe …

Es ging alles gut. Patres, Brüder und Schwestern blieben unversehrt; so das Kloster und die internierten Mönche. Bruder Nivard wurde gebeten, das Kapellchen auf dem Mary-Ann-Hill zu entwerfen.

1920 wurde Adalbero Fleischer Generalsuperior der jungen Gemeinschaft; Abt/Propst Wolpert konnte sich endgültig aus der Leitung von Mariannhill zurückziehen; Lourdes-Mission wurde seine »Alters-Station«. Der mittlerweile 65-jährige wurde wieder Seelsorger; »Mafastele« beherrschte die Sprache der Zulu wie nur wenige Missionare. Doch zu seinem langjährigen Augenleiden kamen weitere Unpässlichkeiten und Erkrankungen. Die gesunde Luft von Lourdes allerdings, die verordnete Schonkost und die Kneipp'schen Wasserkuren trugen viel dazu bei, dass er ein nahezu biblisches Alter erreichte. Er starb am 14. April 1945, nur zwei Monate vor seinem 90. Geburtstag. Zahlreiche Mariannhiller begleiteten den Verstorbenen zur letzten Ruhe auf dem Friedhof von Mariannhill, wo auch Pfanner und Schölzig ruhen.

Bruder Nivard und der Klosterrat von Mariannhill (1)

Abt Franz Pfanner wurde zu Lebzeiten, aber auch nach seinem Tod, oft als »Draufgänger in Sachen Gottes« porträtiert. Das war er gewiss. Sein Wort galt; seine Autorität war uneingeschränkt. Sein Beispiel riss alle mit, die sich entschlossen, mit ihm zu arbeiten. Aber er war kein Tyrann. Ganz im Gegenteil, er hörte sehr wohl auf die Stimmen derer, die mit ihm am gleichen Strang zogen. Bruder Nivard war wohl sein fähigster Berater, nicht nur im Hinblick auf handwerkliche, forst- und landwirtschaftliche sowie bautechnische Projekte, sondern auch im innerklösterlichen Umfeld. Für den resignierten und greisen Abt blieb er zeitlebens ein Freund, auf den Verlass war.

Als Pfanner 1887 einen Klosterrat einberief, gehörte Bruder Nivard zu diesem Beraterteam. Trappistenäbte wurden damals auf Lebenszeit gewählt. Ihre Autorität war nahezu uneingeschränkt. Doch der mit gesundem Hausverstand begabte Vorarlberger wollte zusätzlich jene seiner Mitbrüder hören, die ihm in seinen Anliegen und Sorgen am ehesten helfend und ratend zur Seite stehen konnten. Der Klosterrat von Mariannhill – heute eine Selbstverständlichkeit in fast allen Ordensgemeinschaften – war zur Zeit Pfanners nicht nur etwas Neues, sondern auch ein Gremium, das es dem Abt leichter machen sollte, Verantwortung zu tragen bzw. andere zu delegieren, wenn er dies für richtig hielt.

Uns sind die Protokolle aus den Jahren 1887–1892 erhalten, also bis zur Absetzung Pfanners im Jahre 1892. Schon beim bloßen Durchblättern fällt auf, wie oft Bruder Nivard erwähnt wird.

Dabei handelt es sich häufig um die Erkundung neuer Stationen, zum Beispiel bei der Gründung von Reichenau am Polela (25.9.1887) oder um die Errichtung einer »zweiten provisorischen Kirche« für Mariannhill; die Räte schlugen vor, eine stabile Steinkirche zu bauen und baten Bruder Nivard, die Baupläne anzufertigen. Diese sollte solange »den Bedürfnissen Rechnung tragen«, bis eine große Abteikirche (eine Basilika) oben auf dem Mary-Ann-Hill in Angriff genommen werden könne.

Dann ist von der Reise des Abtes und Bruder Nivards ins Griqualand die Rede (18.1.1888). Es geht ein paar Monate später um Löhne für die Knaben (Bruder Nivard soll einen Plan ausarbeiten); um die

Station Rankweil; um Wassersorgen und dgl. mehr. Im Januar 1889 wird über eine eigene Papierfabrik diskutiert, die man in Mariannhill errichten möchte. Bruder Nivard erwähnt, dass der Wasserbedarf derselben enorm sei; der Umhlatuzane müsste das 24-fache liefern, um halbwegs den Erfordernissen einer solchen Fabrik zu genügen. Der Plan wird später wieder fallen gelassen. Ähnlich war es mit einer vorgesehenen Tuchfabrik. Bruder Nivard gibt ernsthaft die Verunreinigung des Wassers durch Chemikalien zu bedenken. Damals – gegen Ende des 19. Jahrhunderts – schon die Sorge um die Umwelt!

Als Abt Franz den Afrikaner Joseph Pfanner[11] als »Aufseher, Förster und Missionar« nach Lourdes senden will, beauftragt der Klosterrat den Bruder Nivard, dem schwarzen Christen, der offensichtlich gute Führungseigenschaften mitbrachte, die Reisepässe zu besorgen. (22.7.1889)

In derselben Sitzung stellt Pater David Bryant den Antrag auf »Klosterverbesserung«. Er begründet ihn mit der »Abnahme des Gesundheitszustandes der (Mönchs)Gemeinde bei erhöhter (körperlicher) Anstrengung. Auch da will der ehrwürdige Vater die Meinung des Bruder Nivard hören, heißt es im Protokoll. Der gibt Pater David Recht; die Leistungskraft einzelner Mönche sei seit der Zeit ihres Eintritts in den Orden »bis auf die Hälfte« zurückgegangen; es sei eine tägliche Klage der Novizen, sie seien nichts mehr wert; sie könnten nichts mehr leisten! (22.7.1889)

Ein anderes Mal wurde Bruder Nivard nahegelegt, »neue Kräfte« für die verschiedenen Ämter im Kloster wie auf den Stationen systematisch auszubilden, zum Beispiel »geschickte Brüder in den einzelnen Branchen des Baufaches theoretisch und praktisch zu unterrichten« (5.10.1889).

Oder es kommt auf Bitten von Bruder Nivard der »Prozess gegen Bischof Ricards« zur Sprache; er nennt die Vorwürfe des Prälaten gegenüber Pfanner »schamlos«. Der Klosterrat protestiert vehement »gegen die ungerechten und gehässigen Verleumdungen und Anklagen, welche gegen unser Oberhaupt, unseren geliebten ehrwürdigen Vater Abt, geschleudert wurden«. (6.5.1890)

Der Bau-Schaffner ist Präsident aller Schaffner
Klosterrats-Protokoll (2)

Erstaunlich, wie präzise die Protokolle des Klosterrats von Mariannhill auf die einzelnen, oft sehr verschiedenen Themen eingehen. Egal, ob es sich um religiöse, spirituelle, ordens-interne Angelegenheiten handelt – oder um wirtschaftlich-finanzielle, allgemein handwerkliche, landwirtschaftliche oder bautechnische – es wird sachlich diskutiert und meist mit profunden Kenntnissen. Dass Bruder Nivard in der letztgenannten Themengruppe häufig zu Wort kommt, liegt auf der Hand. Er wusste eben fast überall Bescheid – und hatte zudem noch meistens auch das Ohr des Abtes.

Im Juni 1890 ging es unter anderem um Asylanten, meist Jugendliche; um schwarze Lehrjungen bzw. um deren Lehrzeit (Diese solle drei Jahre betragen und nicht vor dem 17. oder 18. Lebensjahr gestattet sein; bis zum 21. Lebensjahr gibt es – wie damals in Deutschland auch üblich, keinen Lohn, wohl aber Essen, Unterkunft und Kleidung frei).

Erwähnt wird auch die Suche nach einem »tüchtigen Landwirtschafts-Direktor« für alle Mariannhiller Missionsfarmen in Südafrika; Bruder Pankraz Beierwaltes (General-Vertreter Mariannhills in Würzburg) wird gebeten, im deutschen Sprachraum einen fähigen Laien ausfindig zu machen. (22.6.1890) Überraschend dabei ist, mit welcher Selbstverständlichkeit Bruder Nivard diesen Vorschlag vorbringt; denn die Zusammenarbeit zwischen Mönchen und Laien war damals noch nicht gang und gäbe.

Etwa fünf Wochen später wird über Blasmusik und Choralgesang diskutiert. Leider, so stellte man fest, werde Letzterer etwas vernachlässigt; das solle sich ändern; so sehr man aber Blasmusik schätze, er »gefährde doch das geistliche Leben« einzelner Mönche; daher wolle man künftig weithin darauf verzichten. (Vgl. KP, 28.7.1890)

Auf der Sitzung vom 26. Februar 1891 geht es u. a. um Personen- und Paket-Beförderung; das »viele Herumfahren« einiger Mönche, meint Bruder Nivard, könne man durch »weniger häufiges Versetzen« einschränken.

Abt Franz widerspricht; oft seien Krankheiten daran mit schuld – oder andere »dringende Notwendigkeiten«.

Als Pater Hyazinth die baufällige Kirche von Sankt Wendel erwähnt, wird Bruder Nivard beauftragt, den baulichen Zustand zu untersuchen.

Wieder und wieder geht es um den Ankauf weiterer Missionsfarmen zum Zweck der Gründung neuer Stationen. Keine Neugründung, kein Auskundschaften der betreffenden Region, kein diesbezüglicher Beschluss, ohne vorher die Meinung und den Rat des Erdingers anzuhören! Selbst erfahrene Männer wie Abt Franz und Pater Wolpert lauschen mit Bedacht seinen Argumenten.

Hin und dann kommt auch der Pachtzins der afrikanischen Landwirte, die auf den Missionsfarmen leben, zur Sprache. Es sind minimale Beträge, die man von ihnen fordert, aber die Mehrzahl scheint sich darum nicht zu kümmern, auch nicht, wenn mehrmals dazu er-

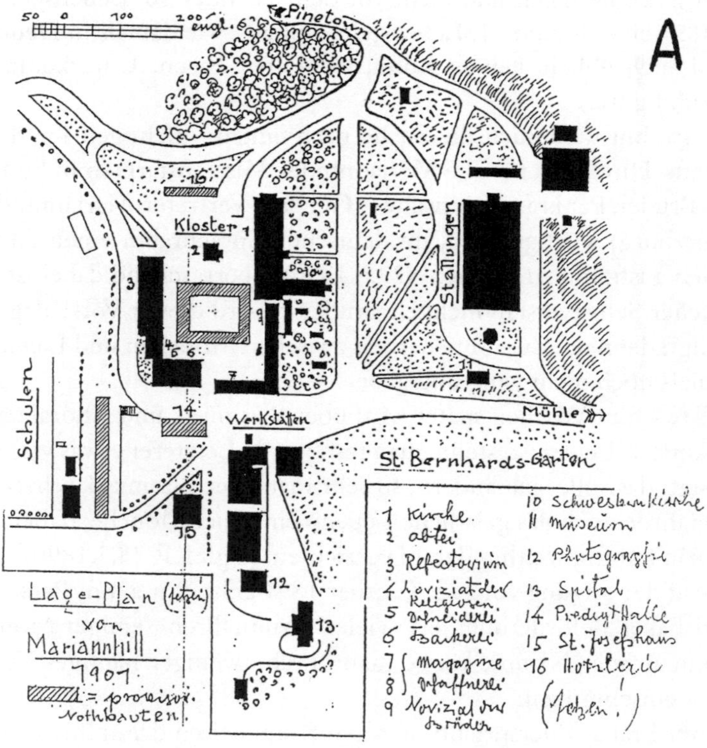

Skizze von Bruder Otto Mäder aus dem Jahr 1901

mahnt. Bruder Nivard stellt fest: »Die, welche bezahlt hätten, seien meistens Heiden«; die getauften schwarzen Bauern hingegen seien die säumigsten. (Vgl. KP, 11.8.1891)

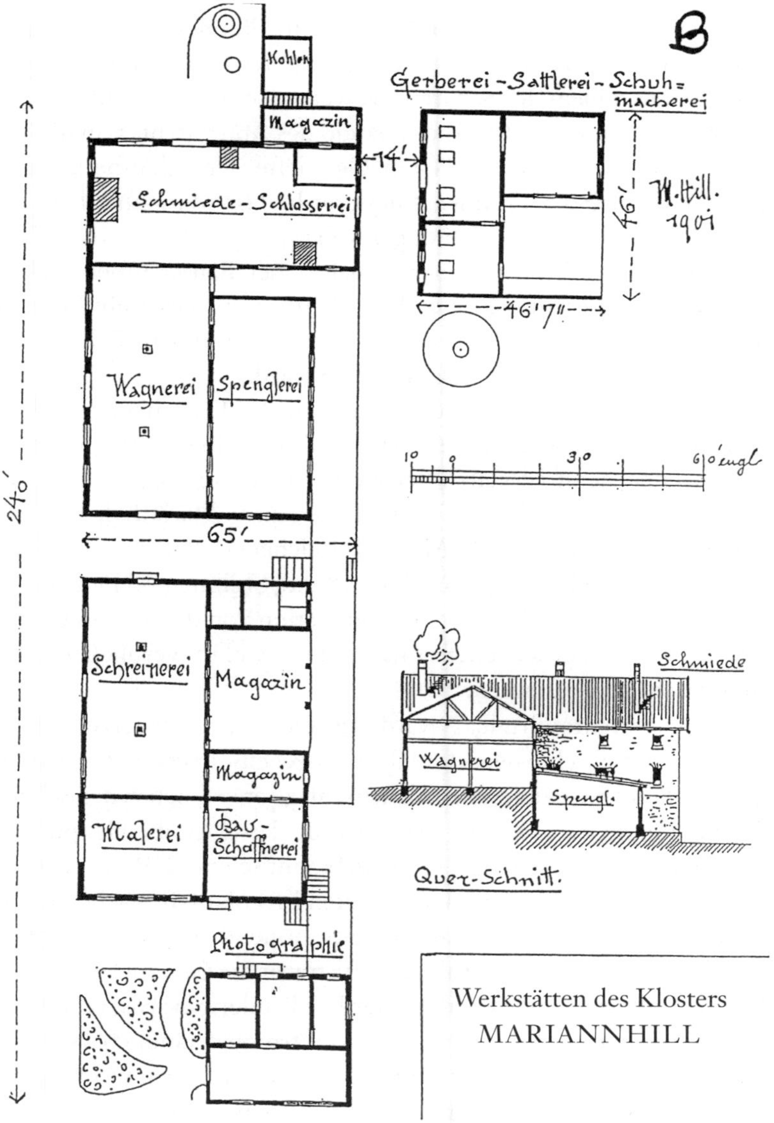

Skizze von Bruder Otto Mäder aus dem Jahr 1901

Im August 1892 schlägt Abt Franz vor, den Bruder Timotheus als Aufseher für die Küche zu bestellen, »weil der Feldschaffner, dem die Aufsicht eigentlich obliege, zu wenig Zeit dafür habe«. Damit erhält Mariannhill einen fünften Schaffner. (KP, 11.8.1892)

An dieser Stelle ist es angebracht, die Bereiche der einzelnen Schaffner zu skizzieren: »Die Verwaltung der rein weltlichen Angelegenheiten obliegt der Schaffnerei, welche selbstverständlich wie alles andere, unter dem Oberkommando des Abtes steht. Um die vielfachen und oftmals verwickelten Geschäfte der Schaffnerei besser auseinander halten zu können, fungieren hier (in Mariannhill; d.Verf.) nach jüngster Ressort-Einteilung des ehrwürdigen Vaters: Bau-, Handels-, Feld- und Viehschaffner; dabei ist der Bauschaffner zugleich Präsident bei Beratungen etc. der Schaffner in Mariannhill und auf den Filialen.« (mmk, 1891) – Der Bauschaffner war natürlich, wir wissen es längst, kein anderer als Bruder Nivard.

Eine letzte Klosterrats-Sitzung fand am 17. Dezember 1892 statt. Bruder Nivard berichtet, wie viel Geld die einzelnen Stationen in den verflossenen neun Monaten verbraucht bzw. zurückgezahlt hätten. Acht Stationen werden namentlich genannt: Mariathal, Lourdes, Centocow, Kevelaer, Sankt Michael, Reichenau, Ratschitz und Oetting. Bis auf den Pfennig (korrekter: Pfund, Shilling und Pence) listet er alles auf, was die einzelne Missionsstation von der Zentrale erhalten hat, was sie zurückgeliefert hat und wie viel ihr verblieben ist. Es sind beachtliche Summen.

Ferner berichtet Bruder Nivard, dass die Maurer in vierzehn Tagen ihre Arbeiten abschlössen – und dass es »gegenwärtig nicht ratsam sei, größere Bauten vorzunehmen; daher schlage er vor, neben der Schmiede eine Wagnerei zu bauen. Dabei würde das Dach die Hauptkosten verursachen, weil die Ziegel schon gebrannt seien« (KP, 17.12.1892).

Zum besseren Verständnis der letzten Protokollsätze sei vermerkt: Zu dieser Zeit war Abt Franz bereits suspendiert; Pater Amandus Schölzig leitete schon bald als Administrator die Geschicke der Abtei Mariannhill und seiner Filialen. Der Rat Bruder Nivards, vorerst mit größeren Neubauten zu warten, war durchaus verständlich. Niemand konnte ahnen, wie die Entwicklung des Missionszentrums und seiner zahlreichen Außenposten in Zukunft aussehen würde.

X.

Ko-Pioniere und Missionare der ersten Stunde

Laienbrüder und Generalsuperioren
Wagemutige Draufgänger und besonnene Reformer

»Heilige sind allemal verschieden; sie sind auf keinen gemeinsamen Nenner zu bringen. Vereint sind sie nur im Ziel – und in der Liebe zu Gott und den Menschen.«
Luigi Bertini

Das Lebenswerk des Bruder Nivard Georg Streicher kann man zwar für sich würdigen, aber ohne Rückbezug auf zahlreiche Mitbrüder und Ko-Pioniere der ersten Stunde wäre es unvollständig. Viele haben auch sein Leben, seine Haltung, seine Missionsprojekte beeinflusst, mitgetragen und mitgestaltet. Wer von ihnen mehr, wer weniger, lässt sich im Einzelnen nicht feststellen, wohl aber, dass ohne sie auch ein so genialer und vielseitiger Mann wie der »Schorschl« aus Erdingen nur einen Bruchteil dessen geleistet hätte, und persönlich kaum geworden wäre, was er wurde: Mönch und Meisterarchitekt; Ordensmann und Ingenieur; Mariannhiller Missionar und Chefplaner der damals größten Abtei südlich der Sahara.

Deshalb sollen hier einige Männer vorgestellt werden, die in der Frühgeschichte Mariannhills und seiner Filialen Wesentliches bewirkt und mitgetragen haben – meist in Zusammenarbeit mit Bruder Nivard, oder doch in seinem Sinne. Wir beginnen mit den Gebrüdern Nigg; drei waren Mariannhiller, einer Jesuit – und ihre Schwester Maria schloss sich mit 52 Jahren noch den Mariannhiller Schwestern an. Bruder Nivard hat sie alle gekannt; sein Beitrag »Der letzte Nigg«

(Familia, IV/1914) würdigt alle fünf, besonders aber jene drei Mönche, die mit ihm zusammen in Mariannhill tätig waren. Noch ausführlicher schrieb Pater Dietmar Seubert über »Die fünf Nigg-Geschwister« (FN, 1992). Beide Artikel liegen unseren Kurzporträts zugrunde.

Die Nigg-Brothers aus Triesen in Liechtenstein (1)

»Dass fünf leibliche Geschwister Haus und Hof und die Welt verlassen, um sich in den Dienst Gottes, in der afrikanischen Mission zu stellen, kommt nicht oft vor.« So beginnt Bruder Nivard seinen Aufsatz – kurz nach dem Tod des Bruders Cornelius Nigg, der am 11. Juni 1914 im südafrikanischen Mariathal verstorben war. Die anderen vier Geschwister lebten damals schon nicht mehr: zwei, Bruder German und Bruder Gregor, waren ebenfalls Mönche von Mariannhill; die anderen beiden, Bruder Theodor und Schwester Maria Polykarpa, hatten auch in Südafrika ihren Lebensabend verbracht.

Wie waren die Niggs überhaupt auf den Gedanken gekommen, nach Afrika zu gehen? Da hatte, von Anfang an, Pfanner seine Hand im Spiel. Als er am 28. Mai 1883 die Abdankungsurkunde als Prior von Mariastern unterschrieb, hatte er sich noch eine Reihe tüchtiger Brüder für seine Neugründung am Kap ausbedungen. Bruder Nivard gehörte dazu, wie wir bereits wissen; aber auch drei Niggs aus Triesen im Fürstentum Liechtenstein. Die Gebrüder Franz (Gregor), Johann (German) und Florian (Cornelius) waren im April 1883 nach Mariastern gekommen und hatten dort um Aufnahme in den Orden gebeten. Am 15. Mai 1883 wurden sie ins Noviziat aufgenommen. Sie hatten also soeben erst mit der Einübung ins Klosterleben begonnen, als Prior Franz sie nach Afrika mitnahm. Augenzeuge Bruder Nivard: »Die drei Liechtensteiner stachen ihm (Pfanner) besonders in die Augen, namentlich, da alle drei besonders gute Steinmetzen waren. Solche waren im wilden Afrika besonders willkommen.«

Damit wissen wir aber noch nichts über ihre Vergangenheit. Die klingt, wenn wir Bruder Nivard glauben, recht abenteuerlich. Folgendes soll sich nämlich in ihrem heimatlichen Liechtenstein zugetragen haben: Eines Tages – so die schier unglaubliche Mär – sollen die drei Brüder ihren Weinberg mit einer soliden Umfassungsmauer umgeben haben, was zur Folge hatte, dass der Zugang zum Gemeindewald versperrt wurde. Und damit erregten die drei Niggs verständlicherweise den Ärger ihrer Mitbürger. Die Gemeindeverwaltung forderte den Abriss der Mauer. Die drei Maurer-Brüder blieben stur. Als dann die Gemeindeväter persönlich erschienen und das »Bollwerk« niederreißen wollten, verschanzten sich die Niggs im Gemeindewald und feuerten ein paar Schüsse ab. Die Gemeinde-Delegation ging in Deckung und zog schließlich ganz ab. Die drei Brüder aber verließen nach dem Vorfall und der Schießerei ihre Heimat – und tauchten, weit weg im fernen Bosnien – als Trappisten-Anwärter wieder auf![12]

Nach der Ankunft in Durban und Mariannhill (Juli 1883) setzten die drei Niggs ihr Noviziat fort; am 14. Mai 1885 legten sie die »einfachen Ordensgelübde« ab, waren aber schon vorher von Pater Franz vor allem bei Maurerarbeiten eingespannt worden. »Das junge, aufstrebende Mariannhill benötigte Unterkünfte und Gemeinschaftsräume, Werkstätten und Magazine. Auch wurde gerade mit einer Buben- und Mädchenschule begonnen« (D. Seubert). Mehr noch: »Der Steindamm der ersten Wasserkraftanlage unterm Kreuzweg, die Mühlenstraße mit ihren Durchlässen und Schutzmauern, die Durchlassbrücke über den Umhlatuzane, die Böschungsmauer und der Mühlendamm, der Mühlenbau mit seinen schwierigen Fundamenten, in all diesen Unternehmungen waren die drei Brüder (Nigg) meine Hauptstütze«, schreibt Bruder Nivard.

Bruder Franz Gregor (*15.5.1838) war schon 45 Jahre alt, als er nach Mariannhill kam Er starb nach dreieinhalb Jahren (26.11.1886). »Er machte sich als Hausmaurer nützlich, konnte aber das afrikanische Klima nicht gut vertragen; er starb eines sanften Todes; ein wahrer Nathanael, in dem alles recht und aufrichtig war«, erinnert sich Bruder Nivard noch zwei Jahrzehnte später.

Über Bruder Johann German (*18.4.1841) schreibt Bruder Nivard sehr viel ausführlicher; sogar ein paar köstliche Anekdoten sind darunter. »Kaum war die Mühle in Mariannhill im Gang, so wurde Reichenau gegründet. Bruder German und Bruder Cornelius gingen hinauf an den Fuß der Drakensberge, 200 Kilometer von der Küste landeinwärts. Die ersten Bauten am Polela waren kaum fertig, als die Baukarawane nach Mariathal beordert wurde, um (dort) die ersten Steinbauten zu errichten. Von da ging es zum Kirchenbau nach Mariannhill im Oktober 1887. (Davon wird in einem eigenen Kapitel noch ausführlich die Rede sein; d.Verf.) Die Fundamentierung der Kirche bot infolge des ganz unzuverlässigen Untergrundes große Schwierigkeiten, und da waren mir die zwei Brüder mit ihrem unerschütterlichen Gleichmut und ihrer Arbeitsfreudigkeit meine verlässlichsten Arbeiter. Wie viele Hunderte von Fuhren Stein haben sie in die Fundamente hineingearbeitet! Und wie gewissenhaft haben sie ihre Arbeit gemacht! Der beste Beweis dafür ist, dass die Kirche heute nach 27 Jahren (geschrieben 1914; d.Verf.) noch keinen Riss zeigt – in Afrika ein seltenes Vorkommnis!«

Erste Haut-Transplantationen unter Mariannhiller Mönchen / Die Nigg-Brothers (2)

Während der Bauarbeiten in Mariannhill war es allerdings zu einem für Bruder German verhängnisvollen Vorfall gekommen. Bruder Nivard schildert es in seiner lebhaft- stichelnden Art: »Die Kirche war nahezu im Rohbau vollendet, und Bruder German war mit der Böschungsmauer an der Straße, die in schön geschwungenem Bogen von der Kirche hinaufführt, beschäftigt. Er war eben daran, einen Regenwasserkanal, der unter der Straße hindurchführt, mit Steinplatten abzudecken. Ich war oben am Giebel der Kirche beschäftigt, als ich Bruder German ruhig auf einem Stein sitzen sah. Den Bruder bei der Arbeitszeit sitzen zu sehen, war mir eine so fremde Erscheinung, dass ich die Leiter hinunterstieg und auf ihn zuging. Mit seinem unverwüstlichen, kindlichen Lächeln blickte er mich an und ebenso lächelnd sagte er mir in seinem treuherzigen Liechtensteiner Dialekt: ›Jetzt hat es ma da Fuß abgeschlaga!‹ Dabei hob er den Habit etwas auf, und zu meinem Entsetzen sah ich das linke Schienbein zerschmettert. Sein schwarzer Gehilfe Suitbert ließ dem Bruder die Decksteine auf zwei Grubenschienen die Böschung hinunter; Bruder German stand eben mit dem linken Fuß zwischen den Schienen vor dem Stein, als dem

Suitbert der Deckstein entwischte und die Schiene hinuntersauste, und so wurde das Bein zwischen den zwei Steinen zerquetscht. Der Stein ist heute noch in der Mauer; ich habe ein Kreuz in denselben hineingemeißelt. Mit Hilfe eines Schwarzen trug ich Bruder German hinauf ins Spital.

Zum Glück hatten wir damals einen tüchtigen Arzt, Frater Hector Dr. Grötschel bei uns (er war »Franziner«, eine Art »Halbtrappist«; d. Verf.), der die Vorbereitungen zur Amputation des Beines unterhalb des Knies traf. Es war ein glühend heißer Tag, und Dr. Grötschel erklärte, er müsse unbedingt Eis für die Operation haben. Leicht gesagt. Das nächste Eis war in Durban. Ich renne im Laufschritt nach Pinetown, erwische gerade den Zug und komme mit dem nächsten und einer Kiste Eis, in Sägemehl verpackt, wieder nach Pinetown; und weil ein Fuhrwerk nach Pinetown eine Rarität war, nahm ich die schwere Kiste auf den Kopf und marschierte Mariannhill zu, eine volle Wegstunde. Den Marsch habe ich lange nicht vergessen. Trotz Verpackung fing das Eis an zu schmelzen, und das eiskalte Wasser rieselte mir in den Nacken hinunter, bis ich zuletzt die Schuhe voll bekam. Immerhin brachte ich noch genug Eis heim, und die Operation verlief ganz normal.«

Aber die Geschichte mit dem amputierten Bein ging noch weiter. Die Wunde heilte nicht; es bildete sich keine neue Haut. Da versuchte Dr. Grötschel »zwei Fleckchen aus der Haut des Pater Leonhard auf die Wunde zu pflanzen, die fielen aber wieder ab. Als Dr. Grötschel das dem Abt erzählte, kam Bruder Nivard gerade vorbei. Pfanner wollte wissen, von wem denn die Hautfleckchen gewesen seien, die transplantiert wurden? Als der Abt Pater Leonhards Namen hörte, winkte er ab: Alles klar! Erwiderte er humorvoll; die Haut eines Priesters verträgt sich nicht mit der eines Bruders – und, Dr. Grötschel zugewandt, fuhr er fort: Nehmen Sie doch den da, und deutete auf Bruder Nivard. So geschah es – und, o Wunder, die Wunde heilte recht gut.

Später machten die Mitbrüder Witze: Wie denn das bei der Auferstehung am Jüngsten Tag sei; wem denn die verpflanzte Haut dann gehöre?

Zwischenzeitlich hatte sich jedoch die Entzündung der Wunde aufs Kniegelenk verlagert. Dr. Grötschel schlug eine zweite Amputation vor; er meinte, wenn nicht amputiert würde, so könne dies zum frühzeitigen Tod des Bruders führen. Bruder German zum Abt: Er wolle lieber sterben, als noch einmal amputiert zu werden. Seine Ängste waren übergroß. Da schlug Pfanner – in seiner bäuerlich-derben, aber doch gläubigen Art vor, das Los entscheiden zu lassen. Er ließ den Krankendiener mit zwei Zündhölzchen kommen. Weil Bruder German sich weigerte, selber das Los zu ziehen, tat es Abt Franz für ihn. Zuvor hatte er festgelegt: »Das kleinere Hölzchen bedeutet Amputation, das größere: Es wird nicht amputiert! – Als Pfanner zog, hatte er das längere Hölzchen in der Hand; es wurde also nicht amputiert. Und zur Freude und Überraschung aller: Die Wunde heilte; Bruder German konnte das Krankenhaus verlassen, allerdings nur mit Krücken.

Bruder Nivard abschließend: »Er war mein bester Steinhauer; jetzt wurde er Flickschneider; er, der sein Lebtag im Freien gearbeitet hatte, hielt das Stubenhocken kaum zwei Jahre aus. Dann trugen wir ihn hinaus unter den großen Baum auf dem Friedhof von Mariannhill …« Im Nachruf des am 12. Januar 1890 Verstorbenen heißt es: »Er war die Friedfertigkeit in Person; er kannte nur zwei Bedürfnisse: Arbeit und Gebet.«

Das war der gute Johann German Nigg. Sein Bruder Florian Cornelius lebte noch 14 Jahre; Bruder Nivard nennt ihn einen »musterhaften Ordensmann«; gewissenhaft, fleißig und nie krank. Er war Bruder Nivards verlässlichster Vorarbeiter: »Der Damm und der Mühlenbau und das Turbinenpumpwerk in Mariannhill, die Mühlenanlage in Reichenau und Centocow, die zwei Wasserkraftanlagen in Mariathal, Talsperre und Mühle in Lourdes, Damm und Mühle in Sankt Michael sowie die große Damm-Anlage für Mühle und Landbewässerung in Mariazell – sie alle sind Zeugen seines Fleißes.« Natürlich auch eine Reihe von Missionskirchen – neben der bereits erwähnten Klosterkirche von Mariannhill zum Beispiel die beiden Gotteshäuser in Telgte- und Reichenau-Mission; für Letztere hat er die Turmspitze aus Blau- und Basaltsteinen gefertigt. Seine allerletzte Arbeit war die Wasserversorgung für das Schwestern-Sanatorium in Mariathal. Auf dem Weg vom Bauplatz zurück auf die Station wurde er von eiskaltem, mit Hagel vermischten Regen überrascht, wie Bruder Nivard schreibt: »Er wurde durch und durch nass; und von dieser Erkältung hat er sich nicht mehr erholt. Er starb am 11. Juni 1914, kurz vor dem Ausbruch des Ersten Weltkriegs.«

Damit hatte Bruder Nivard auch den »letzten Nigg«, wie er ihn humorvoll nannte, verloren. Drei fähige Männer; drei Mönche; drei Mariannhiller Missionare.

Der »vierte Nigg« war eigentlich der »erste«, weil der älteste. Er hieß Theodor, war Jesuitenbruder und Mitglied der Missions-Expedition, die 1879 – von Südafrika kommend – den Königshof Lobengulas bei Gu-Bulawyo erreichte. Seine Mitbrüder unter den Jesuiten schätzten ihn sehr, vor allem seinen Humor und seine endlose Geduld, aber natürlich auch sein handwerkliches Können. Er verstand sich auf fast alles. Er konnte kochen, nähen, schustern, gärtnern und jagen. 1884 kehrte er nach Südafrika zurück, diesmal nach Dunbrody, also dorthin, wo vier Jahre vorher Franz Pfanner und seine 30 Männer einen ersten missionarischen Versuch gemacht hatten und dann gescheitert waren.

Bruder Nivard traf ihn dort, »der gerade mit seinen Ochsenwagen vom Sambesi (gemeint ist das heutige Simbabwe; d. Verf.) zurückkam… 2000 Kilometer durch das weglose Afrika mit Ochsenwagen! Eine Tour hin und zurück erforderte den besten Teil eines Jahres. Bruder (Theodor) Nigg hat die Tour mehrmals gemacht. Er sehnte sich wieder nach dem Sambesi, namentlich seiner Ochsen wegen, die im heißen, wasserlosen Dunbrody fast verhungerten und sich wie der Bruder nach den saftigen Weiden am Sambesi sehnten …«

1889 wurde Bruder Theodor Nigg nach Keilands versetzt, wo er 54-jährig starb, »verbraucht durch seine rastlose Tätigkeit im Dienste der Mission am Oberen Sambesi und geschwächt vom Sambesi-Fieber« (D. Seubert). Keilands – dies nur nebenbei – wurde 1908 von Mariannhiller Mönchen übernommen; zeitweise hat hier auch Pater Bernhard Huss, der große Sozialreformer im südlichen Afrika, gewirkt.

Maria Nigg war mit ihren drei Mariannhiller-Brüdern 1883 nach Südafrika gekommen – mit Pater Franz und Bruder Nivard in der Gruppe. Sie wollte sich den Menzinger Kreuzschwestern in Umtata/Transkei anschließen, wurde aber während des Noviziates wieder entlassen. Zeitweise wirkte sie in Dunbrody als Lehrerin an der Mädchenschule. 1895, bereits 52 Jahre alt, wurde sie Mariannhiller Missionsschwester vom Kostbaren Blut und nannte sich jetzt Schwester Polykarpa. Sie wirkte sehr segensreich und starb am 24. September

1908. Bruder Nivard: »Sie gab den Schwestern durch ihre unermüdliche Arbeitsfreudigkeit, ihren Gehorsam und ihre ganz außerordentliche Liebe zur Armut ein herrliches Beispiel. Dabei war sie resolut wie ein Mann; sie kannte keine Furcht. Nun ruht sie auf dem Mariannhiller Friedhof mit ihren Brüdern Gregor und German.«

Bruder Leopold Schimmel / zwischen Polela und Sambesi

Er gehörte zu den »Säulen von Mariannhill«; zu den Haudegen, denen keine Anstrengung zu groß, keine Mühe zu schwer, kein Risiko zu waghalsig war, wenn es darum ging, die missionarische Arbeit der Mariannhiller im südlichen Afrika voranzutreiben. Bruder Nivard konnte sich auf ihn hundertprozentig verlassen – erst in Reichenau am Polela, dann in Monte Cassino im heutigen Simbabwe.

Wir wissen bestens Bescheid über sein Leben und Wirken; sein Memorandum »Ein Veteran erzählt« (GA) schildert die Abenteuer und Wagnisse seines langen und segensreichen Lebens. Seine Vita ist Teil der Pionierarbeit vieler Mariannhiller – am Polela wie südlich des Sambesi.

Ein zupackender Mann; kräftig und robust, zäh und ausdauernd – und »unverwüstlich« im Hinblick auf seine Gesundheit. Er stammte aus dem bayerischen Rödersdorf-Gebsattel bei Rothenburg o. d. Tauber. 1886, 26 Jahre alt, schloss er sich den Trappisten von Mariannhill an, wo er (und eine ganze Gruppe weiterer künftiger Mönche und Nonnen) von Bruder Nivard begrüßt wurde. Das Eingewöhnen war gar nicht so einfach: Es gab karge Kost im Kloster; trockenes Brot und schwarzen Kaffee zum Frühstück. An 140 Tagen des Jahres wurde gefastet – nach alter Trappistentradition, und zwar trotz anstrengender Tagesarbeit, trotz afrikanischer Hitze. »In voller Kleidung des Arbeitstages ruhten wir nachts. Morgens um zwei Uhr (sonntags um ein Uhr) legten wir nur noch den Ordensmantel um, unser eigentliches Ordensgewand«, erinnert er sich noch nach Jahren. Im Kloster war alles noch sehr einfach; die Mönche schliefen in Doppeldeckerbetten; »die älteren schliefen unten, die jüngeren oben – und wer sich etwas aufrichten wollte, stieß mit dem Kopf ans Blechdach«.

Die ersten Sporen als Gründer-Pionier holte sich Bruder Leopold in Einsiedeln. Eines Tages sollte er von dort eine Missionsschwester nach Mariannhill begleiten. Die Nonne war nicht allzu gut zu Pferd: »Nach zwölf Stunden hatten wir erst Dreiviertel des Weges zurückgelegt. Da kehrte die Schwester ihr Pferd mir zu und fragte: ›Bruder, wie viel Uhr ist es?‹ Ich sagte: Drei Uhr Nachmittag! – Diese Worte waren die einzigen, die auf dem langen Ritt gesprochen wurden. Wir hatten noch drei Stunden zu reiten ... Ja, so gewissenhaft hat man damals das Stillschweigen gehalten!«

Dann arbeitete Bruder Leopold im halbtropischen Oetting in der Landwirtschaft und in der Ziegelei, und von dort ging's nach Reichenau, wo im Winter häufig Schnee lag; die Sommer waren zuweilen verhagelt. Sofort ging Bruder Leopold – in Absprache mit seinem Chef-Schaffner Bruder Nivard – daran, Watteln, Fichten und Eichen anzupflanzen. Damals wirkten 13 Brüder auf der Station. Auf der benachbarten »St. Joseph's Farm«, bislang unbewohnt, errichtete er die ersten Hütten. Täglich marschierte er frühmorgens acht Kilometer hin, abends, nach härtester Feldarbeit, wieder zurück – und zu jeder Jahreszeit im Trappistenhabit. Unterwegs betete er jeweils »eine schöne Anzahl Rosenkränze«.

Weitere Neugründungen »warteten« auf den tüchtigen Bayern, erst Clairvaux, dann Citeaux, beide Filialen von Mariannhill. Oft – weil Vorhut für andere Mönche – lebte er ganz allein, ritt sonntags zum Gottesdienst auf eine benachbarte Station und kehrte spät abends wieder zurück. Wiederholt musste er reißende Flüsse überqueren; einmal geriet er in dichten Nebel und musste im Freien übernachten: »Den Pferdesattel benützte ich als Kopfkissen, die Filzunterlage diente als Zudecke; den Pferdezügel verlängerte ich und band mir dann das eine Ende an den Fuß, damit das Tier nicht entlaufen konnte.«

Ein anderes Mal hat er sich mit dem Datum vertan. Nach seiner Rechnung traf er am Abend des fünften Januar in Reichenau ein und freute sich, dort mit den Brüdern und Schwestern das Dreikönigsfest feiern zu dürfen. Da guckten alle erstaunt auf und lachten! Bruder Leopold hatte sich um 24 Stunden vertan. Trocken bemerkt er in seinen Memoiren: »So kann es einem gehen, wenn man in der Weltferne keinen Kalender hat!« – Später fügte er hinzu: »Man nimmt halt zu den

Anfängen einer Mission gern Stupide, weil solche es weniger fühlen, wenn es ihnen schlecht geht.«

Dieser Meinung waren seine Vorgesetzten überhaupt nicht; ganz im Gegenteil. Bruder Nivard schätzte Bruder Leopold als erstklassigen Farmer, erfahrenen Förster, anerkannten Viehzüchter – und in Sachen Neugründung als einen, der kaum zu übertreffen war. Das war sicher auch der Grund, warum man ihn 1901 ins ferne Rhodesien (heute Simbabwe) schickte, um die Gründung von Montes Cassino vorzubereiten. Von Durban fuhr er per Schiff bis Beira; dann weiter per Bahn – auf einem Güterzug voller Eisenbahnschienen. Staub, Sonne und erhitzte Schienen wurden zur Tortur. Als er schließlich in Salisbury (heute Harare) ankam, führte ihn der Jesuitenpater, der ihn begrüßte, sofort ins Haus und sagte: »Have a wash, Brother!« Er muss schrecklich verstaubt und verschwitzt ausgesehen haben – nach 30 Stunden auf offenem Waggon!

Auf der neuen Missionsfarm (Monte Cassino) fing Bruder Leopold sofort an, ein paar provisorische Hütten zu errichten. Sein erster Stuhl war eine unterwegs aufgelesene Bretterkiste. Von den 27 Stück Vieh, die er gekauft hatte, gingen infolge der Rinderpest bis auf sechs alle wieder ein. Benachbarte weiße Farmer wollten den guten Bruder sogar ins Gefängnis werfen lassen; sie meinten, er habe die Rinderpest eingeschleppt.

Etwas leichter wurde es für ihn, als aus Mariannhill ein Fertighaus aus Holz und Wellblech eintraf (ein Vorschlag von Bruder Nivard!), und auch die ersten Mitbrüder folgten. Für sie war vieles einfacher – dank der Vorarbeiten des Bruders. Eine weitere Abwechslung war, Jahre später, die Neugründung von Triashill. Maßgeblich daran beteiligt war Bruder Franz Xaver Ägidius Pfister; über ihn schreibt Bruder Leopold: »Er wanderte das Land auf und ab, suchte geeignete Plätze für Schulen und Katechetenstellen und trug auf seinen langen Wanderungen nur seine Bücher und ein Stück Brot bei sich. Er kannte alle Häuptlinge und Zauberer mit Namen; sein Gedächtnis glich einer lebendigen Landkarte … Dieser nimmermüde Wanderkatechet bereitete beide Wege: den der Afrikaner zur Kirche und den des Priesters zu den Eingeborenen. Ein Freund der Schwarzen bis in den Tod!« (Bruder Ägidius starb 1932 in Bulawayo – an Gehirnmalaria.)

Aber zurück zu Bruder Leopold. Neben seinen anstrengenden Arbeiten auf den Feldern und in den Wäldern fand er immer noch Zeit, sich selbst weiterzubilden und Gelerntes an Jüngere weiterzugeben. Er schrieb aufschlussreiche Berichte über die Herstellung von Ziegelsteinen – und zwar so detailliert, dass andere Missionare sie wie Lehranweisungen benutzen konnten. Nicht weniger kundig war er hinsichtlich Bäumen und Fruchtsträuchern: »Es ist wunderbar, wie der allgütige Schöpfer so vielerlei Früchte ins Dasein rief und jeder Pflanze den Trieb zur Selbsterhaltung und zur Vermehrung mitgab … Die Gaben der Wildnis taten mir gut; ohne sie wäre ich längst nicht mehr am Leben.«

Bruder Leopold war ganz nach dem Sinne Pfanners, den er sehr verehrte, und völlig in Harmonie mit Bruder Nivard, den er um zwei Jahrzehnte überlebte. Er starb am 11. Mai 1948 in Mariannhill, wohin er 1929 zurückgekehrt war.

Auch sie schätzten den Esprit und Humor des Mitbruders aus Erding

Die Zahl derer, die ähnlich wie Bruder Leopold Schimmel sehr eng mit Bruder Nivard zusammen gearbeitet hatten, ist groß. Kein Mönch von Mariannhill, der nicht irgendwann mit dem Erdinger zu tun gehabt hätte. Aber einige standen ihm besonders nahe, zum Beispiel der bereits erwähnte Bruder Ägidius Pfister aus Rottweil, inzwischen von den Afrikanern im Manicaland/Simbabwe wie ein Heiliger verehrt. (vgl. Der Wandermönch von Triashill, Bernardus/Langwaden 2002)

Ein anderer äußerst fähiger Brudermissionar war John Hauptmann, der schon in Dunbrody dabei war und, ähnlich wie Bruder Ägidius, vor allem seelsorgerlich tätig war. Was Bruder Nivard auf dem organisatorischen und bautechnischen Sektor geleistet hat, tat Bruder John in der Seelsorge unter den Afrikanern. Beide ergänzten – und respektierten sich.

Zwei weitere Brüder seien kurz erwähnt – die Gebrüder Dütsch. Sie kamen aus Zapfendorf bei Bamberg. Bruder Servulus, der Ältere von beiden, besorgte lange Jahre die schweren Ochsenwagen-Transporte von Mariannhill auf die Filialen. Aber er war auch ein geschickter Handwerker; er zimmerte, mauerte, brannte Ziegelsteine und verstand sich darauf, elektrische Leitungen zu legen. Sein Bruder Tiburtius fungierte, wenn Bruder Nivard anderweitig beschäftigt war, als der Kutscher von Abt Obrecht; er war ein hervorragender Landwirt und Viehzüchter.

Auf beide Brüder – und Dutzende weitere – konnte sich Bruder Nivard verlassen. Ohne ihr Können und ihre Loyalität hätte er vieles nicht erreichen können. Es war allemal in der Frühgeschichte von Mariannhill das Brüder-Team, das die großen missionarischen Leistungen vollbrachte.

Die Patres, weit in der Minderzahl im alten Mariannhill, waren auf ihre Weise nicht weniger auf Bruder Nivard angewiesen; ihre Zusammenarbeit klappte meistens recht gut. Einige wenige sollen hier mit Namen genannt werden; sie schätzten das Charisma des Bruders sehr hoch, freuten sich aber auch an seinem Esprit und seinem Humor. Da war, zum Beispiel, Pater Josef Biegner – mit dem Gründerabt ein Herz und eine Seele; in dessen späten Jahren sein Sekretär und »Leibarzt«. Er stammte aus Lettowitz in Mähren, heute Tschechien,

Bruder Nivard und prominente Gäste in Mariannhill – mit Abt Obrecht (Mitte)

und war schon in Mariastern der Vertreter des Priors und »die Mutter des Hauses; er flickte Kleider, betreute Kranke, sorgte für den Schmuck in der Kapelle«. Ein äußerst liebenswürdiger Ordensmann; für Bruder Nivard ein echter Vater und Freund, und Krankenpfleger von Format! Ohne Pater Josef, der übrigens auch die Wasserkuren des Pfarrers Sebastian Kneipp anwendete, hätte es in Mariannhill viel zusätzliches Leid gegeben. Er war es auch, der vermitteln konnte – wenn nötig, auch zwischen Abt Franz und den andern Mönchen.[13]

Was Pater Biegner im Stillen leistete, wirkte Pater Hyazinth Peter Salomon nach außen. Er war einer der ersten Missionare, der die Zulusprache beherrschte. 1896 reiste er zusammen mit Bruder Nivard und zwei weiteren Brüdern ins weitentfernte Mashonaland/Simbabwe; es ging um die Gründung von Triashill und einer Farm, die Abt Franz von dem Multimillionär Cecil Rhodes zwei Jahre vorher erhalten hatte. Das heimtückische Malariafieber und der Aufstand der Schwarzen zwangen die Mönchs-Pioniere zur Umkehr. Bruder Nivard hat ausführlich darüber berichtet; wir kommen darauf zurück.

Bleibt noch ein Name (unter der großen Zahl von Mitbrüdern), der für Bruder Nivard zwar keine alltägliche Bedeutung hatte, aber doch hinsichtlich seiner missionarisch-sozialen Haltung: Pater Bernhard

Bruder Nivard unter prominenten Besuchern von Mariannhill. Links Gründerabt Franz Pfanner

Huss. Sein Engagement für die Afrikaner (Lehrerseminare, Landwirtschaftsschulen, Volksbanken) war außergewöhnlich. Sein Motto »Bessere Felder, bessere Häuser, bessere Herzen!« gilt heute noch. Für Bruder Nivard und viele andere Mariannhiller war Pater Huss sozusagen das »soziale Gewissen«; sie lernten viel von ihm. (Vgl. Binde deinen Karren an einen Stern, 2. Auflage, Würzburg 2001)

Großen Respekt hatte Bruder Nivard auch vor den Schwestern; ohne ihre Mithilfe wäre es vor allem auf den Filialen von Mariannhill sehr viel schwieriger gewesen; sie besorgten nicht nur Küchen und Gärten, sondern leiteten fast überall auch die Schulen. Und für den greisen Abt Franz, der seine letzten Jahre in Emaus, einer Außenstation von Lourdes, verbrachte, taten sie alles, um seinen Lebensabend zu verschönern. Die Briefe zwischen Abt Franz und Bruder Nivard aus jener Zeit sind dafür Zeugen. Wir kommen darauf zurück (Vgl. Der Trommler Gottes, Freiburg 1981 und 1983/TB)

XI.

Der geniale Baumeister von Mariannhill

Abtei- und Klosterkirche mit Campanile
Eine bautechnische Glanzleistung

»Stein wird zur Erzählung. Wir reichen die Geschichte an die Vergangenheit durch Stein und Mund weiter. Wenn das Wort erstirbt, übernimmt der Stein. Er überdauert.«
Chenjevai Hove / Simbabwe

Wir kommen zum Kern der Nivard'schen Lebensleistung, zu seinen großen Bauwerken, allen voran die Klosterkirche von Mariannhill. Es wäre unmöglich, jedes seiner größeren Gebäude vorzustellen; das gäbe mehrere Doktorarbeiten. Hier wollen wir vor allem das Monastery im Blick behalten – die Abteikirche und die umliegenden Gebäude. (In einem späteren Abschnitt wird die Kirche von Mariazell, Bruder Nivards letztes großes Gotteshaus, in unser Blickfeld gerückt.)

Um das Gesamtausmaß seines Engagements besser zu verstehen, werden wir dabei immer wieder auf Franz Pfanner, den Gründerabt, zurückkommen – und auf die geschichtliche und traditionelle Eigenart seines Ordens. Abt Franz war der Bauherr, Bruder Nivard sein Architekt, der aber weithin Freiheit hatte, ja sogar den Auftrag, sich um fast alles zu kümmern, was mit einem solchen Bauwerk zusammenhing.

Zum Glück sind wir diesbezüglich bestens informiert – nicht zuletzt durch Baupläne, Skizzen, Geschäftsbriefe, Protokolle und dgl. Mehr noch, die sehr sorgfältig recherchierte Studie von Pater Dietmar Seubert zum 100. Geburtstag der Klosterkirche von Mariannhill (Vgl. FN 1987-1990) ist geradezu eine Vorarbeit für dieses Kapitel. Wir folgen weithin dieser Artikel-Serie.

Der Grundstein wurde am 4. November 1887 von Abt Franz gelegt, und schon am 20. August des folgenden Jahres feierte Pater Gerard Wolpert in der noch unvollendeten Kirche seine Primiz. Das war für sich schon eine Glanzleistung. Nach nur fünfeinhalb Jahren! Wir erinnern uns: Die Ochsenwagen der »rollenden Abtei« blieben am 26. Dezember 1882 dort stecken, wo jetzt dieses große Gotteshaus errichtet wurde. Lange Zeit behalf man sich mit einer Notkirche aus Ziegelsteinen und Wellblech. Das ganze Kloster glich eher einer Baracke als einer künftigen Abtei. Dahinein Ordnung zu bringen – auch bauliche –, das war die Aufgabe des Bruder Nivard. Von den tüchtigen Maurer-Brüdern, den Nigg-Brothers, die ihm dabei zur Seite standen, war schon die Rede.

»Einen Fortschritt machten wir alsbald (gegenüber dem Zeltkloster; d.Verf.) durch unsere sich immer mehrenden und vergrößernden Barackenbauten, sobald wir Holz und Blech von Durban erhalten hatten«, schrieb Bruder Nivard (mmk 1891). »Aber diese sehr sparsamen aus Holz, ungebrannten Ziegeln und Blech hergestellten Baracken spielen in Mariannhills Klostergeschichte keineswegs eine untergeordnete Rolle; der eigentliche Baumeister für uns war die große leibliche Not; nur um den schreienden Bedürfnissen für den Augenblick abzuhelfen, wurde schnell eine gegen böses Wetter etc. schützende Unterkunft geschaffen … – Dass die Schwestern in solchen leicht zusammengeschlagenen Baracken nicht kampieren brauchten, verdanken sie außer der anstandsmäßigen Rücksichtnahme auf ihr zartes Geschlecht noch besonders dem Umstand, dass sie Schulräume haben mussten …« (mmk 1891)

Ehe man an den großräumigen Ausbau des Monastery denken konnte, musste die Wasserfrage geklärt werden, und die der Energiegewinnung für die diversen Betriebe. Bereits 1884, also ein Jahr nach Bruder Nivards Ankunft am Kap, entwarf er die Pläne für die Mühle von Mariannhill; Pfanner hatte einen geeigneten Platz ausfindig gemacht, der allerdings zunächst noch außerhalb des Missions-Areals lag. Er kaufte schon anderntags das nötige Gelände dazu. Der Mühlenbau, 132″ lang und 41″ breit, war zweieinhalb Stockwerke hoch. Ein imposantes Gebäude, größer als alles bisher Errichtete. Bruder Nivard hatte spätestens jetzt sein Können unter Beweis gestellt. Im gleichen Jahr, 1884, war der Johannesbrunnen samt Damm, Pumpwerk und Reservoir erstellt worden, eine Ingenieursleistung, die weit und breit ihresgleichen suchte. (Wir haben sehr detailliert schon darüber berichtet.) Abt Franz war mit Recht stolz auf dieses beachtliche Werk, das pro Stunde 18 Hektoliter auf eine Höhe von 98 Meter beförderte. Am Tag der Einweihung, am 4. August 1884, wurde erstmals Wasser auf den Mary-Ann-Hill gepumpt. Vor dort floss es, per Eigendruck, hinunter in die verschiedenen Klosterbauten.

Vorarbeiten und Bauskizzen zur Errichtung der Klosterkirche

»Am 31. März (1886) wurde der erste Streich zum Bau unseres künftigen Klosters gemacht, das heißt, der Steinbruch am Bauplatz eröffnet«, so schreibt Abt Franz an seine Freunde und Wohltäter in Europa. Man habe den Felsen des »Mary-Ann-Hill« untersucht und herausgefunden, dass sein Gestein sich bestens eigne: »Die Steine liegen würfelartig in langen und tiefen Reihen hoch übereinander, sodass man sie leicht mit Pickel oder mit einer Brechstange wegheben kann.« (VG 4/1886)

Pfanner und seine Mönche gingen also noch davon aus, den Klosterkomplex auf dem »Hill« (Hügel) anzusiedeln: »Das ganze Kloster samt Kirche und Turm wird von diesem herrlichen Steine aufgeführt. Auf jeden Fall wird der Bau um viele hundert Pfund wohlfeiler errichtet werden, seit wir einen so ausgezeichneten Stein gefunden haben.« (VG, s.o.)

Es wurden auch schon erste Bauskizzen erstellt; eine stammte von dem Pater Desiderius Lenz (Beuron). Abt Franz hatte ihn eigens darum gebeten. Kirche und Frontansicht des Klosters liegen heute noch im Archiv zu Beuron. Warum die Lenz'sche Version nicht ausgeführt wurde, wissen wir nicht; wahrscheinlich fehlte für diesen aufwendigen Bau das Geld; möglicherweise traute man dem Bruder Nivard und seinen Mannen ein solches Bauwerk damals noch nicht zu. Der 32-jährige Schreiner aus Erding hatte ja bislang noch keinen Kirchenbau entworfen. So oder so – der Plan des Beuroner Kunstexperten (Pater Lenz war Mitbegründer der »Beuroner Kunstschule«) kam nicht zum

Tragen, und die Idee, das Kloster auf dem »Hill« zu errichten, wurde ebenfalls fallengelassen. Pater Josef Biegner meinte später dazu: »Man hat sich am alten Platz schon so zurechtgefunden, baute ein Haus ums andere, bis es geheißen hat: Jetzt können wir nicht mehr fortgehen; jetzt müssen wir auf dem alten Platz bleiben!« (Vgl. Klostergeschichte, 40)

Ein anderes »Hindernis« (für den sofortigen Kirchbau in Mariannhill) mag die rasante Entwicklung bei der Gründung von Filialen gewesen sein: »Am 14. Oktober 1886 Reichenau; am 4. März 1887 Einsiedeln; am 4. Mai 1887 Loretto; am 3. Juni 1887 Mariathal; am 31. August 1887 Oetting; am 1. Mai 1888 Kevelaer und Lourdes; am 16. August 1888 Rankweil; am 11. September 1888 Centocow; am 14. August 1890 Ratschitz und am 12. Oktober 1890 Sankt Michael« (D. Seubert, FN 1/1987)

Eine enorme Leistung; ein Phänomen, wie man es in der Kirchengeschichte wohl kein zweites Mal finden wird. Und immer war Bruder Nivard maßgeblich mitbeteiligt! Ohne ihn lief fast nichts mehr. Abt Franz schrieb 1889: »Gegenwärtig bauen wir an fünf Plätzen«; er meinte die Filialen. Aber auch in Mariannhill wurde feste gebaut.

Maria Ratschitz – Kirche noch im Bau

Ganze »Bauhütten« und »Bauteams« wurden zusammengestellt; auch sie unter der Oberleitung des Bruder Nivard. Mariannhill glich einem einzigen Bauplatz. Baufieber warf man Pfanner vor, und Vermessenheit. Aber er scherte sich wenig darum: Wenn nur das Reich Gottes davon nutznieße, dann nehme er jede Schelte gern in Kauf: »Was aber besonders ins Auge zu fassen ist – wir bauen alles selbst, geben nichts aus für Baupläne, Handwerker und Bauleitung. An uns können keine Spekulanten Geld verdienen.« (VG 1/1891)

Dabei war er, Pfanner, selbst »die beseelende und treibende Kraft. Doch konnte er sich auf die Opferbereitschaft und Tüchtigkeit seiner Leute verlassen, allen voran auf Bruder Nivard, den Schaffner, Architekt, Baumeister und Ingenieur des Missionsklosters Mariannhill.« (D. Seubert, FN 1/1987)

So war es ganz natürlich, dass Bruder Nivard auch den Löwenanteil an Vorbereitungsarbeiten für die neue Klosterkirche übernommen hat. Die bisherige »Notkirche« war längst zu klein; denn sie beherbergte ja nicht nur die Mönche, sondern auch die schwarzen Schulbuben; die füllten die letzten Winkel. »Unter dem niedrigen Blechdach war denn auch die Hitze oft so groß, dass an den Sonnta-

Maria Ratschitz – Gesamtansicht

gen beim heiligen Segen die Kerzen auf dem Altar sich umlegten«, erinnert sich Bruder Leopold Schimmel noch in seinen alten Tagen. Aber in diesem armseligen Kirchlein fand die Abtsweihe Pfanners statt – durch Bischof Jolivet (1885). – Auch eine Reihe von Priesterweihen wurden hier gespendet; eine dieser Feierlichkeiten war die Ordination von Pater Gerard Wolpert am 12. August 1888.

Damit haben wir dem Geschehen vorausgegriffen; daher zurück zu den Anfängen: Am 25. September 1887 wurde der Bau beschlossen, am 4. November der Grundstein gelegt. (Auf die Verlegung des Klosters auf den »Hill« hatte man inzwischen stillschweigend verzichtet.) Die Pläne lagen längst vor; Bruder Nivard hatte sie ausgearbeitet. Es sollte eine große Kirche werden, »noch nicht die eigentliche Klosterkirche, sondern die künftige Kirche für die Schwestern, wenn wir diesen Platz verlassen und sie an unsere Stelle kommen« (JB 12/1888) schreibt Pfanner. Er nennt auch die Ausmaße: 170″, lang, 50″, breit und 36″, hoch. Die Grundsteinlegung sei mit »Trommeln und Pauken« erfolgt; 500 Leute hätten sich versammelt. »Natürlich unterließen wir auch nicht, allerlei interessante Artikel und Urkunden in dem Stein zu bergen, damit künftige Generationen und Kulturkämpfer, welche diese Fundamente wieder heraussprengen, wissen, wer hierher die Kultur gebracht hat.« (Pfanner JB 12/1887)

Als »Oberbaumeister » stellt der Abt den heiligen Josef vor; er müsse dafür sorgen, dass die Wohltäter in Europa die nötigen Spenden überwiesen! – Warum ein Jahr später die offizielle Kirchweihe ausgefallen ist, wissen wir nicht. Vielleicht hing es, wie Pater Dietmar Seubert vermutet, mit der übergroßen Bautätigkeit auf den Filialen zusammen; oder damit, dass man sich noch nicht auf einen Kirchenpatron bzw. auf eine Kirchenpatronin geeinigt hatte. Die Gottesmutter Maria war wohl, wie bei allen Zisterzienserkirchen, vorgesehen; aber auch Karl Borromäus, der Tagesheilige zur Zeit der Grundsteinlegung, war im Gespräch. Oder war immer noch der heimliche Wunsch, später die eigentliche Klosterkirche auf dem »Hill« zu errichten, mitschuld? Vielleicht wollte man erst dann ein großes Fest veranstalten?

Probleme und Schwierigkeiten beim Bau
Bruder Nivard und sein Team

Schon der Aushub der Fundamente brachte eine leidige Überraschung: Man stieß auf eine tiefe, weiche Lehmschicht. »Hunderte von Fuhren Stein« mussten herbeigekarrt werden, um eine Basis für die Kirche zu schaffen. Schade, meinte Pater Josef Biegner später einmal, dass man das Kloster »über einem Sumpf« errichtet hat! Der ursprünglich anvisierte »Hill« wäre diesbezüglich vorteilhafter gewesen.

Insgesamt bedeckt die neue Klosterkirche eine Fläche von 10390 Quadratfuß; wenn voll besetzt, sollten bis zu 2000 Personen im Innern Platz finden. Es sei damals die »größte Kirche Südafrikas« gewesen, heißt es bei A. Vorbank (Von Innsbruck nach Mariannhill, 1890, 104). Im Natal Mercury/Durban wird das Gotteshaus im Detail beschrieben: Es habe weder Gewölbe noch Decke, wie bei altchristlichen Basiliken üblich; das Dach sei innen mit Holz verschalt, außen mit galvanisiertem Wellblech gedeckt, das man mit leuchtendroter Farbe angestrichen habe. Auf den Besucher wirke diese Kirche ein wenig verwirrend, weil hier eine Holzkonstruktion mit einem Steinbau verbunden sei, die zusammen eine Basilika bildeten. Und statt der sonst bekannten Steinsäulen trügen Holzpfeiler das Mittelschiff. Dennoch stellt die Zeitung fest, wirke alles in sich geschlossen; es sei eine Art Unikum: »Alle Holzarbeiten sowie alle Maurer- und Steinmetz-Arbeiten sind vorzüglich ausgeführt. Die Brüder, die an der Kirche mitgebaut haben, legten offensichtlich ihre Ehre darein, eine grundsolide Handwerksarbeit zu bieten zur größeren Ehre Gottes und zur Freude der Trappistengemeinde von Mariannhill.« (D. Seubert, FN 2/1987)

Mit dem Rohbau der neuen Klosterkirche war natürlich das Werk noch lange nicht vollendet. Jetzt ging es darum, das Äußere zu verschönern und das Kircheninnere auszugestalten.

Bruder Martin Josef Heinlein (*1855 in Ottelmannshausen/Bayern, über Mariastern nach Mariannhill gekommen) war Steinmetz von Beruf. Ihn hat Bruder Nivard für die »Feinarbeiten« auserwählt, wusste er doch, dass der begabte Handwerker zwei Jahre am Kölner Dom (der Fertigstellung der Türme) mitgewirkt hatte. Er war also, neben den drei Gebrüdern Nigg, ein erstklassiger Fachmann in Sachen Steinbearbeitung. An Hau- und Bruchsteinen fehlte es nicht; der »Hill« bot diese in Überfülle. Problematischer war der Transport. Aber es wurden ja nicht nur Bruchsteine verwendet; das »Hauptmaterial bilden Ziegel, welche wir aus zwei Brennereien beziehen. Die eine ist die in Mühldorf, wo ein Vorrat von 300 000 liegen; die andere befindet sich am Fuß des Klosterhügels (Tal Josaphat); sie ist seit vier Jahren ununterbrochen in Betrieb.« (mmk 1891)

Den Kalk zum Weißen und Verfugen bezog man aus England: Portland Cement. Das Bauholz importierte man aus den USA und aus Schweden, »weil einheimisches nicht in genügender Menge vorhanden – und zudem auch nicht billiger ist«. Warum man keine Ziegel für das Dach verwendet hat, erklärt Bruder Nivard so: Galvanisch-verzinktes Wellblech ist haltbar und relativ leicht. Für schwere Dachziegel hätte man einen wesentlich stärkeren und auch kostspieligeren Dachstuhl benötigt; obendrein sei in Natal eine passende Ziegelerde selten.

Nachdem also die Mauern hochgezogen und das Dach fertiggestellt war, ging Bruder Nivard daran, die Inneneinrichtung zu orga-

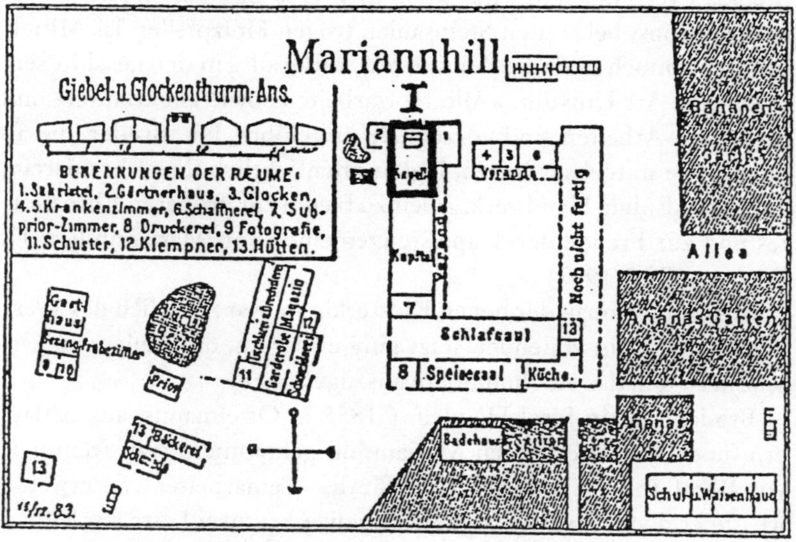

Plan von Mariannhill vom Dezember 1883 (I die Kapelle)

nisieren. Die Heiligenreliquien für den Hochaltar hatte Pfanner längst besorgt; der Bischof von Triest hatte ihm schon vor seiner Afrika-Expedition die Gebeine des Märtyrers Lekunian überlassen; zwischenzeitlich waren diese in der Bischofskirche von Durban hinterlegt worden. Jetzt wurden sie in feierlicher Prozession abgeholt, begleitet von der Mariannhiller Musikband. Sie haben großes Aufsehen erregt. Per Eisenbahn ging's bis Pinetown, wo die restliche Klostergemeinde wartete. Pfanner war mit Mitra und Stab erschienen; Choräle und Märsche wurden gespielt und Psalmen gesungen. Gebetet wurde in lateinischer, deutscher und einheimischer (Zulu) Sprache. Es war ein glanzvoller Tag, wie man ihn reicher und bunter kaum hätte gestalten können.

Beim Besorgen der Heiligenstatuen arbeiteten Abt Franz und Bruder Nivard Hand in Hand. Es galt ja nicht nur, die richtigen Heiligen zu finden bzw. die jeweiligen Bildhauer; es mussten gleichzeitig Gönner und Wohltäter ausfindig gemacht werden, die bereit waren, für die Unkosten aufzukommen. Aber diesbezüglich war Abt Franz ein Meister; wenn er die Trommel schlug, fielen seine Bitten nur selten auf taube Ohren. Große Sorgfalt verwendete man beim Aussuchen der Marien- und Anna-Statuen sowie der Herz-Jesu-Figur. Letztere stammt übrigens aus dem Atelier Ferdinand Stuflesser in St. Ulrich im Grödnertal/Südtirol.

Die Ausmalung des Kircheninneren besorgten Bruder Otto Mäder (*1863 in Breisach/Baden) und Herr Anton Schmitt. Bruder Otto war 1889 nach Mariannhill gekommen; er hatte sein Malergeschäft Zuhause aufgegeben. Schmitt war – zusammen mit seiner Frau – von Pfanner angeworben worden; er war gelernter Maler und Fotograf. Beide, Bruder Otto und Herr Schmitt, taten ihr Bestes; nahezu alle freien Wände wurden mit Szenen aus der Heiligen Schrift bzw. dem Leben der Heiligen bemalt. Für die schwarzen Christen ein Augenschmaus; nicht ganz so für die Mönche selber. Schon bald kam Kritik auf – über den Stil vor allem, aber auch über die Tatsache, dass im Kircheninnern überhaupt so viel bemalt wurde. »Als Trappisten«, schrieb Pater Chrysostomus Meyer, »missfällt uns die ganze Malerei, weil solche für eine Trappistenkirche nicht gesetzlich ist.« Er räumt aber ein, für eine Missionskirche seien die Gemälde durchaus passend. (Vgl. T. Kempf, Mariannhill ist sein Name, 1983, 955) Weniger Probleme gab es mit der Kirchenorgel, allenfalls mit deren Finanzierung; aber auch dafür konnten Wohltäter gewonnen werden. Sie stammt aus der Werkstatt von C. Hopfenwieser in Graz.

In einem Magazin-Bericht erfahren wir Näheres über den Volksgesang in der neuen Kirche; auch über ein Gebet- und Gesangbuch in Zulu, das bereits 1894 gedruckt wurde. Es gab schon sehr früh einen Kirchenchor, und sogar schwarze Organisten: »Gegenwärtig haben wir zwei Schulbuben im Alter von 15–16 Jahren, die alles beim Gottesdienst (der einheimischen Christen; d. Verf.) spielen. Der eine fing vor zweieinhalb Jahren zu spielen an. Nachdem er ein Jahr gelernt hatte, begann er beim öffentlichen Gottesdienst die Orgel zu spielen; er versieht schon seit einem Jahr den vollen Organistendienst für die Afrikaner. Er kann Pedal spielen, und hat auch einige Kenntnisse von der Harmonielehre, das heißt, er kann Tonstücke in eine andere Tonart transportieren, leichte Melodien harmonisieren und aus jeder Tonart in eine andere übergehen ... – Derjenige nun, der das Talent geweckt und zu einer so hohen Stufe der Entwicklung geführt hat, ist unser hochwürdiger Pater Bernhard Huss. Bei seinem angestrengten Studium (Huss war als Abiturient nach Südafrika gekommen, studierte in Mariannhill Theologie und wurde dort am 27. Dezember 1900 zum Priester geweiht; d.Verf.) fand er noch Zeit, den Sängerchor zu schaffen und die komplizierte Technik des Orgelspiels

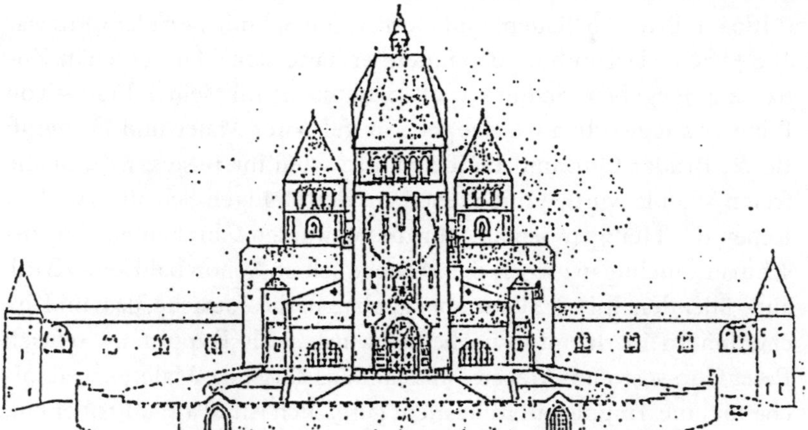

Frontansicht (P. Desiderius Lenz OSB)

und die Geheimnisse der Orgellehre den schwarzwolligen Bürschchen beizubringen.« (VG 3/1901)

(Auf einzelne Projekte im Zusammenhang mit der Klosterkirche oder auch anderen Bauten werden wir immer wieder zu sprechen kommen, nicht zuletzt anhand zahlreicher »Geschäftsbriefe«, die Bruder Nivard geschrieben hat und deren Kopien (Kopierbuch) uns erhalten geblieben sind. Davon wird in eigenen Kapiteln ausführlich die Rede sein. Überschneidungen – wir haben es schon vermerkt – sind dabei nicht ganz zu vermeiden. Vorerst wollen wir aber die Bautätigkeit in Mariannhill und auf den Filialen weiterverfolgen, insbesondere die Errichtung des Campanile in Monastery selber. Bruder Nivard stand auch da im Mittelpunkt dieser Tätigkeiten – auch dann noch, als Pfanner längst abgesetzt war bzw. resigniert hatte.)

Der Campanile von Mariannhill
Missionarisches Wahrzeichen am Kap

Gebaut, viel gebaut wurde auch unter Abt Amandus Schölzig und Gerard Wolpert. Und nie ohne Bruder Nivard. Wenngleich die Gründung von Triashill vorerst ins Wasser fiel (wir kommen darauf zurück; d. Verf.) so geriet das Projekt »Sambesi-Mission« doch nicht ganz in Vergessenheit. 1901 wurde neu begonnen – mit Bruder Leopold. Bruder Nivard war mit Abt Gerard gekommen, um die Mashona-Mission neu zu beleben. Anschließend besuchten sie Deutsch-Ostafrika (Tansania), wo ebenfalls Mariannhiller Mönche und Nonnen tätig waren. Und auf der weiteren Reise studiert Bruder Nivard mehrere Elektro-Projekte in Europa. Er wollte den neuesten Stand kennen lernen.

Wieder zurück in Mariannhill (im Sommer 1902), krempelte der Erdinger, wie gewohnt, die Ärmel hoch; es begann eine neue Bautätigkeit, vor allem im Missionszentrum selber. An die Verlegung des Klosters hinauf auf den »Hill« dachte man offensichtlich nicht mehr. Jetzt ging man daran, den Kreuzweg und einen Kapitelsaal zu bauen – und die Errichtung eines Kirchturms vorzubereiten. »Der leitende Kopf und die treibende Kraft dieser ›neuen Bautätigkeit‹ war ohne allen Zweifel Bruder Nivard. Abt Gerard war oft unterwegs auf den Stationen, aber er ließ Bruder Nivard freie Hand, der in seiner Aufgabe völlig aufging. Er war Architekt, Ingenieur, Bauführer und Handwerker.« (D. Seubert, FN 1989)

An Franz Pfanner, den resignierten Altabt, schrieb er einmal »Ich für meinen Teil habe den Kopf und die Hände voll mit Plänen und Arbeit, dass ich für lange Zeit nur mit äußerster Anstrengung den gestellten Anforderungen gerecht werden kann.« (27.6.1904) Und an Bruder Leopold, sein Ziel sei es, »aus dem anscheinend verpfuschten Mariannhill auch noch ein Kloster zu machen, und noch dazu eines der schönsten« (13.8.1904).

Der Campanile sollte dabei eine wichtige Rolle spielen. Geplant hatte man ihn schon 1891. Mit dem Bau begonnen wurde aber erst 1902; die Pläne stammten wieder von Bruder Nivard; er kümmerte sich auch um alles andere – zum Beispiel um die Arbeit der Maurer, Zimmerleute und Spengler. 16 afrikanische »Maurerbuben« wurden angestellt – und am 22. Juni 1903 konnte man Richtfest feiern. Das eiserne Turmkreuz war übrigens vom Bruder Schmied in Mariannhill angefertigt worden; es wurde mit einem zwei Millimeter dicken Kupferblech überzogen, um es vor Rost zu schützen.

Bauarbeiten im Monastery zu Mariannhill

Beim Entwerfen des Campanile war Bruder Nivard offensichtlich von italienischen Kirchentürmen beeinflusst worden; er gab dies auch offen zu. Seinem (leiblichen) Bruder Mathias Streicher, dem Bildhauer, verdankte er möglicherweise das späte Interesse an der italienischen Baukunst; beide waren zusammen 1902 von Würzburg nach Neapel gereist, wo Bruder Nivard unter anderem den neuesten Stand der Elektrizität studieren wollte.

Pater Dietmar Seubert macht in seiner Artikelserie auf etwas anderes aufmerksam: »Es wurde gelegentlich die Vermutung ausgesprochen, der Campanile von Mariannhill habe sein Vorbild im Turm der Abteikirche von Westmalle in Belgien. Auf Anfrage teilte der Archivar (dieses Klosters) in einem Brief vom 22. September 1988 mit: »Der frühere Kirchturm von Westmalle habe anders ausgesehen; er war 1914, gleich zu Beginn des Ersten Weltkriegs, bei Kampfhandlungen zerstört worden. Abt Herman Joseph Smets ließ 1924 Pläne für einen neuen Turm anfertigen. Dazu ließ er sich Fotos von Italien und auch von Mariannhill kommen, sodass also nicht Westmalle Mariannhill, sondern Mariannhill Westmalle beeinflusst hat.« (FN I/1989) Diese äußerst interessante Anmerkung spricht wiederum für Bruder Nivard und seinen Baustil.

Kreuzgang im Monastery zu Mariannhill

Glocken, Turmuhr und Hochaltar – nach Bruder Nivards Plänen

Zu einem Kirchturm gehören Glocken. Pfanner hatte auch daran gedacht – schon vor seiner ersten Afrikareise. Im Gepäck der 30 Mönche, die aus Mariastern gekommen waren und ans Kap der Guten Hoffnung strebten, befanden sich bereits zwei Glocken; gegossen hatte sie die Firma Grassmaier in Innsbruck; sie hatten die Tonlagen gis-a und cis.[14] Für sie hatte Bruder Nivard einen 20 Meter hohen Glockenstuhl gezimmert – mit einem kleinen Notdach. Im September 1903 wurden sie auf den Campanile gebracht, wo sie heute noch hängen. Nur der hölzerne Glockenstuhl ist 1986 durch einen eisernen ersetzt worden, angefertigt in der Werkstatt des Bruder Hermann Krausert in Mariannhill.

Hinsichtlich der Turmuhr hatte Bruder Nivard eine intensive Korrespondenz mit vier Turmuhr-Fabriken in Deutschland geführt. Er hatte sehr genaue Vorstellungen: »Die Uhr soll acht Tage gehen, Viertel- und Vollstunden an zwei eigenen Schlagglocken schlagen … Die Hauptsache ist eine solide, dauerhafte, genau gehende Uhr!« Auch die Größe der Zifferblätter, mit römischer Schrift (schwarze Ziffern auf weißem Feld) wurden von ihm vorgegeben. Für die Zeiger schlug er »Kupfer mit dauerhafter Vergoldung« vor. Kurzum, er hatte alles bis ins Kleinste geplant und durchgerechnet. Weil am Ende die Lieferung sich dennoch hinauszögerte, machte er seinem Ärger Luft: »Ich mache mir auch selbst Vorwürfe, dass ich meinem bayerischen Patriotismus in diesem Punkte nachgegeben und die Anfertigung nicht an eine der leistungsfähigeren Firmen aufgetragen habe. Ich bin überzeugt, dass in diesem Fall die Uhr längst montiert wäre, und der Turm fertig stünde.« (Vgl. FN 1/1989)

Am Ende klappte es dann doch. Im August 1903 trafen zwei Kisten von der Firma Fendt aus Marktoberdorf in Durban ein – mit den Zifferblättern und Zeigern; Ende November kam auch das Uhrwerk. Den Uhrenkasten hatten die Mönche von Mariannhill bereits vorausgeschreinert, und an Silvesterabend durfte »die prächtige Turmuhr das alte Jahr aus- und das neue einschlagen«. In einem Brief an Bruder Meinrad in Köln schreibt Bruder Nivard: »Es ist einem nun ganz heimatlich zumute, wenn Viertel- und Stundenschlag hell vom

Turm hinausklingt, und die goldenen Zeiger der Uhr einen wissen lassen, woran man ist.« (7.1.1904)

Ähnlich intensiv (wie um die Glocken und die Turmuhr) waren Bruder Nivards Bemühungen um den Hochaltar der Klosterkirche: »Was mein Wissen und Können vermag, das will ich mit Freuden tun, und wenn alle mit gleichem Eifer und gleicher Liebe arbeiten, dann wird der Mariannhiller Hochaltar ein Werk, an dem Gott und die Menschen Freude haben werden ... Vielleicht ist das dann ein mächtiger Ansporn für die Menschen dort, die Herzen nicht weniger und prächtig zu zieren für die Aufnahme und Beherbergung dessen, dem man eine so herrliche Wohnung bereitet hat.« (Brief an Pater Pius Kohl in Würzburg, 29.9.1904)

Damit kommt auch seine religiöse Einstellung zum Ausdruck. Ihm ging es bei allem, was er tat, letztlich um das Reich Gottes und seine Verbreitung auf Erden. Diesbezüglich war er ein echter Pfanner-Schüler. Seinem Schreiben lag ein Plan bei – mit zahlreichen Details: Die Stufen sollten aus poliertem Marmor sein, der Altar-Unterbau aus Greytown-Sandstein; die vier Altarsäulchen aus grünem (Schaft), und weißem (Sockel und Kapitäle) Carrara-Marmor, von wo auch die Altarplatte bestellt werden sollte. Bis ins Kleinste beschreibt er jedes Detail. Ein Flügelaltar ist als Altaraufbau vorgesehen: »Bei geschlossenen Flügeln sind auf der Außenseite vier Heilige auf Goldgrund gemalt sichtbar«; alle vier mit besonderem Bezug auf Mariannhill – die Heiligen Benedikt, Robert, Karl Borromäus (der Vorname von Bischof Jolivet) und Franziskus (zur Erinnerung an den Gründer von Mariannhill).- Bei geöffneten Flügeln sollten vier Reliefs sichtbar werden mit den vier Hauptthemen des Erlösungswerkes: Maria Verkündigung, Geburt, Kreuzestod und Auferstehung Christi. Der Auftrag für die letztgenannten Arbeiten ging an das Atelier Stolzenberg in Roermond/Niederlande.

Für den Tabernakel wurde der renommierte Würzburger Goldschmied Amberg beauftragt. (Vgl. FN 1/1989)

Weitere Werke Bruder Nivards: Klausur und Pforte, Gästehaus und Kathedrale

Es fällt schwer aufzulisten, welche Projekte Bruder Nivard sonst noch zeitgleich planen und ausführen half daheim im Mutterkloster und draußen auf den Filialen. Auch wenn man die vielen Werkbauten weglässt, bleiben immer noch zahlreiche Gebäude, die seine Handschrift tragen.

Weil Administrator Abt Edmund Obrecht[15], der von 1905–1907 mit der Leitung Mariannhills beauftragt war, eine »echte Zisterzienserabtei« forderte, sollte Bruder Nivard eine riesige Mauer um das Gesamtgelände errichten. Anstelle eines »steinernen Walls«, entschloss sich Bruder Nivard jedoch für einen Staketenzaun – mit einer Ausdehnung von über zwei Kilometern. Dieser umfasste einen großen Teil der Gärten und Obstanlagen. 20000 Staketen (aus galvanisiertem Stahlblech) wurden an eisernen Traversen festgeschraubt, mit Ständern im Abstand von je 12 Fuß. »Das bloße Eisenwerk der gesamten Klausur repräsentiert ein Gewicht von 50 Tonnen oder 1000 Zentnern, und dennoch war das Ganze noch immer der billigste Weg der für ein reguläres Kloster unerlässlichen Klausur.« (VG, 1907)

Mit dem Ruf nach der »unerlässlichen Klausur« stellte sich auch die Frage nach der Klosterpforte. Bruder Nivard hat auch dieses Problem sehr geschickt und architektonisch elegant gelöst. »Den einzigen großen Eingang in das Kloster Mariannhill bildet fortan die neue Klosterpforte, ein höchst origineller Bau: Über dem 20 Fuß hohen und 16 Fuß breiten Torbogen erhebt sich ein turmartiger, 40 Fuß hoher Überbau. Das hohe, steile Dach ist mit ornamentierten Zink-

Klosterpforte Mariannhill-Monastery

Rauten gedeckt; über dem First steht ein großer, aus Schmiedeeisen verfertigter Kamm, der allen Ankommenden das bekannte Losungswort ›Ora et Labora‹ (Bete und arbeite) entgegenhält. Das Ganze überragt ein großes Kreuz. Auf der Frontseite befindet sich das in Stein gehauene Bild der heiligen Mutter Anna und ihres hochbegnadeten Kindes – mit der Inschrift: ›Mariannae-Collis Patronae Illustrissimae, o.p.n.‹ – auf Deutsch: »Des Mariannenhügels Patrone, bittet für uns!« (VG 1907)

Ein weiterer, von Bruder Nivard errichteter Neubau war das Sanatorium (Krankenhaus), das ursprünglich als »Hotelerie« (Gästehaus) geplant war. Als Prinz Joachim Albrecht von Preußen am 20. April 1907 Mariannhill besuchte, zollte er hohe Anerkennung für die »lichten, wohlgelüfteten Räume«. Da Administrator Abt Obrecht Bruder Nivard offensichtlich weniger Spielraum ließ beim Planen der einzelnen Bauten, kam es zwischen den beiden »zu einer ziemlich lebhaften Aussprache«, wie Bruder Nivard in einem Memorandum festhielt. Zeitweise verkehrte er mit dem Abt nur noch schriftlich, »da es so schwierig ist, mit dem zu sprechen, zu dem ich ›Vater‹ sagen muss«.

Mariannhill – Monastery

Wir wissen nicht, wie Obrecht darauf reagiert hat, aber »zu einer bleibenden Verstimmung zwischen dem Administrator und dem Baumeister scheint es nicht gekommen zu sein« (D. Seubert, FN 2/1990).

Wieder ein anderes Bauprojekt war die große »Missionskirche«, heute Kathedrale des Bischofs von Mariannhill; sie liegt etwas abseits vom Monastery, auf halbem Weg zum Schwesternkonvent. Begonnen wurde im September 1906 – mit Erdarbeiten, Planieren und Fundamentelegen. Als am 21. Juli 1907 Obrecht den Grundstein einweihte, waren die Hauptmauern schon hochgezogen; das Hauptschiff misst 147 (Länge) zu 40 Fuß (Breite); die beiden Seitenschiffe messen je 38 zu 30 Fuß. Der rückwärtige Teil des Hauptschiffes ruht auf sechs Gewölbebogen mit einer Chorbühne für rund 200 Personen. Rechts und links des Haupteingangs befinden sich Türme von 90 Fuß Höhe. Also ein gewaltiger Bau, ausgelegt »für 2000 Köpfe«. Bruder Nivard und sein Bauteam schafften es, dass an Weihnachten 1909 bereits der erste Gottesdienst in dieser dem heiligen Josef geweihten Kathedrale stattfinden konnte.

(Damit schließen wir die Arbeiten des Bruder Nivard als Baumeister und Architekt vorerst ab, greifen aber später im Zusammenhang mit Mariazell-Mission das Thema noch einmal auf.)

XII.

Auf neuen Wegen zu immer neuen Erfahrungen

Expeditionen Triashill und Monte Cassino Ostafrika-Safari / Reise nach Europa

»Man muss das Unmögliche versuchen, um das Mögliche zu erreichen.«
Hermann Hesse

Zwischen den Jesuiten in der Sambesi-Mission (heutiges Simbabwe und Sambia) und den Mönchen von Mariannhill in Südafrika hatte es über Jahre enge Kontakte gegeben; immer wieder kamen Jesuiten ins Trappistenkloster in Natal – entweder um ein paar Wochen Stille zu finden und geistig aufzutanken, oder aber um den Mönchen und Nonnen Exerzitien zu geben. Dabei wurden natürlich auch missionarische Themen erörtert und Erfahrungen ausgetauscht, vor allem mit dem Gründer von Mariannhill, Franz Pfanner.

Die abenteuerlichen Geschichten, die sich zwischen Limpopo und Sambesi abspielten, beeindruckten natürlich auch den Vorarlberger. Kein Wunder, dass er alsbald daran dachte, im fernen »Norden« ebenfalls eine Filiale zu eröffnen. Weil die gesamte Region damals dem britischen Multimillionär Cecil Rhodes unterstand, suchte Pfanner die Begegnung mit dem Engländer. 1894 – Pfanner hatte schon abgedankt – kam es dazu. Zu später Stunde trafen sich die beiden – und wurden handelseinig: Die Mönche von Mariannhill sollten eine große Farm in Manicaland erhalten. Abt Amandus Schölzig, der Nachfolger Pfanners, wurde im Nachhinein informiert – und war offensichtlich damit einverstanden. Schon 1895 entsandte er einen ersten Kundschafter dorthin: Pater Hyazinth Salomon. Ein Jahr später,

1896, wurde ein Team ausgesandt – mit Pater Hyazinth und drei Brüdern; einer von ihnen war Bruder Nivard Streicher, der Vertrauensmann der Äbte und wohl auch erfahrenste unter allen Mönchen von Mariannhill, wenn es darum ging, Neuland zu erkunden. Über seine damals gemachten, zum Teil wagemutig-abenteuerlichen Erlebnisse schrieb er einen langen Artikel im »Zambesi Mission Record«, 1898 von Pater Sykes gegründet, und über Jahrzehnte ein solides und wertvolles Sprachrohr der Jesuiten im südlichen Afrika. Der Bericht Bruder Nivards trug den Titel »The First Occupation of Triashill« (Juli und Oktober 1913). Nachgedruckt wurde dieser Beitrag in der Mariannhiller Hauszeitschrift »Familia« (Mai 1914) – in englischer Sprache, und 1916 im Kalender, diesmal in deutscher Übersetzung; die ursprüngliche Überschrift (Die erste Besetzung von Triashill) lautete jetzt: »Eröffnung einer Missionsstation zur Kriegszeit« (mmk 1916). In allen drei Abdrucken wurde Bruder Nivard Streicher RMM als Autor angegeben.

Wenngleich dieser Artikel erstmals 1913 erschienen ist (und noch später, 1914 und 1916 nachgedruckt wurde), so ist er weithin die einzige Quelle über den ersten Versuch einer missionarischen Gründung der Mönche von Mariannhill im fernen Manicaland, im heutigen Simbabwe. Bruder Nivard war von dem Jesuitenpater Johanny, damals Redakteur des ZMR in Salisbury/Harare, eigens um diesen Beitrag gebeten worden. Wir folgen hier der deutschen Ausgabe (mmk 1916), einer Übersetzung des Schriftleiters Dominikus Frey, der mit der neuen Überschrift natürlich andeuten wollte, dass man sich gerade – mitten im Ersten Weltkriege – wieder in unruhigen Zeiten befinde.

Die Eröffnung von Triashill-Mission »zur Kriegszeit«

Vorab erwähnt Bruder Nivard das Treffen zwischen Pfanner und Rhodes in Mount Ayliff/Transkei (Vgl. Der Trommler Gottes, Freiburg TB 1984 und Abenteurer in der Kutte, Würzburg, 5. Aufl. 1998) und streift kurz die Safari des Pater Hyazinth Salomon auf dem Gelände der späteren Mission. Dann beginnt er sofort mit der Expedition, an der er selber maßgeblich beteiligt war.

Es sind halsbrecherische und riskante Abenteuer, aber humorvoll beschrieben. Bruder Nivard war ja mittlerweile nicht nur ein exzellenter Baumeister und Ingenieur, sondern auch ein durchaus lesenswerter Autor missionarischer Berichte. Viel hatte er dabei Abt Franz Pfanner abgeguckt. Der war ein meisterhafter Geschichten-Erzähler, ohne es je gelernt zu haben. Die Not hatte ihn dazu gemacht: Mittels seiner Rundbriefe und Artikel warb er um finanzielle und personelle Unterstützung seiner Werke und Projekte. So ähnlich hat es wohl auch Bruder Nivard gesehen, obschon man bei ihm den Eindruck hat, dass ihm das Schreiben (und das humor-witzige Spötteln) selber viel Spaß gemacht hat.

Wir folgen also jetzt seinem Bericht, beginnend mit dem Aufbruch der Vierergruppe (Pater Hyazinth und die Brüdermönche Simon, Romuald und Nivard) in Mariannhill: »Sie versahen sich mit einem bunten Sammelsurium von Ausrüstungsgegenständen, die jedoch alle höchst notwendig sind, um in einer wilden, landfremden Gegend eine neue Missionsstation zu gründen, und schifften sich in Durban ein. Unter anderem nahmen sie vier kräftige Maulesel mit, die ihnen später einen Teil der Lasten tragen sollten; denn die Bahn von Beira nach Salisbury war damals erst teilweise ausgebaut. Der Hafen von Beira lag anno 1896 noch in seinen Uranfängen, und ich kann den geehrten Lesern versichern, dass es zwar ein interessantes, aber nicht ungefährliches Unternehmen war, diese vier widerhaarigen, mit kräftigen Hufen und Hinterbeinen bewaffneten Tiere dort auszuschiffen, speziell von dem hohen Schiff aus in die schwankenden Leichter (Boote) zu bringen.« (mmk 1916)

In Beira wartete die kleine Gruppe ein paar Tage auf den Flussdampfer »Kimberley«, der sie stromaufwärts, den Pungwe-Fluss entlang, nach Fontesvilla brachte. Abermals hatten sie Probleme mit den Mauleseln. Wieder ein paar Tage später sollte die Bahn sie nach Chimoio bringen; früh um 6.30 Uhr sollte es losgehen. Die vier Mönche – samt Gepäck und Mauleseln – waren rechtzeitig zur Stelle. Mit fast vier Stunden Verspätung zockelte der Zug schließlich los; die Mariannhiller wurden in einem Güterwagen untergebracht. Nachmittags gegen 3 Uhr hielt der Zug an, auf offener Strecke. Der Lokführer hatte Malaria-Anfälle mit hohem Fieber. Bruder Nivard: »Wir trugen den armen Burschen in unseren Gepäckwagen und machten ihm auf dem Boden, so gut es eben ging, ein Lager zurecht. – Nun wagte sich ein Schwarzer, der bisher als Heizer gedient hatte, ans Steuer. Der hatte vom Mechanismus keinen Dunst ...« – Der Zug ruckte vorwärts, stockte plötzlich, fuhr wieder an – bis es den Passagieren zuviel wurde. Sie »warfen den Burschen kurzerhand von der Lokomotive und warteten in Geduld, bis sich der rechtmäßige Zugführer genügend erholt hatte. Das dauerte allerdings etwas lang; denn wir sahen die Sonne unter- und die Sternlein aufgehen.«

Schließlich erreichte man doch noch Chimoio, von wo es nach

Umtali weitergehen sollte – per Ochsenwagen. Weil aber gerade Rinderpest in Rhodesien ausgebrochen war und viele Zugtiere dahingerafft hatte, war kein Karren zu bekommen. Es mussten Träger angeheuert werden. 46 an der Zahl! Für sie musste alles umgepackt werden, sodass jeder ein etwa gleichschweres Paketbündel bekam. Das war eine Heidenarbeit. Bis der »Träger-Zug« in Gang kam, vergingen Stunden. Und als die Maulesel auch noch beladen werden sollten, gab's erneut Probleme. Sie waren es nicht gewohnt, schwere Lasten zu tragen; sie spielten verrückt, warfen das Gepäck ab und stürmten davon. Zum Glück kamen ein paar weiße Farmer, die alles mitverfolgt hatten, den Mönchen zu Hilfe; sie ritten den Mauleseln nach, holten sie ein und trieben sie zurück.

Pater Boos von der Jesuitenmission, der die Trappisten in Chimoio getroffen hatte, fungierte vorübergehend als Pfadfinder für den Träger-Tross. In Umtali (eigentlich Alt-Umtali) wurden ein paar Rasttage eingelegt; Bruder Nivard ritt mit Pater Hyazinth nach Chimoio zurück, wo noch ein Teil ihres Gepäckes lagerte. Sie kamen vom Weg ab und irrten stundenlang umher, bis sie von einem Italiener, dem Bauleiter der neuen Bahnstrecke, aufgefunden, verköstigt und zum Übernachten eingeladen wurden. An Schlaf war nicht zu denken: Löwengebrüll mitten in der Nacht! Am andern Morgen sah man die Spuren; die Großkatzen hatten eine Büffelkuh geschlagen. Bruder Nivard: »Ich werde in meinem Leben diese Nacht mit dem schrecklichen Intermezzo nicht vergessen.«

Wieder in Chimoio wurde eine zweite Gruppe von 40 Trägern auf den Weg gebracht. Es ging alles gut, bis Umtali. Da weigerten sich die Träger, weiter zu gehen; sie mussten ausbezahlt – und neue angeheuert werden. Doch nicht genug der Probleme – jetzt erkrankte Bruder Nivard an Malaria; schwach und fiebernd, ließ er sich von einem Maulesel weiterschleppen. Pater Hyazinth und die beiden anderen Brüder marschierten zu Fuß. Da passierte ein neues Malheur: Bruder Romuald stieß gegen einen unsichtbaren Baumstumpf und »renkte sich den Knöchel aus«. Jetzt bot ihm Bruder Nivard das Reittier an und half ihm in den Sattel. Nachts kampierten sie im Freien; es war bitterkalt; das Malariafieber kehrte zurück und verursachte vehementen Schüttelfrost. Dann wurde auch Pater Hyazinth angesteckt – und konnte nur noch per Esel in Marsch gesetzt werden. Eine traurige Expedition, noch bevor sie das Ziel erreicht hatte! Es ging immer langsamer voran. Bäche mussten durchquert und hügeliges Buschland bewältigt werden. »Am vierten Marschtag standen wir auf unserem eigenen neuen Missionsgebiet. Es war ein malerisch gelegenes Stückchen Land, und einige überhängende Felsen bildeten so prächtige Höhlen, dass wir gar nicht erst nötig hatten, unser Zelt aufzuschlagen. Hier wollten wir vorläufig bleiben und das Land näher auskundschaften, um dann erst einen geeigneten Platz für die dauernde Niederlassung zu bestimmen.« – Eine sehr weise Methode, die langjährige Erfahrung verrät. Es war ja nicht das erste Mal, dass Bruder Nivard als Kundschafter unterwegs war!

Aber lassen wir ihn vorerst selber weitererzählen: »Das uns überlassene Missionsgebiet (die von Cecil Rhodes an Pfanner übergebene Farm; d.Verf.) hatte eine beträchtliche Ausdehnung, und es war für uns eine schwierige Sache, in diesem Gewirr von Hügeln, Bergen und Schluchten die genauen Grenzen festzustellen. An vier bis fünf aufeinanderfolgenden Tagen machte ich mich jeden Morgen in aller Frühe mit Bruder Simon auf den Weg, die einzelnen Grenzsteine aufzusuchen. Sie standen fast alle auf den Spitzen der Berge, und manche waren so schwer zu erklimmen, das ich mich nicht genug darüber wundern konnte, wie man diese Grenzmarken an so schwer zugänglichen Stellen hatte aufrichten können. Das konnte offensichtlich nur mit Hilfe von Schwarzen geschehen sein.«

Schließlich musste ein Platz für die Station gefunden werden, wenn möglich zentral gelegen. Der war auch bald ausgemacht – im Hintergrund von drei Bergspitzen eingerahmt. Daher »beschlossen wir, die neue Station Triashill (Drei-Hügel) zu nennen.«[16]

Aufstand gegen die Weißen in der Umtali-Region

Es war noch behelfsmäßig. Noch lagerten Teile ihres Großgepäcks in Umtali. »Da gab's auch in Triashill manch unliebsame Überraschung; denn nichts war vollständig und nirgends wollte es klappen. Da war zum Beispiel eine Hacke ohne Stiel, dort ein Hammer ohne Griff usw. Dennoch mussten wir trachten, uns zur Not einzurichten, und Bruder Romuald gelang es sogar, zwischen zwei mächtigen Felsblöcken eine provisorische Küche zu etablieren. Unser Zelt aber stellten wir nahe bei einem großen schattigen Baum auf.«

Und schon gingen die Brüder daran, Ziegel zu machen. Bruder Nivard: »Eine Lehmgrube war bald gefunden, und so ging es rasch ans Werk. Leider konnte ich nicht lange mittun; das leidige Malariafieber wiederholte sein tückisches Spiel. Um 11 Uhr vormittags verließ ich die Lehmgrube und wankte ins Zelt zurück, wo mich Bruder Romuald, als mich die kalten Fieberschauer zu schütteln begannen, in einem Berg von Wolldecken einhüllte. Im Lauf des Nachmittags wich die Kälte, doch nur um einer ebenso hohen Fieberhitze Platz zu machen. Zu allem Überfluss gesellte sich dazu noch ein starker Anfall von Dysenterie, was mich bald so vollständig herunterbrachte, dass Bruder Simon und Bruder Romuald tatsächlich eines Abends mein Grab schaufelten, in der festen Überzeugung, ich würde den folgenden Morgen nicht mehr erleben.«

Diese Malaria-Attacke muss für Bruder Nivard schlimm gewesen sein – auch deshalb, weil er ja gerade jetzt besonders nötig gewesen wäre, jetzt bei – der Gründung der Station. Aber mit dem »Sumpffieber«, wie man damals Malaria auch zu nennen pflegte, war noch lange nicht das Schlimmste über die kleine Gruppe Mariannhiller Mönche hereingebrochen; es sollte noch verheerender kommen!

»Etwa vier Wochen brachten wir unter solchen Opfern und Entbehrungen zu. Eines schönen Nachmittags – ich lag gerade wieder recht elend und erschöpft in unserem Zelt – tauchte plötzlich zwischen den Klappen der schwarze Wollkopf eines Mashonas auf, und seine schmierige Hand hielt mir ein großes, mit einem Amtssiegel versehenes Kuvert entgegen. Ich kroch aus meinen Decken heraus ans Licht, zu sehen, welche Bewandtnis das ominöse Schreiben wohl haben möge. Der Absender war Mr. Farmaner, Magistratspräsident von Umtali, und der Inhalt lautete: ›Die Eingeborenen im Makoni-Bezirk (gerade in jenem, zu dem unsere Mission gehört) sind in hellem Aufstand gegen die Weißen. Über ein Dutzend Europäer sind schon ermordet; die Überlebenden befinden sich im Militärlager zu Umtali in Sicherheit, mit Ausnahme der drei Missionsbrüder in Triashill. (Pater Hyazinth hatte gerade in Umtali zu tun, als die Rebellion ausbrach; d.Verf.) Schon drei Patrouillen, jede bestehend aus drei Schwarzen, mit Gewehren bewaffnete Polizisten, wurden ausgesandt, sie auf die Gefahr aufmerksam zu machen und hierher, ins Lager, zu geleiten. Von den zwei ersten Patrouillen haben wir nichts mehr gehört. Entweder sind sie zum Feind übergegangen oder gefangen genommen worden. Möge die dritte Patrouille treuer und glücklicher sein! Wenn den Brüdern von Triashill an ihrem Leben gelegen ist, mögen sie schleunigst nach Umtali kommen!‹ – (Bruder Nivard fährt mit folgenden ironisch gemeinten Worten fort:) Mein Freund, wenn du hilflos an Dysenterie und Malariafieber darnieder liegst, so rate ich dir als erprobtes Gegenmittel – einen ›Kaffern-Aufstand‹. Mir wenigstens hat derselbe mit einem Schlag und ganz wunderbar auf die Beine geholfen! Da war von einem Kranksein keine Spur mehr!« Wie ging's weiter? Was war vorgefallen?

Nun die Mariannhiller Mönche hatten beinahe jede Verbindung zur Außenwelt verloren; so beschäftigt waren sie mit ihrer Neugründung. Sie hatten zwar fast jeden Tag ganze Gruppen von Afrikanern vorbeiziehen sehen, hatten aber keine blasse Ahnung, warum. Jetzt wurde ihnen klar: Das waren Spione. Und – da war beileibe keine Zeit zu verlieren. In aller Eile nahmen die drei Brüder ein kleines Mahl ein – Reis und Dörrobst. Auch fand man noch ein einziges Fläschchen Bier; das nötigten die Brüder Simon und Romuald dem Bruder Nivard auf; er sei der Schwächste, und müsse rasch zu Kräften kommen! Und in der Tat, der Gerstensaft wirkte: »Ich trank auf ein glückliches Gelingen unseres gefährlichen Rückzugs und fühlte mich so rüstig, dass ich die Leitung der kleinen Karawane übernehmen konnte ... Da wir nur mehr drei schwarze Burschen und drei Maulesel hatten – einen hatten wir durch eine Seuche im Umtali verloren – konnten und durften wir uns nicht mit überflüssigem Zeug belasten. Vor allem suchten wir den Tragaltar samt Zubehör in Sicherheit zu bringen. Kelch, Altarstein, Messbuch, Altartücher und Paramente packten wir schön zusammen und verluden es auf die Maulesel. Einige andere Bündel und Pakete enthielten für unseren persönlichen Bedarf Wäsche und Kleider; desgleichen etwas Proviant auf den Weg. Vieles andere, wie unser prächtiges Zelt, Werkzeuge usw. mussten wir zu unserem großen Bedauern zurücklassen ...«

Am andern Morgen zogen sie los – unter Führung der afrikanischen Patrouille. Es ging alles gut. Doch bevor sie Umtali erreichten, brach die Nacht herein. Sie mussten im Freien übernachten, in der Nähe von zwei Wasserläufen. Mitten in der Nacht hörten sie Gewehre knattern; dann schreckliches Weinen und Wimmern. Bruder Nivard: »Offensichtlich war das Schlimmste, was wir befürchteten, geschehen: Die Schwarzen hatten wohl das Lager unter dem Deckmantel der Nacht überfallen und mordeten nun alles nieder …« Aber dem war, Gott-sei-Dank, nicht so. Das Geschrei und Gewimmer, dass sie in der Nacht gehört hatten, stammte von Affen und Pavianen; und die Gewehrschüsse sollten sie vertreiben.

»Alles im Lager hieß uns herzlich willkommen; denn wir waren die letzten Weißen, die noch ausständig waren«, fährt Bruder Nivard in seinem Magazin-Beitrag fort. »Kapitän Montgomery versah uns mit allem Nötigen und wies uns ein eigenes Plätzchen an. Das Lager selbst hatte die bekannte Quadratform, indem man alle (Ochsen)-Wagen, die man nur auftreiben konnte, in einem mächtigen Viereck aufstellte und die Zwischenräume mit Dornen und Ästen ausfüllte. Auf die Wagen selbst legte man Sandsäcke als Deckung für die Schützen. Alle Männer mussten abwechselnd Dienst tun, und während der Nacht zogen sich alle in dieses befestigte Lager zurück; sogar das Vieh, das untertags von schwarzen Hirten auf die Weide getrieben und von einigen Soldaten bewacht wurde, brachte man nachts hier in Sicherheit. Proviant (Fleisch, Reis, Maismehl usw.) wurde je nach Bedarf in bestimmten Rationen verteilt.«

Sobald das Fieber nachließ und »die Luft einigermaßen rein war«, bereitete Bruder Nivard seine Rückkehr nach Mariannhill vor; denn er hatte ja nur den Auftrag, die Neugründung in Rhodesien »in Gang zu bringen«, dann aber nach Natal zurückzukehren. Pater Hyazinth und die beiden anderen Brüder blieben noch einen weiteren Monat in Umtali, weil sie hofften, nach dem Aufstand die Missionsarbeit in Triashill wieder aufnehmen zu können. Doch diese Erwartungen erfüllten sich nicht; im Oktober 1896 trafen auch sie in Mariannhill ein.

Damit hatte die Vision Pfanners, in Rhodesien eine Filiale von Mariannhill zu errichten, ein vorschnelles Ende gefunden. Erst fünf Jahre später 1901, sollte ein zweiter Versuch unternommen werden. Diesmal allerdings an einer anderen Stelle. Bruder Leopold Schimmel sollte dann der Pionier von Monte Cassino werden. (Davon wird gleich noch die Rede sein.) Aber auch Triashill wurde erneut ange-

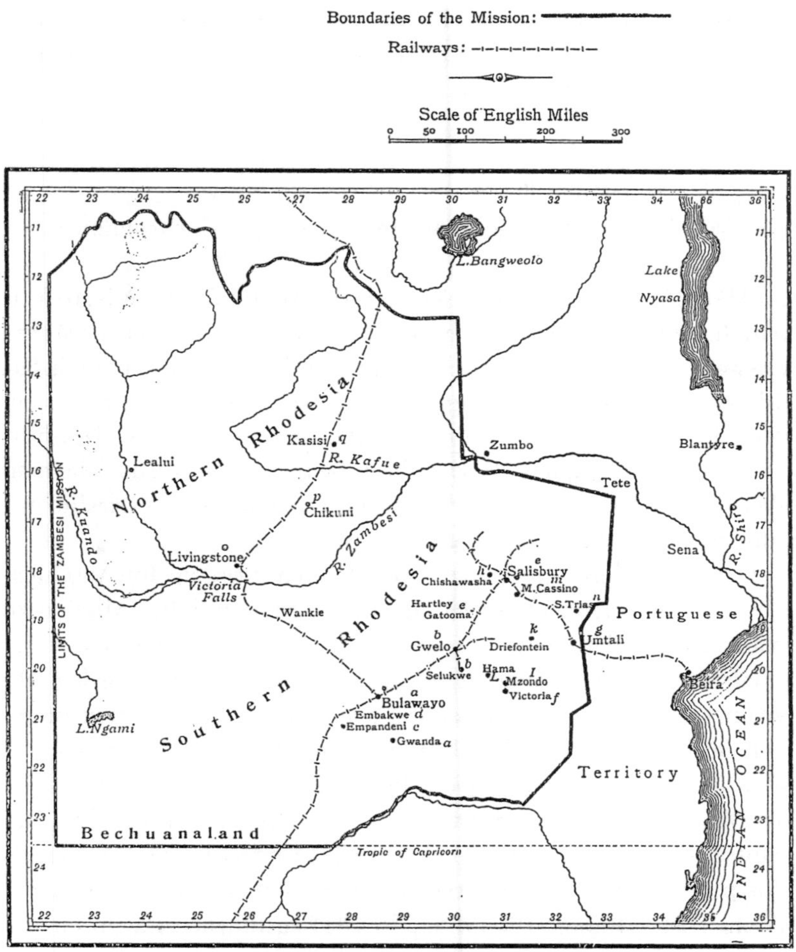

gangen – 1908, diesmal mit so fähigen Männern wie Bruder Ägidius Pfister, Pfarrer Franz Mayr, Pater Adalbero Fleischer und vielen anderen. Triashill wurde binnen weniger Jahre die mit Abstand blühendste Missionsstation im südlichen Afrika – von Mariannhill selber einmal abgesehen. Bruder Nivard schrieb denn auch zum Schluss seiner Artikelserie (ZMR, 1913): »Sollte es wohl zu unbescheiden sein, wenn zuweilen der Gedanke in mir aufsteigen will, die Opfer und Beschwerden der ersten Pioniere in Triashill seien auf der Gotteswaage auch ins Gewicht gefallen und hätten ein klein wenig mit dazu beigetragen, dass der Herr diese Missionsstation mit seinem ganz besonderen Segen begnadigte?« (Vgl. Thandabantu / Der Wandermönch von Triashill, Langwaden, 2002)

Mit Abt Gerard nach Monte Cassino in Mashonaland

Im März 1901 verließen Abt Gerard Wolpert und Bruder Nivard Mariannhill in Natal, um in Mashonaland eine Missionsfarm (Monte Cassino) zu erwerben – und zwar entlang der Bahnlinie Umtali-Salisbury. Sie taten dies auf dringendes Bitten der Jesuiten in Rhodesien; denn die dortige Regierung drohte seit längerem damit, die Triashill-Farm zu enteignen, falls diese nicht in Bälde besetzt würde. Ehe man aber wieder das von jeder Bahnstation fernab gelegene Triashill anging, wollte man es an anderer Stelle probieren.

Daher die Reise der beiden Mönche gen Norden. Im Anschluss daran planten sie in Ostafrika die dortige Mariannhiller Mission zu visitieren und dann nach Europa weiterzureisen, wo zahlreiche geschäftliche Angelegenheiten auf sie warteten. Gleichzeitig lag Abt Wolpert daran, das Generalkapitel der Trappisten in Citeaux zu besuchen, das für September 1901 ausgeschrieben war. Ein weiterer wichtiger Agendapunkt war die Planung des neuen »Probehauses« der Mariannhiller Missionsschwestern vom Kostbaren Blut. Die Gesamtreise dauerte vom 13. März 1901 bis Ende Juli 1902. Soviel als Vorspann. Jetzt aber zum Verlauf der Reise selber. Bruder Nivard hat sie im Pastor Bonus (PB 1906, 226-241) ausführlich beschrieben – und, wie immer, mit interessanten Beobachtungen, anschaulichen Bildern und köstlichen Episoden verziert. Das Folgende basiert auf seinem Beitrag – oder es sind daraus entnommene Passagen.

Ehe sie in Durban an Bord des Dampfers »General« gingen, gab Bischof Jolivet den Reisesegen. Mit Tränen in den Augen sagte er, er zweifle, ob sie sich auf dieser Welt noch einmal begegneten. Auf dem Schiff, das die Natalküste entlang nach Norden fuhr, trafen die beiden Mariannhiller Mönche den deutschen und den österreichischen Konsul, seit Jahren Freunde des Abtes. Wie immer, wurde Bruder Nivard wieder seekrank: »Zum Frühstück hatte ich keinen Appetit; zum Dinner hätten mich 16 Ochsen nicht bringen können!« – Er taumelte zur Kabine zurück; ihm war so elendig, dass uferlose Furcht aufkam; dann die Angst, mit dem Sterben gehe es nicht schnell genug. Der Wunsch, das Schiff möge untergehen oder man möge selber von den Wellen verschlungen werden, ist enorm – vor lauter Pein und Übelkeit. Nicht mehr ein Fünkchen vom Willen zum Über- oder Weiterleben! So hat es Bruder Nivard empfunden. Ganz anders Abt Gerard! Der hatte »nicht den leisesten Schatten einer Ahnung, was es heißt, seekrank sein«. Es sei wohl wahr, vermerkt Bruder Nivard, was der Volksschriftsteller Alban Stolz einmal geschrieben habe, nämlich dass man gott-entfremdet oder gar gottlos werde, wenn man seekrank sei!

Aber es kam auch wieder anders. Das Meer beruhigte sich, der Himmel strahlte, die Passagiere lebten auf. Bis zum nächsten Sturm!

Jetzt versuchte Abt Gerard den maladen Zustand des Bruders durch eine Flasche bayerischen Biers zu verbessern. Der Chefkoch half ihm dabei, den eisgekühlten Gerstensaft zu besorgen. Es »rutschte hinunter wie die Advokaten in die Hölle«, witzelte Bruder Nivard. Später brachte man ihm grünen Salat, Orangen und Trauben – und wieder ging es, vorübergehend, etwas besser.

Dann kam die Hafenstadt Beira; dort mussten sie über eine Woche auf den »nächsten Zug« warten. Waggons standen wohl auf dem Bahnhof, aber es fehlte die Lok; die letzte war in den Niederungen des Pungweflusses, der gerade Hochwasser führte, etwa drei Meilen vor Beira, im Morast untergegangen.

So hatten die beiden Mariannhiller Mönche viel Zeit, sich Beira anzuschauen; »Fast jedes vierte Haus ist ein Wirtshaus«, stellte Bruder Nivard lakonisch fest. Was ferner auffiel: Es gab keine Ochsen- und keine Eselskarren, keine Fiaker und keine Landauer, keine Rikschas (wie in Durban) und auch keine Reittiere. Allenfalls ein paar Fahrräder. »Der ganze Verkehr von Menschen und Gütern bewegt sich auf einem schmalen, zementierten Fußsteig und auf einem ausgedehnten Netz von Rollbahnen. Die Straßenunterlage ist loser Sand, und dazwischen befinden sich zwei Gleise. ›Sambesiboys‹, meist Mashonas, schieben die Rollwagen hin und her. Jedes bessere Haus besitzt seinen eigenen Rollwagen; einige sind luxuriös ausgestattet, mit Glasfenstern und seidenen Vorhängen …« Bruder Nivard ist beeindruckt. Der Verkehr läuft ohne Störungen. Es gibt auch keine Weichensteller oder Verkehrspolizisten. Jeder Rollwagenbesitzer regelt alles selber; die »Boys« stellen die Weichen! Und an den Hausabzweigungen sind meistens Drehscheiben angebracht. »Begegnen sich zwei Karren auf demselben Gleis, so hält der leichtere Wagen still; die Insassen steigen aus, die Boys heben den Karren vom Geleis und lassen den anderen vorbeirollen. Dann setzen sie ihren Karren wieder auf die Gleise – und dahin geht's wie der Wind!« Man merkt dieser Schilderung an, wie fasziniert der Ingenieur Bruder Nivard alles beobachtet hat.

Am Montag nach dem Passionssonntag – Abt Gerard hatte zuvor in der Garnisonskirche in dem portugiesischen Camp die Messe gelesen – ging's endlich weiter, per Bahn. Sehr langsam. »Nach neun Stunden hatten wir 36 Meilen zurückgelegt!« So »kraxelte der Zug weiter«; mühsam, aber es ging doch voran. Über Umtali nach Macheke, wo Wasser und Schürholz gefasst wurde. Ungefähr 5000 Fuß über dem Meeresspiegel. Bruder Nivard atmete auf. Im Geiste sah er hier schon eine Missionsstation aus dem Boden wachsen; der Bach »heimelte ihn an«; schon sah er, »eine Turbine schwirren, hörte die Mühle klappern, vernahm das kreischende Getöse einer Säge«. Das Flusswasser, stellte er fest, »schmeckt vorzüglich, namentlich mit Zitronensaft und Scotch Whisky!«

Abt Gerard und Bruder Nivard waren sich einig: ein guter Platz; der beste, den sie bislang gesehen hatten! – Von Rusapi aus, etwa 60 Meilen von Umtali entfernt, konnten sie in die Region von Triashill hinüberschauen. Aber dorthin wollten sie zunächst gar nicht; erst galt es, mit den Jesuiten in Salisbury zu reden – und dann eine Farm ausfindig zu machen und eventuell zu kaufen.

Ferner sprachen sie beim Administrator von Rhodesien vor und beim General-Landvermesser sowie bei weiteren hohen Beamten. Schließlich besuchten sie noch eine Brauerei, die von zwei Deutschen (Eigentümer) und einem Polen (Braumeister) betrieben wurde. Da schlug dem aus Erding stammenden Bayern das Herz gleich höher: »Der Braumeister hatte große Freude, uns die Einrichtung zeigen zu können; und er war überrascht, dass ich hinsichtlich Maschinen und Sudhaus so wohl beschlagen war. Das Malz beziehen sie von München, die Gerste aus Ungarn und den Hopfen von Nürnberg in hermetisch verschlossenen Blechzylindern. Das Wasser kommt aus zwei Brunnen; es muss gut gefiltert werden, ehe es sudbrauchbar wird.«

Eindrücke vor Ort und sich hinziehende Kaufverhandlungen

In seinem »Vermischtes, von Süd nach Nord« (PB 1901) fährt Bruder Nivard mit seiner ausführlichen Schilderung der Jesuiten-Mission in Chishawasha bei Salisbury fort. Pater Richartz hat die beiden Mariannhiller Mönche sehr herzlich aufgenommen und ihnen alles gezeigt. Voller Bewunderung stellen diese fest: Sie, die Jesuiten, haben Großartiges geleistet, vor allem wenn man bedenkt, dass sie keinen direkten Zugang zum Meer und alle »Bedarfsartikel unsägliche Transportschwierigkeiten« haben. Chishawasha sei eine kleine Missionsstadt; Bananenhaine und Obstplantagen stünden gut; und die Knabenschule gedeihe. Am Palmsonntag führten die schwarzen Schüler eine Parade vor, mit Trommeln und Liedern – inklusive alte deutsche Weisen – , sodass es Bruder Nivard zu Gemüte schlug. Und beim »Osterspiel« trug der afrikanische Christus eine rote Soutane mit weißem Chorrock!

Beeindruckt und zufrieden verließen Abt Gerard und Bruder Nivard die Jesuitenmission und fuhren per Eselkarren zurück nach Salisbury. Unterwegs brach ein Rad; sie mussten den Wagen stehen lassen und auf die Maulesel umsteigen, gerieten in einen Sumpf und kamen nass und verdreckt in Hartmannshill an. Dann machten sie sich wieder auf die Suche nach einer Missionsfarm – bei Macheke. Es war mühsam – das stundenlange Durchqueren der Landschaft; und nachts, in einer Kralhütte, kamen Mäuse und Ratten. So verging die Karwoche mit Strapazen und Mühsal. Am Ende aber fanden sie ein passendes Stück Land, »mit Wasser an zwei Seiten, einen dritten Fluss im Gelände, genügend Brennholz, guten Weiden, pflügbare Böden und verhältnismäßig vielen Afrikanern in der Nähe, etwa sechs bis acht Meilen von der Bahnstation entfernt.«

Der Kauf wurde später getätigt – mit Hilfe der Jesuitenpatres in Bulawayo.[17] Abt Gerard und Bruder Nivard fuhren nach Umtali zurück, wo sie die Gastfreundschaft des »guten Father Ronchi« erfahren durften. Der Jesuit lebte ärmlich, wie ein Einsiedler. Bruder Nivard: »Das Essen erbettelte er sich zum Teil bei den Leuten; nur so ist es möglich, mit vier bis fünf Shilling die Woche auszukommen. – Ich möchte gerne den Trappisten sehen, der so leben könnte. Fische in Blechbüchsen, Brot und Kaffee konnte er uns vorsetzen, und am Abend grüne Bohnen, gekocht wohl, aber ohne Salz, Essig und Öl.«

Weil die Zugverbindung wieder mal zu wünschen übrig ließ, mussten die Mariannhiller länger bleiben als geplant. Bruder Nivard nützte diese Zeit, um Pater Ronchis Küche und Werkstatt zu überholen. Er sägte, feilte, spaltete Holz, putzte die zwei Töpfe und ein paar Schüsseln und bereitete das Essen vor. So verging der Vormittag; »Ich hatte keine Zeit, mir den Schweiß von der Stirne zu wischen, bis gegen 1 Uhr die dampfenden und duftenden Gerichte auf dem Tisch standen. Eine alte Zeitung diente als Tischtuch; Servietten gab's keine; weil nur zwei Stühle da waren, musste eine Petroleumkiste für den Dritten herhalten. So lebten wir unter eigener Haushaltung friedlich zusammen fast eine volle Woche, und ich kann sagen, dass nicht nur ich mit mir selber höchst zufrieden war, sondern auch meine beiden Pflegebefohlenen. Pater Ronchi tat es leid, als wir am Freitag (in der Osterwoche; d.Verf.) die Nachricht erhielten, dass am Samstag morgens um 4 Uhr ein Zug nach Beira abgehe.« –

Übrigens, Pater Ronchi war 1886 in Quillimane, an der Sambesi-Mündung, als seinerzeit Abt Franz Pfanner seine Reise entlang der afrikanischen Ostküste unterbrechen musste und mehrere Wochen krank bei den Jesuiten darniederlag! (Vgl. Der Trommler Gottes, Freiburg, TB 1984) Pater Ronchi ist sein eigener Maurer, Zimmermann, Tischler, Maler und Spengler. Kein Wunder, dass Bruder Nivard von dem Jesuiten angetan ist! Dieser bescheidene und praktisch veranlagte Pater hätte so ganz auch in sein Pionier-Team gepasst.

Auf der Fahrt nach Beira gab's wieder Verzögerungen. Fahrpläne oder Zeittafeln kannte man nicht. Und Garantien bekam man auch nicht, ob der Zug einen halbwegs heil ans Ziel bringen würde. Zu oft schon waren ganze Lokomotiven von den Gleisen gerutscht und in sumpfigem Gelände verschwunden. Die Stationsleiter, so Bruder Nivard, seien zu bedauern. Die meisten stürben an Malaria: »In den letzten sechs Monaten waren auf dieser Strecke sieben Stationsmeister; vier starben am Fieber, zwei liefen davon; den einen, der mit uns fuhr, brachte man schon einmal halb tot ins Hospital nach Beira …«

Seinen Bericht schließt er mit einer Rückblende: Vor fünf Jahren (1896) habe er schon einmal im gleichen Hotel in Beira gelegen – damals, nach der Rebellion in Manicaland, allerdings »aufgerieben von Fieber und Dysenterie (Ruhr).« Jetzt aber fühlte er sich wohlauf – bis zur nächsten Seekrankheit! Darüber, und über die Visite in Deutsch-Ostafrika, berichtet Abt Gerard selber. Zuvor noch ein paar andere Eindrücke, die Bruder Nivard ebenfalls während seiner Mashonalandreise 1901 gesammelt und in einem Zeitschriftenartikel (VG 7/1911) zehn Jahre später niedergeschrieben hat.

Von den Annehmlichkeiten des Tropenlebens

Diese Überschrift stammt von Bruder Nivard selber; sie ist natürlich ironisch gemeint. Das wird gleich mit den ersten Sätzen deutlich: »Es heißt, wer jemals in seinem Leben den Tropenhimmel geschaut habe, könne ihn nie mehr vergessen; er leide an beständigem Heimweh. Man spricht von der Herrlichkeit der Palmen, und der tropischen Pflanzenwelt überhaupt; von ihrer Farbenpracht, dem würzigen Hauch ihrer Gärten und Felder, von der Pracht des südlichen Sternenhimmels und tausend anderen, höchst wundersamen und seltenen Dingen. Doch diese schöne Medaille hat auch eine Kehrseite.«

Er wolle gar nicht von der sengenden afrikanischen Gluthitze, noch von Malaria, gefährlichen Raubtieren, giftigen Schlangen oder räuberischen Stammesleuten sprechen. Nein, er wolle nur darauf hinweisen, wie lästig und schmerzhaft Insekten sein könnten. In Hartmannshill bei Salisbury gebe es eine Fliege, die nachts komme, steche und sich wieder aus dem Staub mache. Er selber wurde von einem solchen Insekt gestochen: »Die Entzündung wurde immer größer und schmerzhafter. Als wir (Abt Gerard ist gemeint; d. Verf.) eine Woche später am Machekefluss auf der Suche nach einer Farm (Monte Cassino) begriffen waren und nachts in der Blechhütte eines Krämers Quartier nehmen mussten, konnte ich kein Auge zudrücken – wegen der entsetzlichen Rattenplage, aber auch wegen der bohrenden Schmerzen, die der Stechfliege. Sogar das Gehen wurde beschwerlich, mehr noch das Aufstehen. Die roten Flecken wurden während des Ausruhens groß wie alte Reichstaler. Es war, als ob abwechslungsweise bald auf der einen Stelle, bald auf der anderen jemand mit einer Nadel langsam und bedächtig ins Fleisch bohrte …«

Maasai-Krieger in der Massinda-Steppe von Deutsch-Ostafrika; heute Tansania (Vgl. mmk 1905)

Am Karfreitag früh waren seine Schmerzen so groß, dass er es kaum mehr aushalten konnte. Da begann er an einer der wunden Stellen kräftig zu drücken, um Eiter herauszupressen. Zu seinem Erstaunen steckte eine Art »Raupe« darin. Er holte sein Universal-Taschenmesser heraus – mit Nadel und Pinzette versehen –, und brachte die üble Gesellin ans Tageslicht. »Nun ging es von einer Leidensstelle zur anderen, und innerhalb einer Viertelstunde hatte ich eine Kollektion von neun dieser niedlichen Dinger herausgeholt! Sie waren dicht behaart, vier Millimeter dick, 15 Millimeter lang und verfügten über erstaunliche Kauwerkzeuge. Die Löcher, die sie mir gebohrt hatten, waren wie mit einem Nagelbohrer ausgeführt. Jetzt wusste ich auch, woher die stechenden Schmerzen gekommen waren. Diese kleinen Anthropophagen (Menschenfresser; d. Verf.) hatten in ihren Kämmerlein offenbar für Frühstück, Mittag- und Abendessen selbst gesorgt und sich auf anderer Leute Kosten gütlich getan.« Nun hatte er Ruhe; er fühlte sich erleichtert, und die roten Flecken waren bald auch wieder verschwunden.

In seinem unverwüstlichen Humor hängte er noch folgende Sätze an den Schluss seines kurzen Artikels: »Vorige Woche wurden, eine knappe Stunde von Umtali entfernt, drei Afrikaner von Löwen zerrissen. Krokodile im Fluss, Sandflöhe in der Erde, Wurmfliegen und Moskitos in der Luft, während Wildschweine das Feld durchwühlen und Heuschreckenschwärme die Sonne verdunkeln! Es lebe das südliche Afrika; es lebe das Land der Tropen! Wer sich da den Himmel nicht verdient, der ist fürwahr nicht wert, hineinzukommen!« (VG 1911)

Ostafrika-Safari nach Gare/Neu-Köln in den Umsambara Bergen und bei den Maasai

Noch unter Abt Amandus Schölzig hatten Mariannhiller Mönche in Ostafrika zu missionieren begonnen. Es waren harte Anfänge; mit vielen Rückschlägen, vor allem personeller Art. Das Malariafieber raffte einige Missionare vorzeitig hinweg. Dennoch blühte christliches Leben auf – vor allem dort, wo das Klima günstiger war, in den Bergen und auf den Hochplateaus.

Bruder Nivard hat Abt Gerard Wolpert (den zweiten Nachfolger Franz Pfanners) im Frühjahr 1901 nach Deutsch-Ostafrika (später hieß es Tanganyika, heute Tansania) begleitet. Abt Gerard schildert ihre Safari im Mariannhiller Kalender (mmk 1905). Von der Hafenstadt Tanga fuhren sie Ende April zunächst per Bahn nach Mahese; sie hatten einen katholischen Goanesen dabei; er sollte sie auf der Reise bekochen. Von Mahese, am Fuß der Umsambara-Berge, brach die Karawane anderntags auf – Richtung Neu-Köln, dem heutigen Gare. Insgesamt waren es 25 Träger und Helfer – für zwei Reisende! Diese müssen sich wie weiland Livingstone oder Stanley vorgekommen sein. Es waren Sümpfe zu durchqueren und Flüsse. Es ging über Hügel und Schluchten; es war heiß und schwül, vor allem im Tiefland, und kalt in den Bergen. Und immer lauerten neue Gefahren. Nachts hatten sie ihre geladenen Büchsen neben den Feldbetten stehen – gegen nächtliche Besuche von Seiten hungriger Löwen oder Leoparden. Bei Lomgera gerieten sie in ein »greulich stinkendes Sumpfloch«. Abt Gerard und Bruder Nivard mussten sich von kräftigen »Boys« hindurchtragen lassen. Da glitt einer der Träger aus, der Tragsessel kippte, Bruder Ni-

Erstkommunikanten in Sankt Peter (Tuli), Deutsch-Ostafrika – mit Pater Erasmus Hörner – am 8. Dezember 1903 (Vgl. mmk 1905)

vard plumpste in den Morast. Aber er hatte schon Schlimmeres überlebt – und sein Humor half ihm rasch darüber hinweg.

So zog die Karawane weiter, mühsam für alle. Sie erreichten das Hochland, 5000 Fuß über dem Meeresspiegel. Hier gab es keine lästigen Moskitos mehr. Aber es wurde nachts empfindlich kalt.

Dann kamen sie nach Neu-Köln (Gare),[18] herrlich gelegen inmitten des Hochwalds, unterbrochen von Wiesen und Feldern. Hier wirkten Mariannhiller Patres, Brüder und Schwestern. Es regnete stark – und es war kalt. Mühsam und anstrengend auch für den Abt. Seine Schilderung (hier mangelt es an Würze und Launischem, das wir in allen Berichten des Bruder Nivard finden) ist sachlich und schlicht. Es fehlen die Episoden, die witzigen Anmerkungen, die bildhaften Vergleiche. Schade. Aber beide kämpfen sich durch, auch zu den anderen Stationen. Sie sehen und beobachten; sie beraten die Mitbrüder; sie überprüfen, was bisher geleistet wurde; und sind besorgt um das leibliche und geistige Wohl der Ihren.

Und wieder erkrankt Bruder Nivard an Malaria. Über 40 Grad Fieber. Es ist ja bekannt: Wen einmal Malaria befallen hat, den befällt dieses Fieber immer wieder, vor allem bei Ortswechsel. Aber auch diesmal geht alles gut: nur die übergroße Müdigkeit bleibt noch Wochen in den Gliedern hängen. Diese war auch noch zu spüren, als sie in Tanga wieder das Schiff bestiegen, das sie nach Europa bringen sollte. Abt Gerard schließt seinen Beitrag so: »Ich war selber zu Tode erschöpft, nicht wissend, welche Folgen die Überanstrengung der letzten Tage für mich haben würden. Bruder Nivard war ganz am Ende seiner Kräfte. Wie konnte ich ihn bei den jetzt herrschenden Monsumwinden einem kleinen Dampfer anvertrauen, ihn, der ohnedies stark für die Seekrankheit disponiert ist!?«

Sie blieben noch zwei Wochen in Tanga, warteten auf ein größeres Schiff – und fuhren erst dann gen Norden.

In Europa hatten sie beide alle Hände voll zu tun. Für Bruder Nivard viel Geschäftliches; für Abt Gerard die Teilnahme am Generalkapitel, aber auch die neu übernommene Aufgabe, Gelder und Berufe für Mariannhill zu werben. Es fiel ihm sichtlich schwer, es diesbezüglich mit Pfanner aufnehmen zu wollen, der immerhin ein Genie in Sachen Werbung war; ein Trommler Gottes, wie es nur wenige in der neueren Missionsgeschichte gegeben hat.

XIII.

Autor zahlreicher Studien und Magazinberichte

Bruder Nivard in einer langen Reihe berühmter Mariannhiller Experten

> »Ich schreibe nicht für die Nachwelt … Aber der Mitwelt möchte ich ein Wort sagen, das ihr ein wenig hilft. Und es werden nur solche Worte helfen, die aus Schicksalen kommen und sie bezeugen.«
> *Reinhold Schneider*

Beim Stöbern in den Mariannhiller Archiven und Durchblättern alter Jahrgänge der Missionszeitschriften und Kalender staunt man immer wieder, wie häufig Patres, Brüder und Schwestern der Pionierzeit zur Feder griffen. Und wie gekonnt sie zu schreiben verstanden! Sicher war ihnen Abt Franz Pfanner ein Vorbild. Der Vorarlberger, der nie das Schreiben gelernt hatte, war gewissermaßen ein Naturtalent. Er verstand es meisterhaft, die Leserinnen und Leser zu fesseln. Kein Wunder, dass einige seiner besten Berichte sogar Eingang fanden in Schul- und Lesebücher seiner Zeit.

Kein Wunder auch, dass viele seiner Mitarbeiter sich des Mediums Presse bedienten – oder gar Lehrbücher verfassten. Zum Beispiel Pater Bernhard Huss oder Bruder Ägidius Pfister. Mehr noch Bryant und Wanger, zwei Experten aus Mariannhill, der eine wurde später Professor an der Witwatersrand-Universität in Johannesburg, der andere war Fachmann für katechetische Fragen und Zulu-Idiome. Wieder andere mühten sich um Buschmannzeichnungen oder Imkerei – und schrieben Aufsätze darüber in internationalen Zeitungen.

Es würde zu weit führen, hier ins Detail zu gehen. Es soll damit lediglich angedeutet werden, dass Bruder Nivard Streicher keineswegs alleinstand, wenn er Essays über diverse Themen schrieb, etwa über die »Industrial Education of Natives in Natal« (die handwerkliche Ausbildung der Afrikaner in Südafrika) oder eine Expertise über die »Viehzucht und Milchwirtschaft« am Kap der Guten Hoffnung. Bei allen seinen uns erhaltenen Studien wird ersichtlich: Da ist kein Stümper am Werk. Da schreibt einer mit Erfahrung. Und immer mit dem Ziel: Irgendwie wird es der Verbreitung des Gottesreiches auf Erden schon dienen.

Selbst seine engsten Mitarbeiter wurden von diesem Eifer mitangesteckt, so etwa Bruder Otto Mäder, Zeichner im Mariannhiller Baubüro. Er hatte, ehe er in die Südafrika-Mission ging, an der Kunstschule in Karlsruhe studiert. Nebenher befasste er sich mit der Zulusprache und arbeitete mit dem Mariannhiller Pater Albert Schweiger zusammen, dem Fachmann in Sachen Buschmannzeichnungen; viele seiner Funde hat Bruder Otto reproduziert – mit großem Geschick.

König Dinizulu und seine stolzen Stammesleute

Im Zululand erzählten die Leute damals, dass die englischen Truppen es nicht geschafft hätten, ihrem letzten König, Dinizulu, etwas anzuhaben, geschweige denn ihn zu besiegen; denn der würde sich, wenn in Not und Bedrängnis, einfach in einen Löwen verwandeln. Aber am Ende klappte es dann doch nicht. Dinizulu wurde gestürzt und starb in der Verbannung. Der 1868 geboren Herrscher war mit Hilfe der Buren (1884) auf den Thron gehievt worden, ein bewusster Affront gegen die britische Kolonialregierung. Als Franz Pfanner Mariannhill bei Durban gründete, spielte er zeitweise mit dem Gedanken, auch im Zululand eine Station zu eröffnen. Zur Auskundschaftung dieser Region hatte er Pater Gerard Wolpert und Bruder Nivard beauftragt. Aber der Plan wurde wieder fallengelassen.

Doch aus jener Zeit stammt der folgende Reisebericht – von Bruder Nivard selbst aufgeschrieben: »Der Zeitpunkt war kritisch. Die Zulu waren selbständige, freie Leute; sie hatten kein Verständnis für ein europäisches Beamtensystem. Andererseits konnte die britische Regierung von Natal in ihrer Nachbarschaft eine barbarische Willkürherrschaft auch nicht schalten und walten lassen. Dinizulu wurde zu einer Besprechung mit dem Gouverneur gebeten, aber er zeigte wenig Lust. Das sollte nun erzwungen werden. So stand das politische Wetter (Thermometer).

Nun, am 16. August wurden die Pferde gesattelt (für Pater Wolpert und Bruder Nivard; d. Verf.). Die Reise führte die Küste des Indischen Ozean entlang; es wurde der nördliche Umgeni überschritten, auch der Umvoti bei Stanger. Wir passierten dann den größten Fluß Natals, den Tugela, und gelangten nach Eshowe. Von hier wandten wir uns landeinwärts, erreichten Rorkesdrift und Isandhlawana, wo acht Jahre vorher Cetshwayo, Dinizulus Vater, die Armee des englischen Generals Wolseley nahezu aufgerieben hat. Weiter nördlich kamen wir zum Vechtkop. An diesem Berg fand am 16. Dezember 1838 eine Schlacht zwischen den Buren und den Zulu statt. In der Nähe liegt das Grab des französischen Prinzen Lulu Napoleon! Königin Viktoria von England hat ihm dort einen Gedenkstein, ein steinernes Kreuz, setzen lassen. Der Platz hat eine niedrige Umfriedung und ist, um den Graswuchs zu verhindern, mit Salz eingestreut. Ein Afrikaner ist als Wächter angestellt. Dieser Mann gehört gerade zu jenem Kral, dessen Bewohner den Prinzen überfallen haben. Dies geschah am 1. Juni 1879. Der Prinz stand nicht im aktiven Kriegsdienst, sondern begleitete nur studienhalber die britische Armee …

Wir erreichten Ulundi am weißen Umvolosi. Hier lagerten englische Kolonialtruppen sowie einheimische Soldaten unter Oberst Mansel. Sie besaßen Maschinengewehre und waren gut gedrillt. Das Fort (selber) war ein Rasenbau, spiralförmig angelegt und mit dreifachen Schießscharten-Reihen versehen. 1879 hatte hier die entscheidende Schlacht zwischen der englischen Armee und dem Heer des Zulukönigs Cetshwayo stattgefunden. Vom nahen Schlachtfeld hatte man (später) Totenköpfe geholt und damit die Zinnen der Umwallung dekoriert. Ein grausiger Anblick!

Der britische ›Assistant Commissioner‹ Mr. Addison war gerade dabei, gegen Dinizulu vorzugehen, da kamen wir und wollten Zululand durchforschen – zwecks Gründung einer Missionsstation! Addison warnte uns. Wir aber wollten uns von unserem Vorhaben nicht abbringen lassen.«

Die beiden Reiter erreichten Usutu, als es schon Abend war. Sie suchten einen Kral zum Übernachten. Man wies sie ab. In einem anderen Gehöft baten sie um etwas zu essen – und Futter für die Pferde. Sie bekamen nichts. Nur eine Schüssel Maiskörner für die Pferde. Das Kraldorf war nach alter Weise gebaut, also auch gegen nächtliche Überfälle von Löwen geschützt. Aber lassen wir Bruder Nivard weiter erzählen: »Wir saßen nun in der Kralhütte, von außen eingeschlossen, und, wie sich später zeigte, auch gut bewacht. Die Hütte war völlig leer; beim Umhersehen entdeckte ich einen Zuluspieß. Wir überlegten und kamen zum Entschluss, auszubrechen, denn dass wir in schlimmer Absicht gefangen seien, war uns in der tiefen Nacht sonnenklar. Zuerst mussten unsere Pferde mehr Futter bekommen. Wenn sie gefressen und ausgeruht hätten, etwa nach vier, fünf Stunden, wollten wir den Durchbruch wagen. Zuerst machte ich mit großer Mühe ein Loch in das Dornengehege; ich ging das Tal hinunter und schnitt mit meinem Taschenmesser ein Bündel Gras für die Pferde. So verlief alles nach Plan. Frühmorgens hatten wir die Pferde außerhalb der Kral-Umzäunung. Die Wächter schrien: Wo wollt ihr hin? – Wir mussten bleiben.« Was passierte dann?

Am Nachmittag wurden Pater Wolpert und Bruder Nivard zum Königlichen Kral Usutu gebracht – über ein Tal hinweg, durch Sumpfgebiet, zwischen Felsblöcke hindurch, so eng, »dass man vom Pferd steigen musste«.

Am Eingang zum Königskral standen Zulukrieger, die ihre Speere an Steinen schliffen. Die Gesamtanlage umfasste etwa 300 Hütten. Dinizulu war nicht anwesend; seine »Beamten« führten das Wort. Außer dem Lendenschurz trugen sie keine Kleidung. Ihre Körper waren fettig eingerieben, »wie mit Stiefelwichse«. Beim Kreuzverhör wollten sie herausfinden, warum die beiden Mariannhiller Mönche gekommen seien. Als sie hörten, dass sie mit der britischen Regierung und deren Soldaten nichts zu tun hätten, wurden sie ruhiger. Am Ende meinten sie, die beiden, (Abt Gerard und Bruder Nivard) sollten dorthin zurückkehren, woher sie kämen!

Sie kamen mit dem Schrecken, doch heil davon. Beim Krämerladen eines Europäers hielten sie an; sie hatten Kohldampf! Der

Eigentümer, ein Herr Jali Low, meinte gegenüber den Missionaren, die Zulus täten ihm kein Leid an. Doch später erfuhren die Mönche, dass derselbe von Zulufrauen, die seinen Laden plünderten, ermordet worden sei.

Bruder Nivards authentischer Bericht schließt mit der Bemerkung: »Wir nahmen den Weg Richtung Drakensberg und knüpften erste Fäden zur Gründung der Station Ratschitz; über Reichenau (ritten wir) weiter nach Centocow und Lourdes. Gott sei Dank, ganz umsonst war unsere Reise doch nicht!« (VG 1914, 104–106)

Bruder Otto Mäder, der technische Zeichner im Baubüro des Bruder Nivard, erzählt weitere Details über den Zulukönig Dinizulu: Als er von seinen Beamten erfahren hatte, wer seinem Kral einen Besuch abgestattet hatte, tadelte er ihr Benehmen und entsandte eine Delegation nach Mariannhill, um sich zu entschuldigen und die Mönche einzuladen, auch bei ihm Schulen zu gründen.

Dazu kam es vorerst nicht. Dinizulu wurde des Hochverrats beschuldigt und für zwölf Jahre auf die Insel Helena verbannt. Als 1897 Zululand Natal zugeschlagen wurde, durfte er zurückkehren – allerdings nicht mehr als König, sondern als einfacher Häuptling. Er blieb während des Burenkriegs (1899–1902) neutral. Mehrere Jahre später bezichtigte man ihn erneut des Hochverrats und verurteilte ihn zu fünf Jahren Gefängnis sowie zur Zahlung von 2000 Mark. Mit der Errichtung der Südafrikanischen Union im Jahr 1910 wurde Dinizulus Strafe abgemildert. Er starb am 18. Oktober 1913 und wurde am Begräbnisplatz der Zulukönige zu Nobamba beigesetzt. (Vgl. VG 1914)

Handwerkliche Erziehung auf den katholischen Missionen in Südafrika

Auf Bitten von Bischof Dr. Jolivet und im Auftrag von Abt Wolpert schrieb Bruder Nivard einen ausführlichen Report »Industrial Education in Catholic Missions« in Südafrika. Nachgefragt hatte diesbezüglich der Herausgeber/Chefredakteur des in England erscheinenden Magazins »Illustrated Catholic Missions«.[19] In seinem Begleitschreiben an das St. Bede College in Manchester weist Bruder Nivard eigens darauf hin, dass er Nicht-Engländer sei und auch kein Schulexperte; mit einem Vorschlaghammer könne er allemal besser umgehen als mit dem Federkiel. Seine Bescheidenheit in Ehren, aber er verstand sich sehr wohl aufs Schreiben – und von handwerklichen Schulen unter den Afrikanern verstand er sogar sehr viel. Seine Oberen wussten, warum sie ihn beauftragten. Gewiss war er damals mit zahlreichen Bauprojekten beschäftigt, aber Jolivet und Wolpert wussten sicher auch aus Erfahrung: Wenn man ganz dringend jemand braucht, um einem zu helfen, dann darf man nicht jene angehen, die ohnehin zu tun haben, sondern andere, die viel leisten! Diese, die Letztgenannten, sind in der Regel auch noch willens, einzuspringen und auszuhelfen.

Na gut, der Report wurde von Bruder Nivard im Februar 1903 geschrieben; erschienen ist sein 18 Magazinseiten umfassendes Essay 1905, natürlich in englischer Sprache. Daraus entnehmen wir die folgenden Informationen, längere oder kürzere Passagen und Zitate – ins Deutsche übertragen.

Im redaktionellen Vorspann wird Mariannhill kurz vorgestellt und als ein »bemerkenswertes Unternehmen« beschrieben. Die berühmte Abtei bei Durban in Südafrika habe hervorragende Handwerker unter ihren Brüdern; Fachleute auf zahlreichen Sektoren. Man sei bewandert in fast allen Sparten, sogar die Wasserkraft werde genützt. Viele Afrikaner in Mariannhill sprächen Deutsch, Englisch und Zulu. Auch würden in diesen Sprachen Bücher hergestellt, in einer ordenseigenen Druckerei. Sogar Zeitungen würden in der Missionsabtei gedruckt, eine in englischer, eine in deutscher und eine in der Zulu-Sprache. In der Druckerei seien Afrikaner tätig – unter Leitung der Mönche. Der redaktionelle Vorspann schließt mit dem Satz: »The work at Mariannhill is a perfect wonder, and is undoubtly a blessing to South Africa,« (Die Arbeit in Mariannhill ist ein perfektes Wunder, und zweifellos ein Segen für Südafrika.)

Dann folgen die Ausführungen Bruder Nivards über die »Industrial Education«; hinter seinem Namen (Brother Nivard) stehen die Großbuchstaben O.S.B. (Orden des hl. Benedikt); da irrte das britische Magazin. Bruder Nivard war Trappist und ist, nach der Trennung vom Trappistenorden, Mariannhiller Missionar geblieben.

Eingangs zitiert Bruder Nivard britische Beamten (Land Commissioners): Diese seien von der »Faulheit der Eingeborenen« negativ beeindruckt. Was jene brauchten, sei mehr handwerkliche Erziehung. Man müsse sie lehren, dass Arbeit Sinn mache und wichtig sei.

Genau das würden die Mönche von Mariannhill einsetzen. Die derzeit 237 Laienbrüder (neben 86 »Chorvätern«[20], darunter 46 Priester) lebten nach dem Motto: Ora e t labora. Arbeiten gehöre zum Programm. Ähnlich die rund 380 Mariannhiller Missionsschwestern; auch sie versuchten, die Schwarzen die Würde der Arbeit zu lehren, nicht zuletzt durch ihr Beispiel. Mittlerweile seien die Nonnen sogar in Rhodesien und Ostafrika tätig, wo sie mit den Spiritanern zusammenarbeiteten; ja sogar im Belgischen Kongo hätten sie ihre Arbeit aufgenommen. Schwerpunkt ihrer Arbeit sei die Schule allgemein, aber auch und bewusst hausfrauliches Können wie Nähen, Stricken, Kochen, Gärtnern usw.

»Um der Missionsarbeit ein solides Fundament zu verschaffen, haben wir (Mariannhiller Mönche; d. Verf.) große Flächen unseres eigenen Farmlandes an junge christliche afrikanische Ehepaare abgetreten. Bislang sind 109 Familien angesiedelt worden. Von den 600 Heiden, die wir vor 20 Jahren hier vorfanden, sind nur noch zehn übrig ...«

Dann zählt Bruder Nivard die großen Missionsfarmen auf: »In Natal haben wir 43 000 acres (Morgen); in Ost-Griqualand ungefähr 56000 acres; in Rhodesien 25000 acres; 20000 davon sind ein Geschenk des verstorbenen Mr. Cecil Rhodes; dort wollten wir (1896) Triashill beginnen, verloren aber alles wieder – infolge des Mashona-Aufstandes ... – Insgesamt hat Mariannhill zur Zeit 26 Stationen; 16 in Natal, sechs in Ost-Griqualand, eine in Rhodesien und drei in Ostafrika ... – Zur Zeit besuchen etwa 2000 afrikanische Kinder unsere Schulen ...«

Viel Arbeit hätten die Schwestern mit den Schulkindern. Neben dem regulären Unterricht (Morgengebet, Messe; Schulfächer wie Lesen, Schreiben, Rechnen) werde überall die Handarbeit betont – in den Gärten, auf den Feldern, in den Werkstätten. Die meisten Schülerinnen und Schüler seien im Internat untergebracht und würden auch dort verköstigt.

Ehe Bruder Nivard die einzelnen Werkhallen und Werkstätten in der Mariannhiller Mission auflistet, kommt er auf den »Weibertrost« zu sprechen; er übersetzt das deutsche Originalwort mit »Women's consolation«. Gemeint ist Folgendes: Wenn ein schwarzer Polygamist, einer mit zwei, drei oder mehr Frauen, sich taufen lasse, könne er nur *eine* seiner Frauen behalten; die andern würden im »Weibertrost« untergebracht, wo man für sie sorge. Mütter brächten ihre Kinder mit. Diese soziale Einrichtung gehe auf Abt Franz Pfanner zurück, den Gründer von Mariannhill. Insgesamt sei man mit dieser Institution recht zufrieden, sowohl auf ehedem heidnischer wie christlicher Seite.

Ausschnitt aus dem Titelblatt des Mariannhill-Kalender 1889

Die großen Handwerkstätten in Mariannhill und auf den Filialen

Damit kommt Bruder Nivard zum eigentlichen Thema – auf ein weites Gebiet, wo er selber absoluter Fachmann ist: Allein 24 Brüder, so schreibt er, arbeiten mit Holz – in den Schreinereien, als Zimmerleute, als Wagner und Büttner; 14 Mönche seien gelernte Schmiede, Schlosser, Ingenieure; 13 wirkten als Maurer, fünf als Steinhauer; neun befänden sich in der Gerberei oder seien als Sattler und Schuhmacher tätig; ferner habe man fünf Müller, drei Bäcker, sieben Drucker, drei Buchbinder, fünf Baum-, Obst- und Gemüsegärtner, zwei Fotografen und vier Schneider. Hinzu kämen die Landwirte, Ziegelbrenner, Straßenbauer u.v.a. Er erwähnt auch sein Baubüro, die Mühle und die Druckerei: »Wir schreiben, drucken und binden – was immer in unseren Schulen gebraucht wird, auch Gebetbücher. Neben Zulu auch in anderen afrikanischen Sprachen (für Basutoland, Mashonaland, Betschuanaland, Ostafrika). Wir geben eine Zulu-Wochenzeitung heraus – und über ein Dutzend Afrikaner sind in der Druckerei beschäftigt.«

Die großen Missionskirchen, auch die auf den Filialen, seien alle von eigenen Leuten ausgemalt worden, von Klosterbrüdern, unterstützt von afrikanischen Hilfsarbeitern, die wie geschickte Turner über die höchsten Baugerüste geklettert seien. Im Detail kommt er dann auf die Arbeit der Spengler (»Ein Bruder zieht das ganze Jahr über von einer Station zur andern«), der Gerber (»Unser Leder hat in der Region einen sehr guten Namen; seine Qualität hat sich herumgesprochen«) und der Maurer zu sprechen.(»Sie werden hier niemals arbeitslos; zur Zeit haben wir allein im Bereich der Steinbrecher, Maurer und Bildhauer 98 afrikanische Jugendliche in der Ausbildung!«)

Ähnliche Zahlen und Erfolge, so betont er weiter, hätten die Schwestern mit den Mädchen zu verzeichnen. Neben den üblichen Fächern wie Nähen, Waschen, Kochen, Bügeln würden die Afrikanerinnen auch in den Gartenbau und die Landwirtschaft eingeführt. Die Nonnen hätten ein Dutzend Milchkühe im eigenen Stall, aber auch Schweine und Hühner; sogar einen Weingarten betreuten sie!

Besonders stolz ist Bruder Nivard auf die großen Außenstationen wie Reichenau und Lourdes. Auf der ältesten, die nach dem Klosterzentrum im Bodensee benannte, betreibe man auf 5000 Fuß Meereshöhe nahezu europäische Landwirtschaft – mit Anbau von Weizen, Gerste, Roggen, Hafer usw. In einem Sommer habe man 2000 Sack Getreide geerntet – allein in Reichenau! Dort stehe auch »eine der schönsten Wassermühlen dieses Landes«. (Wir wissen längst, dass er, Bruder Nivard, sie selber geplant und eingerichtet hat!) Dort befinde sich auch eine Schul-Werkstatt für Steinmetze. Nur 20 Meilen entfernt, in Centocow, am Umzimkulu-Fluss, floriere nicht nur die Volksschule, sondern dort befinde sich auch eine Baumschule, wie man weit und breit keine kenne. Weltklasse!

Neben der Baumschule (»Wir verkaufen zu Preisen, die gut und gerne mit den Importen aus Amerika konkurrieren können!«) sei auch die Forstwirtschaft groß im Rennen. 200 acres seien bepflanzt worden; einige Bäume stünden schon 40–50 Fuß hoch. Die Arbeit werde weithin von den Schulkindern getan. Der Kornmühle, mit Wasserkraft angetrieben, könne eine Kreissäge angeschlossen werden; eine große Hilfe für den Wagner! In seiner Werkstatt stelle man auch die Kisten her zum Versand der Früchte aus dem großen Obstgarten. Sogar Holzwolle könne man produzieren, die als Packmaterial gefragt sei. Man hoffe, Centocow werde bald Anschluss finden an die Eisenbahnlinie Kapstadt-Natal.

In Mariathal, so fährt Bruder Nivard in seinem auf Englisch geschriebenen Essay fort, entwickle sich ein Handwerkszentrum besonderer Art; Wasserkraft sei vorhanden; Kornmühle und Sägewerk liefen bereits; und eine große Ziegelei sei geplant. Und überall würden afrikanische Jugendliche geschult und eingearbeitet. Das Gleiche gelte für Lourdes, wo 3000 acres landwirtschaftlich genützt würden. Man denke sogar an ein Pferdegestüt – neben der üblichen Viehwirtschaft, und an Merino-Schafe. Hunderte von acres habe man trockengelegt; dort wo bislang Sümpfe gewesen seien, sehe man jetzt fruchtbares Ackerland oder Viehweiden.

In diesem Stil berichtet Bruder Nivard. Kaum zu glauben, was die Mönche von Mariannhill und die Schwestern zusammen mit ihren afrikanischen Gehilfen alles erreicht haben – in so wenigen Jahren!

Er könnte noch ein Dutzend weitere Stationen (Filialen von Mariannhill; d. Verf.) auflisten, schreibt Bruder Nivard später; aber er wolle nicht zu weit ausholen. Viele der von der Redaktion des britischen

Magazins gestellten Fragen habe er inzwischen beantwortet. Nur die Frage, ob die handwerkliche und landwirtschaftliche Ausbildung sich positiv auch auf den »Charakter der Eingeborenen« auswirke, darüber wolle er noch nachdenken. Er verweist auf die 109 schon erwähnten christlichen Familien, die auf Mariannhiller Grund und Boden angesiedelt worden seien; ihre Kinder gingen durch die Bank zur Schule, und sogar die Mädchen und jungen Frauen, die früher wie Sklavinnen gehalten wurden, atmeten auf. Ja, es sei durchaus eine positive Seite zu erkennen.

Schließlich werden noch die Themen Handarbeit und Apartheid behandelt, wenngleich das Wort »Apartheid« damals noch nicht zum allgemeinen Wortschatz der weißen Südafrikaner gehörte. O-Ton Bruder Nivard: »If ever there was a native born and brought up lazy it is the South African native. This evil must be combated by all means; the dignity of labour and the need of it must be inculcated into his mind, and that process cannot be started too early.« Worauf es ihm ankommt: die Würde der (Hand-) Arbeit und ihren Sinn zu vermitteln. In Mariannhill und auf den Filialen habe man wirkungsvolle Lehr-Methoden entwickelt – und zwar durch das persönliche Beispiel. Vom Abt bis zum letzten Laienbruder verrichte jeder Mönch harte Arbeit; diese »Methode« habe guten Erfolg.

Zur Haltung der Weißen gegenüber den Schwarzen schreibt Bruder Nivard: Die große Mehrzahl der europäischen Bevölkerung in Südafrika sei gegen eine handwerkliche Ausbildung der Afrikaner; ihre Mentalität sei geprägt von dem Satz: »Die Eingeborenen sind die Holzhacker und Wasserträger der Weißen!« Das gehe soweit, dass die europäischen Farmer im Grunde gar keine gleich wie gebildeten Afrikaner wollten; sie möchten weiterhin »raw heathens« (rohe Heiden), mit denen sie machen könnten, was sie wollten. Vor allem seien die weißen Handwerker gegen jede Ausbildung von schwarzen Gesellen und Meistern; sie, die Weißen, fürchteten die Konkurrenz.

Anders der frühere Gouverneur von Natal, Sir Charles Mitchell; der habe immer wieder betont, wie wichtig es sei für die Missionsschulen, die schwarze Jugend auch handwerklich auszubilden. Und genau das hätten die Mönche und Nonnen von Mariannhill unerlässlich getan – und mit großem Erfolg. Klassenhass und Klassentrennung habe man im Kloster nie geduldet.

Zeitweise seien sie deswegen sogar von der Presse attackiert worden. Aber man habe sich davon nicht einschüchtern lassen.

Zum Glück hätten gerade die Höheren Staatsbeamten ihnen, den Missionaren von Mariannhill, Recht gegeben und ihre Methode unterstützt. Als Sir Marshal Clarke »Commissioner for Zululand« gewesen sei, habe er sich in Eshowe ein Haus von schwarzen Maurern bauen lassen, die in Mariannhill ausgebildet worden waren. Und später, als er »Commissioner for Basutoland« war, sandte er junge Männer ins Monastery, um sie dort ausbilden zu lassen.

Bruder Nivard: »Ich wage es zu behaupten, dass man die bei uns ausgebildeten Schwarzen (Handwerker) überall in Südafrika finden kann. Selbst wenn nicht alle ihren erlernten Beruf beibehalten, was sie bei uns mitbekamen, war nicht ganz umsonst.« (ICM, 1905, 270–287)

Damit endet Bruder Nivards Essay für das »Illustrated Catholic Magazine«. Die Redaktion fügte noch ein paar Sätze an: Alle Patres, Brüder und Schwestern von Mariannhill kämen aus Deutschland (was so nicht stimmte; es waren auch Österreicher, Schweizer und Polen unter ihnen – und ein paar sogar von den USA und England) und müssten ihre Mittel fast ausschließlich in Deutschland erbetteln – für ihre Institute und Projekte in der britischen Kolonie von Südafrika. Von englischer Seite bzw. von Seiten der Kolonialregierung seien bislang keine Zuschüsse gekommen.

Die politische und soziale Lage im südlichen Afrika nach dem Burenkrieg

In einem langen Brief an Herrn Josten in Neuss/Rhein geht Bruder Nivard auf die wirtschaftliche, soziale und politische Lage im Südafrika ein; die Firma Josten, über viele Jahre Hauptlieferant in Eisenwaren für Mariannhill – von Pfanners Zeit als Abt bis zum Ersten Weltkrieg –, interessierte sich offensichtlich für eine Zweigniederlassung am Kap. Da mit Abt Franz und den Mariannhiller Mönchen befreundet, wollte man zunächst etwas über die Gesamtlage im Süden des Schwarzen Erdteils erfahren. Und weil kaum ein anderer besser hätte Auskunft geben können, bat man den versierten Baumeister und

Ingenieur, er möge doch Herrn Josten informieren. Diesem Schreiben entnehmen wir ein paar interessante Anmerkungen.

Die ganze Welt meine, mit dem Ende des unglücklichen Burenkrieges (1899–1902) erfahre Südafrika einen »phänomenalen Aufschwung«; in der Tat seien Tausende von Engländern, Amerikanern und Australiern ans Kap geströmt; zahlreiche Geschäfte und Firmen seien eröffnet worden. Aber ihr Traum vom Boom habe sich nicht erfüllt. Im Gegenteil; die Zahl der Arbeitslosen habe zugenommen! Und es würden derzeit auch keine neuen Häfen oder Bahnlinien errichtet: »In allen Geschäften herrscht Jammer und Klage über die miserable Lage; die Banken ziehen die Schrauben gewaltig an, und ich habe sichere Informationen, dass wir hier mit dem Abschluss des Jahres mehrere Kräche (Zusammenbrüche; d.Verf.) von bedeutenden Geschäften erleben werden.« (21.11.1903)

Sich auf Abt Franz beziehend, fährt er fort: Der schöne Traum Pfanners, in Emaus, (seiner Altersstation) einen Bahnanschluss zu bekommen, würde wohl nie verwirklicht. Port Shepstone sei kein brauchbarer Hafen; die Flussmündung versande, Port St.Johns gehöre zur Kap-Regierung, und die sei an einem Ausbau des Hafens nicht interessiert. Zudem könnten die bisherigen Häfen (Kapstadt, Port Elizabeth und East London den Verkehr/Handel leicht bewältigen.

Bruder Nivard wörtlich: »Vor dem (Buren-) Krieg war hier das goldene Zeitalter; seither sind die schneidigen Geschäftsleute aus Amerika, Kanada und vor allem Australien hereingekommen und haben mit ihrer Konkurrenz den großen alten Geschäften die Augen geöffnet.« Das gelte in besonderer Weise für die Eisen-, Metall- und Werkzeugbranche!

»Es ist auch nicht zu vergessen, dass hier in Südafrika eine sehr bedeutende ›antigerman‹ (antideutsche) Stimmung herrscht, und dass von ›oben herab‹ deutsche Waren nicht nur durch hohe Zölle, sondern auch sonst boykottiert werden. (Diese antideutsche Stimmung in Natal war wohl eine Gegenreaktion der Engländer auf die Pro-Buren-Einstellung und die allgemeine Begeisterung der Deutschen für die Sache der Buren; d.Verf.) – Was das billige Leben betrifft, so fürchten die hiesigen Engländer mit nicht geringer Besorgnis die Competition (den Wettbewerb) der Inder und Araber. Vor 20 Jahren waren nur einige Kleinhändler hier; heute haben diese Leute ihre eigenen Schiffe zur See, bauen prächtige Einzelhandelgeschäfte – mit unzähligen Filialen im Hinterland ... – Wo noch weiße Ladenbesitzer existieren, machen die Inder die Preise. Die Anspruchslosigkeit dieser Leute und die billigen Löhne, die sie ihren schwarzen Arbeitern zahlen, ruinieren die weißen Kaufleute ...«

Diese eher pessimistische Darstellung der Verhältnisse in Natal wird ein wenig abgemildert im Hinblick auf andere Regionen am Kap; dort sei die Lage etwas günstiger, vor allem in Transvaal, wo die Goldgruben und Diamantenfelder lägen. Aber auch da fragt Bruder Nivard vorsichtig: Wie sieht es dort in 50 Jahren aus, wenn die Goldadern ausgebeutet sind? Dennoch ist er nicht ohne Optimismus: »Trotz all dieser ziemlich düsteren Aussichten sehe ich keinen ernsthaften Grund, warum Sie Ihr Projekt ganz fallen lassen sollten und warum nicht einer oder mehrere Ihrer Söhne in Südafrika ein Geschäft gründen sollten. Dazu wäre vor allem nötig, einige Jahre in einem einschlägigen Geschäft in England zu praktizieren, auch ein Jahr in Amerika – und dann erst nach Südafrika kommen und Land und Wirtschaft studieren. Wenn es in dieser Zeit auch nicht zur Gründung eines Geschäftes käme, so wäre diese Zeit (doch) nicht verloren. Eine solche Praxis (Vorgehensweise) würde den Gesichtskreis ungemein erweitern und dem Praktikanten die beste Gelegenheit geben, selbst in der Sache zu einem Urteil zu kommen.« (s.o.)

Wieder wird deutlich, wie klar Bruder Nivard die Lage einschätzt; wie sachlich seine Ratschläge sind; wie konkret er auf das Anliegen des Herrn Josten eingeht. Er schlägt zum Schluss noch vor, auch ein kurzer Besuch in Südafrika könne schon mithelfen, die Dinge zu klären, zum Beispiel ein Abstecher auf die Waren-Messe in Kapstadt im kommenden Jahr. Ganz persönlich fügt er noch hinzu: »Dass wir uns ungemein freuen würden, Sie selber hier zu sehen, und dass wir Ihnen mit Rat und Tat an die Hand gehen würden, brauche ich Ihnen ja nicht erst zu versichern. Ich bin überzeugt, dass diese Reise Sie nicht gereuen wird. Ihr gereifter Geschäftsblick wird Ihnen bald sagen, ob Sie Südafrika für den geeigneten Boden halten, auf dem sie ihre Söhne angesiedelt wissen wollen. Es ist sicherlich auch in Deutschland kein Kinderspiel, heutzutage ein Geschäft zu gründen und aufzubauen und rentabel weiterzuführen; und wenn das hier ebenso schwierig wäre, so hätte man hier in der englischen Kolonie (Natal in Südafrika ist gemeint; d. Verf.) doch jene goldene, unschätzbare Freiheit, von der der unter Pickelhaube und Polizeiknüttel mehr und minder großgezogene Deutsche kaum eine Ahnung hat.« (s.o.)

Dann wünscht Bruder Nivard der »ganzen großen Familie Josten recht freudige, fröhliche Weihnachten und ein gesegnetes, gnadenreiches Neujahr«; er wolle die Anliegen Jostens auch in seine Gebete einschließen.

Briefwechsel zwischen Franz und Anton Pfanner über Viehwirtschaft und Käserei

Uns liegt eine Expertise von Bruder Nivard über ein Thema vor, das man ihm so kaum zugetraut hätte: Viehzucht am Kap der Guten Hoffnung. Ehe wir jedoch darauf näher eingehen, sei auf drei Briefe von Abt Franz verwiesen, die sozusagen den Anlass gaben für diese Studie.

Empfänger der Briefe ist Pfanners Vetter Anton in Isny/Allgäu. Der plant offensichtlich, in Südafrika tätig zu werden – als Viehzüchter und Käseproduzent. Der Ton des Abtes ist familiär: »Eine Hand wäscht die andere. Es macht mir viel Freude, Dir auch einen Dienst zu erweisen, da mir Dein Vater so viele erwiesen (hat) und ich Michel von Scheffau (Nachbardorf von Langen, wo Abt Franz zur Welt kam, jedoch auf deutscher Seite; d.Verf.), Deinen Großvater, stets so gern gehabt habe. Gestern früh bekam ich Deinen Brief; da schrieb ich sofort nach Lourdes an den Schaffner Bruder Hugo (Heinlein), dass er heute zu mir herauskomme (nach Emaus). Er hat zwei Stunden zu reiten. Da will ich diese Sache mit ihm besprechen, weil unsere Schwestern in Lourdes eine Schweizerei angefangen haben. Ich habe damals alle Käse-Einrichtungen in der modernsten Art und neuesten Errungenschaft in Kempten (Allgäu) gekauft und eingeführt.«

Leider, so fährt er fort, sei es nicht gelungen, die Sennerei in Schuss zu bringen; die Käse seien meist misslungen. Dennoch sei er überzeugt, dass man in Lourdes eine Käserei betreiben könne, wie er, sein Vetter Anton Pfanner, es vorhabe. Nach seiner Meinung könnte man in Lourdes die dortige Viehwirtschaft bis zu 100 Kühen aufstocken.

Er, Abt Franz, wolle aber weitere Informationen einholen, auch von benachbarten weißen Farmern. Auch hinsichtlich Milchpreisen; in einer knappen Woche wolle er sich erneut brieflich melden. In der Region Griqualand, wo Emaus liege, sei die Milch »so wohlfeil, ja wertlos, und infolgedessen auch die Butter, sodass die dummen holländischen Bauern, die nicht lesen und rechnen können«, auch keine Milch verkauften. Pfanner meinte mit »dummen holländischen Bauern« die südafrikanischen Buren. Denen traute er nur zu, aus Butter Seife herzustellen. Anders die Engländer; die verstünden sich aufs Butter-Geschäft! (Emaus, 19.3.1897)

Ein zweiter Brief des Abtes ging an seinen Vetter Anton Pfanner am 20. April 1897 ab; wieder ist von einer Käserei die Rede, die der Allgäuer in Südafrika eröffnen möchte. Der resignierte Abt schlägt vor, Anton möge probeweise auf ein Jahr für die Mariannhiller Mönche eine Käserei betreiben – und dann entscheiden, ob er sich auf eigene Füße stellen wolle.

In einem dritten Schreiben, vom 1. März 1899, steht erneut die Milchwirtschaft im Mittelpunkt; jetzt erwähnt er auch Bruder Nivard; der kenne sich gründlich in dieser Branche aus, sowohl theoretisch wie praktisch. Er habe den Bruder eigens nach Emaus kommen lassen; »der ist Architekt, stets auf Reisen, von einer Station zur anderen, und noch in vielen anderen Geschäften (versiert); seit einem dreiviertel Jahr lehrt er unsere Leute, vor allem Schwestern, die Molkerei und Käserei … Er hat einen ungeheuren Scharfblick und ein geübtes Auge.« Und diesen Bruder Nivard habe er, Abt Franz, gebeten, eine Expertise über Viehzucht und Milchwirtschaft in Südafrika zu schreiben.

Dann kommt Pfanner ins Träumen: Wenn einmal die Bahnverbindung Kap-Kairo stehe, und auch die Türkei Gleise erhalte, dann sehe er der Zeit entgegen, in der Isny (Vetter Anton Pfanners Wohnsitz) und Emaus per Eisenbahn miteinander verbunden würden. »Bis dahin wird das Käsegeschäft und die Viehzucht noch ganz andere Dimensionen annehmen. Vielleicht eröffnen sich dann im herrlichen Uganda noch günstigere Aussichten. Auf jeden Fall wird für junge und unternehmungsfreudige Leute noch mancher Schatz in diesem dunklen Weltteil zu heben sein. Deshalb wird die englische Sprache nie umsonst gelernt sein; es ist die Sprache, die in Afrika, Amerika und Australien am meisten gesprochen wird …« (Emaus, 1.3.1899)

Beigelegt war diesem Brief Franz Pfanners das Essay von Bruder Nivard, worauf wir gleich näher zu sprechen kommen. Beide, der Pfannerbrief und die Expertise des Bruder Nivard wurden im »Allgäuer Anzeigenblatt« veröffentlicht (Nr. 10 und 11, 1900)

Der Architekt zur Milchwirtschaft in Südafrika

Das mehrseitige Dokument wurde in Lourdes-Mission geschrieben; es trägt das Datum vom 25. Februar 1899. Es ist in Briefform gehalten und an Abt Franz adressiert. Bruder Nivard grenzt zu Anfang das Thema ein; er beziehe sich auf Viehzucht und Milchwirtschaft in Natal und am Kap, nicht in anderen Regionen Südafrikas, und kommt unmittelbar auf die Vieh-Importe zu sprechen bzw. auf jene Rinder-Rassen, die sich für das Kap der Guten Hoffnung am besten eigneten. Er verweist, sehr fachmännisch, auf Friesländer, englische Shorthornbulls und die in Natal operierende »Stud-Company«, die eine »herrliche Farm in günstiger Lage« (600 Fuß über dem Meer) unterhalte. Dort habe man »beste Zuchttiere« – Pferde, Rinder, Schafe, Schweine aus England, Amerika und Australien importiert. Die Kühe hätten freien Weidegang. Daneben gebe es auch eine Reihe von Privatleuten, die Zuchtvieh in Übersee einkauften. Nur sei damit ein Risiko verbunden! Etwa 80 Prozent der importierten Tiere erlägen in kürzester Zeit dem Rotwasser-Texas-Fieber.

Zum Import aus Deutschland schreibt Bruder Nivard: »Ein erwachsenes Stück Rindvieh von Hamburg nach Durban/Natal kostet etwa 750 Mark Fracht, einschließlich Futter; vom Allgäu bis nach Hamburg etwa 75 Mark, und wenn es ein gutes Stück ist, kostet es am Kaufpreis auch 500 bis 800 Mark. Samt allen Nebenkosten muss man mit 2000 Mark rechnen. Für eine Kuh würde niemand einen solchen Preis zahlen!«

Dann plaudert er aus der Schule: »Von den von uns (den Mönchen) vor sieben Jahren eingeführten acht Stück Allgäuer Vieh ist nur noch eine Kuh am Leben, und das Kalb, mit dem die zweite Kuh trächtig war, als sie nach Natal kam. Daneben sind etwa ein Dutzend Stück erster Kreuzung vorhanden. Das ist kein glänzender Erfolg, und nicht genügend, um andere Leute aufzumuntern. Die alte Kuh, welche zur Zeit im Schwestern-Konvent in Mariannhill steht, gab zur besten Zeit nach dem Kalben 25 Liter Milch per Tag. Das wird hier eine sehr gute Leistung genannt …«

So geht die Expertise weiter und weiter, ein Thema nach dem anderen aufgreifend, und immer sehr im Detail. Sogar auf die Kuhhäute kommt er zu sprechen, wichtig für die Gerberei in Mariannhill. Da brauchbare Kuhhäute in Südafrika rar seien, habe man vor kurzem 150 Kalbshäute, »prima Holsteiner«, von Hamburg importiert, das Stück zu 7,50 Mark.

Was die Milchwirtschaft und den Käsemarkt betreffe, so beherrschten den zur Zeit die in Südafrika von Australien eingewanderten Farmer. Einer betreibe alles mit Dampfmaschinen, inklusive eine zum Eismachen. Alle anderen Farmer schauten mit Spannung auf dieses Experiment. Auf der letztjährigen Landwirtschafts-Ausstellung sei keine einzige Käsesorte vorgestellt worden; doch das werde sich bald ändern.

Im Anschluss daran berichtet Bruder Nivard über weitere Ausstellungen in Durban und Maritzburg und kommt auf die Missionsstationen Reichenau und Lourdes zu sprechen, wo das »Zuchtziel das rote Devon-Vieh mit ungemein fetter Milch« sei. Sonst züchte man auch Friesländer, oder Kreuzungen zwischen einem einheimischen Rind und dem »Shorthorn«. In Reichenau habe er mit einem Milchprüfer ausgedehnte Untersuchungen angestellt und jede einzelne Kuh auf ihren Wert als »Butter-Produzentin« testen lassen. Das Milch-Quantum per Kuh liege zur besten Zeit im Schnitt bei fünf Liter. Zu einer Sorte Cheddar-Käse verwende man magere Milch; auch benütze man sogenannte »Sturzbutterfässer« beim Butterherstellen.

Es folgen sehr detaillierte Beschreibungen; so klar und so fachmännisch, dass man wieder und wieder ins Staunen kommt: Und das alles schildert ein Mönch, der gelernter Schreiner ist und sich als Architekt und Ingenieur hervorgetan hat. Ein Mitglied des strengsten Ordens der katholischen Kirche. Ein Laienbruder, der außer der Volksschule »nur« die Schreinerlehre gemacht hat. – Fürwahr, man kann es kaum glauben.

Eigentlich schade, dass wir hier nicht längere Auszüge aus dieser viehwirtschaftlichen Expertise übernehmen können. Für Zuchtvieh-

und Molkerei-Fachleute wäre der vollständige Artikel ein Gewinn; übrigens auch für Landwirtschafts-Historiker. Ganz am Schluss seiner langen Abhandlung folgen noch ein paar Sätze über die im südlichen Afrika »eingebürgerten Viehrassen«. Obenan stehe die Shorthorn-Rasse, die wegen ihrer frühen Reife und ihres ergiebigen Milchertrages gesucht sei; die Metzger lobten auch das gute Fleisch dieser Rasse.

Dann erwähnt er die Friesländer, »welche zwar etwas weniger fette, aber desto mehr Milch geben und besonders dorten gehalten werden, wo die Milch in frischem Zustand verkauft wird, und wo man keinen hohen Fettgehalt verlangt. Friesländer Ochsen sind gut und zäh am Wagen, werden aber nicht immer so fett wie die Shorthorn.«

Anders wieder die schottischen Devons; die stünden an dritter Stelle. Bruder Nivard meint, bald würden diese aber die anderen Rassen überholen; denn sie seien »ein zäher, genügsamer Schlag«, würden spät reif und gäben kolossale Schlachtochsen ab. »Am Wagen und am Pflug sind sie sehr beliebt; und die Kühe geben unbestritten die fetteste Milch. Wir haben Devon-Kühe, deren Gehalt bis 7,6 Prozent liegt.«

Schließlich werden noch die »englischen Herefords« (schwarz mit weißem Kopf), die »Airshyres« (gutes Milchvieh), die »Jersey« und die »Qernsey« aufgelistet und ihre jeweilige Besonderheiten genannt: »Aus Jersey- und Shorthornkreuzung haben wir einen herrlichen Bullen (bekommen) und setzen große Hoffnungen auf seine Nachkommen.«

Bleibt noch eine Rasse übrig, das »inländische Kerry-Rind«; eigentlich ein Zwergvieh, aber sehr gut in der Milch. »Es ist unbestritten die Rasse, welche mit dem wenigsten Futter verhältnismäßig die meiste Milch liefert …«

Alle oben angeführten Viehrassen seien im Land zu haben, auch um annehmbare Preise. In keinem Fall müsste man mehr bezahlen, als der Transport allein von Europa kosten würde.

Die an Abt Franz gerichtete, aber für Herrn Anton Pfanner in Isny/Allgäu bestimmte Expertise enthält ganz am Ende die Hoffnung Bruder Nivards, damit – mit seinen Ausführungen – dem Verwandten des Abtes einen Überblick verschafft zu haben: »Mit Viehzucht dürfte wohl ein großes Risiko mitunter laufen, aber eine rationell, am richtigen Platz angefangene Molkerei dürfte sich rentieren. Die Nähe zu Johannesburg (der aufstrebenden Großstadt; d.Verf.) wäre meiner Ansicht nach günstiger als irgend ein Platz in der Kap-Kolonie oder in Natal. Sollte Ihr Vetter vielleicht in einzelnen Punkten besondere Auskunft wünschen, soll es mir Freude machen, dieselbe zu geben. Ehrfurchtsvoll Ihr gehorsamer Br. Nivard.« (22. 2. 1899)

XIV.
Potpourri diverser Anmerkungen

Zeugnisse, Referenzen; Dokumente und Briefe von/für Mitbrüder und Verwandte

»Das höchste Denkmal, das ein Mensch bekommen kann, steht in den Herzen seiner Mitmenschen.«
Albert Schweitzer

Keines Menschen Leben lässt sich – nach Jahrzehnten oder gar Jahrhunderten gradlinig und systematisch wiedergeben. Da sind zu viele Ungewissheiten, zu viele Lücken, zu viele Ungenauigkeiten, zu viele fehlende Daten und Informationen, um eine durchgehende biografische Linie zu schaffen.

Bei Bruder Nivard wäre dies fast unmöglich: Als Mönch musste er das Schweigen beachten – auch in seinen Briefen, sofern nicht die Klosterregel davon befreite bzw. sachliche Gründe vorlagen, das strikte Schweigen zu brechen.

Weil Fachmann auf diversen Gebieten, weil vielseitig und geschickt in mehreren Handwerksberufen, weil nicht nur Architekt, sondern auch Ingenieur, weil immer wieder als »Kundschafter« ausgesandt, war es ganz natürlich, dass er sehr viel häufiger als andere Mönche zur Feder greifen musste – oder seine Obern ihn zum Verhandeln, mündlich oder schriftlich, geradezu beauftragten. So ist es auch zu erklären, dass wir eine Reihe von Dokumenten besitzen – und zahlreiche Brief- und Kartennotizen an Mitbrüder, Geschäftsleute sowie Verwandte, die, wenn auch nur spärlich, so doch gelegentlich Einblicke in sein »Seelenleben« verschaffen. Um solche »Einblicke« handelt es sich auf den folgenden Seiten.

Uns liegt – ein erstes Beispiel – das Oboedienz-Schreiben des Abtes Amandus Schölzig vor (»Literae oboedientiales«), worin – in lateinischer Sprache – Bruder Nivard bescheinigt wird, dass er zur Gründung einer »Missionsstation in Mashonaland« zusammen mit Pater Hyazinth dazu bestellt sei, alle anfallenden »Angelegenheiten« an Stelle des Abtes und im Sinne der Mönchsgemeinschaft von Mariannhill zu tätigen. Es ist, sozusagen, ein Blankoscheck – und damit ein Beweis mehr, wie sehr man ihm, Bruder Nivard, bei solchen Neugründungen vertraute.

Im gleichen Schreiben werden alle kirchlichen Obern, denen der Beauftragte (des Abtes) begegne, gebeten, wohlwollend und behilflich zu sein.

Es ging um die ersten Gründungsversuche von Triashill; mit von der Partie waren – wir erinnern uns – auch die beiden Brüder Romuald Pickel[21] und Simon Wechselberger.

Eine Episode aus dem Burenkrieg

Eine andere »Fußnote« über Bruder Nivard entnehmen wir dem Bildband »Das Trappisten-Missionskloster Mariannhill«, der 1907 in der Herder'schen Verlagsbuchhandlung erschien – »im Auftrag seiner Obern gesammelt von einem Ordenspriester«. Der im Buch nicht namentlich genannte Editor war Pater Dominikus Frey,[22] von 1901 bis 1918 Redakteur der Mariannhiller Zeitschriften (VG und mmk). Warum dieser Großband bei Herder erschien, hängt noch mit Abt Franz Pfanner zusammen; der Vorarlberger war über viele Jahre mit dem Chef des Herderhauses persönlich befreundet; er zählte diesen zu seinen Wohltätern. Der Band erschien 1907 zum Silbernen Jubiläum von Mariannhill (1882–1907).

In unserer Episode handelt es sich um ein Ereignis aus dem Jahre 1899. Also während des Burenkriegs. Anfangs hatten die Buren unter ihren Generälen Smuts, Botha und Hertzog ansehnliche Erfolge, aber später unterlagen sie den Soldaten des erfahrenen Briten General Kitchener. In Deutschland zeigte man großes Interesse am Wohl und Wehe der Buren; man sympathisierte mit ihnen – und nicht mit den Engländern. Dies zum besseren Verständnis der nun folgenden Geschichte über Bruder Nivard.

Die Buren drangen also schnell in Natal vor; so wurde die Missionsschule Maria-Ratschitz vom Mutterhaus Mariannhill abgeschnitten; der Stationsrektor, Pater Pius Kohl, war »wegen eines falschen Verdachtes« sogar ausgewiesen worden; er hat sich via Pretoria nach Mosambik durchgeschlagen, von wo er ins Monastery zurückkehrte. Sein späterer Versuch, heimlich und unbemerkt nach Ratschitz zurückzukehren, misslang. Sein Begleiter, Bruder Nivard, war offensichtlich wagemutiger und cleverer; ihm gelang es, sich der Missionsstation zu nähern. Dann fehlte jede Nachricht. Niemand wusste: Lebt er noch, oder hat man ihn als Spion aufgegriffen und erschossen? In Mariannhill und Durban liefen widersprüchliche Gerüchte um die Wette. Bis eine Zeitungsmeldung vom Abzug der Buren aus der Region um den Biggarsberg berichtete; kurz danach traf ein Telegramm von Bruder Nivard in Mariannhill ein; er lebe noch!

Und als er dann selber eintraf, wusste er gar Abenteuerliches zu erzählen: Wie er zunächst, ohne von einem einzigen Burensoldaten bemerkt zu werden, auf die Mission gelangte, dort schnell einen Habit überstülpte und sich rasch unter die verbliebenen Mitbrüder mischte. Niemand hatte mitbekommen, dass er mitten durch das englische Lager sowie durch die Vorposten der Buren geschlüpft war.

»Bald war er übrigens aufs Beste mit ihnen (den Buren) vertraut, besuchte als ehemaliger Sergeant (im heimatlichen Bayern; d.Verf.) mit größtem Interesse ihr Lager, studierte ihre Geschütze, bewunderte ihre Meisterschaft im richtigen Abschätzen der Distanz und wusste sich namentlich das Vertrauen des Generals Louis Botha in solchem Grad zu erwerben, dass ihm derselbe für die Station wiederholt in großmütigster Weise verschiedene Lebensmittel etc. zur Verfügung stellte.« (Freiburg, 73 ff.)

Sieben Monate waren die Missionare abgeschnitten vom Mutterkloster; jetzt – Dank der Geschicklichkeit des Bruder Nivard – schöpfte man wieder Hoffnung. Botha hatte dem »ehemaligen Sergeanten« aus Bayern sogar einen Reisepass ausstellen lassen; so konnte Bruder Nivard per Eselskarren nach Dundee fahren, um Mehl und andere Lebensmittel zu besorgen. Schwester Priska, von der Gemeinschaft der Mariannhiller Missionarinnen vom Kostbaren Blut, lobte später den Wagemut und den Einsatz Bruder Nivards.

Im März 1900 kam eine Wende: Die Burensoldaten flohen Hals über Kopf: einige wollten sich gar auf der Station verstecken. Es waren Iren, die sich den Buren angeschlossen hatten. Anderntags gesellten sich zwei Deutsche dazu, beide katholisch, der eine aus Krefeld, der andere aus Trier; »sie sprachen offen ihr Bedauern aus, sich den Buren angeschlossen zu haben – doch jetzt könnten sie nicht mehr zurück. Von da an kamen täglich viele Buren zu uns, an manchen Tagen 20 bis 30. Da gab es für unsere Küchenschwestern viel Arbeit ... An den Sonntagen kamen die katholischen Soldaten zum Gottesdienst in unsere Kirche: Irländer, Franzosen, Deutsche, Russen und Polen. Viele von den Deutschen waren Offiziere oder Herren vom Adel.« (s.o.)

»Am buntesten ging es in den letzten Wochen zu«, fährt Pater Frey fort. »Als gegen Ostern unser Mehlvorrat wieder zur Neige ging und auch kein Körnchen Salz mehr vorhanden war, begab sich Bruder Nivard persönlich zu Louis Botha und brachte von dem edlen, hochherzig gesinnten General zwei Säcke Mehl, je einen Sack Zucker und Salz, eine Kiste Petroleum, ferner Kerzen, Seife, Früchte, Fische, Tee usw. als hochwillkommenes Geschenk zurück. ›Ich weiß‹, ließ uns der General sagen, ›dass täglich viele meiner Soldaten zu euch kommen, und ich will nicht, dass ihr deshalb an irgend etwas darben sollt!‹ – Einige Tage später schickte er uns zwei Kisten Tee und zwei große Büchsen Fett, sodass wir nun auch unseren Kranken und Schwachen etwas Besseres bieten konnten.« (s.o.)

Während der Kar- und Osterwoche kamen zahlreiche Soldaten, auch evangelische, zu den Gottesdiensten. Etwa drei Wochen nach Ostern umzingelten die englischen Truppen das Lager der Buren, und diese mussten sich nordwärts zurückziehen. So war auch für Bruder Nivard der Weg wieder frei; am 18. Mai konnte er nach Mariannhill zurückfahren. Abermals um ein Abenteuer reicher.

Fremdenführer für den Premier-Minister
Ein Freibillett für Natal

Weltgewandt und aufgeschlossen, wie Bruder Nivard inzwischen war, und versiert und informiert, nimmt es nicht Wunder, wenn wir erfahren, dass er im März 1899 Premier-Minister Schreiner von der Kapkolonie auf seinem Rundgang durch die Lourdes-Mission begleitete. Es war am Fest Mariä Verkündigung; früh um 6 Uhr war der hohe Gast samt Beamten in einem »prächtigen, sechsspännigen Gefährt« von Kokstad kommend eingetroffen. Im eine halbe Stunde entfernten Sneezewood wurde er von Soldaten begrüßt und dann bis nach Lourdes eskortiert. Zuvor waren ihm 60 Afrikaner mit großer Fahne entgegengeritten. Von den Kirchtürmen läuteten sämtliche Glocken; die anderen Gebäude waren mit der Union Jack geschmückt. Schulkinder und Häuptlinge, Männer und Frauen, alles, was Füße hatte, war herbeigeeilt. Die Mönche hatten eine Tribüne errichtet. Der resignierte Abt Franz Pfanner war mit einer Schar von Schwestern herbeigeeilt; sie alle wurden Schreiner vorgestellt.

Nach den Begrüßungs- und Dankesreden machte der Premier einen Rundgang durch die Station – begleitet von etwa 30 englischen Farmern aus der Region. Bruder Nivard führte sie zunächst zur großen, im romanischen Stil erbauten Kirche; zu den Stallungen, Ökonomiegebäuden und Werkstätten; schließlich zur Mühle und zum Sägewerk. Schreiner war »voll des Lobes über alles, was er hier sah und hörte«. Anschließend bewegte sich die Gruppe zu den Schulen; dort erklangen auch schon muntere Lieder – mehrstimmig, zuletzt die britische Nationalhymne »God save the Queen«, die ein schwarzer Bub auf dem Harmonium begleitete.

Es folgten Gespräche des Premiers mit den Häuptlingen, mit den Farmern, mit einzelnen lokalen Persönlichkeiten. Nach dem Essen wurde noch ein Foto gemacht – und schon stand das sechsspännige Gefährt parat. Mit »vielhundertstimmigen Hurrarufen« und dem Geknatter der Peitschen endete dieser Besuch. Bruder Nivard war zufrieden und so seine Mitbrüder und die Schwestern. (Vgl. VG, 6/1899)

Im Kokstad-Advertiser war ein ausführlicher Bericht erschienen; der wurde später vom South African Catholic Magazine (IX/1899) und von der Mariannhiller Zeitschrift (VG 6/1899) übernommen.

Bruder Nivard unter prominenten Besuchern von Mariannhill

Im Originalbericht wurde Bruder Nivard als »ideal guide, full of information, always interesting, and most obliging« gelobt. Ähnliches Lob erhielten die Schwestern und Brüder von Lourdes; ihr Essen sei super gewesen, und die Dekoration der Häuser und Räume ausgezeichnet. Dann wird Mr. Schreiner zitiert: Er habe einen sehr angenehmen Tag in Lourdes erlebt; er habe nie zuvor sich etwas ähnlich Wundervolles in Lourdes-Mission vorstellen können. Einfach wunderbar, was dort geleistet worden sei. »Er lobte die Energie des Bruder Nivard, und staunte darüber, wie vieles von ihm abhänge. Nirgends sonst habe er einen Ort gefunden, der es mit Lourdes aufnehmen könne.« (K.Adv. 31.3.1899)

Eine Ehrung ganz anderer Art kam ein paar Jahre später – im November 1909. Der Minister für Eisenbahn und Seehäfen, Mr. E.M. Greene, stellte am 26.11.1909 für Bruder Nivard ein Freibillett aus – für die gesamte Natal-Eisenbahn. Der Wortlaut des in englischer Sprache verfassten Dokumentes ist folgender: »Sir, it gives me great pleasure to foward to you the enclosed free pass over the Natal Railways, available during your life-time, which Ministers have been pleased to grant you in recognition of your valuable services to the Colony in various directions, and as a slight token of their appreciation of the energy you displayed during so many years for the public good. I desire to add my personal appreciation to the above, and trust that you may long be spared to continue your good work and enjoy the facility now granted you. I have the honour to be, Sir, Your obedient servant, (gez. E.M. Greene), Minister, Railway & Harbours.« (GA)

Diese Urkunde – dieser Freipass für Natal – wurde im »Kaiserlich Deutschen Konsulat zu Durban zur Beglaubigung der Unterschrift des Ministers für Eisenbahn und Häfen« eingesehen. Die Übersetzung wurde im gleichen Büro vorgenommen und vom »Verweser des Kaiserlichen Konsulats« am 12. Dezember 1910 beglaubigt und unterschrieben. Hier die damals gemachte deutsche Fassung:

»Pietermaritzburg, den 26. November 1909.

Werter Herr!
Es gereicht mir zur besonderen Freude, Ihnen das für Lebenszeit gültige Freibillett für die Natal-Eisenbahn zu übersenden, welches die Minister Ihnen in Anbetracht Ihrer wertvollen Verdienste um die Kolonie in ver-

schiedener Hinsicht und als ein kleines Zeichen ihrer Anerkennung der von Ihnen während so vieler Jahre für das allgemeine Wohl angewandten Tatkraft mit Vergnügen gewährt haben. Zum Vorstehenden wünsche ich meine persönliche Anerkennung hinzuzufügen und hoffe, dass es Ihnen lange vergönnt sein möge, Ihre gute Tätigkeit fortzusetzen und die Ihnen nun gewährte Erleichterung zu genießen.
Ich habe die Ehre zu zeichnen als Ihr gehorsamer Diener gez. E.M. Greene, Minister für Eisenbahn & Häfen.«

Solche Ehre wurde niemandem vor und nach ihm zuteil – nicht in den Reihen der Mariannhiller Missionare; und wohl auch nicht in anderen Ordensgemeinschaften. Bruder Nivard – das beweist das Freibillett – war eine außergewöhnliche Auszeichnung überbracht worden; ein Dankeschön für seine Leistungen – auch und besonders unter den weißen Farmern und Geschäftsleuten der Region, die seine Dienste gerne in Anspruch nahmen, und auf deren Bitten er, wenn irgend möglich, auch einging. Es war sein Fachwissen, aber auch die Art, wie er mit Menschen umging, was ihn allseits beliebt und bekannt machte. Wie schrieb doch Abt Wolpert einmal? Man verehre ihn, den Bruder Nivard, wie ein »kleines Herrgöttle«!?

Der überall gebrauchte und schier allgegenwärtige Chef des Bauteams

Die Gabe der Bilokation, gleichzeitig an zwei Orten anwesend zu sein, hatte Bruder Nivard gewiss nicht. Aber sein Arbeitspensum war so gewaltig und an so vielen, oft weit auseinander liegenden Orten, dass man sich immer neu wundert, *wie* er das nur bewältigen konnte?

Aus einem Brief des Pater Isembard Leyendecker, damals Prior in Mariannhill, an Bruder Stanislaus Haselbacher, ein gebürtiger Steiermärker, über viele Jahre »Sammelbruder« für die Mönche im südlichen Afrika, geht hervor, dass auf fast allen Missionsstationen gebaut wurde. Mit anderen Worten, dass dort die Erfahrung und das fachliche Können des Bruder Nivard vonnöten waren. Pater Isembard erwähnt die neuen Glocken für die St. Josefskirche in Mariannhill

(Bruder Nivard hat sie besorgt; er war auch beim Aufstellen beteiligt!); die Landvermessungen in Keilands (mit Bruder Nivards Rat); die Probleme beim Neu-Start in Triashill in Mashonaland (Bruder Nivard plante mit) u.v.a. Dann zählt Pater Isembard auf:

»In der Mission wird gebaut wie nie zuvor:

1. Mariannhill – Kirche und Schule (St. Francis College; d.Verf.)
2. Mariathal – Kapelle
3. Ratschitz – Kirche
4. Loteni – Kapelle und Schule (neue Station)
5. Lourdes – auf einer Außenstation
6. Centocow – Schule
7. Telgte – Kirche
8. Mariazell – Schule
9. Außenstation Mariazell – Kapelle
10. Oetting – Kirche
11. St. Michael – Schule
12. Himmelberg – Schule
13. Maristella – Kirche
14. Triashill (neu) – Kapelle und Wohngebäude
15. Monte Cassino – Scheune und Stall
16. Verschiedene provisorische Lehmbauten auf Außenstationen …

Da können Sie sehen, was man für Leute braucht und dass in Mariannhill nicht gefaulenzt wird.« (CMM-Archiv, Altdorf/Schweiz) – Dieser Brief trägt das Datum vom 24.11.1908; er wurde in Mariannhill geschrieben.

Ein anderes Schreiben, von Alt-Abt Gerard Wolpert am 20.11.1910 ausgestellt, bestätigt, dass Bruder Nivard »Conversbruder mit feierlicher Profess« und in Geschäften des Klosters und der Mission nach Europa gereist sei: »Wir wünschen unserem Bruder Gottes Schutz und Segen für seine Reise und seine Arbeiten, empfehlen ihn der Hochwürdigsten Geistlichkeit sowie allen Gönnern und Freunden unserer Mission – und bitten sie, ihm etwa nötige geistliche und leibliche Hilfe gütigst gewähren zu wollen.« (GA)

Ein paar Wochen später ein ähnliches Papier, ebenfalls von Wolpert: »Wir, Fr. Gerard Wolpert, Abt und Propst des Missionsklosters

Mariannhill in Natal, Südafrika, erklären hiermit, dass Bruder Nivard (Georg) Streicher, feierlicher Professe des oben genannten Missionsklosters, im Auftrag seines rechtmäßigen Obern in Geschäften des Klosters und der Mission nach Europa reist, um nach Erledigung der ihm aufgetragenen Angelegenheiten wieder nach Mariannhill zurückzukehren.

Wir empfehlen ihn der hochw. Geistlichkeit mit der Bitte, ihm evtl. geistige und leibliche Hilfe nicht zu versagen.« (4.1.1911)

Beide Dokumente bestätigen erneut, wie selbstverständlich man Bruder Nivard wichtige Geschäfte anvertraute und dafür ihm alle Vollmachten übergab.

Er war, um es auf einen Nenner zu bringen, *der* Vertrauensmann Wolperts, wie er jahrelang es auch für Pfanner und Schölzig gewesen ist.

Hilfen für den Vielbeschäftigten und überall Benötigten

Um es Bruder Nivard leichter zu machen, um die unterschiedlichsten Bau-Projekte, vor allem auf den Außenstationen, besser zu koordinieren und, in seiner Abwesenheit, zu leiten, schrieb Wolpert ein eigenes »Monitum« (eine Art mahnende Erinnerung) für die Mitglieder der Mariannhiller Gemeinschaften im südlichen Afrika. Er tadelte jene, die bislang nicht oder kaum zur Kooperation bereit waren, und wiederholt mit Nachdruck, wie wichtig es sei, die Verordnungen einzuhalten. Publiziert wurde sein Schreiben in der »Familia« (6/1912), wo eine Zusammenstellung weiterer Verordnungen vom 17. November 1911 erfolgt war.

Die betreffende Bestimmung lautet: Alle 14 Tage einen Bericht einzusenden über die momentane Lage der jeweiligen Bauabschnitte. Außer Bruder Kassian Zengel (von Triashill) und Pater Bernhard Huss (von Keilands) habe niemand reagiert. Leider sei es die allgemeine Praxis: Wenn man von der Zentrale (Mariannhill) etwas benötige, sei man schnell im Anfordern; wenn alles glatt liefe, höre man nichts mehr. Das müsse anders werden: »Man hat wohl gedacht, dass Bruder Nivard doch bald wieder auf die Station komme, hat aber nicht bedacht, dass ein Unterlassen der verlangten Berichte nicht nur dem Obern alles erschwere, sondern auch Bruder Nivard zu mancher Reise zwinge, die andernfalls hätte vermieden werden können.«

Jeder verstehe, dass es eine schwere Aufgabe für Bruder Nivard sei, alle zugleich begonnenen Bauten zu leiten; daher solle man ihm beistehen. Weil nicht genügend Brüder zur Verfügung stünden, solle man mehr schwarze Arbeiter anstellen – zur Entlastung der Mönche.

Um diesbezüglich etwas zu erreichen, fährt Wolpert fort, »bestimme ich hiermit, dass jeder Bauhandwerksbruder, Maurer, Steinhauer, Zimmermann, Spengler, Maler etc. den verlangten 14-tägigen Bericht in Zukunft selbst schreibe und an mich oder Pater Zellerarius (den für die wirtschaftlichen Belange des Mutterklosters Zuständigen; d.Verf.) einsende. In unserer beiden Abwesenheit von Mariannhill sind diese Berichte an Bruder Nivard direkt zu senden.« (FA, 6/1912)

Von Bruder Firmus Schweimer ist uns ein kurzer Magazin-Bericht bekannt, in dem er – ähnlich wie Wolpert – auf den gesunden Hausverstand des Bruder Nivards verweist, nicht wörtlich, aber doch anhand einer Episode:

Als Schaffner von Mariazell-Mission – an der Grenze zu Lesotho gelegen – wollte Bruder Firmus den Afrikanern zeigen, wie man bessere Ernten erzielt. Er pflügte daher schon im Herbst die Felder, in der Meinung, damit Vorarbeiten für die Aussaat im Frühling getroffen zu haben. Doch der rauhe Wind wehte ihm den besten Boden weg. Als er dann nach seiner (europäischen) Art säte und pflanzte, wuchs kaum etwas, während die Felder der Schwarzen gut im Grün standen. Bruder Nivard, der gerade vorbeikam, meinte lakonisch zu Bruder Firmus: Deine Felder kennzeichnen sich dadurch, dass nichts darauf gewachsen ist! – Und beide lachten amüsiert.

Bruder Firmus meinte später: Durch das Entfernen des Unkrauts und der Maisstängel vom Vorjahr sowie des zu frühen Bearbeitens des Bodens seien seine Felder ausgetrocknet wie Asche. Die Äcker der Afrikaner hingegen waren fruchtbar, weil sie beides wachsen ließen: Unkraut und Mais – und so die Winterfeuchtigkeit erhalten konnten – zumindest etwas länger. Auch wurde weniger Humus weggeweht, weil das Unkraut den Boden festhielt.

Zwischen den beiden Brüdern Nivard und Firmus herrschte sonst große Harmonie; sie tauschten Erfahrungen aus, oft brieflich, und konnten so ihr Wissen und ihre Kenntnisse auch anderen Gemeinschaften vermitteln.

Wieder eine andere Episode handelt vom Kauf der Richmond-Mission, wobei Bruder Nivard die Hauptrolle spielte. Der Kaufpreis schien sehr hoch; daher bat man um Rat beim Abt. Per Telegramm. Wolpert sandte seinen »Vertreter«, Bruder Nivard. Der reiste sofort herbei, per Bahn, guckte sich das Stück Land an, »guckte rechts und guckte links, guckte nach vorn und nach hinten, dem Bahnhof zu und hin zur Stadt – alles in tiefem Schweigen; dann, ganz plötzlich, sagte er: Ein exzellenter Platz für die Mission! Ruhige Lage, Stadtnähe, an einer Nebenstraße, mit Anschluss an die städtische Wasserleitung, ganz in der Nähe der Eisenbahn... Das Grundstück kaufen wir!« – Pater Solanus protestierte, es sei viel zu teuer! Die Antwort lautete: »Und wenn schon. Der Platz ist wertvoll und gut gelegen. Ich fahre schnurstracks mit dem nächsten Zug nach Maritzburg zum Advokaten, um den Kauf heute noch festzunageln!« Dann lief er zum Bahnhof; der Zug stand schon abfahrtbereit; ein Pfiff des Schaffners, ein Händedruck mit Pater Solanus – und weg war er. Der Kauf wurde am 7. März 1917, am Fest des heiligen Thomas von Aquin getätigt, die Station dem hl. Josef geweiht und damit war im Handumdrehen eine Neugründung geschaffen – nicht zuletzt Dank der Weitsicht und Entschlussfreudigkeit Bruder Nivards.

Aus Briefen und Karten an seine Lieben zuhause (1)

Über Frau Anna Kreutner und Herrn Dr. Gebhard Streicher (Großnichte und Großneffe von Bruder Nivard) sind den Mariannhiller Missionaren Originalbriefe und Karten von Bruder Nivard übergeben worden; sie befinden sich heute im CMM-Archiv in Rom.

Wir beginnen mit einer Karte vom Sommer 1901 – an seinen Bruder Ludwig Streicher, damals Güter- und Brauerei-Inspektor in Langenwetzendorf, Sachsen. Bruder Nivard ist – mit Abt Gerard Wolpert – per Schiff unterwegs nach Europa. Er schreibt: »In Sansibar lag ich wieder eine Woche im Spital an sehr schwerem Fieber, habe mich aber seit einer Woche am Schiff ›Herzog‹ wieder ziemlich erholt, und so Gott will, werde ich, wenn wir in Neapel landen, auf den Beinen stehen können. Grüße mir die Deinigen, Dein Nivard.« (Aden, 26.6.1901)

Die Malaria hatte er sich in Triashill zugezogen, schon 1896, und sich erneut infiziert auf seiner Safari mit Wolpert durch Mashonaland und Deutsch-Ostafrika, dem heutigen Tansania – 1901.

Von Panningen (Niederlande) schreibt er an Pius Streicher, das fünfte Kind der Streichers aus Erding, damals Chef der Graf Moy'-schen Brauerei in Tagmersheim/Bayern. Es ist ein ausführlicher Brief:

Seit 14 Tagen liege er krank im Kloster (der Mariannhiller Schwestern; d.Verf.); abermals Malaria-Fieber. Er müsse mindestens noch zwei Wochen bleiben, um eine Kur zu machen, hoffe aber dann wieder an die Arbeit gehen zu können. Gepflegt werde er von seiner »lieben Schwester Rosa Bernardine« (das 8. Kind der Streichers; sie war 1892 ins Kloster gegangen und Lehrerin geworden; später fungierte sie als Haus-Prokuratorin und General-Ökonomin; d.Verf.), welche mich mit, ich möchte fast sagen, zuviel schwesterlicher Liebe hegt«.

Er gedenke bis Ende November in Europa zu bleiben. »Hier in Panningen habe ich neben meiner Erholung auch Pläne und Vorarbeiten für den neuen Klosterbau für unsere Schwestern auszuarbeiten.« (Panningen, 8.8.1901)

Zusammen mit Abt Gerard besuchte er im September einen Malaria-Spezialisten in Antwerpen: »Derselbe behandelt mit Erfolg alle aus dem Kongo mit Malaria zurückkehrende Belgier und hat nun eine 10-tägige Kur vorgeschrieben, um unser Blut von dem Malaria-Bazillus zu reinigen.« (Antwerpen, 1.10.1901)

Eine Woche später teilt er seinem Bruder Pius Streicher mit, er mache sich Sorgen um die Mutter, freue sich aber sehr, dass Pius sie aufgenommen habe.

Er freue sich auch, dass es Wolpert wieder besser gehe, sie seien aber beide noch in Behandlung; ihr Blut müsse noch analysiert werden. Zum Briefschluss schreibt er: »So, jetzt grüß mir die Mutter recht schön und sag ihr, wie ich mich freue, sie nochmals zu sehen, und zwar als sorgenloses Mütterchen« (Antwerpen, 7.10.1901)

Schließlich kündigt er seine Reise an – am Allerseelentag (1901) reise er über Panningen nach Münster, Düsseldorf, Köln, Würzburg und München: »Also ist es möglich, dass ich in der nächsten Woche das Grab unserer unvergesslichen Mutter besuchen werde.« (Antwerpen, 1.11.1901)

Seine Mutter, Ursula Streicher, war am 22. Oktober 1901 verstorben.

Weitere Karten schrieb Bruder Nivard aus Maria Veen, Tilburg und München. Dann folgt ein Brief an Pius Streicher: »Ehrwürdiger Vater (gemeint ist Wolpert; d.Verf.) ist zur Zeit in Wien, kommt Montag früh zurück, und Montag nachts fahren wir nach Berlin, also nach 30 Jahren genau, wieder in Berlin«. Sein (anderer) Bruder Mathias Streicher fahre mit ihnen nach Afrika, vorher noch nach Holland, um Rosl (jetzt Sr. Bernardine) zu besuchen. (Vgl. München, 1.2.1902)

Immer wieder hat Bruder Nivard in Würzburg zu tun, an der dortigen »Vertretung« der Mariannhiller Mönche. Es geht um geschäftliche Dinge, um Bestellungen für die Südafrika-Mission. Einer der Hauptlieferanten ist nach wie vor die Firma Josten in Neuss.

Weitere Informationen aus Privatbriefen an seine Lieben (2)

Im April 1902 reisen Abt Wolpert und Bruder Nivard nach Südafrika zurück, von Neapel aus. Von Sansibar schreibt er an Ludwig Streicher: »Sende Euch allen von dieser schönen Insel meine herzlichsten Grüße. Bis ich nach Natal komme, hoffe ich von Dir zu hören, aber auch von Dir, Malchen, nicht wahr? Glück – und der Segen Gottes im neuen Amte wünscht Dir Dein treuer Bruder Nivard. Ehrwürdiger Vater lässt Euch alle recht herzlich grüßen.« (Sansibar, 30.6.1902)

An Ludwig Streicher geht im August eine Karte ab, aus Mariannhill bei Durban: »Endlich glücklich im heimatlichen Hafen eingelaufen. Leider habe ich unnützes Gepäck mitgeschleppt, nämlich Malaria-Fieber. In den acht Tagen, die ich hier bin, war ich schon fünf Tage im Spital; habe zwei Fieberanfälle gehabt, hoffe aber, jetzt frei zu sein. Der großen Anna und dem kleinen ›Nannerl‹ (vermutlich das jüngste Kind von Pius und Anna; d.Verf.) meine herzlichsten Glückwünsche zum verflossenen Namenstag. Hoffe, dass Ihr alle gesund und munter seid. Werde Euch schon eine Sammlung von Fotografien schicken. Bitte, empfehle mich dem hochwürdigsten Herrn Pfarrer. Grüße mir auch den Herrn Verwalter und Herrn Lehrer!« (Mariannhill, 1. 8. 1902)

Acht Jahre später geht eine Karte an Ludwig Streicher in München – diesmal von den Viktoriafällen am Sambesi: »Bin frisch und gesund. Gott sei es gedankt. Ein wunderbares Stückchen Erde hier in Afrika! Dein Nivard.« (2.4.1910)

Bruder Nivard war mit Pater Adalbero Fleischer (dem späteren Bischof von Mariannhill) nach Rhodesien gereist; Fleischer blieb in Triashill, Bruder Nivard reiste auf dem Rückweg zu den weltberühmten Fällen, damals bereits per Bahn zu erreichen.

Auf der weiteren Rückreise nach Natal schreibt er an Pius Streicher: »Sende Dir und Anna von der Goldstadt (Johannesburg ist gemeint; die Afrikaner nennen sie Igoli; d.Verf.), die ich gründlich angesehen habe, die herzlichsten Grüße. Auch Kimberley, die Diamantenstadt, habe ich besucht.« (Johannesburg, 14.4. 1910)

Im November desselben Jahres erhält seine Nichte Therese am Portmansquare 18 in London einen Kartengruß: »Das Schiff, mit dem ich zu reisen gedenke (auf seiner nächsten Europa-Tour; d. Verf.), ist ein Schwesterschiff des Umstehenden. Hoffe, dass Du recht vergnügte Weihnachten feierst, freilich ohne den Onkel; mit ihm wäre es zu schön gewesen. Viele, viele Grüße – Nivard.« (Mariannhill, 25.11.1910) Warum schrieb er nach London? – Dort war sein Neffe Georg als Sekretär des Vizekönigs von Ägypten tätig!

Die Seereise erfolgte im Januar 1911, über Kapstadt, entlang der Westroute Afrikas. Der Kontakt zu den Nichten und Neffen reist nicht ab; er scheint sich gut mit ihnen zu verstehen. An Andreas, Sohn des Pius Streicher, richtet er einen Kartengruß aus Köln: »Vor meiner Abreise heute Abend sende ich Dir nochmals die herzlichsten Grüße und meine besten Wünsche für Deine Zukunft. Vergiss nie, dass Du ein Streicher bist!« (Köln, 7.6.1911)

Diesen Spruch (Vergiss nie, dass Du ein Streicher bist!) hatte der alte Streicher-Vater seinen Kindern mit auf den Lebensweg gegeben; Bruder Nivard wollte ihn weiterreichen an seinen Neffen – und sicher nicht ohne Intention. Ihm war daran gelegen, dass die Streichers – tüchtige und verlässliche Leute wie sie waren – auch in Zukunft dem Namen Ehre machten.

Es folgt eine Karte an Ludwig Streicher, diesmal von England aus: »Hatte eine wunderbare ruhige Fahrt über den Kanal in herrlicher Mondnacht. Ein reizender Platz hier. Bin mit Therese und Anne (seine Nichte und Schwägerin; d.Verf.) allein, möchte wohl eine Woche hier bleiben. Heute Abend nach London, 170 Kilometer. Morgen auf die See! Lebet wohl, behüt Euch Gott. Herzliche Grüße an Malchen – immer Euer Nivard.« (Hockham Hall, 9.6.1911) Darunter eigenhändige Grüße von Therese.

Wieder in Mariannhill, heißt es auf der Karte an Neffe Andreas: »Gott sei Dank, ich bin wieder in meiner alten, lieben Heimat – und wieder mitten in der Arbeit. Könnte fast glauben, ich sei gar nicht in Europa gewesen. Herzliche Grüße an Frau Mengele. Schreib mir einmal gelegentlich! Immer Dein Onkel Nivard.« (11.7.1911)

Im November folgen knappe »Glück- und Segenswünsche zum heiligen Weihnachtsfest und zum Neuen Jahr« adressiert an Ludwig Streicher. Er fügt noch hinzu: »Ich hoffe, dass das Erdinger Klima Malchen gut bekommt.« (Mariannhill, 25.11.1911)

– Wir beschließen die Serie der Briefe und Karten an die Verwandten in Deutschland mit einer Karte an Andreas Streicher: »Mein lieber Andreas! Du bist wohl immer noch in Erding? Vor einiger Zeit erhielt ich einen Gruß von Irl (Herr Irl war der Meister des Neffen; d.Verf.), welchen er auf seiner Visitenkarte an unseren Pater Sturmius geschickt hat. Pater Sturmius (Rodius) sandte mir die Karte; 14 Tage darauf starb er hier in Maria Trost. War gestern an seinem Grab … Grüße an Herrn Irl. Lass einmal hören von Dir! – Immer Dein treuer Onkel Nivard.« (Mariatrost, 30.11.1913)

Das waren Auszüge aus meist sehr knappen Kartengrüßen – über eine Zeitspanne von rund zwölf Jahren. Man darf annehmen, dass Bruder Nivard auch in den kommenden Jahren mit seinen »Lieben daheim« in regem Brief/Karten-Kontakt gestanden ist. Aber noch viel, viel umfangreicher war seine Geschäfts-Korrespondenz. Viele dieser Schreiben sind uns erhalten, weil sie ins »Kopierbuch« von Mariannhill aufgenommen wurden. Wenn gleich sie weithin »business« behandeln – mit Fabrikanten, Geschäftsleuten, Künstlern, Farmern u.dgl. – so geben sie dennoch hin und wieder auch »Persönliches« frei; weitere Pinselstriche am Gesamtporträt des Bruder Nivard. Wir werden im Folgenden uns sehr intensiv damit beschäftigen.

Festschrift

zum

25JÄHRIGEN TRAPPISTEN-JUBELFEST

des

R.R.D. Franz Pfanner

Abt des Klosters „Mariannhill"

im Auftrage

der

schwarzen Christengemeinde „Mariannhills"

und seiner

auswärtigen Stationen

gewidmet

von

Fr. Otmar.

XV.

Persönliches und Informatives aus Geschäftsbriefen

Das »Büro Nivard« war Umschlagplatz für unzählige Waren und Ideen (1)

»Achte auf diesen Tag, denn er ist das Leben. In seinem Ablauf, egal wie kurz er auch sei, liegt alle Wirklichkeit und Wahrheit des Daseins. Denn das Gestern ist ein Traum, das Morgen eine Vision. Nur das Heute, recht gelebt, macht jedes Gestern zu einem Traum voller Glück und jedes Morgen zu einer Vision voller Hoffnung!«
Aus dem Sanskrit/Indien

Bruder Nivard – klein und schmächtig von Gestalt – war riesengroß in seinen Visionen. Seine Träume reichten weit über die Mauern des Klosters hinaus; sie waren bestimmt von dem Wunsch, das Reich Gottes zu verbreiten – so wie es sein Mentor Abt Franz Pfanner es ihm vorgelebt hat.

So sind seine Bauten entstanden – Schulen, Kirchen, Krankenhäuser … – So plante er Wasserkraftwerke und Mühlen, Straßen und Brücken. Was immer er anging, was immer er entwarf – es sollte letztlich dem Evangelium dienen; es sollte Hilfsmittel sein für jene, die die Frohbotschaft kündeten.

Genau diese Haltung war es auch, die ihn tagtäglich antrieb, das »Geschäftliche« der großen Missionszentrale und ihrer Filialen voranzubringen. Einige tausend Briefe hat er im Laufe seines Lebens geschrieben. Aus den zahlreichen, die uns (im Original oder, mehrheitlich, in Kopien) erhalten sind, hat Pater Dietmar Seubert viele Dut-

zend ausgewählt. Diese liegen den folgenden Kapiteln zugrunde. Es sind erstklassige Zeugnisse der Weitsicht, der Schaffenskraft, der Energie, der Vielseitigkeit, des Fachwissens dieses »selfmademan« in der Klosterkutte namens Nivard Streicher.

Soviel vorweg. Zum besseren Verständnis der Auszüge und Zitate. In loser chronologischer Weise greifen wir Briefe aus den Jahren 1901–1904 heraus. Dass sich dabei immer wieder Ereignisse und Projekte, aber auch Lebensläufe überschneiden, ist ganz natürlich. Im Leben laufen ja auch viele »Dinge« gleichzeitig – oder parallel zueinander.

Dass im »Büro *Bruder Nivard*« Pläne und Skizzen für praktisch alle Bauten des riesigen Missionssprengels erstellt wurden – nicht nur für Kirchen und Schulen, auch für Werkhallen, Scheunen, Mühlen, Hospitäler usw. –, davon war wiederholt die Rede. Auch alle technischen Anlagen (Pumpen, Wasserleitungen, Ziegelmaschinen und ähnliche Projekte) wurden hier konzipiert, von Übersee bestellt und dann – wieder mit Hilfe des »technischen Büros« vor Ort installiert. Das Herz, die Seele dieses Büros war und blieb Bruder Nivard für viele Jahre, fachmännisch unterstützt von Bruder Otto Mäder, dem Bauzeichner.

Wie sehr man auch außerhalb des Klosters dieses Büro zu schätzen wusste, geht aus einer Kalendernotiz hervor: »Als Sir Matthew Nathan, Gouverneur von Natal, selbst ein Ingenieur, im April 1908 zum ersten Mal zu Besuch hierher (nach Mariannhill; d.Verf.) kam, verwandte er trotz der bemessenen Zeit eine halbe Stunde zur Besichtigung all dieser Entwürfe und Pläne (im Büro des Bruder Nivard;

d.Verf.) und bemerkte zum Schluss, er wolle noch einmal kommen; denn jetzt erst wisse er, was es in Mariannhill alles zu sehen gebe.« (mmk 1910)

Vom Landkauf in der Sambesi-Mission bis zur Installation von Turbinen in Natal

Nun aber zu den »Geschäftsbriefen«. Im März und April 1901 korrespondierte Bruder Nivard mit dem Jesuiten Sykes, Apostolischer Präfekt der Sambesi-Mission im heutigen Simbabwe. Es ging um den Ankauf von Land, woraus später die Monte Cassino-Mission bei Macheke geworden ist. Wir erinnern uns, Abt Wolpert und Bruder Nivard hatten zuvor einen Ortstermin. Jetzt sollte gehandelt werden, und dabei waren die Erfahrungen Sykes wichtig, vor allem im Umgang mit den Behörden. Bruder Nivard verweist in seinem Schreiben auf die »Bulawayo Estate & Trust Company Ltd.«, von der man das bereits ausgesuchte Stück Land kaufen wolle. (Vgl. Brief vom 28.3.1901, in englischer Sprache und in Salisbury/Harare geschrieben) Es geht bei den drei Briefen (die Originale befinden sich im SJ-Archiv in Harare) immer wieder um dasselbe Thema: Wie macht man den Handel perfekt? Wer vertritt Mariannhill dabei? Auf welchen Namen wird das neue Grundstück offiziell überschrieben. (Vgl. Brief Bruder Nivard vom 10.4.1901, in Umtali geschrieben)

Dabei erstaunen immer wieder die Sachkenntnisse des Mariannhillers, die er – trotz Probleme mit der Sprache – recht gut zu vermitteln weiß.

Ähnlich exakt und fachmännisch sind seine Briefe an die »South African Electric Company« in Durban; es geht um eine Turbine für Mariazell-Mission. Ein halbes Dutzend Briefe wechseln zwischen August und Oktober 1902 hin und her. Bruder Nivard macht von Anfang an klar, dass er etwas davon versteht; er erwähnt gleich im ersten Schreiben, dass er bereits 14 Turbinen installiert habe – alle in Südafrika. Und um dies quasi zu beweisen, legt er eine detaillierte Skizze bei – mit sehr ausführlicher Beschreibung seiner Pläne – wieder in englischer Sprache. Es geht um Pferdestärke, Drehungen per Minute, Lichtstärke, Schaltbrett, Kabel u.v.m. Die ausführliche Skizze (mit Zeichnung) wurde am 14.8.1902 datiert. Dabei werden exakte Maße angegeben – die Entfernung der Turbine von den Werkhallen, der Mühle, den Gärten, den Ställen etc. Die Fach-Elektriker in Durban hatten es mit einem ebenbürtigen Kenner der Materie zu tun.

Leichter tat sich Bruder Nivard, wenn es um Bestellungen in Deutschland ging; jetzt konnte er Deutsch schreiben, etwa an die Firma Voith in Heidenheim a.d.Brenz; er bestellt eine Turbine für St. Isidor-Mission; die Fundierungsarbeiten seien schon begonnen; der Wassergraben – 18 Fuß tief und 600 Fuß lang – werde noch ausgehoben. Auch habe man schon eine Ziegelmaschine bestellt – und Rohre.

So hakt er ein Thema nach dem andern ab, berichtet von den Projekten auf andern Stationen und informiert den Maschinen-Fabrikanten auch über noch möglicherweise folgende Bestellungen. Ganz am Schluss hängt er sogar eine persönliche Notiz an: Er werde immer noch periodisch von Malaria-Fieber geschüttelt, das er sich auf seiner Tour durch Mashonaland als »lästigen Begleiter« eingehandelt habe.

Er lässt Herrn Voith wissen, dass die Rechnungen über Herrn Josten in Neuss beglichen würden – und der »werten Frau Gemahlin« Grüße erwidern sowie gute Wünsche an Frau Geheimrätin Merhold ausrichten. Sein eleganter Stil und seine weltoffene Art haben ihm sicher viel Sympathie eingebracht. (Vgl. Brief vom 2.10.1902)

In einer Beilage wurde auch diese Turbinen-Anlage beschrieben. Besonders hingewiesen hat Bruder Nivard auf die Ziegel-Press-Maschine; damals wohl ein absolutes Novum auf katholischen Missionsstationen im südlichen Afrika.

Zur Mühle in Clairvaux legte er dem Schreiben an die Firma Voith ein Extrablatt bei – wieder mit genauen technischen Angaben: »Diese Mühle soll nur Mais zu Polenta-Mehl und Viehfutter verarbeiten. Als Mahlmaschine müsste entweder ein Mahlgang mit sogenannten Kunststeinen, die kein Schärfen brauchen oder eine solche mit auswechselbaren Hartguss-Mahlscheiben eingestellt werden, da es nicht möglich ist, auf dieser kleinen Station (Impendhle ist gemeint; d.Verf.) einen ›Müller‹ zu erhalten, der eine regelrechte Steinmühle schärfen und in Gang halten kann. – Mit den disponiblen sechs PS dürfte sich eine stündliche Leistung von 200 Kilo Polenta-Mehl, durch ein Sieb mit 16 Maschen per Englisch-Zoll getrieben, mit Leichtigkeit erreichen lassen.« (Anlage zum Brief, 2.10.1902)

Wohl keine andere Firma hat für Bruder Nivard und Mariannhill so viele Dienste übernommen, wie die schon mehrmals erwähnte Josten & Söhne in Neuss am Rhein. Weil Freunde und Wohltäter Pfanners, waren die Jostens praktisch immer willens, zu helfen und einzuspringen, wenn Not am Mann war, oder wenn es um Beglaubigungen gegenüber anderen Firmen ging. Es gibt zahlreiche Briefe Bruder Nivards an Herrn Josten; wir werden immer wieder darauf zurückkommen. In seinem Schreiben vom 2. Oktober 1902 geht er eingangs auf sein Malaria-Fieber ein, vor allem nachts. Tagsüber schaffe er es leidlich, bei der Arbeit zu bleiben, aber die Nächte seien schlimm; da rüttle und schüttle es ihn; er brate und dampfe – und friere. Typische Anzeichen für Fieber und Schüttelfrost!

Nach dieser persönlichen Vorbemerkung kommt er gleich zur Sache: Es geht um die Ostafrika-Mission; um Wasserpumpen, Rohrleitungen, eine Strickmaschine für die Schwestern, um Treibriemen, Gerbstoffe, Terracotta-Artikel und vieles mehr. Der Brief endet wieder mit einer persönlichen Anmerkung: »So, nun habe ich Sie aber genug gequält mit meinem Geschreibsel. Ehrwürdiger Vater Abt lässt sie alle recht herzlich grüßen und versichert, Sie fleißig beim hl. Messopfer einzuschließen. Seien Sie versichert, dass auch ich Sie mit Ihrer zahlreichen Familie stets in mein Gebet einschließe und immer gelegentlich eine hl. Kommunion für Ihr Heil und besonders das Ihrer Familie aufopfere. Bitte, mir ganz besonders die liebe Mutter zu grüßen. Mit herzlichen Grüßen an alle Ihr ergebenster in Christo Br. Nivard.« (s.o.)

Der Hinweis auf das »Aufopfern der hl. Kommunion« verweist auf die damals sehr verbreitete Praxis des »Für-einander-Betens« unter katholischen Gläubigen. Bruder Nivard war da ganz Kind seiner Zeit, seiner religiösen Erziehung. Ein Beweis mehr, wie eng er mit der Familie Josten sich verbunden fühlte – weit über das Geschäftliche hinaus.

Franz Pfanner und Dr. Heinrich Oidtmann
Zwei verwandte Seelen

Die Freundschaft Abt Franz Pfanners mit dem Arzt Dr. Heinrich Oidtmann[23], der später sich sehr für die Glasmalerei interessierte und selber Glasmalerei-Betriebe in Linnich, Berlin und Brüssel gründete, kam natürlich auch Bruder Nivard zugute. Wann immer er Kirchenfenster für die neuen Gotteshäuser in Südafrika plante, war Dr. Oidtmann sein Ansprechpartner. So im November 1902, als es um die Turmfenster der Kirche von Reichenau ging. (Vgl. Brief vom 8.11.1902)

Die Firma Oidtmann lieferte fast alle Glasfenster, meist bunte, auf den Filialen von Mariannhill, aber auch für Heilig Blut bei Aarle Rixtel in den Niederlanden und für das Studienheim der Mariannhiller (Aloysianum) in Lohr/Main bzw. für die Mariazeller Kirche – mit den sieben Sakramenten in den Apsisfenstern.

Wie sehr Dr. Oidtmann sich dem Trappistenabt von Mariannhill verbunden wusste, geht auch aus der Festschrift zum 25-jährigen Ordensjubiläum Pfanners hervor, die von Pater Otmar Groß verfasst wurde und 1888 erschienen ist.

Ein »eigentümliches Band langjähriger Freundschaft« verknüpfte die Lebenswege beider »geistesverwandten Männer«, heißt es da. Der praktische Arzt aus Linnich bei Aachen sei einmal für Pfanner eingesprungen, als dieser den angesagten Missionsvortrag nicht halten konnte.

Kennengelernt hatten sich der Abt und der Arzt schon viel früher, und zwar über die »Zeitschrift für eine naturgemäße Lebensweise«. Damals berichtete der Trappistenprior aus Bosnien über Pflanzenkost und Ernährung; der Arzt schrieb »das moderne Salzschwelgen als die Quelle der allgemeinen Trink- und Trunksucht«. Später schlossen sich beide dem internationalen »Verband der Impfgegner« an, der sich gegen die staatlich verordnete Pocken-Impfung bei Kleinkindern aussprach.

Egal, wie man heute zu solchen Ideen und Vorschlägen steht, Pfanner und Oidtmann plädierten für das »einfache Leben«; sie forderten Naturprodukte, Pflanzenkost und, wenn irgend möglich, den Verzicht auf Fleisch. Damit waren sie vielen modernen Zeitgenossen weit voraus. Besser werde es auf der Welt erst wieder, schrieb der Prior von Mariastern bei Banjaluka damals, wenn jedermann, jedefrau bei sich anfange und sich mühe, bescheidener zu leben. Nur so könne die Menschheit als ganze überleben.

Diese Haltung war vielleicht nicht ausdrücklich die des Bruder Nivard, aber er sympathisierte durchaus damit. Seine persönliche Nähe zu Pfanner gebot dies gewissermaßen. Aber das war eben nur *ein* Aspekt seines Denkens und Wirkens.

Im Alltag ging es vorwiegend um Dampfpflüge, Wasserleitungen, Turbinen, Getreide- bzw. Sägemühlen, Eisenwaren, Holzverwertung u.v.m. Kaum einer seiner Briefe, in dem wir nicht auf solche Überlegungen stoßen.

Ein Paradebeispiel ist sein Schreiben vom 22. November 1902 an Herrn Josten in Neuss: Da ist von einer Ziegelmaschine die Rede, von den verschiedenen Lehmsorten, die sich beim Backstein- und Ziegelherstellen eignen, von Treibriemen für diverse Maschinen, von Blitzableitern für den Campanile in Mariannhill, von Steinbohrern für »Basalt, Grauwacke und sehr hartem Quarz-Sandstein« und Wasserproblemen.

Dabei war er noch zusätzlich fachmännischer Berater für weiße Farmer oder städtische Behörden. Der Stadtrat von Greytown ließ sich immer wieder von Bruder Nivard beraten, wenn es um die Wasserversorgung des Städtchens ging.

In seinen Geschäftsbriefen kehren von Zeit zu Zeit Klagen und Beschwerden wieder über die importierten Waren bzw. deutliche Hinweise auf Schäden wegen schlechter Verpackung. Diesbezüglich lässt Bruder Nivard nicht locker, bis die Fabrikanten bereit sind, dafür aufzukommen.

So strikt und streng er sein konnte, wenn es um nicht korrekt gelieferte Waren ging, so leutselig und humorvoll und charmant war er Personen gegenüber, von denen er wusste, dass sie Esprit und Ironie schätzten. In seinem Brief an Fräulein Pauline Stolzenberg in Roermond/Niederlande wird dies überdeutlich. Er bedankt sich für einen Kartengruß sowie einen »drolligen Brief«; dann kommt er zur Sache. Es geht um religiöse Kunst, die im Stolzenberg-Atelier vertrieben wird: »Die Modelle (für Mutter Anna – und Sankt Josefs-Statuen; d.Verf.) sind nun in unserem (Bau-)Büro und an den Wänden aufgehangen. Ich habe wirklich große Freude daran. Eine ganz besondere Freude haben Sie mir gemacht mit der Sendung der von mir in Ihrem Atelier bewunderten Figur der schlanken Frau mit dem herrlichen Nonnen-Kopf. Die Heiligenfigur mit Schwert und Buch ist ein Meisterwerk der holländischen Schule aus bester Zeit. Die zwei anderen Figuren, die so unternehmend und fragend und dabei doch gemütlich in die schöne, weite Welt hinausblicken, sind recht gelungene Typen mittelalterlicher Holländerinnen. Ich werde unter die mit dem kecken Kopfputz ›Pauline‹ und unter die andere mit der schlichten, häuslichen Haube ›Carolina‹ schreiben. Bitte, nicht lachen!« (22.11.1902)

Dann plaudert er noch ein wenig über seine Rückreise von Europa nach Afrika, die er mit Abt Wolpert unternommen hatte; »Von Würzburg bis Neapel war mein lieber Bruder Mathias, der Bildhauer, mein Reisebegleiter. In Neapel hatten wir noch zwei Tage Zeit, um die unermesslichen Kunstschätze der klassischen Zeit sowie Pompei zu bewundern und vom Kloster Camaldoli, einem der schönsten Orte der Welt, auf Neapel und das unendliche Meer herunterzuschauen. Das Mittelmeer, der Suezkanal, das Rote Meer waren bald durchschifft, und in Aden hatten wir Gelegenheit, asiatischen Boden zu betreten. In Tanga, Deutsch-Ostafrika, gingen wir zu Fuß ins Innere, um unsere (Mariannhiller) Stationen zu besuchen; dann wieder zurück nach Sansibar, Mosambik und Beira, von dort weiter nach Rhodesien (Mashonaland), wo wir eine Station gegründet haben. Erst Ende Juli kamen wir in die liebe alte Heimat (Mariannhill).« (Brief vom 22.11.1902)

Business as usual – und doch immer wieder persönliche Anteilnahme und Fürsorge

Sein Schreiben an Herrn Josten/Neuss vom 12. Dezember 1902 beginnt Bruder Nivard so: »Ihr lieber Brief vom 4. November hat mir besonders Freude gemacht, da er mir die Nachricht von der glücklich überstandenen Operation Ihres Bruders Joseph brachte. Seien Sie versichert, dass ich völlig begreife und zu würdigen weiß, was Sie und die ganze Familie, besonders aber die liebe Frau Ihres Bruders und die gute Mutter in diesen schweren und bangen Tagen durchgemacht haben. Augenscheinlich hat der liebe Gott das Gebet der vielen ›Kleinen‹ und ›Großen‹ erhört; wir wollen ihm nun für diese gnädige und wunderbare Erhörung gebührend danken.«

Dann folgte sofort das Geschäftliche: Bestellung eines Terracotta-Kreuzwegs[24] von Villeroy & Boch und einer Strickmaschine von der Dresdner Firma Irmscher & Co., sowie der Hinweis auf eine sorgfältige Verpackung für den Übersee-Transport.

In einem anderen Schreiben, diesmal an die Firma Fendt in Marktoberdorf/Allgäu, geht es um das Uhrwerk für den Glockenturm in Mariannhill: »Ich bin nicht auf ein freischwingendes Pendel versessen. Die Hauptsache ist eine solide, dauerhafte, genau gehende Uhr. Ich erinnere mich der prächtig gearbeiteten Uhren auf den Münchner Frauentürmen und die Bewunderung, die denselben damals gezollt wurde, habe aber seitdem nichts mehr gehört, wie sich die Gangart auf die Dauer bewährt hat ...« (12.12.1902)

Weil Schlitzohr, (das er zeitlebens war) verwies Bruder Nivard sogar auf die Konkurrenz, falls man ein zu teures Angebot mache: »Ich kann Ihnen auch mitteilen, dass Sie für dieses Werk mit mehreren anderen Firmen dieser Branche in Konkurrenz sich befinden, doch hoffe ich, dass Sie als Sieger hervorgehen werden.« (s.o.)

Ob wir es Humor nennen oder eine ironisch-humorvolle Sicht der Dinge, Bruder Nivard versprühte witzige Anmerkungen nach allen Seiten. Einem Mitbruder, der sich Sorgen machte wegen des »Umzugs« der Mönche auf den Mary-Ann-Hill hinauf, schrieb er: »Die Idee, auf den Berg hinauf zu bauen, ist eine eitle Fabel. Wo der Baum hinfällt, da bleibt er liegen, heißt es in der Heiligen Schrift, und beim Trappisten: Wo er sich hinsetzt, da bleibt er hocken!« (Brief an Pater Florian Rauch, 30.1.1903)

Das war eine klare Sprache. Eines Bayern aus Erding würdig! Und so hielt er es immer. Der Praktiker hatte das Wort. Auch im folgenden Brief an Pater »Apollo« Schwamberger[25]: »Sie müssen mir schon die Situation (es handelt sich um eine nicht namentlich benannte Station in Natal) ein bisschen näher erklären, um für Ihren Neubau einen Riss (Aufriss, Bauzeichnung; d.Verf.) anzufertigen. Wenn ich recht verstehe, soll der Neubau gegenüber dem Brüderhaus, also oberhalb der Schule zu stehen kommen. Die 30-40 Fuß wären demnach die Straßenbreite zwischen den Bauten. Soll der Abort bloß für den Schaffner und Tischler sein, oder soll er Allerwelts-Abort für die Gemeinde werden? Lässt sich dieses so notwendige Übel nicht bergab vom Brüderhaus anbringen, ein wenig im Gebüsch versteckt? Machen

Sie mir eine kleine Skizze von der Situation und geben Sie mir an, wie viel Gefälle der Boden hat, etwa auf 50 Fuß Länge. – Der Schaffner wird wohl oben an der Straße seine Bude haben wollen. In der Tischlerei soll auch auf einen ½ oder ¾ Oberboden Rücksicht genommen werden, um Holz aufzubewahren. Aborte müssten auf der unteren Stirnseite des Neubaus angebracht werden. – So, nun lassen Sie ihre Ansicht hören. – In der Liebe des Herrn Ihr ergebenster Br. Nivard.« (30.1.1903)

Ganz »Nivard, der Praktiker« spricht aus dem Schreiben an die bereits erwähnte Uhrenfabrik Fendt im Allgäu; es geht um die Verpackung: Man möge das Uhrwerk gut zerlegen, »alle blanken Stahlteile gut eingefettet in eine verlötete Blechkiste packen – wegen der ätzenden Seeluft! Und die Zifferblätter gut trocken werden lassen, damit nicht das Packmaterial an der Farbe hängen bleibt.« (Vgl. Brief vom 21.2.1903)

Anders wieder an Pater Sales Esser, damals Rektor der Reichenau-Mission. Der hatte dem Bruder Nivard offensichtlich eine gewisse Selbstherrlichkeit oder gar zaristische Methoden vorgeworfen. Zu sehr fordernd und bestimmend! Das ließ der Erdinger Schreinergeselle nicht auf sich sitzen; er konterte gekonnt und mit Sarkasmus. Sein nur wenige Zeilen umfassendes Briefchen war überschrieben mit der Orts- und Datumsangabe: »Moscau Kremlin, Febr. 28 th 1903.« Dann die Nummerierung des Zarenerlasses: »*Ukas* No. 267/319. Sintemalen Reichenau nicht in Russland liegt, in Reichenau auch keine Russen, sondern ganz gewöhnliche Menschen leben, sieht es der Beherrscher (nicht ›Selbstherrscher‹, das ist einfältig) aller Reußen infradig (unter seiner Würde; d.Verf.) an, sich in die Landesangelegenheiten eines kleinstaatlichen Potentaten zu mischen. Es ist dem Beherrscher aller Reußen auch wurscht, wie irgend ein Tetrach (gemeint ist Pater Sales; d.Verf.) sich seinen Marstall einrichtet. – Der Tsar Nivard I.«

Ähnliche Anmerkungen, nicht gerade süffisant, aber doch gewürzt mit sarkastischen Beigaben, finden sich auch in einem Brief an die Schwester Oberin, Mutter Paula Emons in Heilig Blut. Nur mit dem Unterschied: Die Schwestern schätzten den Eifer des Bruder Nivard sehr, vor allem in der Auf- und Ausbau-Periode Anfang des 20. Jahrhunderts. Wenn immer sie fachmännische Auskunft brauchten, war er zur Stelle – beim Errichten der Gebäude, der Wasserleitung, der Räucherkammer, des Stalles, der Göpelpumpe usw. Hinzu kommt, dass Bruder Nivard eigentlich seiner leiblichen Schwester, jetzt Sr. Bernardine, schrieb, denn sie war als Ökonomin für das Geschäftliche der neuen Niederlassung in den Niederlanden mitverantwortlich. So erklärt sich sein Wortspiel mit der klösterlichen »Hühnerleiter« – natürlich ein ironischer Seitenhieb auf seine Schwester, die Nonne, und deren Mitschwestern: »Als Herr Koken seinerzeit schrieb, dass man vom Oratorium (Betsaal) nach dem Gesang/Chor eine Treppe wünschte, schrieb ich ihm, es wird ein Kunststück sein, in das kleine Oratorium eine Treppe einzubringen und von dort noch etwas übrig zu lassen, und meinte, es werde eine Hühnerleiter geben. Ich sehe nun zu meinem tiefen Bedauern, dass der Ausdruck Hühnerleiter nicht gut gewählt war; ich hätte Froschleiter sagen sollen, weil ich mich nun ganz gut erinnere, dass Bernardine, eine Schwester des bösen Br. Nivard, ihre Zöglinge in der Gesangsstunde mit Fröschen verglich, und man bei uns den Laubfröschen im Wetterglas eine kleine Leiter hinstellt. Also von nun an: Froschleiter, nicht wahr?« (4.3.1903)

Am Ende des Briefes folgen noch ein paar persönliche Worte: Er bedankt sich für die Namenstagsgrüße; er selber sei, Gott sei Dank, immer noch »frisch und gesund«; er wisse kaum, »wo raus und wo rein, vor lauter Arbeit«.

Dann bittet er die Schwestern um ihr Gebet: »Ganz Panningen bete hie und da ein Ave Maria für mich, dass mir die Geduld nicht ausgeht. Heute bilde ich mir ein, eine Geduldsprobe abgelegt zu haben mit diesem Brief. Unter herzlichen Grüßen im hl. Herzen Jesu Ihr ergebenster Br. Nivard.«

Humorvolle Zwischenrufe – bei allem Ernst des Geschäftlichen

Sein Brief an Pater Willibald Wanger, Rektor von Lourdes-Mission, handelt von einem Kochherd. Man kam damit nicht zurecht; Bruder Nivard sollte helfen. Seine Antwort auf den Hilferuf: »Der Kochherd im Maritzburger Sanatorium kommt aus Frankreich von einer Spezialfirma, deren Name ich vergessen habe. Zuerst wurde ein großer englischer Herd aufgestellt, der sich als völlig nutzlos erwies. Dann kam der riesige französische, mit dem kein Mensch in Natal etwas anzufangen wusste. 14 Tage haben die Maurer daran aufgestellt; dann war das ganze Sanatorium eine Räucherkammer. Der Architekt bat mich, die Sache in die Hand zu nehmen, nachdem alle Feuer- und Wassertechniker ihre Kunst vergeblich probiert (hatten). Ich ließ einen 42 Fuß hohen Kamin bauen, macht 18″ und 20″ Unterzüge und habe seitdem keine Klagen mehr gehört. Der Herd dürfte über 2 000 (franz.) Franken gekostet haben, und bei dem langen, komplizierten Rauchweg nützt ein Kamin unter 40 Fuß nichts. Der Herd mit dem vielen ornamentierten Kupfer- und Messingzeug macht einen imposanten Eindruck, aber ich bin überzeugt, dass unsere Schwestern in Mariannhill mit dem viel einfacheren Herd leichter arbeiten. – Ich habe seinerzeit mild protestiert, als ich hörte, dass man einen Durban-Herd nach Lourdes schicke, aber vergebens. Es hieß einfach, der Herr von Lourdes (wohl der Spitzname des Pater Wanger; d.Verf.) will es so, und der Abt hat's genehmigt. Fertig! Ich hoffte auf ein Wunder der Vorsehung, und nun ist's halt gegangen, wie es gewöhnlich geht (d.h. der Herd funktioniert nicht; d.Verf.). In dieser Zeit wäre ein guter Herd von Europa gekommen.« (10.3.1903)

Ein anderes Thema im Brief an Bruder Johannes Obert ist die »neueinzurichtende Glasmalerei« in Mariannhill: »Es ist nun an der Zeit, dass wir die gewöhnlichen Kirchenfenster selbst machen. Sie kommen doch bedeutend billiger als die in Europa angefertigten. Natürlich gibt es keine eigentliche Glasmalerei, sondern nur eine sogenannte Bleiglaserei in farbigem und schlichtem Kathedralglas. Wenn wir dann einmal eine gehörige Fertigkeit im Bleiglasen haben, dann soll schon auch an die Malerei gedacht werden. Bruder Otto Mäder (aus dem Baubüro Bruder Nivards; d.Verf.) ist ein gelernter Glasmaler, aber kein Bleiglaser, und deshalb müssen wir an diesem Ende anfangen. Wir haben von der Glashütte Zwiesel im Bayerischen Wald eine Probesendung von Glas verlangt – und von zwei anderen Fabriken Mustergläser angefordert.« (10.3.1903)

Wieder und wieder überrascht die Vielseitigkeit des Bruder Nivard. Jetzt also soll auch noch die Glasmalerei vor Ort betrieben werden.

Aber dazu ist es nicht gekommen, wie wir aus späteren Dokumenten wissen[26]. Vorerst handeln seine Geschäftsbriefe noch mit der Beschaffung von Pumpen, Heiligenstatuen, Turmuhren, Glockenstühlen, Betondecken, Waschküchen, Kruzifixen, Kreuzwegstationen, Werkzeugen u. dgl. mehr.

An Pater Bernhard Huss (den weit über Südafrika hinaus berühmten Sozialreformer) schreibt er am 5. Juni 1903: »Mein lieber Pater Bernhard! Drei Tanks, die ich von innen und außen gut anstreichen ließ, stehen zum Absenden bereit. Hahnen mit Schließvorrichtung werden mit denselben abgeschickt werden. Den Tabernakel zum großen Altar werden die Schwestern mit Seide und Goldborten ausschlagen und mit Vorhängen versehen. Die Kisten zum Verpacken der Altäre sind nun gemacht und werden selbe hoffentlich bald abgehen können, von mir aus, sobald der Tabernakel bei den Schwestern fertig ist.«

Huss, damals noch unbekannt, war Rektor von Hardenberg. Bruder Nivard kannte ihn von Mariannhill her, wo er (Huss) Theologie studiert hatte und 1900 zum Priester geweiht worden war.

Er fährt in seinem Brief fort: »Wenn Bruder Oswald Jäger (Zimmermann und Wagner; d.Verf.) die Orgelbühne aufrichten wird, dann muss er wohl eine Hobelbank haben. Im neuen Trappistenhaus ist ja ein Plätzchen dafür – unter der oberen Veranda – vorgesehen. Bringt er von Lourdes keine mit, dann werde ich sehen, hier in Mariannhill eine loszubekommen. Auf den Altarstein ist im neuen Altar Rücksicht genommen. Für den Seitenaltar ist kein Stein vorgesehen; man kann aber einen solchen nachträglich einsetzen. Die Marienstatue müsste wohl von Europa kommen – und sollte dann doch zur Herz-Jesu-Statue stimmen – Um ein Memento bittend bin ich im hl. Herzen Jesu Ihr ergebenster Br. Nivard.«

Am gleichen Tag, dem 5. Juni 1903, ging ein langes Schreiben an Schwester Paula in Heilig Blut/Niederlande – über Schlösser, Decken, Räucherkammer, Waschküche, Tonröhren, Brunnen und Wasserleitungen. Wenn es um Wasser gehe, sei er gar nicht knauserig, nein, er würde »keine Kosten scheuen, fürs Kloster ein gutes, gesundes Wasser zu beschaffen; die Gesundheit des ganzen Hauses hängt vom Wasser ab.«

Im Anschluss daran gibt er Tips für die Brunnenbohrung; man müsse das »brackische Oberwasser« vorsichtig absenken; denn erst unter zehn Meter gelange man an besseres. Dann erwähnt er die Möglichkeit, den Motor für die Pumpe vielleicht auch zum Häckseln oder Rübenschnitzeln zu verwenden: »Es wird ja sehr bequem sein, wenn man überall die Wasserleitung im Haus hat, aber das Wasserpumpen mit dem Pferdegöpel wird manchmal recht lästig werden, wenn man das Pferd zu anderen Arbeiten brauchen möchte.«

Einen Monat später geht ein langer Brief an Bruder Felician; diesmal sind es bautechnische Themen. Und das Richtfest des Campanile in Mariannhill: Er, Bruder Nivard, habe es so eingerichtet, dass nachmittags um 3 Uhr alle Zimmerleute, Maurer, Spengler samt Maurerbuben – 16 an der Zahl – nach oben stiegen. Der Gärtnerbruder hatte einen Korb Orangen, Bananen und Ananas bereitgestellt; die Schwestern Bier; dazu gab's Schwarzbrot und Käse; »droben in den Lüften knallten Pfropfen, und die armen Schlucker unten auf der dürren Erde reckten die Hälse. Aber es fiel nichts ab als die feuchten Pfropfen ... Da oben waren wir unter uns, ungestört. Natürlich fing die Feier mit einem gemeinsamen kräftigen Gebet zum hl. Josef an, wozu die ganze Gesellschaft im Kreise kniete. Mit erhebenden Worten des Vater Abtes und einem donnernden dreimaligen ›Hipp Hipp Hurrah‹ schloss das Gelage vor dem Vesperläuten ...« (4.7.1903)

In einem kurzen Schreiben an Bruder Stanislaus Haselbacher (er war neben Bruder Zacharias Vogt der wohl bekannteste und erfolgreichste Sammelbruder in Deutschland, Österreich und in der Schweiz) erwähnt Bruder Nivard die »neue Ziegelfabrikation«; der Lehm werde »unterirdisch per Bahn zu- und die fertigen Ziegel ebenso abgeführt«. Wieder eine Errungenschaft, zu der der Chef des Bauteams maßgeblich beigetragen hatte! (17.7.1903)

Mit gleichem Datum bestellte er beim Verlag Jänecke in Hannover einen »Leitfaden für das isometrische Zeichnen« und bei einem Herrn Pankoke in Berlin einen Glasschneideapparat. Dieses Instrument werde zum »Schneiden von Zwieseler Kathedral- und Antikglas gebraucht«.

Zwei Wochen später schreibt er an Schwester Paula in den Niederlanden, er sei über Abt Franz immer auf dem Laufenden, was die Bautätigkeit in Heilig Blut betreffe. Er freue sich, dass das Haus in Panningen verkauft worden sei – nur, und hier meldet sich wieder das

Schlitzohr aus Erdingen: »Was fangen Sie denn mit all dem vielen Geld an?«

Etwas später wird er gar sarkastisch beim Stichwort Waschküche; er frotzelt über den Abt von Ölenberg, der wohl von Gerard Wolpert gebeten worden war, in Heilig Blut beratend zur Seite zu stehen: Wenn der hohe Herr komme, dann solle Sr. Paula »große Wäsche anrichten und den Herrn in die Waschküche führen, wenn alles kocht und dampft und brodelt, sodass man einander nicht sieht. Veranlassen Sie ihn dann, einen längeren Vortrag in der Waschküche zu halten; vielleicht sieht er dann ein, was für einen guten Rat er gegeben.«

Am Briefende wird er abermals ironisch, diesmal nimmt er die gute Schwester Paula auf den Arm: »Wenn das Bauen Sie halb wild gemacht und Sie jetzt noch besser zanken und streiten können wie früher, dann rate ich dringend, dass Sie ein Jährchen strammes Noviziat durchmachen, wenn der Bau vollendet. Sonst helfe Gott den armen Schwestern! – Von Bethlehem nach Gethsemani sind Sie ja schon gekommen; bis alles fertig, kommt auch noch ein Stück Kalvarienberg; dann aber kommt Ostern. Halleluja! – Herzliche Grüße an meine Moeder Baptista und Bernardine. Um ein Ave bittend Ihr in Christo ergebenster Br. Nivard.« (30.7.1903)

Fürwahr, ein Schelm in der Kutte! Aber ein liebenswerter – bei allen Stacheln, die er zuweilen zeigt. Es war wohl sein »sonniges Gemüt«, sein bayerischer Humor, sein gesunder Hausverstand – aber auch seine Fähigkeit, los-zulassen und »die Dinge dieser Welt« mit ein wenig Abstand von sich selber zu sehen. Kein Wunder, dass man ihn, das »kleine Herrgöttle«, überall schätzte!

Brief-Berichte für Mitbrüder und Geschäftsleute in Übersee

Dem Bruder Meinrad Immler (an der Mariannhiller Vertretung in Köln) dankt Bruder Nivard für die übersandte »Ziegelmacher-Zeitung« und erzählt dann: »Mit unserer Ziegelei sind wir nun fest im Gange, und Sie würden sich sicher freuen, wenn Sie die prächtigen Ziegel sehen würden, die wir aus demselben Lehm herausmachen, aus dem der alte Meier (wahrscheinlich ein deutscher Siedler in Südafrika; d. Verf.) so viele Jahre so schlechte Ziegel geliefert hat. Freilich war es auch eine riesige Arbeit, mit unseren Leuten eine richtige Ziegelei einzurichten. Nun aber geht es wie am Schnürchen. Die Maschine ist auf den Boden der Lehmgrube gesetzt; der Lehm wird per Rollbahn angefahren. Die fertigen Ziegel gehen auch per zweigleisiger Schiefbahn mit Seilbetrieb nach dem Trockenplatz, und auf diesem können 140000 Ziegel gesetzt werden. – Eben sind wir daran, einen permanenten Ofen mit sieben Schürlöchern und eisernen Türen, Rost und Aschenlöchern zu bauen. Der Ofen wird 75000 Ziegel fassen und mit Blech eingedeckt; auf der Schürlochseite befinden sich eine Veranda, um auch bei schlechtem Wetter heizen zu können ...« (27.8.1903) Schließlich bestellt Bruder Nivard noch ein Lehrbuch für Ziegeleibetriebe; er bittet Bruder Meinrad, es ihm zu besorgen.

Wie fachmännisch die Brüder von Mariannhill beim Ziegelbrennen vorgingen, erfahren wir aus einer Magazin-Notiz: »Nachdem es unserem Bruder Servulus Dütsch von Zapfendorf (Oberfranken), einem Autodidakten in seinem Fach, gelungen war, in seiner Ziegelei nicht nur tadellose Ziegelsteine in den mannigfachsten Formen herzustellen, sondern auch Drainier-Rohre, Hohlziegel, Deckensteine, Platten für Bodenbelag und Wandbekleidung usw., wagte er sich auch an die Töpferei.« (VG 1908)

Bruder Nivard, der in einer Buch-Illustration, die 1903 in Köln erschienen ist, als »Kanzler von drei Äbten« vorgestellt wurde, machte sich nie etwas aus Titeln und Ämtern; mit seinen Mitbrüdern verkehrte er auf kollegiale Weise, und zu den Geschäftsleuten in Übersee hatte er durch die Bank einen guten Draht. Allen voran zu Herrn Josten in Neuss. Ihm dankt er immer wieder für seine Mühen, erkundigt sich nach den familiären Verhältnissen Jostens und plaudert auch schon mal aus der Schule: »Ich habe vor 14 Tagen mit einem unbändigen Gaul auf der Reise ein Manöver gehabt, bei dem ich ›second best‹ (als zweiter Sieger, ironisch verstanden; d.Verf.) weggekommen bin, nämlich mit verbogenen Rippen und gequetschter Lunge. Mit verpflasterter Seite und einbandagiertem Brustkasten kann ich meiner Arbeit bei Tage nachgehen; nachts halte ich mich im Spital auf.« (2.10.1903)

Ja, er geht sogar – bei ihm sehr selten – auf die Tagespolitik in Deutschland ein: »Die sozial-demokratische Dämmerung hat sich diesmal zu einem hellen Morgenrot entwickelt. Wer kann diese Strömung noch aufhalten? Der Staat nicht; wohl aber die Kirche, wenn sie volle Freiheit hat. 25000 katholische Arbeiter in Köln – das kann nur die katholische Kirche ins Feld stellen!« – Und gleich daran angefügt ein kurzer Blick auf die Lage in Südafrika: »Mit der Hungersnot war es wegen der letzten Missernte schon recht schlimm. Wir mussten Mais aufkaufen (für 2000,– Pfund), meistens aus Amerika, um unsere Leute am Leben zu erhalten. Wenn aber jetzt die Dürre noch lange anhält, dann wissen wir wirklich nicht, was anfangen, wenn der liebe Gott nicht eingreift und hilft.« (s.o.)

Ein halbes Jahr später, wieder in einem Schreiben an Herrn Josten, erläutert der Fach-Ingenieur Bruder Nivard: »Eine Maximalleistung der Pumpe von 6000 Liter per Stunde ist genügend – eine No. 6-Pumpe, da diese bei 20 Meter Förderhöhe 6875 Liter per Stunde leisten soll – laut Tabelle. Reibung in der Druckleitung wird die natürliche Förderhöhe von 51 Fuß auf etwa 62 bringen = 19 Meter … – Ich frage an, ob die Maschine ohne große Anstrengung und Nachhilfe von Hand selbst anläuft mit der vollen Wassersäule gegen die Kolben. Oder ist es angezeigt, einen Ablasshahn der Pumpe in die Druckleitung einzuschalten, um den Anfangsdruck auf die Kolben zu vermindern? Auch wäre es angezeigt, Pumpe und Druckleitung bei strenger Kälte zu entleeren, um einem Einfrieren vorzubeugen. Bequemer Anschluss für zweizöllige englische Rohre an Saug- und Druckleitung ist vorzusehen. Zum Bewässern der niedriger gelegenen Grundstücke wird man an die Druckleitung an geeigneter Stelle zwei Ausläufe anbringen, sodass die Pumpe manchmal nur mit etwas über der halben normalen Förderhöhe wird zu arbeiten haben. Saugkorb mit Fußventil soll mitgeliefert werden, ebenso genügend Reserveteile, Schmiere, Packungsmaterial etc. Für den Fall, dass vom Schwungrad aus eine kleine Schrotmühle betrieben werden soll, kann dann die Pumpe nur als Circulationspumpe verwendet werden? Genaue Anweisungen über Ingangsetzung und Betrieb werden wohl folgen!?« (25.6.1904)

Diese Pumpe war für die Dominikanerinnen in New Castle bestimmt; daher wohl auch die eindringliche Bitte an Herrn Josten, sehr genaue und klare Anleitungen mitzuschicken.

Auch der nächste Brief macht deutlich, dass Bruder Nivard von Schwesterngemeinschaften in Südafrika gerne in Anspruch genommen und zu Rate gezogen wurde. Diesmal waren es die Menzinger Kreuzschwestern.

Er war gebeten worden, einen Plan für einen Konvent in Aliwal North zu entwerfen. Er musste die Bitte zurückweisen, denn »die Bauaufträge für Mariannhill und seine Stationen, die mir Vater Abt vor seiner Reise nach Europa hinterlassen hat, füllen jede Stunde meiner Arbeitszeit auf Jahre hinaus ... Zur Zeit habe ich noch die Bauten auf zehn Stationen zu leiten, und zu allen diesen Arbeiten steht mir nur ein wenig oder gar kein ausgebildetes Personal zur Verfügung. Wo Vater Abt zwei Baubrüder hernehmen will, um Ihren Convent zu bauen, ist mir ein Rätsel.« (7. 5. 1904)

Bruder Nivard lässt aber noch ein Hintertürchen offen: Falls Vater Abt (es ist Gerard Wolpert) ihn anderweitig entlaste und ihm die notwendige Zeit gebe, würde er »mit größtem Vergnügen« sich an die Arbeit machen; er habe ja erst vor drei Jahren in Holland den Plan für ein ganz neues Noviziatshaus für die Mariannhiller Schwestern ausgearbeitet.

Ähnliche Anfragen kamen von anderen Klosterfrauen im südlichen Afrika. Bruder Nivard hat in späteren Jahren mehrere Schwesternkonvente gebaut.

XVI.

In Briefkontakt mit Mitbrüdern, Schwestern und dem Alt-Abt

Der Chef des Bau-Büros
Umschlageplatz für Waren und Ideen (2)

»Wer das Boot mit nur einem Ruder bewegt, läuft Gefahr, sich im Kreis zu drehen; nur um sich selber. Zwei Ruder hingegen vermitteln den Fortgang der Bewegung. So benötigt der Mensch beides – Beten und Arbeiten. Dass er Gott um seinen Segen bittet, selber aber tut, was nur er tun kann.«
Ludwig Treblada

Bruder Nivard, der Briefschreiber – so könnte ein Buchtitel über diesen eifrigen, intelligenten und gerne spöttelnd-frotzelnden Mönch von Mariannhill lauten. Wie schon erwähnt, liegen uns unzählige Brieftexte (aus den Kopierbüchern seines Baubüros) vor. Nur wenige können hier berücksichtigt werden. Was auffällt: Seine Handschrift, wörtlich genommen, aber auch im übertragenen Sinn, wird über seine Briefe auch an andere Missionare weitergereicht – und somit mitbestimmend. Die wirtschaftlichen Entwicklungen ganzer Regionen werden von ihm mitbeeinflusst, vor allem natürlich die Architektur und das technische Know-how.

In einem Schreiben an die Dominikanerinnen in Lenonton teilt er mit, dass er in Bälde nach New Castle komme, »um zu sehen, ob sich die Wasserversorgungs-Frage auf der dortigen Farm lösen lässt«. (1.6.1904)

Aus weiteren, späteren Briefen wissen wir, dass Bruder Nivard die Konvente von New Castle, Lenonton, Kokstad und Bocksburg – alle in Südafrika gelegen – bis zu seinem Weggang aus Mariannhill (1922) mit Rat und Tat unterstützt hat. Ihm war es ein echtes Anliegen, gerade den zuweilen in technischen und architektonischen Fragen eher unerfahrenen Nonnen beizustehen. Er tat es gern – und mit Sachverstand, obgleich es für ihn immer auch ein Zeit-Problem war, manchmal auch eines der Entfernung. Zum Glück liegen New Castle und Lenonton nicht allzu weit von der von Mariannhiller Mönchen betreuten Missionsstation Maria Ratschitz entfernt – mag Bruder Nivard dankbar festgestellt haben.

Über die neue Kirche in Ratschitz schreibt er an Bruder Avellinus Riedl, dem Schaffner der Station, er habe das Gotteshaus dort schon vor zehn Jahren bauen wollen, aber es habe sich niemand gefunden, der bereit war, Ziegelsteine zu brennen, und weil Backsteine dort so rar seien, habe er alles entsprechend kleiner geplant. »Zaubern Sie 250 000 Ziegel her, dann bauen wir eine Kirche!« (1. 6. 1904)

Zwei Tage später beschreibt er das Bauprogramm der geplanten Schule in Hardenberg, wo Pater Huss arbeitet: »Für die gesamte Anlage werden die Fundamente hergestellt und so hoch aufgemauert, als man ohne Gerüst reichen kann. – Dann wird der östliche Flügel allein unter Dach gebracht, eventuell fix und fertig gearbeitet; dann haben Sie *eine* der Schulen und auch eine Unterkunft. – Anschließend wird der westliche Flügel ebenso überdacht und wenigstens außen fertig gemacht. – Zuletzt sind dann noch die zwei Mauern für den Mittelsaal aufzuführen ... – Auf diese Art braucht man Gerüstholz nur für einen Flügel, kann es von einem zum andern nehmen und hat schnell wenigstens *eine* Schule. Fenster und Türen, Gebälk, Boden- und Dachholz wird zur rechten Zeit von hier abgehen ...« (3. 6. 1904)

Mit gleichem Datum geht ein Brief an Pater Solanus Peterek in Himmelberg-Mission. Darin kritisiert Bruder Nivard unverhüllt einen weniger eifrigen Mitbruder: »Unser Schmied, Bruder Theobald Ebers, hat sich das Ellenbogenbein zersplittert und ist seit vier Wochen – und noch für manche Woche dazu – arbeitsunfähig. Darum keine Lehmmühle! Bruder Simpert Mainka (er ist übrigens ein halbes Jahr später wieder ausgetreten; d. Verf.) hat es sich in den Kopf gesetzt, in der Wagnerei zu spielen und zu tändeln, anstatt in der Schmiede zu arbeiten.« (3. 6. 1904)

In den folgenden Wochen folgt ein Brief an Bruder Meinrad Immler in Köln; darin bedankt sich Bruder Nivard für den »Mönch von Heisterbach«; ein Motiv aus der Volkssage; eine fromme Legende aus dem Zisterzienserkloster im Siebengebirge – unweit von Köln. Der Heisterbacher Mönch war durch den Gesang der Vögel »entrückt« worden, hatte 100 Jahre verschlafen – und fand dann sein Kloster total verändert wieder! Daher die Anmerkung Bruder Nivards: »Ich fürchte, es wird Ihnen auch so ergehen, wenn Sie einmal wieder nach Mariannhill kommen; Sie werden nicht nur die Leute nicht mehr erkennen, sondern auch das Haus.« (30.7.1904) – Er schließt seinen Brief mit dem Hinweis, dass die »Zieglerzeitung« unregelmäßig ankomme; vier Nummern fehlten. Ob Bruder Meinrad diese nachbestellen könne?

Sehr sachlich, schon mit dem ersten Wort auf den Punkt gebracht, beginnt ein Brief an Bruder Deodat Amberg: »Türkegel und Bänder sind fertig geschmiedet, und die Türeisen werden nächste Woche fertig. Dann kann alles mit abgeschickt werden. Einen Vorschlaghammer werde ich mitschicken. Ob man in Mariatrost eine Schmiede einrichten soll, will ich nicht entscheiden. In Oetting liegt ein Haufen Schmiedezeug; das verkommt und verschleppt wird. Wenn Aussicht besteht, dass der Schmied dort bleibt, dann hätte ich persönlich nichts dagegen. Denn wenn man in Maristella einmal zu bauen anfängt, muss wohl am einen oder anderen Ort so etwas wie eine Schmiede sein. Schreiben Sie ein Inventar, was in der ›Schmiede‹ vorhanden ist; dann werde ich schon sehen, was man von hier alles ergänzen kann. Eisen haben wir jetzt genug von Europa, und wenn Sie eine verständige Bestellung machen, werde ich gewiss mein Wort einlegen, dass selbe ausgeführt wird.« (5.8.1904)

Schereneisen, Steinschnitte und Schraubstöcke

Die Korrespondenz des Bruder Nivard – egal an wen sie gerichtet ist – handelt fast immer auch von Werkzeugen und Maschinen; oder von Anweisungen, wie man diese bediene. In seinem Brief an Pater Bernhard Huss legt er »Maße und Schnitte für Fenster und Türen« bei.

Für den Schulbau: »Die Steinschnitte sind schraffiert; das Holz ist gelb angelegt. Bei den Fensterbänken soll innen ein kleiner Anschlag oder eine Falz gelassen werden, damit kein Wasser unter der Fensterschwelle eindringen kann. Oben ließe ich das Holz mehr vorstehen, damit der Fenstersturz nicht so weit ausgearbeitet werden muss. Die Maße der Schulfenster sind dem beiliegenden Muster entnommen, und die übrigen Fenster und Türen werden genau nach den eingeschriebenen Maßen angefertigt. Also das Maß einhalten! Die zwei Türen zu den Treppen werden wie die anderen im Maß, nur richte ich selbe nach außen zum Aufgehen. – Schereneisen zum Anschrauben der Türstöcke soll man in Mariazell-Mission herstellen. Also 13 Fenster für die Schulsäle, acht Fenster mit Scheiben und zwei Flügel für Lehrer-Zimmer, Küche und Schlafsäle, sechs ebenso breite, aber nur zwei Scheiben hoch für die Schlafräume – und zwar an den Außenmauern! Nach innen, gegen den Mittelbau zu, keine Fenster im Kniestock…« (5.8.1904)

Das Gebälk und Dachholz werde in Lourdes-Mission bestellt; der »Großmogul'« (gemeint ist Pater Wanger; der Rektor von Lourdes) werde schon ein paar Brosamen für das »ärmere Hardenberg« übrig haben…

Am folgenden Tag schreibt Bruder Nivard an Bruder Stanislaus Haselbacher in Linz/Donau: Wenn er mal nach Osseg in Nordböhmen komme, möge er das böhmische Maria Ratschitz besuchen; dort lebten namhafte Wohltäter der Mariannhiller Mönche; auch die Zisterzienser von Osseg seien sehr hilfreich gewesen.

Jetzt, so fährt er fort, seien »drei Priester von uns in Europa«, aber keiner rühre sich; Mäuschenstille! Also möge er, Bruder Stanislaus, sich melden. »Mir wächst hier auch kein Gras zwischen den Füßen.« Er meint, er selber müsse sich auch gehörig rühren; zum Ausruhen keine Zeit! Dann folgt die mitbrüderliche Aufforderung – auf Bayerisch: »Scheniren' ena net, wenn's nach Erding kommen!« (Seien Sie nicht schüchtern, wenn Sie nach Erding kommen! In die Heimat Bruder Nivards). Er möge, so ermahnt er, ohne es auszusprechen, seine Verwandten besuchen. 6.8.1904)

Ein ganz anderes Thema bespricht er mit Bruder Avellinus Riedl, damals Schaffner in Ratschitz-Mission: »Es ist gut, wenn Sie tüchtig Lehm vorgraben lassen, damit er auswintern kann. Nun möchte ich aber eine Probe (dieses Lehms) hier haben, um Versuche damit zu machen, und da sollten Sie mir wenigstens drei Säcke (Maissäcke) voll trockenen, etwas klein geklopften Lehm schicken. Mit weniger kann ich in der Maschine nichts machen. Ich möchte Pflasterplatten versuchen für die Kirche, Gänge, Küche etc. ... Wenn selbe gut ausfallen, würde ich die kleine Maschine für eine Zeit hinauf nehmen. Ihr Lehm brennt sich klinkerhart, der unsere nicht.« (9.8.1904)

Über den Bau der Ratschitzer Kirche wissen wir aus einem späteren Magazinbericht Bescheid: »Diese Kirche wird nach ihrer Vollendung zu einer der schönsten unserer ganzen Mission zählen. Sie hat bei einer Lichtweite von 30 Fuß eine Länge von 116, und weist außerdem eine eigene Schwesternkapelle, eine Sakristei, zwei geräumige Beichtnischen und eine Vorhalle zur Sakristei auf. Die eigentliche, ganz aus weißem Sandstein aufgeführte, recht würdig gehaltene Vorhalle aber befindet sich vorn an dem 100 Schuh hohen Turm, hat jedoch der häufigen Stürme wegen einen eigenen Seiteneingang. Der ganze Bau ist teils aus Hausteinen, teils aus gebrannten Ziegeln ausgeführt.

Der acht Fuß hohe Sockel ist von blauem Basalt, die Strebpfeiler, Fensterlaibungen, Gesimse, Decksteine usw. sind aus weißem Sandstein, die Felder aber aus roten Ziegeln, was bei dem herrlichen Hintergrund, den der imposante Hlatinkulu-Berg bildet, ein prächtiges Farbenspiel bietet. Der Giebel der Kirche erhält ein großes Radfenster; die aus weißem Sandstein gehauene Rose hat zehn Fuß im Durchmesser ...« (VG 4/1909)

Ärger und Mühen, aber auch Anerkennung und Lob

In seinem Brief an Bruder Stanislaus Haselbacher (Linz/Donau) macht sich Bruder Nivard Luft. Es gab und es gibt Ärger mit Mitbrüdern, vor allem im Hinblick auf die Gründung von Mariazell-Mission: »Da ich für die Gründung sozusagen allein verantwortlich bin und unsägliche Kämpfe durchmachen musste, ja mutterseelenallein musste ich gegen das ganze Kloster mich zur Wehr setzen. (Laut Visiten-Karte des offiziellen Visitators Abt Franziskus Strunk aus Ölenberg/Elsass im Jahre 1892 sollten vorerst/künftig keine neuen Stationen mehr gegründet werden; d. Verf.). Den guten P. Amandus hatte man soweit überredet, dass er einen Pater nach Kokstad und Matatiele schickte, um den Kauf wieder rückgängig zu machen, half aber nichts. Der erste Pater und die paar Brüder, die ich mit Ach und vielem Krach zur Gründung und Besetzung auf die Beine brachte, wollten mir auf halbem Weg wieder umkehren und mich im Stich lassen. Eine feurige Standrede (Standpauke, Strafpredigt; d. Verf.) aus dem Stegreif, wie der liebe Gott sie mir eingegeben, brachte die Ausreißer wieder zum Stehen. Die unsäglichen Mühen auf den sumpfigen Wegen, Kälte und Hunger, alles wurde überwunden, weil ich die felsenfeste Überzeugung hatte, dass die liebe Himmelsmutter dort oben in den wunderbaren Bergen ein ›Heim‹ für ihren gebenedeiten Sohn und für sich haben wollte …« (2.9.1904)

Man kann sich den vor Ärger schäumenden Bruder Nivard gut vorstellen. Nur die innere Überzeugung, das einzig Richtige getan zu haben, hat ihm die Kraft zum Weitermachen gegeben – und das Wissen, dass Alt-Abt Franz Pfanner genau dort, wo Mariazell errichtet werden sollte, eine neue Mission haben wollte. (Über den Bau der Kirche werden wir in Kapitel XVII noch ausführlich berichten.)

Davor noch Auszüge und Anmerkungen aus weiteren Briefen. Am 1. September 1904 schreibt Bruder Nivard an die Oberin des »Sacred Heart«-Konvents in Klerksdorp/Transvaal: »Ihre Vermutung trifft zu: Wir haben noch kein elektrisches Licht in Mariannhill. Wohl habe ich vor einiger Zeit die technischen Vorarbeiten für eine elektrische Kraft- und Lichtanlage für Mariannhill und ebenso für zwei weitere Stationen ausgearbeitet, aber die Verwirklichung dieser Projekte kann noch für manches Jahr ein frommer Wunsch bleiben. (In der Tat, erst im Mai 1924 hat Bruder Servulus Dütsch die Druckerei mit elektrischem Strom versehen; d.Verf.) – Im (Stau-)Damm liegt keine Wasserkraft. Die Windmühle wird nicht vom Wasser, sondern Wind getrieben, und die Kraft des Windes wird vom Windrad aufgefangen und auf das Pumpwerk übertragen – und so das Haus und der Garten mit Wasser versorgt. Wasserkraft entsteht nur, wenn Wasser von einer Höhe herunterfällt, also in einem Wasserfall liegt Kraft, nicht im stehenden Wasser eines Dammes … Wäre bei Ihrem Damm ein Wasserfall von 100 Fuß Höhe und würde der Damm jede Minute 50 Gallon (d.h. 4,5 Liter per Gallon; d.Verf.) liefern, so könnten Sie mit der gewonnenen Kraft, wenn selbe mittels Turbinen und Dynamo in Elektrizität umgewandelt würde, etwa ein Dutzend gewöhnlicher Glühlampen von 16 Kerzenkraft mit elektrischem Strom speisen ...« (1.9.1904)

Das war eine Lehrstunde in Stromgewinnung. Die guten Schwestern hatten offensichtlich keine Ahnung. Und Bruder Nivard muss es Spass gemacht haben, sie – die Laien – fachmännisch zu beraten. Zum Schluss mildert er etwas ab – anhand eines konkreten Beispiels: Die Schwestern in New Castle hätten elektrisches Licht im ganzen Konvent eingerichtet, seien aber wieder zum Petroleum zurückgekehrt, »weil das ›Wunderlicht‹ zwei- und dreimal so teuer kam als das vielgeschmähte Petroleum. Also nichts für ungut, haben Sie Geduld, bis ein städtisches Elektrizitätswerk gebaut wird; dann überlegen Sie noch einmal, was besser und billiger ist.« (s.o.)

Eine Bitte ganz anderer Art war an Bruder Nivard ein paar Wochen später gerichtet worden, diesmal von einem Mitbruder, von Pater Josef Biegner; er, Bruder Nivard, reagiert leicht verärgert: Er könne dem Wunsch, »Geschichtsmaterial« über Mariazell zu liefern, nicht nachkommen: »Die Geschichte von Zell ist sicher interessant, vielleicht eine der interessantesten von allen unseren Stationen, und in dieser Geschichte – da spielt Br. Nivard die Hauptrolle. Bei keiner Gründung sind so viele und so gewaltige Hindernisse zu überwinden gewesen als bei dieser. Ich war sozusagen mutterseelenallein – mit dem ganzen Kloster samt dem übelunterrichteten Abt gegen mich. Ich wollte manchmal selbst den Mut sinken lassen, habe mich aber immer und immer wieder aufgerafft und schließlich doch alle Intrigen und Intriganten aus dem Weg geräumt. Diese Geschichte mag ich heute noch nicht schreiben. Wenn ich sie schreiben soll, dann schreibe ich sie der Wahrheit gemäß; ein gefärbtes und verzerrtes Geschichtsbild mag ich nicht malen. Solcher Schmarren, saft- und kraftlos, konnte mich nie erbauen. Wenn mir der liebe Gott einmal Zeit und Gelegenheit gibt, werde ich in meinen alten Tagen, wenn ich einmal unters alte Eisen gerechnet bin, mich hinsetzen und Geschichte schreiben, jetzt aber heißt es vorläufig noch Geschichte *machen*.« (7.10.1904)

Man spürt auch aus diesen Worten, wie sehr er verletzt war und wie arg er noch darunter litt, dass man ihn bei der Gründung von Mariazell nicht gerade mitbrüderlich behandelt hat. Später – in seinen »alten Tagen«, ist er leider nicht mehr dazu gekommen, *seine* Version aufzuschreiben. Schade!

Informationen; Wissenswertes und Persönliches an Franz Pfanner

Dass sie Freunde waren – wenngleich mit dem Altersunterschied von Vater und Sohn –, ist nie ein Geheimnis gewesen. Der aus Bayern stammende Bruder Nivard und der Vorarlberger Abt Franz hatten die gleiche Wellenlänge; die Chemie zwischen beiden stimmte von Anfang an. Kein Wunder, dass Bruder Nivard dem im abgelegenen Emaus lebenden Pfanner regelmäßig Briefe schrieb, geschäftliche wie persönliche. Wir wollen hier die mehr formellen vorwegnehmen; die anderen, die vertraulicheren, greifen wir später auf.

In seinem Schreiben vom 5. Oktober 1903 – an den »ehrwürdigen Vater Franz« gerichtet – geht es zunächst um Zollprobleme bzw. Zollzuschläge von 25 % auf nicht-britische Waren. Eine ärgerliche Sache für alle Missionare! Dann wechselt er das Thema und kommt auf die Trappisten zu sprechen: Sie würden jeden Tag weniger; vom Trappistischen sei kaum mehr als ein Schatten zu sehen, »und über die reformierten Zisterzienser ist man schon hinweggestiefelt, denn da sieht man heute meistens nur noch de-formierte Zisterzienser. Bis die Tuchfabrik (von der Pfanner geträumt hatte; d.Verf.) zustande kommt, wird es nicht mehr nötig sein, sich auf mönchisches Tuch einzurichten, sondern für feine, schwarze Tuche. Vielleicht einen Webstuhl wird man (noch) gehen lassen für das braune Tuch der Knechte (die Brüder sind wohl gemeint; d.Verf.). Eine Wurst- und Fleischfabrik wird bald ein schreiendes Bedürfnis für die OCD[27] (Zisterzienser).«

Typisch Nivard, möchte man sagen. Ironie und Sarkasmus, um sich Luft zu machen. Vergessen wir nicht: Es war die Zeit des tiefgreifenden Umbruchs in der südafrikanischen Abtei; es ging darum, ob man als beschaulicher Mönch missionarisch aktiv bleiben könne!?

Aber nicht genug der spöttischen Anmerkungen, Bruder Nivard holt weiter aus; er kommt auf die einst von Pfanner bewohnte »Blechabtei« zu sprechen und auf das »Abtsgärtlein« dahinter. Dort seien zur Zeit »Notaborte« abgestellt, bis die neuen sanitären Einrichtungen funktionierten. Wundern würde sich Pfanner vor allem über die jetzige Lage der beiden »Abteien«; er, Bruder Nivard, habe sich bemüht, das Blechhäuschen, obwohl überzwerch zur Baulinie stehend, so anzuordnen, dass »die erste Abtei südlich des Äquators und die kleinste Abtei der Welt im späteren Abtei-Garten erhalten bleibt; denn kurz über lang wird dieses Häuschen noch das einzige Erinnerungszeichen an vergangene Zeiten sein.« (s.o.)

Vielleicht sollten wir hier innehalten und, rückblickend, diese »kleinste Abtei südlich des Äquators« kurz beschreiben – auch zum besseren Verständnis der Briefe des Bruder Nivard. – In einem Kalenderartikel wurde sie 1890 auf humorvolle Weise so geschildert:

»Wenn es interessant ist zu hören, dass in Heidelberg das größte und kleinste Fass steht, so ist es vielleicht nicht weniger wissenswert (zu erfahren), wo die größte und kleinste Abtei (zu finden) ist. Die größte herauszusuchen, überlasse ich einem andern; sie mag wohl in Ungarn liegen. Ich aber werde die kleinste angeben; es ist ohne Zweifel Mariannhill; die ganze Abtei (das Gebäude ist gemeint; d.Verf.) besteht aus einem einzigen Zimmer, drei Meter breit, viereinhalb Meter lang, etwas über zwei Meter hoch. Das Ganze ist aus gewelltem Blech gemacht, sowohl Dach wie Wände. Dieses Blech ist an rohem, ungehobeltem Lattenwerk befestigt. Die Ziegelsteine sind ungebrannt, die Mauer einen halb Fuß dick, damit die Hitze nicht so stark eindringen kann. Der Boden besteht aus Ziegelsteinen mit Zementüberguß …«

Dann wird das Innere geschildert – eine eiserne Bettstatt, zwei Büchergestelle, ein Strohpolster, eine Wolldecke, ein Papierkorb, ein Schreibpult, zwei Holzsessel, eine Waschschüssel. »Das Anti-Chamber (Vorzimmer), das man gewöhnlich in alten Abteien findet, ist (hier in Mariannhill; d.Verf.) das größte der Welt – es ist Gottes freie Natur, aber bedeckt mit drei Blechtafeln, damit die Wartenden Unterstand finden bei Regen. Außen steht mit großen Lettern geschrieben: ›Abbey‹ (Abtei), darunter: ›Zugang verboten‹. Wenn der Abt in solcher ›Niedrigkeit‹ lebt, was kann man erst von den Brüdern erwarten?« (mmk 1890)

Es ist dann – in Pfanners typischem Plauderstil – die Rede von der Bequemlichkeit solcher ebenerdenen Notbauten: Keine Stufen, keine Treppen! Nur nachts – nach der Mette – sei es ratsam, die »blecherne Abtei« mit einem Zündhölzchen auszuleuchten – wegen möglicher »geschwätziger Töchter des Paradiesgartens«; Schlangen suchten ja bekanntlich gerne warme Plätzchen auf.

Pfanners Artikel endet mit einer frommen Mahnung: »Die Besucher sind freilich erstaunt über die ›Niedrigkeit‹ der Abtei, aber wenn man ihnen antwortet: Der Abt baut lieber größere Schulhäuser, so sind sie wieder ganz zufrieden. Von diesem Bau aus übersieht der Abt das ganze Kloster; denn die Abtei steht teilweise auf einem Ameisenhaufen. Dass man in dieses Wächterhäuschen den Abt getan hat, passt ganz gut; denn die Abtei soll ja sein ›der Wächter auf Sion‹.«

Plauschen und plaudern – über dies und das über alles, was Pfanner interessiert

Bruder Nivard schickt dem Alt-Abt mehrere »Ansichten« von Mariannhill; erstmals mit dem fertig gestellten Campanile: Der »gibt der ganzen Landschaft einen entschieden italienischen Charakter«.

Momentan sei er beim Uhrwerk beschäftigt; wenn möglich, solle die neue Uhr schon die letzte Stunde im alten und die erste im neuen Jahr schlagen. (16.12.1903) Dann fährt Bruder Nivard fort: Auf der »Fremdenküche« stehe bereits der Dachstuhl, der Kapitelsaal erhalte gerade Fenster – »mit monumentaler Bleiverglasung aus eigener Werkstätte«. Bruder Otto arbeite fast nur noch mit Blei und Glasscherben.

Sehr viel ausführlicher ist ein Brief vom 27. Juni 1904. Jetzt erfährt Abt Franz wieder diverse Neuigkeiten: »Von meiner letzten Reise nach Ratschitz und New Castle zurückgekommen, hat mich Fieber und Influenza im Spital festgenagelt. Dies ist auch wieder überstanden, und ich fange heute wieder an zu arbeiten. Was für ein Berg von Arbeit sich in dieser Zeit vor mir angehäuft (hat), können Sie erraten.«

Im Anschluss daran erwähnt Bruder Nivard eine Holz- und Pflanzenfaser-Untersuchung, die Pfanner vor 17 Jahren in Leipzig vornehmen ließ – im Hinblick auf eine mögliche Papierfabrik in Mariannhill. Dieses »Experiment« sei aber eher ungünstig ausgefallen.

Die einzige »kommerziell wertvolle Pflanzenfaser« (im südlichen Afrika) sei die der Agave. Diese werden bekanntlich vor allem in Ostafrika für Sisalprodukte angebaut.

Dann – im weiteren Schreiben – geht es um Eisenträger (für die Emaus-Mission), um einen Käsekeller und eine Notkapelle. Bruder Nivard wurde wohl diesbezüglich von Pfanner um Rat angegangen.

Schließlich zitiert er einen Brief von Abt Wolpert, der »in der Schwesternsache« in Europa war und auf der Rückreise in Tanga (Deutschostafrika) Station machen wollte, um dort die Mariannhiller Mönche zu treffen (Vgl. Brief vom 27. 6. 1904)

Ein anderes Mal waren von Abt Franz erneut Waren-Bestellungen in Mariannhill eingetroffen – für Emaus bestimmt. »Wie sich aus anderen Briefen von Bruder Nivard (an Pfanner) entnehmen lässt, waren die Angaben für den Empfänger mitunter etwas unklar oder gar verwirrend, und viel Geduld hatte der alte Abt auch nicht« (D. Seubert). Daher versuchte er (Bruder Nivard) in seinem Antwortschreiben vom 16. September 1904 den greisen Pfanner auf humorvolle Weise zu beschwichtigen: »Das ging so mit Ihrem ›Wagen‹: Wie man mir sagt, sollte es ›ein Wagen für alles‹ sein. Also wahrscheinlich Kinderwägelchen, dann zum Spazierenfahren für ein Pärchen, später Familienwagen und Omnibus – und nebenbei (auch noch) Mist- und Steinwagen; das Jauchefass soll sich auch gut anbringen lassen – und (das Wägelchen) soll bequem zum Heu- und Stroheinfahren sein, (zum Transport von) Ziegelsteinen, Erdäpfeln und Maissäcken; alles soll sich leicht auf- und abladen lassen; (das Gefährt) soll gut sein im Wald und, wenn möglich, auch das Vehikel, das man zuletzt als anständigen Leichenwagen herrichten kann.

Zu einem solchen Wagen hat man seinerzeit Achsen aus Europa bestellt. Es kam aber eine Anfrage zurück, und so gingen wieder drei Monate herum. Jetzt aber, höre ich, sollen die Achsen auf dem Weg oder gar schon in Durban sein. Vier Räder sind längst fertig; der Wagner, Bruder Napoleon (Falkenstein) ist krank, und den jungen Wagner hat man auf zwei Monate Mariathal geborgt. Wenn er zurückkommt, dann kann's losgehen. – Ein Sakristeischrank für Emaus ist fertig und versandbereit. – In aller Liebe und Ergebenheit Ihr Br. Nivard.« (16.9.1904)

Abt Franz wird schallend gelacht haben – und mit ihm Pater Josef

Biegner und die Schwestern von Emaus. Aber das war ein echter Nivard-Brief: voller Witz und Humor, ein bisschen ironisch, ein wenig mit Biss, aber insgesamt doch korrekt und informativ.

Nur eine knappe Woche später geht ein weiterer Brief nach Emaus, wieder an den Alt-Abt. Kurz, bündig, zur Sache: »Buntscheckige Scheiben für Ihr dreispitziges Fenster (auch hier lacht schon wieder der Schalk zwischen den Zeilen; d.Verf.) wollen wir Ihnen schon machen, wenn Sie genaue Maße schicken und etwas Geduld haben, da wir für einige Zeit mit den Fenstern für unsere Paramentenkammer beschäftigt sind, und man uns von allen Seiten zur Fertigstellung drängt. Sie müssen auch angeben, was für Rahmen Sie für das Fenster haben, damit wir wissen, wie die bunten Scheiben festgemacht werden.« (22.9.1904)

Der nächste Brief Bruder Nivards an Pfanner ist ein weiterer Beweis dafür, dass dem Chef des Mariannhiller Bauteams immer wieder der Hafer stach – und dass er jene, die er mochte, die ihm sympathisch oder gar Freunde waren, gerne anspitzte und sie auf humorvolle Weise auf den Arm nahm. Nach der Anrede sprudelt schon sein Witz – diesmal in bewusst nachgemachtem Bürostil: »Die vom Emauser Bau-Amt hierorts eingelaufenen Maß-Ausschreibungen für zu erstellende Spitzbogenfenster-Verglasungen sind derart verwirrt und unklar, dass das diesseitige (hiesige) Bau-Amt es für nötig erachtet hat, vorläufig Papiermuster der mutmaßlichen Fenster zurechtzuschneiden – so wie selbe sich aus den eingesandten Maßen erraten lassen. Diese Papiermuster gehen unter ›Bookpost‹ (Büchersendung; d.Verf.) nach dorten mit dem Ersuchen, selber zuzuschneiden oder nötigenfalls zu ergänzen, sodass selbe genau passen, und dann wieder hierher gelangen zu lassen. Nach Eintreffen der korrigierten Muster werden die Bleiverglasungen baldigst in Angriff genommen. Für die klösterliche Baudirektion Br. Nivard.« (11.10.1904)

Wieder wird man in Emaus geschmunzelt haben – zu Recht. Der Schelm aus Erding bei München konnte so immer wieder anderen Freude bereiten. Dass es ihm selber auch Spaß machte, beweisen die vielen ähnlichen Ergüsse seines Esprits. Für Bruder Nivard war das Leben – bei allen Mühen und Strapazen und seinen eigenen zahlreichen Erkrankungen – letztlich doch auch eine Liebeserklärung an das Leben und eine Freudenbekundung an den Schöpfer.

Aber nicht alle Tage herrschte Frohsinn und Übermut. Das zeigt der folgende Exkurs!

Exkurs: Die unselige Affäre mit Wolfgang Bentz

Um es vorweg zu sagen: Wolfgang Bentz, von dem hier die Rede ist, war ein ausgesprochener Hochstapler; er hat Abt Franz und die Firma Josten auf schmähliche Weise hintergangen und – somit – Bruder Nivard, der aufklären und vermitteln sollte – viel Ärger und zahlreiche schlaflose Nächte bereitet.

Bruder Nivard befand sich in einer schwierigen Lage: Er wusste um die »Dummheiten Franz Pfanners«, sprich dessen Leichtgläubigkeit gegenüber »Wolf« (wie er den Ex-Pater später zu nennen pflegte), war andererseits aber auch von Seiten des Bischofs (Dr. Henry Delalle) von Natal sowie von der Firma Josten gebeten worden, die »Sache Bentz« zu bereinigen. Ein schier unmögliches Unterfangen. Pfanner wollte er nicht wehtun, aber dessen Unbedarftheit (oder war's eine gewisse Altersstarre?) machte es nur noch schwerer, korrekt und konsequent vorzugehen.

In seinem Briefwechsel (zwischen Oktober und Dezember 1905) mit Pater Josef Biegner, dem Sekretär und Langzeitgefährten Pfanners, greift der Erdinger dieses Thema immer wieder auf, gleichzeitig Pater Josef bittend, dem Alt-Abt klaren Wein einzuschenken: Bentz habe viel Geld veruntreut und große Summen für sich beiseite getan; er werde mittlerweile von der Kriminalpolizei gesucht – nicht zuletzt auf Drängen der Firma Josten. Leider sei Pfanner nicht unschuldig, eben weil er Bentz zu lange und unkontrolliert vertraut habe. Wörtlich schreibt Bruder Nivard: »Da ich wahrscheinlich das Kloster (Mariannhill) vor Gericht vertreten muss, ist es von Wichtigkeit, darüber volle Sicherheit und wirkliche, wahrhaftige Angaben darüber zu haben, welche Aufträge Wolf von P. Franz (Pfanner) erhalten hat.« (30.10.1905) Pfanner spiele dabei zwar eine wichtige Rolle, aber sicher keine glänzende. Hätte der Vorarlberger den Bentz nicht immer wieder empfohlen, dann hätte Josten demselben »nicht solche Summen anvertraut«.

Leider, so Bruder Nivard, habe Pfanner zu lange gezögert – oder geschwiegen. Und so sei der »Wolfsschwindel« nur sehr mühsam und allmählich aufgedeckt worden. Am 16. November berichtet Bruder Nivard in seinem Schreiben an Pater Josef Biegner, es sei ihm endlich gelungen, »gegen Wolf« den Verhaftungsbefehl zu erwirken: »Drei Tage musste ich in Durban verbringen mit allen möglichen Verhören. Da ich den P. Franz (Pfanner) schonen muss und will, hatte ich die größten Schwierigkeiten.« In der ihm von Josten durch den Notar des Oberlandesgerichtes Köln zugestellten Vollmacht und Klageschrift, welche durch das deutsche Konsulat in Durban übersetzt werden musste, erhielt Bruder Nivard die dokumentarische Grundlage für die Anklage gegen Bentz.

Es werden diverse Summen erwähnt, die der Ex-Mönch veruntreut bzw. bei der Firma Josten in Neuss sich erschwindelt hatte – im angeblichen Auftrag Pfanners. Schließlich entpuppte Bruder Nivard Bentz auch als Heiratsschwindler: »Vor zwei Jahren hat Wolf sich mit Maria Ruffenach in Scherlenheim (Elsass, in der Nähe der Pfalz) verlobt, und letzthin hat er dem Mädel von dem Josten gestohlenen Geld 1 000,– Mark geschickt, damit sie mit ihrer Schwester herauskomme (nach Südafrika; d. Verf.). Wolf hat sich dort schon als Farmer (namens) Peter Wells bei Pinetown (Natal) ausgegeben. Vor mir liegt der Brief der Mutter des Mädchens und (eine) Fotografie des Bräutigams, des Herrn P. Wells, der natürlich der gut getroffene P. Wolfgang ist. Tue eben mein Bestes, um die Mutter und die zwei Töchter vor Unglück zu bewahren und die 1 000,– Mark für Josten zu retten. Was sagt nun P. Franz zu seinem Ehrenmann? – Es ist nicht unmöglich, dass in Bälde ein Natal-Geheimpolizist nach Kokstad und (Port) St. Johns reist, um die Wolfsspuren zu verfolgen, und der wird auch in Emaus einkehren. Ich wollte, P. Willibald (Wanger, damals Rektor im benachbarten Lourdes; d.Verf.) wäre beim Verhör (dabei)!« (16.11.1905)

In einem weiteren Brief an Pater Biegner geht Bruder Nivard nochmals auf die Bentz-Affäre ein: Mitte Januar 1906 finde in Durban eine öffentliche Verhandlung statt. Er schließt sein Schreiben mit der Bittte:« Beten muss man viel; viel beten, dass die Schande für unser Haus nicht übergroß werde.« (30.12.1905)

Damit wurde erneut deutlich, wo Bruder Nivard immer wieder die

Kraft hernahm, sein immenses Arbeitspensum zu bewältigen: vom Gebet, getragen von einem urtiefen Gottvertrauen.

Wir wollen hier die Bentz-Affäre nicht weiter verfolgen. Für Pfanner und Mariannhill ging am Ende alles halbwegs erträglich aus – nicht zuletzt Dank des vifen und klugen und nimmermüden Erdinger Schreinergesellen.

Der Kontakt zu seinen Lieben zuhause riss nur während des ersten Weltkrieges ganz ab

Geradezu eine Quelle der Freude und der Ermunterung waren für Bruder Nivard seine Briefkontakte zu den Geschwistern in Deutschland. Anders als in seinen Geschäftsbriefen – oder in der leidigen Angelegenheit um Wolfgang Bentz – erfahren wir in diesen persönlichen Schreiben des Erdinger »Schorschl« auch viel Privates über sein persönliches Denken und Mühen. Und über seine von Dankbarkeit und Frömmigkeit geprägte Einstellung zum Leben.

Bruder Nivard mit seinen drei Brüdern

An Pater Pius Kohl (Leiter der Mariannhiller Zentralstelle in Würzburg) schreibt er: »Vor einigen Wochen gingen ein paar Kuriositäten nach Würzburg. Darin ist ein Kistchen mit Kafferntöpfen und ein Säckchen mit Amabele. Bitte diese Sachen an die bezeichnete Adresse in Erding zu schicken. Mein Freund Michl hat mir durch seine Vermittlung ein sehr wertvolles Modell eines modernen Brennofens für Terracotten und Töpfergeschirr von der Keramischen Fachschule Landshut verschafft, und dafür schicke ich einige Kafferntöpfe ... – Da Michl nicht nur Bürgermeister, sondern auch Großbrauer ist, habe ich ihm etwas übers Kaffernbier geschrieben und zur Illustration etwas Amabele geschickt.« (13.10.1904) – Amabele, eine Art Hirse, wird in weiten Teilen Afrikas angepflanzt und dient neben Mais als Grundnahrungsmittel. Es wird auch zum Bierbrauen benützt. – Dass Bruder Nivard afrikanische Töpfe und Getreidesäckchen nach Erding schickte, zeugt nicht zuletzt von seiner aufgeschlossenen und dankbaren Haltung gegenüber den Wohltätern der Mission.

In einem Brief an seinen Bruder Pius Streicher – ein Jahr später – heißt es: »Am letzten Dienstag waren es 25 Jahre seit meiner Einkleidung als Trappist (21.November 1880 in Mariastern; d.Verf.). Wo sind die Jahre hingekommen? Und doch, wenn ich zurückschaue, sehe ich eine Riesenarbeit bewältigt in diesem Zeitabschnitt. Wenn es der Wille Gottes ist, will ich mich mit Freuden nochmals 25 Jahre einsetzen und zu seiner Ehre und zur Glorie der katholischen Kirche arbeiten mit allen Kräften des Leibes und der Seele.«

Dann plaudert er über einige Mitglieder der Streicher-Sippe. Er freue sich, dass die »Jungen die weite Welt durchmessen« und es somit dem Onkel in Afrika gleichtäten. Gegen Briefschluss fragt er pointiert: »Wie steht es mit einem Grabstein für unsere unvergessliche Mutter? Von Erding erfuhr ich, dass Hiasl (sein Bruder Mathias Streicher; d.Verf.) dem Vater ein Denkmal gesetzt (hat); wäre recht neugierig zu erfahren, wie das aussieht.«

Schließlich spricht er seine Schwägerin, die Frau des Pius Streicher, direkt an: »Anna, von dir nehme ich nun an, dass du maustot bist oder dich in den rechten Zeigefinger geschnitten hast. Denn sonst hättest du sicher eine Zeile geschrieben. Was soll ich denn tun? Soll ich die Totengebete verrichten oder ein Heftpflästerchen schicken? – Bitte, meine herzlichsten Glück- und Segenswünsche dem guten Herrn

Pfarrer. Meine Gratulation zur so schön dekorierten Kirche.« (25.11.1905)

Drei Jahre später erwähnt Bruder Nivard: »Ich bin nun Gott sei Dank wieder ziemlich auf den Beinen. Es ist aber auch notwendig, denn zur Zeit habe ich bloß sechs Kirchen und sechs Schulen im Bau begriffen, und die eine Hunderte von Meilen von der anderen entfernt.

Gott lohne es euch, wenn ihr die Gräber von Vater und Mutter pflegt und in Erinnerung behaltet. Das vierte Gebot geht über das Grab hinaus. Was hat der Vater in Erding für ein Grabdenkmal, das möchte ich doch wissen, und die Mutter in Tagmersheim…« (29.11.1908)

Im Januar 1910, ebenfalls an Pius Streicher gerichtet, plaudert Bruder Nivard erneut über seinen Aufgabenbereich: »Glaubt mir's nur, es geht mir manchmal schon recht schlecht mit der vielen Arbeit… Freilich muss ich den hl. Josef kolossal in Anspruch nehmen, sonst ging's überhaupt nicht. – Mein Versuch, mit dem Abt Franz in den Himmel zu fahren (Pfanner war am 24. Mai 1909 verstorben; d.Verf.), ist leider missglückt – und so muss ich halt, solange es Gottes Wille ist, noch in diesem Jammertal herumtrampen… Dass ihr das Grab unserer unvergesslichen Mutter in Tagmersheim stets in gutem Andenken haltet, ist mir ein schöner Trost. Es macht mir viel Freude, nur Gutes von den Kindern zu hören…

Dass der alte oder älteste Streicher, und ich meine, das bin ich, den Wahlspruch des seligen Vaters, ›Net auslassen!‹ immer noch hochhält, magst du daraus abnehmen, dass mir der Eisenbahnminister von Natal im Namen des Gesamtministeriums einen Erster Klasse Freipass auf allen Natal-Bahnen für Lebenszeit ausgestellt hat… Ich kann nun mit jedem Zug hinfahren, wo ich will, und es mir in der 1. Klasse bequem machen. Bei meinen vielen Reisen ist das eine große Wohltat. (Wir wissen, Bruder Nivard musste oft auch nachts reisen; d.Verf.) Ein Privatmann und alter Freund von mir hat mir auch einen Freipass auf seinen Postwagen, die auf verschiedenen Strecken wohl 600 Kilometer laufen, zugestellt.[28]

Nachdem ich nun über 25 Jahre viele tausend Meilen geritten, gefahren und gelaufen bin, wird mir in meinen alten Tagen das Reisen noch bequem gemacht. Du wirst mir nicht Stolz oder Hochmut unterschieben, dass ich dir dieses schreibe. Ich meine nur, ich dürfe dir und Anna diese Freude nicht vorenthalten, und dann soll es auch ein Sporn sein für alle die jungen Streicher, die eben anfangen, so richtig in die Welt hineinzutreten.« (16.01.1910)

Auf dem Rückweg von Europa, noch auf der »Kenilworth Castle«, schrieb Bruder Nivard an Pius Streicher, er habe in Kapstadt die Salesianer besucht und sei sehr beeindruckt gewesen. »Das Institut ist ein Zweig von Don Bosco, mit dem Mutterhaus in Italien. Unter den Brüdern dort traf ich einen gewissen Steinherr, seinerzeit Ökonomie-Praktikant in Tagmersheim (wo die Familie P. Streicher wohnte; d. Verf.). Er kennt den Braumeister Streicher sehr gut. Kannst dir denken, dass wir beide nicht wenig erstaunt waren über dieses Zusammentreffen!

Wir liegen in East London vor Anker ... Gegen Mittag dampfen wir ab, und morgen um diese Zeit sind wir vor der Hafeneinfahrt in Durban. Gott sei Dank, wenn diese Reise überstanden ist. Nun wird das Landreisen wieder losgehen, und da fühle ich mich doch wohler wie auf der See. Mit Ausnahme von zwei Tagen vor Capetown hatten wir immer herrliches Wetter, und ich danke Gott, dass ich auf der Heimreise von der Seekrankheit verschont geblieben bin.« (01.07.1911)

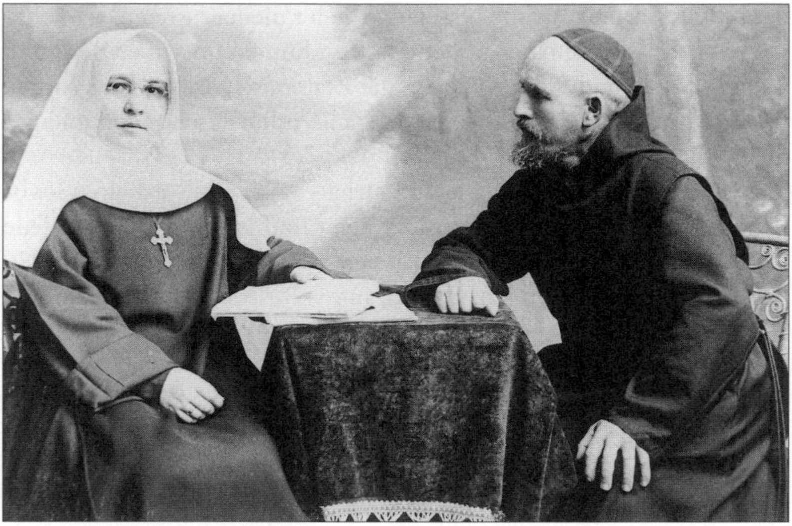

Bruder Nivard mit Sr. Bernardine, seiner leibl. Schwester Rosa

Interessant: Bruder Nivard spricht von der »Heimreise« – und meint Natal, Südafrika und Mariannhill.

Drei Jahre später geht er – ebenfalls in einem Brief an Pius Streicher – auf die »traurige Tatsache und Ursache« der Trennung seiner Schwägerin Adele von seinem Bruder Mathias ein. (M. Streicher war in die Landesanstalt Egglfing eingeliefert worden; d. Verf.) Leider habe man ihm den vor zwei Jahren an ihn gerichteten Brief (mit dieser Nachricht) im Kloster geöffnet übergeben. Unter »diesen Umständen« wollte er nicht mehr korrespondieren.

Es war damals in allen Klöstern üblich, dass die Obern die ein- und ausgehende Post kontrollieren durften. Alt-Abt Wolpert hatte also das Recht, dies zu tun. Nur war's für Bruder Nivard eher peinlich. Daher sein sich selber auferlegtes Schweigen. Und sein (zu diesem Thema) abschließender Kommentar: »Alles, was ich hier tun kann, ist fleißig beten, dass der liebe Gott die Sache doch noch einmal zum Besten lenken möge.« Im gleichen Brief heißt es, weiter unten: »Dass ich bis über die Augen in der Arbeit stecke, das brauche ich dir nicht erst zu sagen. Ließ mir darüber auch keine grauen Haare wachsen. Aber nun hat mich seit Neujahr Sciatica, eine Art Rheumatismus, im linken Bein gepackt, dass ich kaum mehr gehen kann. Muss mich nun überall auf den Bauplatz fahren lassen und humpele dann mit Ach und Krach mit dem Stock herum, um alle Naselang wieder niederzusitzen. Ich schäme mich vor mir selbst. Auf den Gaul zu hüpfen und über Berg und Tal und Stock und Stein zu jagen, die Zeiten, scheint es, sind vorbei. Alle Doktoren haben ihre Kunst versucht, mich geschunden und gequält, aber alles umsonst. Wie Gott will!« (31. 03. 1914)

Das war Bruder Nivards letzter Brief – sofern uns erhalten – vor Beginn des Ersten Weltkriegs. Es folgen fünf lange Jahre ohne jede direkte Verbindung zu seinen Lieben zuhause. Erst Anfang 1920 nahm er die Korrespondenz wieder auf.

Erste Briefe wieder hin und her (1920-1922)

»Fünf Jahre habe ich nichts mehr gehört von zuhause«, schreibt Bruder Nivard im Februar 1920 an seinen Freund Michl Ferstl in Erding.

Vor einigen Wochen erhielt ich den ersten Brief von Ludwig (seinem Bruder; d. Verf.) – und das war eigentlich ein Nekrolog. Adele (die Schwägerin; d. Verf.) schrieb ebenfalls vor ein paar Wochen, und nun dein Brief vom 16. Dezember vorigen Jahres … – Möge der liebe Gott dir lohnen, was du für mich getan hast…

Hier haben wir vom Krieg eigentlich nicht viel zu leiden gehabt. Etwa ein Dutzend unserer Leute waren interniert, aber nach einigen Monaten nach Mariannhill entlassen. Mariannhill war eigentlich ein Internierungscamp. Niemand durfte ohne behördliche Erlaubnis den Platz verlassen. Dasselbe galt auch von den übrigen Stationen… – Dank der Vermittlung des Generals Botha wurden wir unbehelligt gelassen und konnten die Missionsarbeit ungehindert fortsetzen…

Letzten Juli hatte ich einen Anfall von Paratyphoid, falschem Typhus, der mich sechs Wochen im Bett hielt und von dem ich heute noch nicht befreit bin. Ich tue wohl meine Arbeit, aber ich fühle bei weitem nicht mehr die Kraft in mir wie vorher. Die Leute sagen, ich sei auch nicht mehr 25 Jahre alt, aber ich will das nicht glauben (Er war immerhin schon 65; d. Verf.)

Habe während des Krieges, wo unsere Bauarbeiten auf ein Minimum beschränkt waren, viel auswärtige Ingenieurs- und Architektenarbeit übernommen und damit ein schönes Stück Geld verdient, ein willkommener Zuschuss, wo alle Quellen aus Europa verstopft sind.« (20. 02. 1920)

In seinem ersten Brief (nach Kriegsende) an Schwägerin Anna erwähnt Bruder Nivard das Leid, das über die Familie gekommen ist: Sohn Hias fiel, Sohn Andreas wurde schwer verwundet und starb an den Folgen: »Du kannst dir denken, wie mir zumute war. Ich konnte bloß beten – und viel beten, damit dir der liebe Gott Kraft und Gnade geben möchte, diese furchtbaren Schläge mit Geduld und Ergebung in den Willen Gottes zu ertragen …« (20. 03. 1920)

Ein ähnliches Schreiben geht an Schwägerin Adele; darin nimmt Bruder Nivard vor allem auf den Tod seines Bruder Mathias Bezug: »Was musst du gelitten haben in dieser schrecklichen Zeit!« (20. 03. 1920)

Zwei Monate danach berichtet der Erdinger dem Herrn Josten in Neuss über den »Stand der Dinge« während und kurz nach dem Ersten Weltkrieg: »Von der alten Garde des P. Franz aus Mariastern sind nur noch neun am Leben ... – Die alte Trappistenregel und alles, was drum und dran hing, ist verschwunden und hat einer modernen Missionskongregation Platz gemacht. Sogar der liebe, gute alte Trappistenhabit wird verschwinden, sobald die zur Zeit vorhandenen Vorräte aufgebraucht sind. Für die regularen Übungen werden wir einen schwarzen Talar bekommen, die Brüder dazu einen schwarzen Ledergürtel, die Patres ein rotes Zingulum ...« (15.05.1920)

Sichtlich zufrieden, schier stolz, erwähnt er dann, er habe für eine der größten Zuckermühlen im Land die Wasserversorgung geplant und ausgeführt: »Habe bis jetzt die Vorarbeiten gemacht zu einer Bewässerungsanlage, Pumpwerk, zwei Turbinen, eine Million Gallonen, 530 Fuß hoch, zweieinviertel Meilen Rohrleitung. So wurde mir die Zeit nicht lang während des Krieges ... – Jetzt natürlich geht das Bauen bei uns an allen Ecken zugleich los, und kann ich mich mit auswärtigen Arbeiten wenig beschäftigen.« (s.o.)

Seiner Base, Mutter Ludovica von der Zisterzienserinnenabtei Waldsassen in der Oberpfalz, macht Bruder Nivard gleich am Briefanfang ein Kompliment: »Also mit 81 Jahren schreiben Sie noch einen flotten Brief; das ist ja wunderbar!«

Dann erwähnt er sein eigenes Alter (68) und die schwindenden Kräfte: »Bin fast immer auf der Reise, um die Bauarbeiten auf den verschiedenen Stationen zu leiten – und die Stationen liegen Hunderte von Meilen auseinander. Ganz oben an der Grenze des Basutolandes baue ich eine große Kirche – ganz aus Stein, nur mit schwarzen Arbeitern. In Ixopo ist es ein großes Sanatorium für unsere Schwestern; hier in Mariannhill (bauen wir) ein neues, großes Spital; in Lourdes einen Viehstall für 90 Kühe. Eben habe ich eine Brücke vollendet für die Regierung; dann verschiedene Wasserkraftanlagen – und so ist meine Zeit gut ausgenützt ... – Mariannhill wird jetzt zu einem Vikariat oder einer Diözese erhoben mit einem eigenen Bischof. Das Bistum ist so groß wie Belgien und Holland zusammen. Wer Bischof wird, wissen wir noch nicht. (A. Fleischer wurde am 22.03.1922 ernannt; d.Verf.) Nachdem wir nun 40 Jahre in der Mission gearbeitet (haben), hat Rom uns endlich die Anerkennung gezollt.« (16.12.1921)

In einem kurzen Brief an den Architekten von Heilig Blut und St. Paul in den Niederlanden schreibt Bruder Nivard: »Wir haben hier auf einem prominenten Hügel eine Votivkapelle (Memorial Chapel) gebaut zum Dank, dass der Krieg für uns hier keine schlimmen Folgen hatte.« – Für diese Kapelle suche man jetzt eine Herz-Jesu-Statue. Ob der holländische Baufachmann dabei behilflich sein könne? (Vgl. 29.11.1920)

Schließlich erwähnt er – in einem Brief an Schwägerin Adele – wieviel Mühe ihm die neue Kirche von Mariazell mache – 260 Meilen von Mariannhill entfernt: »Das wird wohl meine letzte Kirche sein.« (09.01.1922) Darüber mehr im folgenden Kapitel.

XVII.

Mariazell-Mission am Fuße der Drakensberge

Hier steht die letzte und schönste der von Bruder Nivard erbauten Kirchen

»Die stillen Leben sind wie Steine:
Sie wachsen in der Tiefe und niemand
weiß von ihnen. Aber einmal werden
große Dome aus ihnen gebaut.«
Ernst Wiechert

Bevor wir auf konkrete Baupläne zu sprechen kommen – und auf die damit verbundenen Voraus-Arbeiten –, wollen wir die Geschichte dieser Station kurz streifen – und zwar anhand eines Artikels, den Abt Franz Pfanner persönlich geschrieben hat. Eine weitere Quelle ist die sehr anschauliche und ausführliche Schilderung des Bruder Servulus über die Ankunft der Wagenkolonne in den Gründungstagen. Erst dann greifen wir zur Artikel-Serie von Pater Dietmar Seubert: »Die Kirche von Mariazell, Bruder Nivards letzter Kirchenbau«, eine fundierte und exakte Studie, der wir dann weitgehend folgen wollen.

Zunächst also die Version des Alt-Abtes über die Situation im Jahre 1893: Seit sechs Monaten seien »oben an den schneebedeckten Drakensbergen« zwölf Farmen zur Versteigerung ausgeschrieben worden, aber erst um Johanni (24. Juni) zustande gekommen. Drei der zwölf angebotenen Landgüter seien »wegen ihrer herrlichen und gesunden Lage«, aber auch wegen der ausgezeichneten Böden für eine künftige Missionsstation besonders geeignet. Leider lägen diese auf der »Sprach- und Landesgrenze von Griqua- und Basutoland, nahe des Ongeluksneek-Passes, der ins »felsige Basutoland« hineinführe, wo man aber in nicht allzu ferner Zukunft eine breite Wagenstraße bauen wolle.

Dort, »in dieser Montenegro ähnlichen bergumgrenzten Naturfestung« (Pfanner kennt Montenegro aus seiner Zeit in Bosnien; d. Verf.) hätten sich zahlreiche evangelische »Prädikanten und Diener des Wortes« niedergelassen; nur die katholischen Missionare fehlten noch!

Also wurde Bruder Nivard schon acht Tage vor der anberaumten Farm-Versteigerung in diese Region geschickt, auf seinem Schimmel, wie Pfanner schreibt, »um im Flug eine Strecke von 200 Meilen zurückzulegen, nachdem er in Lourdes-Mission erst die dafür notwendig erachtete Umwandlung der Figur eines rauen Trappisten in die eines richtigen Engländers mit Schnurrbart und rasiertem Kinn und einer Doppelschildhaube auf dem Kopf erlitten hatte. Zwei Tage irrte er unerkannt auf der sich weithin erstreckenden Farm herum, um alle ihre Schönheiten kennenzulernen – und kommt dann gerade noch in das nahe Städtchen Matatiele, um sich unter den Haufen der Steigerer und Neugierigen zu stellen. Wer kennt da, zumal unter so vielen Fremdlingen, den fein geschorenen Gentleman mit Reitgerte und derber Reithose?« (VG 1894)

Das Husarenstückchen, von Abt Franz und Bruder Nivard wohl gemeinsam ausgeheckt, klappte wie am Schnürchen. Der als flotter Engländer auftretende Bayer wusste, was er ersteigern wollte; er hatte sich ja voraus-informiert. So glückte es ihm denn auch auf Anhieb, den anderen Steigerern die besten Happen wegzuschnappen. Niemand ahnte, dass dieser »Fremdling unter der Doppelschildkappe« kein anderer »als ein verkappter Trappist« war – und dass die ersteigerte Farm jetzt den Mönchen von Mariannhill gehörte.

Der Altabt jubelte. Bruder Nivard, verschmitzt und zufrieden, freute sich über das geglückte »Versteckspiel«; denn wäre er als katholischer Ordensbruder aufgetreten, dann hätten zumindest die evangelischen »Prädikanten« zeter und mordio geschrieen. Nach Pfanners Version meldeten sich schon zehn Minuten nach der Beendigung der Versteigerung die ersten Protestler aus deren Reihen. Aber zu spät. Viel zu spät. Der clevere Mönch mit der Doppelschildkappe hatte seinem Schimmel die Sporen gegeben und war davon geritten.

Die neue Farm war also gekauft; jetzt musste man daran gehen, dort eine Mission zu eröffnen. Wieder wurde Bruder Nivard dringend gebraucht. Er organisierte – zusammen mit Bruder Servulus Dütsch

– die Wagenkolonne, die die ersten Gründer-Pioniere bis zum Fuß der Drakensberge bringen sollte. In der Karwoche (1894) wurden vier schwere Ochsenwagen hergerichtet, »jeder etwa fünf Meter lang, mit je 30 bis 40 Zentner Eigengewicht«, erinnert sich Bruder Servulus noch nach Jahren. Die Höhe der Hinterräder und ihre Spurweite 1,70 Meter. »Letzteres deshalb, um bei schlechten Wegverhältnissen den Wagen vor dem Umstürzen zu bewahren. Für jeden Wagen hatten wir ein Gespann von 18 Ochsen, sodass unsere Karawane insgesamt 72 Ochsen umfasste. Für so viele Tiere Futter mitzunehmen, war nicht möglich; denn sonst hätten wir keinen Platz mehr für die Fracht gehabt. Die Ochsen mussten sich also mit dem Gras begnügen, das sie auf den Ausspannplätzen vorfanden.« (Vgl. Erinnerungen des Bruder Servulus / GA)

Damals war es im südlichen Afrika üblich, dass jeder Farmer jederzeit bis zu fünf Prozent seiner Farm fremden Fuhrleuten zur Verfügung stellen musste. Eine ideale und sehr gastfreundliche Einrichtung!

Normalerweise wurde dreimal per Tag ausgespannt; das musste sein, denn die Fracht war schwer: »Jeder Wagen nahm ein Gewicht von 60 Zentnern auf, sodass wir im Ganzen 240 Zentner verladen konnten. Neben diesen vier Ochsenwagen hatten wir auch noch einen kleinen Karren, auf dem der für die Missionsstation bestimmte Ofen mitgeführt wurde. Nachdem wir uns auch noch mit den nötigen Lebensmitteln, hauptsächlich mit Mehl, eingedeckt hatten, war unsere Karawane reisefertig.« (s.o.)

Gleich nach den Ostertagen sollte sie aufbrechen. Ein Bild wie aus dem Mittelalter! Bruder Servulus schildert auch die einzelnen Zwischenstationen und die Rastplätze, die mehrmals täglich aufgesucht wurden.

Bei den Deutsch sprechenden Kreuzschwestern von Menzingen (Schweiz) in Kokstad wurden die Brüder in der Sakristei untergebracht, weil sonst kein Platz vorhanden war. »Da sie – die Schwestern – sehr arm waren und fast nichts zum Leben hatten und uns acht Personen natürlich keine Lebensmittel abtreten konnten, erbarmten sich die Katholiken des Städtchens und brachten reichlich Nahrungsmittel herbei. Bruder Nivard, der vor der Stadt zu unserer Karawane gestoßen war, fragte sie (die Nonnen), woher sie plötzlich so viele Köstlichkeiten bekommen? Da erzählten sie ihm den Hergang, und fügten hinzu, wir (die Mönche von Mariannhill; d.Verf.) sollten nur alle 14 Tage kommen. Dann hätten auch sie genug Almosen für einen halben Monat.« (s.o.)

In Kokstad kamen auch Pater Arsenius Tercko und Bruder John Hauptmann (ein ausgezeichneter Katechet) zum Gründer-Team: »Jetzt hatten wir das große Glück, alle Tage der hl. Messe beizuwohnen, die auf der Straße bei einem der Wagen gefeiert wurde.« Aber die allgemeine Freude hielt nicht lange an; über Nacht hatte es geregnet; der Rastplatz glich einem morastigen Sumpf. Um die schweren Ochsenwagen herauszufahren, mussten Zaunpfähle, die man für die neue Station bei sich führte, untergelegt werden. Bruder Nivard, der zwischenzeitlich anderen Geschäften nachging (er hatte bei einer Getreidemühle vorgesprochen), wurde herbeigerufen. Bruder Servulus, wörtlich:« Es gab ein kleines Donnerwetter mit den Fuhrleuten, die solch einen schlechten Lagerplatz ausgesucht hatten.« (s.o.)

Aber es ging, wie gesagt, mittels der Zaunpfähle, noch einmal gut. Den nächsten Lagerplatz suchten Bruder Nivard, Bruder Romuald und Bruder John wohlweislich selber aus; man wollte kein zweites Mal stecken bleiben.

Per Ochsen-Karawane weiter über Bäche und Flüsse – bis zur Endstation

Es war unwahrscheinlich strapaziös, kräfteraubend und gefährlich, was die Mönche von Mariannhill damals unternahmen: Die Straßen glichen eher Feldwegen; bei starkem Regen waren sie aufgeweicht. Für schwere Ochsenwagen kaum passierbar. Gummibereifung gab es noch nicht. Die aus Holz erstellten Räder waren mit schweren Eisenreifen beschlagen. Massiv und robust waren sie, diese Karren, aber eben auch schwer. Zu den transportierten Frachtgütern kam das Eigengewicht! Selbst für gut »eingewöhnte« (eingebrochene) Zugochsen war das Ziehen solcher Gefährte eine große Anstrengung.

Aber die mehrtägige Ochsenwagen-Safari verlangte vor allem von den Menschen das Äußerste ab – von den Brüdern und ihren schwarzen Gehilfen. Alles war Notbehelf: Die Ruhepausen, das Vesperbrot, die Übernachtung, die Toilette usw. Zuweilen musste – auch der Ochsen wegen – ein ganzer Rasttag eingelegt werden. Als Bruder Servulus erfuhr, dass in Matatiele Viehmarkt sei, ritt er mit Bruder Nivard in aller Frühe hin. Es wurden rund 500 Stück Vieh zum Kauf angeboten, aber es fehlten die Käufer. So gelang es den beiden Mönchen, die Preise zu drücken. Sie kauften fünf Stück Vieh für insgesamt 380 Mark.

Während die beiden Brüder auf dem Viehmarkt waren, sollte die Karawane weiterziehen. So geschah es auch. Aber als sie später am Tag die Ochsenwagen wieder eingeholt hatten, staken diese mitten im Umsimvubufluss fest: »Das Wasser überflutete schon die Mehlsäcke«, schreibt Bruder Servulus in seinen Erinnerungen. »Der Fluss war so hoch angeschwollen, dass uns selbst beim Durchreiten das Wasser über den Sattel hinwegströmte. Die schwarzen (Treiber) brachten mit Müh und Not einen Wagen ans andere Ufer, und zwar mit Vorspann, also insgesamt 36 Ochsen an einem Karren. Dann aber verloren sie wegen der Schwierigkeiten und deren Gefahren den Mut, auch die anderen Wagen hinüberzuschaffen.«

Bruder Servulus musste selber eingreifen. Es gelang ihm, die drei anderen Karren aus dem Flussbett herauszubringen. Jetzt fehlte nur noch der kleine Wagen, auf dem der Ofen verstaut war. »Wie ich mit diesem Fuhrwerk mitten im Fluss war, riss uns die Strömung mit. Zum Glück trieben wir Richtung Ufer, wo es einem der Afrikaner gelang, das erste Paar Ochsen zu packen und festzuhalten, sodass wir nicht weiter abgeschwemmt wurden. Doch das Ufer war dort vier Meter hoch! Wir mussten also im Strom flussaufwärts fahren, bis wir eine niedrigere Stelle fanden. Zum Glück haben wir kein einziges Stück Vieh verloren.« (Erinnerungen / GA)

Humorvoll fügte Bruder Servulus hinzu: »Wir trockneten unsere Kleider und bejammerten die schönen Mehlsäcke, die auch ein Bad bekommen hatten!«

Die Zugochsen waren nach dieser Prozedur völlig erschöpft. Und weil sie so übermüdet zu sein schienen, wurden sie in der Nacht nicht angebunden. Zudem war das Gelände ringsum recht sumpfig; also eine natürlich Grenze für das Vieh. Große Felsbrocken am anderen Ende des nassen Geländes bildeten zusätzlich eine Barriere; daneben der kleine Kennecha-Fluss. »In dieses vermeintliche Versteck trieben wir die Ochsen und legten uns selber, todmüde, nieder. Als wir am nächsten Morgen in aller Frühe, es war ein Sonntag, uns nach den Tieren umsahen, waren sie spurlos verschwunden.«

Jetzt begann ein neues Abenteuer: »Als wir drei Stunden weit in das Felsengebirge hineingegangen waren, entdeckten wir zu unserer größten Freude alle Ochsen – bis auf einen. Wir dachten, dieser sei verloren und, möglicherweise, schon in die Mägen der (umwohnenden) Afrikaner gewandert. Doch während wir unsere Herde zurücktrieben, hörten wir auf einmal über den ersten Bergrücken hinüber einen Ochsen brüllen. Es war der verloren geglaubte. So hatten wir wieder unsere 107 Stück Vieh beieinander. Gegen elf Uhr mittags erreichten wir die Wagen-Kolonne. Da feierten wir nun unseren Sonntagsgottesdienst.« (Erinnerungen / GA)

Gleich nach dem Mittagessen ritten die Brüder Nivard und Servulus voraus, zur Farm, dorthin, wo die neue Station zu stehen kommen sollte. Anderntags überquerte die Karawane den Kennecha-Fluss und näherte sich alsbald dem »gelobten Land«, das Abt Franz und Bruder Nivard seit langem mit dem Namen des großen und weithin bekannten österreichischen Marienwallfahrtsortes belegt hatten: Mariazell. Übrigens an der Stelle, wo die Ochsenkarren den Kennecha-Fluss durchfahren hatten, errichtete Bruder Nivard einige Jahre später eine solide Steinbrücke – und zwar im Auftrag der benachbarten weißen Farmer. Sie wurde, zu Ehren ihres Erbauers, »Bruder Nivard-Brücke« getauft.[29]

Da die Zugochsen, die aus Lourdes-Mission gekommen waren, das rauhe und kalte Klima in den Drakensbergen nicht gewohnt waren, wurden sie umgehend zurückgeschickt. Wenige Tage vor Pfingsten kehrten die beiden Brüder Nivard und Servulus ebenfalls ins Mutterhaus zurück. Unterwegs übernachteten sie bei einem weißen Farmer, der mit einer Afrikanerin verheiratet war. »Wir bekamen gehacktes Fleisch und Kartoffeln als Abendessen«, schreibt Bruder Servulus. »Ich hatte schon seit fünf Jahren kein Fleisch mehr gegessen, und so bekam ich auf diese ungewohnte Kost hin nachts plötzlich Fieber – und zwar so stark, dass das ganze Bett fibrierte. Ich dachte erst, es seien Läuse! Bruder Nivard mahnte mich wiederholt, doch ruhig zu sein und die Leute nicht beim Schlaf zu stören; am Ende stand er auf mein wiederholtes Rufen doch auf und sagte, meine ›Krankheit‹ sei nichts anderes als Nesselfieber. Am anderen Morgen war glücklicherweise alles wieder vorbei ...« (s.o.)

Auf dem Weiterweg kauften die Mönche noch 25 Kühe – für je 80 Mark; diese wurden vom weißen Farmer, bei dem sie die Tiere erstanden hatten, selber nach Mariazell gebracht. Schließlich erreichten die beiden Reiter Mariannhill – und dort hatte sie der Alltag wieder.

Mühsam, wie alle Anfänge, waren die ersten Jahre

Wie schon erwähnt, verlassen wir uns jetzt auf die umfangreiche Studie von Pater Dietmar Seubert, die in den »Familiären Nachrichten« (FN) des Mariannhiller Generalats in Rom zwischen 1983 und 1985 veröffentlicht wurden. Nach seinen Recherchen ist der Kauf des Farmgrundstückes am 13. Juni 1893 getätigt worden, und am 29. März des kommenden Jahres waren von Lourdes aus die Ochsenwagen in Gang gesetzt worden. Von den damit verbundenen Abenteuern war schon die Rede. Auch von der Rolle, die Bruder Nivard dabei spielte.

Am 9. April 1894 erreichte die Karawane ihr Ziel. Schon in den ersten Tagen entwarf Bruder Nivard einen Bauplan für das Brüderhaus, also noch ehe er nach Mariannhill zurückritt.

Zur Gründungs-Mannschaft von Mariazell-Mission gehörten Pater Arsenius Tercko, der Rektor; Bruder John Hauptmann, der Katechet; Bruder Romuald Pickel, der Koch; und Bruder Firmus Schweimer, der Schaffner. Bei ihrer Ankunft fanden sie lediglich zwei armselige, türen- und fensterlose Hütten vor; die eine wurde zur Kapelle und Rektorats-Wohnung erklärt, die andere diente als Küche, Magazin, Wohn- und Schlafraum der Brüder.

Natürlich war die »Hüttenkirche« bald zu klein; es kamen ja auch Besucher von auswärts. Daher wurde das »Brüderhaus« zur Kapelle umfunktioniert; doch auch das blieb Notbehelf. 1895 errichtete man eine eigene Kapelle. Vorerst war also dieses Problem gelöst. Inzwischen trafen weitere Missionsschwestern ein. 1897 waren es schon zwölf Nonnen; und es wurden jährlich mehr. Es fehlte allenthalben an halbwegs passenden Räumlichkeiten.

Aber auch die afrikanische Gemeinde wuchs sehr rasch. 1906 zählte die Stations-Chronik von Mariazell (CM) schon 400 Taufen. Missionarisch gesehen, eine außerordentliche Leistung! Kein Wunder, dass auch die Kapelle längst zu klein geworden war. Dennoch dauerte es noch einige Jahre, bis man ernsthaft daran ging, ein geräumiges, solides Gotteshaus zu bauen.

Um 1905 beschwerte sich Bruder Nivard zwar in einem Brief an Pater Notker Vorspel, damals Rektor von Mariazell, über das planlose, wirre Durcheinander auf der Station. Er wurde sogar richtig heftig, als er seinem Ärger darüber freien Lauf ließ: Die »Mariazeller« hätten einen neuen Kirchenbau bislang gebremst! In seinem Baubüro in Mariannhill lagen damals schon erste Skizzen und Baupläne.

Einen neuen Anlauf gab es um 1910; das geht zumindest aus einem Brief des Bruder Nivard an Bruder Felizian Löhr in Würzburg hervor: »Nachdem die Zeller Mühle gründlich ins Wasser gefallen ist (in Matatiele ist eine schöne Kunstmühle im Gange und in Mount Fletcher wird eben eine solche gebaut), fängt man dort (in Mariazell; d.Verf.) an, Steine für die Kirche herzurichten. Wann aber der Bau losgeht, das weiß ich heute noch nicht ...« (17.4.1912) Die vielen bautechnischen Details in diesem Schreiben nach Übersee hängen sicher auch mit dem Beruf des Bruder Felizian zusammen; der war ein tüchtiger Steinmetz, und Bruder Nivard hat ihn nur ungern nach Europa gehen lassen. Er hätte ihn, gerade für Mariazell, dringend gebraucht.

1915/1916 überarbeitete Bruder Nivard seine Pläne für den Kirchbau in Mariazell; jetzt hätte es eigentlich zügig vorangehen können. Nun war aber 1914 der Erste Weltkrieg ausgebrochen. Die aus den »Feindländern« (Deutschland und Österreich waren gemeint, laut britischer Definition) stammenden Patres und Brüder wurden in Mariannhill und auf den Stationen »interniert«; das heißt, ihre Bewegungsfreiheit wurde stark eingeschränkt. Ausgenommen waren allerdings Abt Wolpert und Bruder Nivard. »Ich habe mir gleich am Anfang des Krieges vom Ministerium des Inneren einen Pass ausstellen lassen, mit dem ich in ganz Südafrika frei und ungehindert herumziehen konnte«, schrieb Bruder Nivard an die Familie Josten in Neuss. »Auch mein Freipass für die Eisenbahn blieb in Gültigkeit, und ich hatte während des ganzen Krieges nicht die geringste Schwierigkeit bei meinen vielen Reisen.« (15.5.1920)

Laut Mariazeller Chronik wurde »der erste Spatenstich am 1. März 1916 vorgenommen; den Plan lieferte Bruder Nivard Streicher, der intelligente und weithin bekannte Chef-Ingenieur unserer Missionsgesellschaft. Derselbe übernahm die Hauptleitung des (neuen Kirchen-) Baus.« (CM 46)

Aber, wie gesagt, der Krieg war ein Hindernis – nicht nur, was die »Beweglichkeit« des Missionspersonals anging, sondern auch im Hinblick auf Importe aus Übersee. Dennoch mühte man sich in den folgenden Jahren, den Bau voranzubringen. Anfangs langsam, später etwas zügiger. Bruder Nivard war nachprüfbar zwischen 1. Mai 1919 und 10. Juli 1922 nicht weniger als zwanzigmal in Mariazell. Zum Glück hatte er vor Ort in Pater Canisius Pfingstmann (aus Essen-Steele) einen fähigen und interessierten Bauherrn gefunden. Anders wäre es für Bruder Nivard kaum möglich gewesen, die Bauleitung beizubehalten, ohne ständig anwesend zu sein.

Nach der offiziellen Grundsteinlegung im Oktober 1916 kam allerdings eine Verzögerung nach der anderen – und nicht nur wegen der Kriegs-Einwirkungen. Das lag zum Teil am wechselnden Missionspersonal, mehr noch an der Frage der Finanzierung. Bruder Nivard, der diesen Kirchbau selber als »den Schlussstein der Mariannhiller Kirchenbauten« (D. Seubert, FN 2/1984) angesehen hat, weist in seinen Briefen wiederholt darauf hin: »Vier Jahre sind wir im Bauen, und es wird noch zwei Jahre dauern, bis selbe fertig ist ... Sie ist etwa so groß wie die Centocower, aber ganz aus Hausteinen aufgeführt, und zwar ist jeder Stein der Kirche ein solider, durchgehender Quader, also keine Mauer mit kleineren Steinen, außen anständige Steine zum Versetzen und hinten ausgemauert mit irgendwelchen Steinen. Die ganze Ansicht ist bis jetzt von schwarzen Maurern und Steinhauern ausgeführt; kein Bruder oder Weißer hat je Hand angelegt ... Auf die Orgelbühne führt eine steinerne Wendeltreppe, wie in den alten Kirchen in einem zierlichen Treppentürmchen. Im Giebel ist ein abgerundetes Fenster mit 22 Fuß Durchmesser. An einer Seite ein wuchtiger Turm mit steinernem Dach. Der ist aber noch nicht fertig. Das große Fenster sitzt, und jetzt sind wir am Giebel-Aufmauern.« (Brief an Pater Balduin Reiner, 23.2.1920)

Im selben Brief stellt Bruder Nivard die Gretchenfrage: Wer wird das alles bezahlen? Und er liefert auch gleich einen mit den Mitbrüdern in Mariazell abgesprochenen Finanzierungsplan, vor allem für die in Übersee (via Pater Balduin) bestellten Waren. »Die Mariazeller haben mich feierlich beauftragt und gebeten, diese Bestellung zu machen; das Geld werden sie schon aufbringen. Am 24. dieses Monats ist ein ›cattle sale‹ (Viehmarkt), auf dem das überzählige Vieh verkauft wird. Und da rechnet man mit 1200 Pfund Einnahmen. Man hat schönes Frieslandvieh im Stall. Die neue, dreistöckige Mühle, die vor drei Jahren gebaut wurde, ist auch eine schöne Einnahmequelle. Die Leute kommen bis 80 Meilen zu dieser Mühle gefahren. Haben jetzt drei Mahlgänge. Auch eine große Werkstätte mit vielen Holzbearbeitungs-Maschinen. Die Schule in Zell macht faktisch einen Überschuss …« (s.o.)

Damit stand also fest, dass die Gelder für den »Zeller Kirchbau« aus der Eigenfinanzierung stammen würden. Ein Kunststück, dass wohl in der Missionsgeschichte nahezu einmalig dasteht!

Weitere Probleme und Schwierigkeiten mit dem Kirchbau

Pater Canisius war von Mariazell weg-versetzt worden, was Bruder Nivard sehr bedauerte. Wer sollte nun die Interessen des »Bauherrn« vor Ort wahrnehmen? Wer die tagtäglichen Arbeiten überwachen und koordinieren, wenn Bruder Nivard nicht anwesend war? Er hatte dauernd auch auf anderen, oft weit entfernten Stationen zu tun. Und – woher würde man das Holz für den Dachstuhl beziehen? – Die eine Firma war zu teuer, die andere war für schlampige Arbeiten bekannt. Schließlich schaffte es Bruder Nivard, über die Kreuzschwestern in Kokstad, gutes Dachstuhlholz aus dem Pondoland zu bekommen. In Matatiele wurden »240 achtfüßige und 120 neunfüßige Tafeln Dachblech« bestellt; sie hatten ein Gesamtgewicht von 75 Zentnern.

Noch nicht gelöst war das Problem mit dem »Bauherrn«. Jetzt musste die Generalleitung direkt angegangen werden. Am 14. Juni 1920 kamen Pater Adalbero Fleischer, der neue Generalsuperior, zu-

Die Kirche von Centocow

sammen mit Pater Sales Esser zu Besuch nach Mariazell. Bruder Nivard plädierte für die Rückkehr des Pater Canisius – von Hardenberg-Mission zurück nach Mariazell. Es klappte; Fleischer stimmte zu. Aber später wurde der kundige Pater Canisius wieder abberufen; man brauchte ihn offensichtlich auch auf anderen Stationen.

Jetzt – im Juni 1921 – ging Bruder Nivard Alt-Abt Gerard Wolpert an, der in Fleischers Abwesenheit als dessen Vertreter fungierte. Ein langer Brief, in Telgte-Mission geschrieben, macht überdeutlich, wie sehr er, Bruder Nivard, um die Fertigstellung des Kirchbaus von Mariazell wirbt:

»In meiner Eigenschaft als verantwortlicher Baumeister für den Mariazeller Kirchbau richte ich die ergebenste Bitte an Sie, solche Vorkehrungen zu treffen, dass Pater Canisius (Pfingstmann) während der Bauperiode in Zell verbleiben und den Kirchenbau weiter und zu Ende führen kann. Die folgenden sind die Gründe, die mich zu dieser Bitte bewegen:

1) Es ist höchste Zeit, dass Mariazell eine neue Kirche bekommt. Ich brauche kaum hinzuweisen auf den baufälligen Zustand der alten Kirche, besonders zur Regenzeit, wenn Wannen und Kübel in der Kirche aufgestellt werden müssen... – An Sonntagen ist die Kirche buchstäblich gepfropft voll, aber auch an Werktagen. Wenn des Morgens 150 Schulkinder warm aus dem Bett in die Kirche kommen, ist namentlich im Sommer die Luft unter dem Blechdach eine derartige, wie man selbe anständigen Leuten nicht zum Atmen vorsetzen sollte.
2) Man hat diesen Zustand schon vor Jahren eingesehen und deshalb die neue Kirche geplant und zu bauen begonnen. Nun hat man ein volles Jahr der Bauzeit verbummelt durch die gezwungene Abwesenheit des Pater Canisius; und wenn er nicht zum Bau zurückkehren kann, kann noch manches Jahr vergehen, bis der Bau vollendet ist.
3) In Mariazell hat sich in den Jahren der Bauperiode eine Art ›Bauhütte‹ gebildet, deren Haupt Pater Canisius ist. Er hat sich mit den Werkleuten (Steinbrechern, Steinhauern und Maurern) sehr gut eingearbeitet ... Man soll doch bedenken, welch kolossales und monumentales Werk hier im Werden begriffen ist! Dass nur Schwarze daran gearbeitet haben und dass außer den Mariazellern niemand getroubled (finanziell belästigt; d. Verf.) wurde... Pater Canisius hat sich wunderbar in die Technik der Steinhauerei eingearbeitet und hat den Bau bis jetzt zu meiner vollen Zufriedenheit geleitet; und er wird ihn auch sicher zuende führen, wenn man ihm dazu die Gelegenheit gibt.

4) Ich meine, es gebiete der Anstand, dass man auch auf den Baumeister (Bruder Nivard meint sich selber; d.Verf.) Rücksicht nimmt. Dieser ist aber ein gewöhnliches Brüderlein, und da kann man sich getrost darüber hinwegsetzen. Ich möchte aber doch bemerken, dass es die Begeisterung nicht anzufachen imstande ist, wenn man sich Jahre lang bemüht, sein Bestes zu tun, um einen Monumentalbau herzustellen. Wenn man einen Bauführer erzogen hat, auf den man sich verlassen kann, der sich mit Liebe und Opfergeist der Sache hingibt, wenn man diesen Mann wegnimmt – und meint, es wird auch so gehen. (Man spürt den Ärger und Unmut des Bruder Nivard aus jeder Zeile. Dabei geht es ihm wahrlich nicht um persönliche Erfolge; er weiß um die Dringlichkeit des Kirchenbaus in Mariazell; er hat in der Tat sein Allerbestes getan; und jetzt kämpft er für die Vollendung; d.Verf.)
5) Wäre Pater Canisius an der Arbeit geblieben, wäre der Turm jetzt fertig, und ich könnte meine Zeit dem Sanatoriumsbau (Altenheim für die Mariannhiller Schwestern in Ixopo; d.Verf.) widmen und dem Spital in Mariannhill, wo meine Gegenwart fast ständig notwendig ist. Der große Stallbau in Lourdes nimmt einen Teil meiner Zeit in Anspruch, und so ist es doppelt notwendig, einen verlässlichen Mann beim Kirchbau in Mariazell zu haben.« (14.8.1921/GA)

Diesen seinen Brief an Wolpert schließt Bruder Nivard mit einem Hinweis auf seine schwindende Energie: »Meine Arbeitskraft ist nicht mehr die vor 20 Jahren. Ich fühle immer mehr die Beschwernis des ständigen Reisens, und so Gott will, möchte ich doch die Zeller Kirche zu meiner Zeit noch vollendet sehen. Ich bitte also, ehrwürdiger Vater, Ihr Möglichstes zu tun, dass Pater Canisius die Bauleitung (wieder) übernehmen und zu Ende führen kann. Um Ihren Segen bittend verbleibe ich in Liebe und Ehrfurcht Ihr gehorsamer Br.Nivard.« (s.o.)

Richtfest und Kirchweihe
Turmuhr und Glocken

Der Bitte des Bruder Nivard wurde stattgegeben; Pater Canisius kehrte nach Mariazell zurück und war an der Fertigstellung des Kirchenbaus weiterhin maßgeblich beteiligt. Am 26. Oktober 1921 wurde Richtfest gefeiert. Die Station prangte im Fahnenschmuck; »auf allen Gipfeln hatte man Bäume und Flaggen angebracht; es herrschte fröhliche Stimmung«, heißt es in der Chronik. Ob Bruder Nivard anwesend war, wissen wir nicht. Die Chronik erwähnt es nicht.

Mit dem Richtfest war aber die Inneneinrichtung noch lange nicht abgeschlossen. Und bis zur Kirchweihe verging noch einige Zeit.

Ende September 1922 fing man an, das Presbyterium zu verputzen; dazu brauchte es ein stabiles Gerüst. Bruder Bernardin stürzte dabei aus einer Höhe von sieben Metern ab; er blutete stark, aber zum Glück war er nur leicht verletzt. Nach drei Tagen Bettruhe war er wieder auf dem Baugerüst.

Bruder Bernardin war es auch, der das Turmkreuz montierte. Auch das wurde gefeiert. Bruder Nivard hatte schon Wochen vorher eine kleine Flasche Champagner deponiert; diese sollte zur »Kreuz-Erhöhung« nach Mariazell geschickt werden. »Die Flasche langte einige Wochen vorher an, und am Abend der Kreuz-Errichtung wurde sie mit der ganzen Gemeinde gemütlich getrunken. Man hatte zuerst dem Herrn fürs gute Gelingen gedankt; dann Bruder Nivard und Bruder Bernardin erwähnt, und schließlich den Champagner getrunken.« (CM 62)

Um Weihnachten war die Kirche verputzt. Jetzt ging man an das Gewölbe der Empore. Dazu waren eigens 18000 Ziegelsteine vor Ort gebrannt worden. Im Februar 1923 war auch dieser Anbau abgeschlossen. Jetzt konnte man daran gehen, die feierliche Kirchweihe vorzubereiten. Adalbero Fleischer, inzwischen Apostolischer Vikar von Mariannhill, sollte die Segnung vornehmen; er war vorübergehend sowohl Generalsuperior der jungen Missionskongregation als auch Bischof von Mariannhill in Südafrika. Für ihn, der vor allem in Triashill (Rhodesien/Simbabwe) sehr segensreich gewirkt hatte, war die Mission am Fuß der Drakensberge zwar nicht ganz unbekannt, aber doch weithin Neuland. Fleischer kam sehr gerne – und es wurde ein großes Fest! Leider ohne Bruder Nivard; der war bereits im Sommer 1922 nach Europa gereist – krank und müde; man wollte ihm einen längeren Kurlaub verschaffen; natürlich auch ärztliche Hilfe. Sein Gesundheitszustand hatte sehr nachgelassen.

Die Vorbereitungen zum großen Kirchweihfest liefen alsbald auf vollen Touren. Patres, Brüder, Schwestern, Katecheten – Schwarze wie Weiße – halfen dabei mit. Der Termin wurde auf den 2. Mai 1923 festgelegt. Schon am Vortag wurde der Bischof feierlich auf die Station geleitet: 36 Reiter, hoch zu Ross, mit Schärpen und Fahnen ausgestattet – und 12 Reiter auf Ochsen, sie selber in alter Basuto-Tracht, mit Ziegenfellen behangen, zogen Fleischer entgegen, der über Matatiele und Farview per Auto gekommen war. Auf der Station hatten sich alle »in Parade« aufgestellt, wie es in der Chronik heißt: Kinder, schwarze Christen, Brüder und Schwestern gleich neben dem Triumphbogen. »Nach dem feierlichen sakramentalen Segen dankte der Bischof für den Empfang und sagte, Mariazell sei nun zu einem Zentrum für die ganze Transkei geworden. Es möge künftig ein Leuchtturm sein, der Licht verbreitet.«

Unter der Gästeliste finden wir zahlreiche Mariannhiller von anderen Stationen, zum Beispiel Pater Emmanuel Hanisch, den späteren Bischof von Umtata, Pater Arsenius Tercko, Pater Florian Rauch, Pater Bonaventura Jäckel, Pater Chrysostomus Ruthig, Pater Maurus Kalus u.v.a. Mariannhiller Missionare. Auch waren mehrere Oblatenpatres aus Basutoland (heute: Lesotho) gekommen sowie der schwarze Weltpriester Andreas Ngidi; ferner weiße Regierungsbeamte und schwarze Häuptlinge der Region.

Am Abend vor dem großen Fest »fand bengalische Beleuchtung der Kirche mit Feuerwerk statt; dann Konzert im Bubenschlafsaal, wo eine Bühne errichtet worden war … Alles verlief zur Zufriedenheit« (CM 67).

Die feierliche Benediktion der neuen Herz-Jesu-Kirche folgte am nächsten Morgen: Pater Canisius hielt das Hochamt im Beisein des Bischofs, der ja die örtliche Sprache der Afrikaner noch nicht beherrschte; die Predigt hatte Pater Chrysostomus Ruthig; er war aus Cala-Mission gekommen. Der Chor trug die Missa St. Cordis Jesu von Schultz, op. 15 vor. Nach dem Gottesdienst und nach der Weihe wurde gesungen und getanzt. Oblatenpater Hentrich kommentierte:

Mariazell – der letzte große Kirchenbau Bruder Nivards in Südafrika

»Ich habe viel gesehen, auch in Roma (Lesotho), aber so etwas noch nie!« (CM 67)

Dann kam das Festessen. »Die Magenfrage wurde zur größten Zufriedenheit aller gelöst. Neun Ochsen und 25 Ziegen und Schafe mussten dafür ihr Leben lassen. So war es schon bei der Tempelweihe Salomos, wenn auch noch etwas aufwendiger … Sogar Chief Moiketsi, der Mariazell früher gar nicht gut gesonnen war, stiftete einen Ochsen für das Fest …« (CM 67)

Alle waren gekommen. Alle freuten sich. Alle feierten mit. Nur *einer* fehlte: der schwer erkrankte und nach Europa abgereiste Architekt dieses markanten Bauwerkes – Bruder Nivard. In der Mariazeller Chronik heißt es diesbezüglich: »Allen tat es leid, dass *der* Mitbruder nicht dabei sein konnte, der die Pläne für die Kirche geliefert und sich so sehr dafür eingesetzt hatte, dass man diesen schönen Tag begehen konnte: Bruder Nivard; um die Krone seiner Kirchen noch zu sehen.« (CM 68)

Das Urteil der Gäste war eindeutig: Es sei das schönste Gotteshaus weit und breit. Was die Weißen kaum glauben konnten: Dass alle Steinarbeiten von Afrikanern ausgeführt worden seien. Der Obermaurer war Remigius Khathali aus Mariazell. (Vgl. CM 68; FN 1/1985)

Nun war also die Kirche eingeweiht; das Fest gefeiert; der Alltag kam wieder über Mariazell. Aber noch standen diverse Projekte an: Die Glocken und die Turmuhr mussten noch besorgt bzw. montiert werden. Aber auch dazu hatte Bruder Nivard vor seiner Abreise alles getan, was nötig war. Die Uhr wurde wieder – wie bei der Turmuhr des Campanile in Mariannhill – bei Firma Fendt in Marktoberdorf bestellt, und die Glocken sollten aus »Bochumer Gussstahl« sein. Am 9. Januar 1922 gab er drei Glocken in Auftrag; am 16. Januar reichte er die gewünschten Inschriften nach. »Es waren vorgesehen für die Glocke von 1100 mm Durchmesser ›Cor Jesu miserere nobis‹, für die von 915 mm Durchmesser ›Ave Maria gratia plena‹ und für die von 835 mm Durchmesser ›St. Joseph, ora pro nobis‹. Zugleich versprach Bruder Nivard eine erste Abschlagszahlung für die kommende Woche von 60 Pfund. Selbstverständlich konnten die Glocken bis zur Kirchweihe (2. Mai 1923) noch nicht in Mariazell sein. Bis sie schließlich dort eintrafen, wurde es 10. April 1924. Die Fracht von Hamburg nach Durban war mit elf Pfund ausgestanden, die von Durban nach Franklin kostete mit der Natal-Eisenbahn das Doppelte – und noch einmal acht Pfund waren für die Fracht mit dem Ochsenwagen bis Mariazell zu zahlen.« (CM 71/72; FN 2/1985) Die Glockenweihe erfolgte am 4. Mai 1924; Pater Emmanuel Hanisch, Rektor von Lourdes, nahm sie vor.

Die Turmuhr, ebenfalls von Bruder Nivard im Januar 1922 bestellt, verkündete am 24. Juni 1924 erstmals die Tageszeiten vom Turm herab. »Der Viertelschlag der Uhr ließ den Leuten keine Ruhe, und die meisten hatten (in der kommenden Nacht) nicht geschlafen. Aber man gewöhnt sich an alles. Nach der dritten Nacht wurde keiner mehr durch das Schlagwerk der Uhr gestört!« (CM 72/73)

Die Katechese der Kirchenfenster

Auch darum hatte sich Bruder Nivard höchst persönlich gekümmert. Man wolle, so schrieb er an Pater Balduin, Missionsprokurator in Würzburg, »für die halbrunde Apsis im Presbyterium sieben gemalte Glasfenster, in welchem die sieben Sakramente symbolisch dargestellt sind.« Dr. Oidtmann (Linnich) habe mit dem Centocower Rundfenster ein »herrliches Werk« geliefert; er werde sicher auch für Mariazell das Richtige treffen.

Anfang August 1920 übersandte die Firma Oidtmann erste Skizzen; damit ging Bruder Nivard nach Mariazell, besprach alles mit den dortigen Mitbrüdern und sandte Ende November 1920 die abgeänderten Entwürfe an die Firma Oidtmann zurück. Mitte Dezember entschied der Generalrat – zur großen Enttäuschung Bruder Nivards: »Die Fenster sollen hier (in Südafrika) gemacht werden!« Aber Bruder Nivard, schlau und fix wie eh und je, hatte seine eigenen Pläne: »Noch bevor die Mariazeller den abschlägigen Bescheid in die Hände bekamen, handelte er«, schreibt Pater Dietmar Seubert in seiner Studie. »Am nächsten Tag schrieb er an die Kreuzschwestern von Kokstad, er werde am 17. Dezember nach Clairvaux-Mission kommen und von dort nach Ixopo gehen; dann habe er vor, zum Heiligen Abend, nach Kokstad zu gehen und bei ihnen (den Schwestern) Weihnachten zu verbringen – wenn sie nichts dagegen hätten.« (FN 2/1985)

Die Nonnen hatten natürlich nichts dagegen, ganz im Gegenteil. Bruder Nivard war überall ein gern gesehener Gast. »Zudem arbeitete er gerade für sie; sie waren dabei, ihren Konvent zu erweitern. Für all seine Arbeiten stellte er nie eine Rechnung. Wenn er daraufhin angesprochen wurde, bat er um eine Spende für die Mission und überließ es dem Belieben oder der Großzügigkeit des Einzelnen, was er für angemessen hielt. Er sei damit, bemerkt er einmal, nicht schlecht gefahren. Bei den Kreuzschwestern von Kokstad wollte er es diesmal nicht bei dem Belieben allein lassen. Er machte sie offensichtlich mit seinem und der Mariazeller Anliegen wegen der sieben Kirchenfenster bekannt. Der gewünschte Erfolgt blieb nicht aus. Am 21. Januar 1921 kann er der Firma Oidtmann schreiben: Der Klosterrat wollte bei diesen schweren Zeiten nur einfache Fenster, die wir selbst anfertigen können, genehmigen. Ich habe aber Freunde gefunden, welche die Fenster stiften. – Und in seinem Brief vom 19. April 1921 nennt er dann die Freunde: In etwa zwei Wochen komme ich nach Kokstad zu den Stifterinnen der Zeller Fenster und hoffe, Ihnen eine Banküberweisung von 20000 Mark zusenden zu können. – Im Auftragsbuch der Fa. Oidtmann ist die Bestellung unter dem 25. Januar 1921 eingetragen.« (D. Seubert, FN 2/1985)

Der Auftrag wurde ausgeführt. Ordnungsgemäß, wie von Bruder Nivard bestellt. Und schon im Oktober 1921 konnte er nach Linnich zurückmelden: »Die Fenster sind in Durban gelandet und schon auf dem Weg nach Mariazell!«

Zur »symbolischen Darstellung« der sieben Sakramente, von der Bruder Nivard in seinem Schreiben an Pater Balduin gesprochen hatte, meint Pater Dietmar in seiner Studie: Es sei wohl nicht daran gedacht gewesen, »Symbole (Sinnzeichen) für die Sakramente, wie z. B. Ähren und Trauben oder einen Pelikan für die Eucharistie, auf den Fenstern zu zeigen, sondern die Spendung der einzelnen Sakramente in *einfachen*, auf das Wesentliche konzentrierten Bildern«. Die Fenster seien denn auch, der Bauart der Kirche entsprechend, »im romanischen Stil ausgeführt – mit kräftigen Farben«. So werde auch vermieden, dass die sieben Fenster in der Apsis zuviel Licht in den Raum fluten lassen und die Augen der auf den Altar gerichteten Gottesdienstbesucher blenden könnten. »Ein strenger Liturgiker mag die Darstellung der Sakramente an zentraler Stelle des Chorraums als nicht passend ansehen, für den pastoral denkenden Missionar sind sie eine ausgezeichnete Bildkatechese.« (D. Seubert, FN 2/1985)

XVIII.

Franz Pfanner und der braune Abt von Mariannhill

Bruder Nivard hatte das Vertrauen der Äbte, sein Einfluß war enorm

»Der größte Reichtum des Lebens ist uns in der Beziehung von Mensch zu Mensch gegeben. Aber auch der tiefste Schmerz. Freundschaft ist ein Edelstein, Treue ist das Gold, das ihn einfasst.«

Zenta Maurina

Rückblickend können wir so zusammenfassen: Bruder Nivard war schier allgegenwärtig; zumindest war er überall dort, wo gerade gebaut wurde, egal ob im Missionszentrum Mariannhill selber oder auf einer der zahlreichen Filialen. Wo und wann immer ein bautechnisches Problem auftauchte, war er gefragt. Häufig auch als Ingenieur und Fachmann für Maschinen aller Art, Turbinen, Wasserleitungen; auch für Landwirtschaft, Viehzucht, Gartenbau und vieles mehr.

Kein größeres Gebäude im gesamten Missionssprengel, das er nicht entworfen hätte. Keine größere Waren-Bestellung in Europa, die nicht durch ihn eingefädelt worden wäre. Seine Expertisen über Ziegelbrennen, Milchwirtschaft, Nutzung von Wasserkraft sowie über den Bau von Getreide- und Sägemühlen hätten von gelernten Experten nicht besser ausfallen können. Dabei war er – genau genommen – »nur« ein einfacher Schreiner. Aber er hat unwahrscheinlich schnell außerordentlich viel dazugelernt! Wenn man auf einen Menschen das Wort »selfmademan« mit Recht anwenden darf, dann auf diesen aus Bayern stammenden Mönch von Mariannhill.

Über sein Können und Wissen, über seinen Fleiß und seine Schaffenskraft, über seinen Witz und Humor, über seine Safaris und Abenteuer, über architektonische und technische Projekte haben wir uns informiert. Bleibt noch *ein* Thema: Sein Verhältnis zu den Äbten von Mariannhill. Sein Einfluss auf diese. Sein Stand innerhalb der missionarischen Ordensgemeinschaft. Mit anderen Worten: Es geht um die Beantwortung der Frage: Warum hat man Bruder Nivard schon zu Lebzeiten »den braunen Abt« genannt?

Um es mit einem Satz vorweg zu sagen: Weil er zeitlebens das Vertrauen Franz Pfanners hatte, und gleichzeitig auch das von Pfanners Nachfolgern. Sowohl Abt Amandus Schölzig als auch Abt Gerard Wolpert vertrauten ihm viel an. Trauten ihm viel zu. Holten bei ihm Rat und Hilfe.

Sogar Abt Franziskus Strunk vom Kloster Oelenberg im Elsass, zeitweise offizieller Visitator von Mariannhill in Südafrika, mühte sich ernsthaft, den Erdinger auf seine Seite zu ziehen. Wir werden dies, auch anhand von persönlichen Briefen, noch nachweisen. Es geht also im Folgenden vor allem um Bruder Nivard, den Vertrauten Pfanners sowie der anderen Äbte. Und damit um ein letztes Mosaiksteinchen auf der Spurensuche nach dem, was er war, wofür er lebte und wie er sich seinen Obern und Mitbrüdern gegenüber verhalten hat.

Bruder Nivard und die große Wassernot in Durban

Man spürt noch die Freude, die Abt Franz empfunden haben muss, als er seinen Artikel über die Wasserknappheit in Durban schrieb. Denn in diesem Punkt, in Sachen Wasserbeschaffung, Wasserleitung, Wasserverbrauch usw. waren seine Mönche unschlagbar, allen voran Bruder Nivard. Der hatte sich inzwischen (Pfanners Artikel erschien 1890) zum Wasserfachmann gemausert.

Um das gesamte hier angesprochene Problem besser zu verstehen, werden wir das Essay Pfanners etwas ausführlicher aufgreifen – und erst dann wieder auf Bruder Nivard zurückkommen, der dabei eine Star-Rolle innehatte.

Weil Durban arm an Trinkwasser gewesen sei, beginnt Abt Franz zu schreiben, habe der Stadtrat vor einigen Jahren mit großen Kosten ein »Wasserwerk« in den Umbilo-Fluss gebaut, um von dort 16 Meilen weit Trinkwasser in eisernen Röhren herbeizuschaffen. Nun führte aber der Bach in den letzten Jahren immer weniger Wasser, und so wurde die Wassernot in Durban größer. Die ursprünglich kalkulierten 150 000 Gallonen (eine englische »gallon« beinhaltet etwa 4,5, eine amerikanische rund 3,7 Liter) wurden längst nicht erreicht. Inzwischen sei die Stadt gewachsen, und man käme jetzt allenfalls mit 250 000 Gallonen aus. Daher hätten die Stadtväter ein größeres Kraftwerk am wasserreichen Umlas vorgesehen.

Aber die Wassernot gebiete, noch vor der Errichtung dieser neuen Leitung, eine provisorische vom Umhlatuzane bis nach Durban zu legen. Pfanner: Dieser Fluss gehöre aber auf eine weite Strecke den Mönchen von Mariannhill; denn schon beim Landkauf habe er »alles Land rechts und links des Flusses dazuerworben, um ja ganz Herr dieses Wassers zu werden«. Nun fanden die städtischen Ingenieure heraus, am einfachsten wäre es, auf der Mariannhiller Farm eine große Dampfmaschine aufzustellen und so das dringend benötigte Wasser vom Umhlatuzane über die hügelige Landschaft ins »trockene Wasserwerk des Umbilo« zu pumpen. Dazu brauchte es aber die Erlaubnis der Mönche.

Pfanner hielt Rat. Schlau wie immer, witterte er ein gutes Geschäft: Wenn schon Wasser abgepumpt werde – aus dem ordenseigenen Grund –, dann möge man, bitte, dafür bezahlen bzw. der Mission eine entsprechende Spende zukommen lassen. Humorvoll und mit viel Witz plauderte der Abt mit den Stadträten. Am Ende einigte man sich so: Solange der Umhlatuzane reichlich Wasser führe, wolle man gerne davon abgeben. Umsonst. Sobald aber der Wasserstand stark zurückgehe, sodass es kaum ausreiche, um die Pumpen und die Mühle des Klosters zu treiben, dann müsse Durban für die Kosten zur Betreibung der Dampf-Turbinen aufkommen. Damit waren die Herren sofort einverstanden. Sie hatten auch ihren Stadtschreiber dabei. Der sollte das Protokoll führen.

Jetzt erwähnt Pfanner in seinem Artikel erstmals den Bruder Nivard; der sei auch nicht faul gewesen, sondern habe spät am Abend und wieder in aller Frühe »alles ausgemessen und berechnet, was allenfalls ein Punkt der Unterredung sein könnte«. So konnte der Abt genaue Forderungen stellen, die in den Vertrag aufgenommen wurden. Ein Beweis mehr, wie sehr beide, Abt Franz und Bruder Nivard, in solchen Angelegenheiten »für Nägel mit Köpfen« waren!

Hier der Vertrags-Inhalt:

1) Für das Aufgraben der Felder verlange man nichts; wohl aber erwarte man, wenn die Wasserleitung nicht mehr benötigt werde, dass die Gräben wieder zugeworfen würden – auf Kosten der Stadt Durban.
2) Für die Ausbesserungsarbeiten der benützten Wege auf der Missionsfarm sowie für den Bau einer neuen Straße bis hin zur Dampfmaschine müsse Durban finanziell aufkommen.
3) Durban erklärt sich bereit, das Wasser, das vom Kloster gebraucht werde, bis dorthin zu leiten, sofern die bisherigen Pumpen ausfielen.
4) Durban errichtet sofort eine 12 PS starke Dampfmaschine bei der Mühle von Mariannhill, damit, wenn die Wasserkraft nachließe, per Dampf gemahlen werden könne.

Weil die Stadt sich nicht in der Lage sah, die Wasserleitung selber zu installieren, bot Pfanner – auf den Vorschlag von Bruder Nivard – an, den Teil der neuen Leitung, der sich auf dem Missionsgelände befinde, selber zu legen – natürlich auf Kosten Durbans. Ähnlich verfuhr man mit dem Transfer der Dampfmaschine und der Eisenrohre.

Schon am nächsten Tag – nach Abschluss des Vertrags – ging man in Mariannhill ans Werk. Pfanner: »Wir übernahmen die Aufgabe, das Wasser mittels eines Dammes zu stauen, es in einem 6 000 Fuß langen Kanal bis zum Dampfkessel zu führen – und die städtischen Ingenieure hatten weiter nichts zu tun, als den Kessel aufzustellen und auf einer Länge von 10 000 Fuß Eisenrohre in die Erde zu legen.« (VG 1890, 62 ff.)

Noch ehe die Durbaner auch nur einen Spatenstich machten, hatten die Mönche von Mariannhill schon einen Teil des Dammes und etwa 2 000 Fuß des Kanals fertig. Der Abt: »Da zeigte sich, welchen Vorsprung tüchtige Praktiker vor schulgelehrten Theoretikern haben! Denn im Anlegen von dauerhaften Kanälen und soliden Steindämmen sowie von Notstraßen haben unsere Brüder eine große Erfahrung.« Auch das war ein Wort des Lobes auf Bruder Nivard; denn er hatte alle Berechnungen gemacht; er leitete das Projekt; er war der Kopf all dieser Ausführungen.

Der General-Bevollmächtigte des Abtes
Erst- und einmalig in Natal

Wir erinnern uns: Bruder Nivard war in Mariastern bei Banjaluka/Bosnien bei den Trappisten eingetreten. Franz Pfanner, damals Prior beider Klöster, Mariannhill und Mariastern, rief 1883 den noch nicht dreißigjährigen Schreiner aus Erding ans Kap; dort übergab er ihm fast vom ersten Tag an verantwortungsvolle Aufgaben. Vor allem bautechnische und wirtschaftliche.

Bevor der inzwischen zum Abt gewählte Pfanner 1886 eine längere Europa-Reise antrat, legte er die wirtschaftliche Leitung des Klosters und seiner Missionsstationen in die Hände des Bruder Nivard – und nicht in die Hände eines der Patres oder älteren Brüder in der Gemeinschaft.

Diese Amts-Übertragung bzw. Generalbevollmächtigung wurde notariell festgehalten und beglaubigt. Er, der nun 32 Jahre alte Laienbruder, sollte alle Vollmachten haben – während Pfanners Abwesenheit –, die sich auf das wirtschaftliche und finanzielle Wohl und Wehe Gesamt-Mariannhills bezogen.

Weil diese Vollmacht-Übertragung so wichtig und so bedeutsam war, bringen wir sie im Wortlaut:

»Allen Menschen werde durch dieses Dokument kund, dass an diesem, dem dritten Juni im Jahr des Herrn Eintausendachthundertsechsundachtzig (1886) in Gegenwart des unterzeichneten Zeugen persönlich kam und erschien Father Franz Pfanner, Abt von Mariannhill, der erklärte, dass er ernannt, eingesetzt und bezeichnet hat und durch vorliegendes Schriftstück ernennt, einsetzt und bezeichnet Brother Nivard Streicher, damit er sein rechtmäßiger und gesetzlicher Vertreter und Bevollmächtigter sei mit voller Macht und Autorität für ihn in seinem Namen, zu seinem Nutzen und Vorteil zu bitten, zu fordern, gerichtlich zu belangen, Schulden einzutreiben, aus und von allen oder von einer oder mehreren Personen, welche es auch immer sein mögen, jede solche Summe oder Summen Geldes, wie sie nun sind oder sein werden oder zu einer künftigen Zeit schuldig werden mögen, als schuldig, zahlbar und ihm gehörig einzutreiben, aus und kraft von Schuldscheinen, Obligationen, Wechseln, Buchschulden, Besitzurkunden oder auch aus was für immer anderen Sicherungen;

auch für ihn und in seinem Namen Rechnungen zu bezahlen und in Ordnung zu bringen, wie er es für angemessen und richtig hält und wenn notwendig, für ihn zu einer Übereinkunft zu kommen und einen Teil für das ganze anzunehmen;

auch irgendwelchen Gegenstand, der strittig ist, einem Schiedsspruch zu unterwerfen und für die für diesen Zweck notwendigen Akten zu unterzeichnen, zu siegeln und zu übergeben;

ebenfalls Häuser zu mieten oder zu vermieten, Mieten einzusammeln und in Empfang zu nehmen und Quittungen darüber auszustellen und bei Nichterfüllung der Bezahlung oder Ablieferung, alle gesetzlichen Wege und Mittel zu benützen und in Anspruch zu nehmen, um diese durch Beschlagnahme, Vertreibung vom Besitz oder auf eine andere Weise zu erlangen;

ebenso wenn notwendig, für ihn und in seinem Namen anzufangen, einzuklagen und zu verteidigen irgend einen Prozess oder Prozesse, eine oder mehrere gerichtliche Anklagen nach Billigkeit in einem der Gerichtshöfe dieser Übereinkunft auf dieselben nach Belieben Verzicht zu leisten;

ebenfalls einzuziehen, in Empfang zu nehmen oder Wechsel zu bestätigen oder Schuldscheine zur Begleichung einer Schuld oder zur Tilgung eines Anspruchs, fällig oder zahlbar an oder durch ihn den Erscheinenden;

und weiterhin Immobilien oder Grundeigentum zu kaufen und zu verkaufen, zu fertigen, zu geben und zu empfangen, in schuldiger oder gewohnheitsüblicher Form alle Handlungs- oder Vertragsdokumente von solchem Grundeigentum;

auch zu erscheinen auf dem Büro des Zehnteinnehmers und der Gebühren-Übertragung und dann und dort an seiner Statt den notwendigen Eid zu leisten und über die Wahrheit der Kaufsumme die Unterschrift zu geben.

Weiterhin für ihn und zu seinem Nutzen Geld als Hypothek auf unbewegliches Eigentum aufzunehmen oder zu leihen und vor dem Registrierungs-Beamten für Urkunden zu erscheinen, um zu fertigen, gelten zu lassen, zu geben oder zu empfangen all solche Anteilscheine von einer hypothekarischen Anleihe oder andere Sicherungen, wie sie erforderlich und notwendig sein können, unter Verpflichtung seiner, des Erscheinenden Person und Besitz von jeder Art;

und ebenfalls in seinem Namen in die Sicherungen einzugehen, in was auch immer für einer Natur und Art; und überhaupt für ihn und in seinem Namen auszuwählen das ›domicilium citandi et executandi‹;

durchzuführen und zu verhandeln all seine Angelegenheiten in dieser Kolonie und all solche Akte, Angelegenheiten und Sachen auszuführen, zu fertigen, zu signieren, zu siegeln und alle solche Urkunden und Instrumente auszuhändigen, die notwendig sein können oder sehr zu seinem Nutzen;

auch alle gesetzlichen Mittel und Zwecke, wie der Erscheinende es möchte oder tun könnte, wenn er persönlich anwesend und diesbezüglich handeln würde; hiermit gibt und gewährt er seinem Bevollmächtigten und Vertreter volle Macht und Autorität, einen oder mehrere Bevollmächtigte zu ernennen oder zu bezeichnen in Übereinstimmung mit ihm und dieselben nach Gutdünken abzusetzen oder zu entfernen und einen anderen oder andere zu bestimmen;

anbei bestätigend, gutheißend und bekräftigend und versprechend, zu allen Zeiten zu bestätigen, gutzuheißen und alles zu bekräftigen, was immer sein vor-erwähnter Bevollmächtigter, sein oder seine Vertreter gesetzlich tun werden oder zu tun veranlassen in oder in betreff der vor-erwähnten Punkte kraft dieses vorliegenden Dokumentes. – fr. (für father/Pater; d.Verf.) Franz Pfanner, Abt, 3. Juni 1886.« Links darunter: »Unterzeichnet, gesiegelt und ausgehändigt in Gegenwart von R. Jameson, J. P.« (Vgl. T. Kempf: Der Herold Gottes in Südafrika, II. Teil, Band 3, 221/222)

Mit diesem Dokument, aus dem Englischen übertragen – und in Büro-Deutsch wiedergegeben – hatte Bruder Nivard alle Rechte und Pflichten übernommen, die normalerweise der Abt, und nur er, in rechtlicher, finanzieller und wirtschaftlicher Hinsicht für sich in Anspruch nehmen darf. Das britische Rechtsdenken verlangte die (für uns so gedrechselt und gewunden wirkende) Formulierungen.

Für Bruder Nivard wurden später weitere »Generalvollmachten« von Abt Franz ausgestellt, die eine mit dem Datum vom 24. Juli 1890, die andere vom 9. Juni 1893. (Vgl. TK, Bd. 3, 248)

Wie weitreichend diese Vollmachten waren, begreift man erst, wenn man den Gesamt-Text dieser Dokumente mehrmals liest und, Wort für Wort, inhaltlich erfasst. Dass Bruder Nivard zum Generalbevollmächtigten bestellt wurde – und eben nicht einer der »studierten« Patres, macht überdeutlich, wie sehr Pfanner dem Geschick und gesunden Hausverstand des einfachen Laienbruders vertraute – und wie hoch er dessen praktischen Sinn sowie seine allgemeinen Fähigkeiten einschätzte.

Bruder Nivard –
der Generalbevollmächtigte der Äbte von Mariannhill

Er möge die schöne Mittelstraße zwischen Humor und Hitze nicht verlieren

Während Pfanner in Europa war, auf Betteltour, blieb er mit Bruder Nivard in engem Briefkontakt. Sein Schreiben vom 22. August 1886, in Würzburg erstellt, ist nur eines von vielen ähnlichen. Immer wieder stellt der Abt ganz konkrete Fragen; immer wieder antwortet er auf die Anfragen Bruder Nivards, der ja mit dieser gewaltigen Verantwortung, die nun auf ihm ruhte, auch erst fertig werden muss.

Punkt für Punkt geht Pfanner den Katalog an Problemen und Projekten durch, gibt seine Kommentare und Ratschläge, und versucht auf diese Weise Bruder Nivard zusätzlichen Rückhalt zu geben.

»Mein lieber Br. Nivard!« lautet die Anrede. Gestern erst habe er seine (Bruder Nivards) Nachricht erhalten. Dann folgen, ohne jede Überleitung, die einzelnen Punkte:

Polela – (es geht um Reichenau, um den Ankauf einer Farm; er, Pfanner, rechne dort »auf große Milch- und Käsewirtschaft«).

Taxen – Bruder Nivard wird gelobt; er habe »ganz legal und gut gehandelt«; weitere Lobesworte folgen, verbunden mit Ratschlägen.

Minen – Ratschlag: Keine Schürfrechte zu vergeben; da behalte sich ja auch der Gouverneur bestimmte Rechte vor.

Bauten – Er, Pfanner, hoffe, Bruder Nivard habe bis zur Rückkehr des Abtes die Mädchenschule fertiggestellt; dann gehe es an die Gerberei: »Sparen Sie nur nicht, Arbeiter aufzunehmen, je rascher unser Bau und unser Werk, desto mehr und lieber gibt man uns. Auch die Wohltäter wollen schnell voran, wollen in jedem Blättchen von

Erfolgen hören! – Currite ut comprehendatis! Aber alles im heiligen Frieden des Herzens und: Ad majorem Dei gloriam (zur größeren Ehre Gottes).«

Gegen Briefschluss schreibt Pfanner: »Morgen reise ich nach Augsburg, München, Erding (in die Heimat von Bruder Nivard; d.Verf.), Straubing, Deggendorf und, weiter nach Breslau (große Katholiken-Versammlung). Ich hoffe, Sie werden gut wirtschaften und die schöne Mittelstraße zwischen Humor und Hitze nicht verlieren, damit niemand Schaden leide an der Seele und doch recht viel auch materiell geleistet wird… – Gott mit Ihnen! Ich habe (übrigens) eigens in Lourdes für Sie gebetet, weil Ihre Stellung so viele gute, aber auch gefährliche Konsequenzen fürs Kloster haben konnte. – Ihr aufrichtiger Fr. Franz, Abt.« (Vgl. TK, Bd. 3, 246/247)

Mit der »großen Katholiken-Versammlung« in Breslau war der Katholikentag gemeint, auf dem Pfanner über die missionarische Arbeit der Mönche von Mariannhill gesprochen hat. Er ging gern zu solchen Großveranstaltungen, weil sie ihm eine Plattform boten, seine Ideen vorzutragen und um Gelder wie Berufe zu werben.

Wieder zurück in Natal, unternahmen Abt Franz und Bruder Nivard immer wieder gemeinsame »Forschungsreisen«, wenn es darum ging, Grund und Boden für neue Missionsstationen ausfindig zu machen. Wir haben wiederholt davon berichtet, vor allem von den zuweilen recht tollkühnen »Spider-Safaris«. Da waren ja beide immer recht wagemutig, zuweilen auch waghalsig. Aber sie erlebten auch so manche nette Episode, zum Beispiel 1887 auf ihrer großen »Fahrt nach dem Norden von Natal«. Damals ereignete sich Folgendes: In einer zum Teil halsbrecherischen Fahrt kamen sie über Greyton nach Ladysmith am Tugela. Im Nachtquartier erfuhren sie Näheres über den stark europäisierten schwarzen Häuptling namens Wilhelm Africa, der ganz in der Nähe eine Farm betrieb – nach europäischem Muster. Der Wirt behauptete, dieser, der Chief, sei protestantisch und weit und breit der beste und einzige gute schwarze Christ.

Das reizte Abt Franz. Schon am nächsten Morgen hielt er mit Bruder Nivard vor dem Haus des Wilhelm Africa an. Leider war er mit seiner Frau weggefahren. Aber die älteste Tochter nahm die beiden Mönche sehr gastfreundschaftlich auf und bewirtete sie höflich, aber bescheiden. Das gefiel dem Abt; er war aber auch von der Sauberkeit des Hauses angetan, von den Möbeln, vom gut gepflegten Garten und den ansehnlichen Feldern.

Später diente ihm dieses Erlebnis oft als Beispiel dafür, dass auch Afrikaner fähig seien, Felder und Häuser in Schuss zu halten.

Abt Franziskus Strunk (aus Ölenberg) an Bruder Nivard

So harmonisch wie zwischen Abt Franz und Bruder Nivard ging es andernorts und zwischen anderen Mönchen nicht immer zu. Pfanners Art und Pfanners Charakter reizten mitunter auch die Äbte anderer Klöster, zum Beispiel auf dem Generalkapitel der Trappisten in Rom, 1891. Es hatte sich auch dort längst herumgesprochen, dass Mariannhill zur weltweit größten Abtei reformierter Zisterzienser geworden war. Man bewunderte Abt Franz, aber es gab auch heimliche Neider. Und aufgebrachte Kritiker! Die von Pfanner gewährten Sonder-Dispensen am Kap der Guten Hoffnung wurden nicht von allen Kapitelsvätern mitgetragen. Es kam zu lautstarken Zwischenrufen. Als wieder Ruhe eingekehrt war, sagte Abt Franz: »Um diese ganze Sache beurteilen zu können, muss man es selbst gesehen haben. Es ist Zeit, dass nach Mariannhill endlich einmal ein Visitator geschickt wird.«

Alle stimmten zu, und die Wahl fiel auf Abt Franziskus Strunk von Ölenberg. (Vgl. Der Trommler Gottes, Freiburg 1981 / TB 1984, 261 ff.)

Der, so Pfanner in seinen Erinnerungen, war ein eifriger Leser der Mariannhiller Zeitschrift wie des Kalenders. Ja, er brach sogar in den Stoßseufzer aus: »Seitdem Sie (Pfanner war gemeint; d.Verf.) in Mariastern waren und jetzt in Mariannhill sind, bekommen wir in den deutschen Klöstern keine Almosen, keine Messstipendien und keine Postulanten mehr!«

Abt Franz war also vorgewarnt. Aber er hatte ja die Visitation eingefordert. Sie, Pfanner und Strunk, reisten gemeinsam gen Süden und kamen im Januar 1892 in Mariannhill an.

Die Visitation verlief nicht nach Pfanners Wunsch. Es gab Meinungsverschiedenheiten; es wurde gestritten. Unruhe kam auf im Kloster; die hielt lange an. Dann wurde Pfanner seines Amtes enthoben – für ein Jahr. Er resignierte später von sich aus; Mariannhill erhielt einen neuen Obern in Abt Amandus Schölzig. (Wir haben schon kurz davon berichtet!) Und mitten in diese Kontroversen hinein geriet Bruder Nivard – nicht, weil er mitmischte; er blieb eigentlich immer Abt Franz treu. Nein, auch Strunk und Schölzig wollten ihn, wohl einen der einflussreichsten Mönche am Kap, für sich gewinnen. So kam es denn, dass Bruder Nivard fast gleichzeitig von drei Äbten informiert wurde.

Das Schreiben Strunks, am 13. November 1892 in Ölenberg verfasst, zeigt in aller Breite, worum es damals ging – und wie sehr Strunk sich mühte, das Vertrauen des Bruders zu gewinnen.

Nach der Anrede (»Mein lieber Br. Nivard!«) schreibt Strunk, es dränge ihn geradezu, über diesen Brief seine Sorge um Mariannhill zum Ausdruck zu bringen. Er wisse nicht, wie es zur Zeit dort aussehe, aber er befürchte, »der böse Feind« werde alles versuchen, »um die herbe Prüfung, die Gott ohne Zweifel zum Besten Mariannhills zugelassen hat, zu seinem Verderben zu kehren…

Ach, mein lieber Br. Nivard! Wüssten Sie, welch schmerzlichen und sorgenvollen Anteil ich an Mariannhill gerade jetzt nehme, wie Befürchtungen und Hoffnungen in mir streiten und so viele schmerzliche Stunden mir bereiten! Wie gerne wäre ich mit Pater Amandus (der in Rom zum Administrator von Mariannhill ernannt worden war, bis er dann selber zum Abt gewählt wurde; d.Verf.) zu Ihnen geeilt…

Mein lieber Br. Nivard! Lassen Sie es mich Ihnen aufrichtig sagen: Alle unsere Hoffnung ruht in diesem Augenblick auf Ihnen!!! (mit drei Ausrufezeichen, von Abt Strunk; d.Verf.) *Sie* hat Gott jetzt dazu berufen, durch Ihr Ansehen und Ihren Einfluss die Heilung herbeizuführen. Nun ist der Zeitpunkt, wo *Sie* Mariannhill den größten Nutzen, aber auch den größten Schaden bringen können, je nachdem Sie die hl. Absichten Gottes erkennen oder verkennen …«

Strunks beschwörende Worte wirken zwar arg übertrieben, aber sie zeigen auch, wie sehr er, Strunk, alles auf Bruder Nivard setzte. Er solle vor allem »dem guten Pater Amandus eine kräftige Stütze sein«, eben weil man ihm, Bruder Nivard, zutraue, die Brüder – und die waren ja in Mariannhill weit in der Mehrzahl – günstig zu beeinflussen.

»Darum, mein lieber Bruder, bitte ich Sie und beschwöre Sie bei der Liebe Jesu Christi für die Seelen der armen Schwarzen und bei meiner eigenen Liebe zu Ihnen und ganz Mariannhill, tun Sie, was Gott Ihnen diktiert, nicht etwa, was natürliche Neigung begehrt! Legen Sie persönliche Rücksichten beiseite und vergessen Sie, was menschliche Schwachheit von beiden Seiten gefehlt hat. Schauen Sie allein auf Gott und auf die gute Sache! Und gedenken Sie auch der großen Verantwortung, die nun gerade auf Ihnen liegt. Gewiss, wenn Sie Ihre Pflicht tun, so wird alles gut gehen. Freilich wird Gefahr sein, dass auch hier ein Rückschlag für Mariannhill erfolgt. Ich werde nichts unversucht lassen, um hier jeden ungünstigen Eindruck möglichst zu verwischen und das Interesse der Wohltäter für Mariannhill wach zu halten. Es wird das auch ganz leicht gelingen, wenn man hört, dass dort alles ruhig vorangeht, ja noch besser wie früher. Wenn aber jetzt von Mariannhill ungünstige Nachrichten einlaufen würden, dann würden natürlich die Wohltäter das Vertrauen verlieren und dem Ganzen den Rücken kehren.«

Zum Schluss merkt Strunk noch an: »Sie würden mir eine sehr große Freude machen, wenn Sie mir dieses Briefchen, das die Liebe mir diktiert hat, ganz bald beantworten und mir die Versicherung geben würden, dass ich mich in meinem Vertrauen auf Sie nicht getäuscht habe. Unterdessen will ich meine Unruhen und Sorgen dem lieben Gott für Sie aufopfern und recht viel für Mariannhill beten und beten lassen. Die Prüfung und Krisis ist da. Ach, gebe Gott, dass sie Ihnen dort zum größten Segen gereiche!

Bitte grüßen Sie alle von mir. Auf Antwort hoffend, verbleibe ich in der Liebe des göttlichen Herzens Jesu, mein lieber Br. Nivard, Ihr ganz ergebener …« (Vgl. TK. Bd. 3, 802/803)

Spätestens hier stellt sich die Frage: Waren die Worte Strunks ehrlich? Kamen sie von Herzen? Oder – bei der Überschwänglichkeit seiner Worte könnte man es annehmen – wollte er etwas Schlimmeres bzw. für ihn persönlich Unangenehmes damit vertuschen?

War es echte Liebe zu Mariannhill und zur Südafrika-Mission – oder fürchtete Strunk die nicht immer zimperliche Zunge des zunächst für ein Jahr suspendierten Abtes? Liest man die Vita Strunks – er stammte aus Gelsenkirchen, wurde Kapuziner, wirkte vorübergehend in Amerika, kehrte zurück und trat dann bei den Trappisten in Ölenberg ein, wurde dort Prior, dann Abt, legte dieses Amt 1912 nieder und verbrachte die letzten Lebensjahre in Mariawald/Eifel – dann möchte man annehmen, dass er für das missionarische Anliegen Mariannhills durchaus aufgeschlossen war. Was Strunk möglicherweise unterschätzte: Die Vertrauensbasis zwischen Abt Franz und Bruder Nivard. Und noch etwas: Dass damals eine große Zahl der Mönche von Mariannhill sehr wohl die missionarisch-aktive Arbeit der Trappisten befürwortete – bei aller Treue zur Ordensregel. (Vgl. Der Trommler Gottes, Freiburg 1981/TB 1984)

Abt Franz an Buder Nivard – aus der »Verbannung« in Lourdes

Wir dürfen davon ausgehen, dass Bruder Nivard Abt Franz über fast alles informiert hat, vielleicht auch über seine Korrespondenz mit Strunk in Ölenberg. Wie eng der Briefkontakt zwischen ihm, Pfanner, und Bruder Nivard geblieben ist, entnehmen wir einer Reihe seiner Briefe. Daraus wollen wir jetzt zitieren.

»Ich danke Ihnen, dass Sie mir so rasch Ihre Gedanken mitteilten. Es sind ganz die meinen ... – Ich war nie ruhiger und heiterer als heute. Als gestern, am Tag des großen Verfolgten, Athanasius, die Depesche kam, dachte ich an diesen Helden – war getrost! Er war von seinem Platz vertrieben, lebte jahrelang in der Zisterne, in seines Vaters Grabmal. In exilio – musste bis Trier wandern, – weiter als (bis nach) Mashonaland. Warum sollte ich nicht auch in einer Buschmannshütte im Damaraland eines seligen Todes sterben können? Dort werden die Hunde und Schakale mir schon den Dienst der Beerdigung leisten, den mir meine Gegner versagen würden. Heiliger Athanasius, bitte für mich!

Heute ist das Fest Kreuz-Auffindung. Auch ich habe einen kostbaren Kreuzpartikel gefunden; den will ich umarmend küssen und an ihm mich hinaufziehen lassen zum Vater im Himmel. ›Spes est in sinu meo, quod Redemptor meus vivit‹ – sagt Job. (In meinem Busen ist die Hoffnung, dass mein Erlöser lebt!)

Mich bedauere ich gar nicht, aber meine Kinder, Brüder und Schwestern, die man jetzt plagen wird, ohne dass ich ihnen helfen kann. Doch ja, ich kann für sie beten. Ich tue es täglich, und kann es noch tun, wenn man mir auch noch die Messe wegnimmt. – Alles für Gott, Ihr Fr. Franz.« (Lourdes-Mission, 3.5.1893/ Vgl. TK, Bd. 3, 815/816)

Die Spannung und die Enttäuschung und die Trauer des suspendierten, später resignierten Alt-Abtes spricht aus fast jedem Wort dieses Briefes. Er lässt, sozusagen, seiner Seele freien Lauf. Er weiß, bei Bruder Nivard ist alles gut aufgehoben. Der versteht seinen Kummer; er leidet mit ihm. Und so wird Melancholie und Enttäuschung ertragbarer – wenn (mit)geteilt, wenn einem Freund anvertraut, wenn einem Menschen überlassen, dessen volles Vertrauen man hat. Von dem man weiß, dass er alles recht einzuordnen weiß – auch die möglicherweise übertriebenen Ängste und Sorgen und Befürchtungen.

Wie sehr Abt Franz sich härmte, wie intensiv er nach-sann und wohl auch sich selber Vorwürfe machte, wenn auch kaum ausgesprochen, geht aus weiteren Briefen hervor, die er an Bruder Nivard geschrieben hat. Einige sind voller Sarkasmus, voller Bitterkeit, voller Beschuldigungen. Es wird überdeutlich, dass er sonst wohl niemand hatte, dem er sich so offen und ungezwungen und frei-von-der-Leber-weg hätte anvertrauen können. So musste Bruder Nivard dafür herhalten. Pfanners Brief vom 25. Mai 1893 ist voll solcher bitterer Äußerungen.

Sein Besuch, wohl der erste in Mariannhill seit seiner »Verbannung nach Lourdes«, war telegrafisch angesagt worden; auch, dass er per Zug komme: »Pater Subprior wollte mich per Wagen abholen, aber der Gnädige Herr (gemeint ist Prior Pater Pius Kohl; d.Verf.) ließ es nicht zu. Ich kam dann eine Stunde später im Kloster an, weil ich Zeit verlor mit dem Michheraus-Arbeiten aus den Löchern, in die ich hineinkugelte bei niedergegangenem Monde.«

So etwas tat weh. Sehr weh. Pfanner musste allein durch die Nacht latschen. Von Bruder Fridolin, den er geweckt hatte, ließ er sich zu den Schwestern bringen; anderntags feierte er mit ihnen die heilige Messe, predigte und kleidete eine Postulantin ein, »die sich von Oakford nach Mariannhill gerettet hatte«, wie er Bruder Nivard mitteilte.

Dann kam es zum »hitzigen Geplänkel« mit dem Prior, dem »Gnädigen«, wie Pfanner ihn spöttelnd nennt. Und wieder musste Bruder Nivard als Mülleimer herhalten; musste des Alt-Abtes Verärgerungen schlucken. Es sind mehrere Seiten im handgeschriebenen Brief. Wieder spürt man: Der einfache Laienbruder ist der einzige Freund in der Not. (Vgl. TK, Bd. 3, 819–821)

Ähnlich kritisch, zuweilen sarkastisch, äußert sich Pfanner in seinem Brief vom 25. Juni 1893, in Lourdes-Mission geschrieben: »Gott sei's gedankt, dass der Ex-Visitator (Abt Strunk ist gemeint; d. Verf.) in Gnaden entlassen ist in Rom. Jetzt können wir uns noch auf ein langes Interregnum gefasst machen. Zum Verzweifeln, dieser provisorische Zustand. Also noch ein halbes Jahr soll ich in Lourdes harren, bis ich werde zum Narren?!« (Vgl. TK, Bd. 3, 912 ff.)

Dann sein Mitleid mit dem (noch zu wählenden) Abt-Nachfolger: »Armer Schlucker jeder, der jetzt auf den Kutschbock kommt; ich fürchte, es schmeißt ihn ab, bevor es Abend ist …«

Noch drastischer Pfanners Bemerkungen über seine Mitbrüder: »Bei den Trappisten gibt es so manche Brüder; sie üben sich stets in Demut, Friedensliebe, Nachgiebigkeit – ganz wohlfeile Tugenden, aber von Starkmütigkeit (Konsequenz und Ausdauer, meint er wohl; d. Verf.) wissen sie nichts. Deshalb haben wir auch keinen heiligen Johannes Baptist mehr, der da sagt: Es ist dir nicht erlaubt! Und keinen Thomas Morus, der bis aufs Blut seine und der Kirche Rechte verteidigte …« (s.o.)

Bruder Nivard – zusammen mit den »jungen Verwandten« der Streicher-Familie

Abt Amandus Schölzig macht sich Luft – ebenfalls bei Bruder Nivard

In nicht weniger als sechs Briefen, zwischen Januar und April 1894 geschrieben, müht sich der Nachfolger Pfanners als Abt von Mariannhill, die Gunst des Architekten und Ingenieurs Bruder Nivard zu gewinnen – nicht als Fachmann in »profanen Projekten«, sondern als einflussreicher Mitbruder. Ähnlich wie Pfanner und Strunk wusste Schölzig nur zu gut, dass Bruder Nivards Haltung der Mehrzehl der Mönche imponierte, und dass diese viel auf sein, Bruder Nivards, Urteil geben würden. – Seinen Briefen vorangestellt sind jeweils die Buchstaben L.J.Ch! (Laudetur Jesus Christus! – Gelobt sei Jesus Christus!). Und auch er benützt die Anrede: »Mein lieber Br. Nivard!« Dann steigt er sofort hinein in die kontroverse Diskussion: »Dass der ehrwürdige Vater solchen Tumult macht, weil nicht alles gleich aus dem Boden herausgezaubert wird, ist doch nicht schön. Und dass er Ihnen solche Liebenswürdigkeiten ins Gesicht schleudert, wundert mich, indem (da!) Sie ihm durch eine so lange Reihe von Jahren zur Seite gestanden sind. Er schickte auch mir einen Brief mit keiner feinen Feder geschrieben, aber ich halte mich nicht mehr darüber auf ...« (28.1.1894)

Im nächsten Schreiben Schölzigs an Bruder Nivard geht es um den Alterssitz Pfanners in Emaus-Mission; er ist offensichtlich verärgert über die Haltung seines Vorgängers: »Sehr herumführen werde ich mich vom ehrwürdigen Vater nicht lassen. Machen Sie die Hütten sehr einfach. Was ich nicht bestellte, das zahle ich nicht ...« (13.2.1894)

Das sind »Scharfschüsse« von Seiten Schölzigs, wie man sie ihm, der als sehr gütig und sanft und friedliebend galt, kaum kannte.

Anderthalb Monate später. Abt Amandus an Bruder Nivard: »Gott sei Dank, dass wenigstens die Mühle in Lourdes wieder klappert! Und die Gemeinschaft vom Hungertod gerettet ist. Der ehrwürdige Vater lärmt in einem Brief wieder schrecklich, dass ich Mariazell, Sankt Michael etc. ihm vorziehe. Er verspricht sich außerordentlich viel Erfolg von seiner Reise nach Maritzburg. Die Behörde daselbst honoriere ihn so. Deswegen erscheint ihm die Gleichgültigkeit hier unausstehlich. Ich will ihm ja gern seine Wünsche erfüllen und ihm eine Freude machen – aber er soll doch etwas Geduld haben ...« (30.3.1894)

Wieder wird klar: Bruder Nivard soll auch die »andere Seite« kennen lernen. Vielleicht, so der wohl heimliche Wunsch von Abt Amandus, vielleicht kann man so – via Bruder Nivard – auch auf den »ehrwürdigen Vater«, also auf Pfanner, einwirken.

Auch im nächsten Schreiben an Bruder Nivard geht es um Pfanner: »Die neueste Nachricht aus Rom sagt, die Propaganda (Sekretariat zur Ausbreitung des Glaubens in Rom; d.Verf.) will unseren ehrwürdigen Vater nach Rom rufen. Er scheint mit seinen Briefen draußen sehr anzustoßen. An knüppelgroben Briefen an mich fehlt es nicht ... Er wird ohne Zweifel glauben, ich habe diese Sache in Rom eingefädelt. Aber ich kann da meine Hände in Unschuld waschen ...« (4.4.1894)

Der nächste Brief ist zwar auch noch kritisch gegenüber Pfanner, aber Schölzig scheint doch etwas konzilianter geworden zu sein:

»Mein lieber Br. Nivard! Gerne heiße ich alles gut, was Sie oben (auf den landschaftlich höher gelegenen Stationen und Filialen von Mariannhill; d.Verf.) eingerichtet haben. Und auch die Verwendung des Geldes. Die Ochsen sind wohlfeil ... Den ehrwürdigen Vater werden Sie in Lourdes treffen – oder gar in Kokstad. Von einer Seite erfuhr ich, dass er mit dem Premier-Minister Rhodes[30] zusammenkommen wollte. Zu welchem Zweck, weiß ich nicht. Er schickte mir ein Manuskript, enthaltend die Zeitungsartikel über die Eingeborenen-Frage. Wir sollten es drucken in 1000 Exemplaren, welche er dann in der Kapkolonie und in Natal verbreiten will. Ich muss mich vorher erkundigen, ob man dies ohne Weiteres nach den bestehenden Presse-Gesetzen tun darf, da die Artikel politischer Natur sind. Die Geschichte der Orden zeigt, dass es niemals gut gewesen, wenn sich Ordensleute zu weit ins Politische hineingewagt haben ...« (19.4.1894)

Zum Schluss seines Briefes vermerkt Abt Amandus noch, er werde am 24. April die »feierliche Profess« ablegen und am 25. April die Abtsweihe erhalten; der Bischof dränge dazu, und er selber, Schölzig, könne die Sache nicht mehr hinausschieben. Dann die lapidare Bitte: »Kommen Sie bald glücklich zurück! Ihr in Christo ergebenster Fr. Amandus.« (Vgl. TK, Bd. 3, 929/930)

Mit diesen Brief-Zitaten wollen wir dieses Kapitel abschließen. Auch dort, wo es nicht ausdrücklich gesagt/geschrieben wurde, eines dürfte klar geworden sein: Keiner der Äbte von Mariannhill wollte auf den Rat und den Einfluss, aber auch nicht auf das Fachwissen und die Persönlichkeit des Bruder Nivard verzichten. Für alle war er gewissermaßen ein Eckpfeiler. Ein Leuchtturm inmitten düsterer und gedämpfter Atmosphäre.

Das blieb er über mehrere Jahrzehnte. Bis zu dem Tag, an dem er Mariannhill krankheitshalber verlassen musste, um sich von Fachärzten beraten und kurieren zu lassen.

Exkurs

Die Frage der Los-Lösung Mariannhills vom Trappistenorden und die Haltung Bruder Nivards

Über die zum Teil sehr harsch geführte Auseinandersetzung zwischen Bruder Nivard Streicher und Administrator Abt Obrecht liegen uns zwei Entwürfe zu einem Memorandum von Seiten des Erdingers vor. Sinngemäß wussten viele Mariannhiller Missionare seiner Generation darüber Bescheid.

Weit weniger bekannt ist die Korrespondenz des »braunen Abtes von Mariannhill« mit dem Generalabt der Trappisten in Rom – betreffs der Trennung des Missionszentrums vom Ordensverband.

Auf beide Dokumentenbündel kommen wir im Folgenden zu sprechen. Auch deswegen, um zu widerlegen, dass Bruder Nivard immer und von Anfang die Selbständigkeit Mariannhills angestrebt hätte. Dem war nicht so. Ganz im Gegenteil!

Im Streit mit Obrecht[31] ging es vor allem um die Neu-Planung des Abteigeländes, um eine Klausur-Mauer sowie um die Verlegung einiger Gebäude »nach draußen«, außerhalb des eigentlichen Klosterkomplexes. Obrecht hatte diesbezügliche Anweisungen von Seiten des Generalabtes in Rom. Die Art und Weise, *wie* er dabei vorpreschte, vor allem ohne vorausgehende Absprache mit dem »Chefplaner«, dem Architekten und Ingenieur Bruder Nivard, hat offensichtlich bei Letzterem tiefe Wunden hinterlassen. Es müssen böse und im Tiefsten verletzende Worte gefallen sein – zuhauf!

Obrecht hatte wohl nie das Vertrauen der Kommunität von Mariannhill. Sein forsches Vorgehen, seine ihm nachgesagte Laschheit im eigenen Leben, seine wirklichen oder angeblichen Querverbindungen zu Freimaurerlogen – all das beeinträchtigte das Klima zwischen ihm und den Mönchen am Kap der Guten Hoffnung, denen er als Außenseiter – er kam aus den USA – vorgesetzt worden war.

Bruder Nivard wurde von Obrecht offensichtlich als umtriebiger, unnützer und eitler Mönch hingestellt. Er säe Zwist; er wiegle andere auf usw. –Darauf reagierte er in seinen beiden Memorandum-Entwürfen (vom 23. und 30. Mai 1905) ziemlich verbittert: Er habe schließlich die 25 besten Jahre seines Lebens dem Orden und der missionarischen Arbeit gewidmet. Und es seien ihm – von außen – immer wieder verführerische Angebote, vor allem auch finanzieller Art, gemacht worden. Dennoch habe er stets zur Ordensgemeinschaft gestanden – und wolle dies auch weiterhin tun. Nur die wiederholten Vorwürfe des Administrators, ihm gegenüber, die seien schwer zu verdauen.

Was ihn, Bruder Nivard, am meisten störe: Dass Obrecht überall dreinredete, auch und vor allem in bautechnischen Angelegenheiten, ohne auch nur das geringste Fachwissen mitzubringen.

Abt Franz, so schreibt Bruder Nivard, habe es verstanden, die Begeisterung seiner Mitbrüder zu wecken und zu fördern. Wenngleich Autokrat, so habe er, Pfanner, doch immer den Klosterrat konsultiert, jedenfalls in materiellen und finanziellen Angelegenheiten. Obrecht hingegen entscheide alles selber, ohne jemand zu fragen. Ohne jene zu konsultieren, die es betreffe.

Beide Brief-Entwürfe waren auf lose Blätter geschrieben; diese befinden sich heute im Archiv der Mariannhiller in Rom (GA).

Wir wissen nicht, ob einer dieser Texte (eventuell der zweite, der vom 30. Mai 1905) auch wirklich an Obrecht gelangt ist. Oder ob Bruder Nivard einen weiteren, dritten angefertigt hat. Sicher ist nur, dass er es sich nicht leicht gemacht hat mit der Abfassung und Überarbeitung seines Schreibens. »Es gehörte schon viel Mut dazu, einem Mann wie Abt Obrecht, dessen Charakter in dieser Hinsicht ausreichend gezeichnet ist, so offen gegenüber zu treten« (D. Seubert).

Ähnlich viel Mut, aber auch Überzeugungskraft und Konsequenz sprechen aus den drei Briefen, die Bruder Nivard an den Generalabt der Trappisten in Rom im Jahr 1908 geschrieben hat, also ein Jahr vor der offiziellen Trennung Mariannhills vom Ordensverband. Hier tritt uns ein »ganz anderer Bruder Nivard« entgegen, ein »anderer« im Sinne von bisher kaum oder nur wenig bekannter.

Hier wird Zeile um Zeile deutlich, dass der Erdinger Schreinergeselle, den wir als genialen Baumeister, als vielseitigen Ingenieur, als Tausendsassa im besten Sinne des Wortes kennengelernt haben – also weltoffen, klug, vielseitig, ein Gentleman in der Kutte und Vertrauensmann seiner Obern – in den Tiefen seines Herzens ein Mönch war und zeitlebens geblieben ist. Ein frommer Gottesmann, der keine falsche Demut vorheuchelte, gleichzeitig aber willens war, alles dafür mobil zu machen, dass die monastische Seite des damals größten Missionszentrums Afrikas erhalten bliebe. Ein Kämpfer für den status quo, könnte man auch sagen, weil zutiefst davon überzeugt, dass nur so Mariannhill und seine Missionsstationen erhalten und fortgeführt werden könnten.

So – und nur so – sind seine beredten, schier kämpferischen Briefe an den Generalabt zu verstehen. Sie entsprangen der ehrlichen Sorge um das Wohl und Wehe seines Heimatklosters am Kap der Guten Hoffnung.

Die Überschrift seines ersten Briefes, datiert auf den 17. April 1908, lautete: »Die Mariannhiller Reformation vom Standpunkt der Laienbrüder aus betrachtet.« Schon damit wollte Bruder Nivard klarmachen, dass er sozusagen als Sprecher der Brüder schreibe, als Vertrauensmann der weitaus größeren Gruppe der Mariannhiller Mönche. Gleich zum Beginn seines Schreibens schildert er die Situation: Das »Schifflein Mariannhill« treibe auf stürmischer See, doch weit und breit kein Steuermann! 240 Laienbrüder segelten dahin; die meisten von ihnen schüttelten bedenklich die Köpfe – aus Angst darüber, wohin die Fahrt wohl führe. Aber »es ist uns Brüdern wahrlich nicht gleichgültig, wohin die Reise geht«.

Ihr Prior – es war Pater Isembard Leyendecker – habe erst im Dezember vorigen Jahres (1907) auf sein (Bruder Nivards) Drängen hin vor der ganzen Gemeinde die Erklärung abgegeben, »dass, was immer geschehe, wir beim Orden bleiben werden; dass wir Trappisten, Zisterzienser bleiben müssen aus vielen Gründen, wenn auch einige von Trennung gesprochen hätten.«

Verärgert zeigt sich Bruder Nivard über Gerard Wolpert, der 1904 freiwillig als Abt zurückgetreten war: »Warum hat er sich heimlich wie ein Feigling, ich möchte fast sagen wie ein Deserteur, aus dem Kloster hinaus- und von seinem verantwortlichen Posten weggeschlichen und das schwankende Schifflein in die tosenden Wellen hinausgestoßen?«

Auch dem Alt-Abt Franz Pfanner und Abt Amandus Schölzig hätten es die »jungen Missionare« (er meint die Trappistenpatres, die als Seelsorger auf den Filialen tätig waren) schwer gemacht.

Dann plädiert er mit klaren Worten für den »Mönch-Missionar«. Die Existenz Mariannhills beweise, dass der missionierende Mönch in 25 Jahren »ein Werk schaffen konnte, das seinesgleichen in der Welt sucht«.

Weiter unten in seinem mehrseitigen Schreiben gesteht Bruder Nivard: »Es hat noch niemand verlangt, dass die Missionare, solange sie in der Mission tätig sind, als strikte Trappisten leben, aber sie sollten sich auch glücklich schätzen, ein Kloster, eine Festung zu haben, in die sie sich von Zeit zu Zeit zurückziehen können, um neue Kräfte, neuen Mut zu sammeln für die Missionsarbeit.«

Später schreibt er – diesmal speziell auf die Brüder bezogen: »Es wird kaum ein Kloster in der Welt geben, in welchem ein Stamm von Laienbrüdern arbeitet wie in Mariannhill. Ohne von Stolz und Hochmut eingenommen zu sein, können wir sagen, dass die Brüder die festeste Stütze des Hauses sind. Das hat noch jeder Obere von Abt Franz bis Abt Edmund gesagt ... – Die Missionare und Religiosen wären ein trauriges und hilfloses Häuflein hier in Afrika ohne die Laienbrüder. Und diese Brüder sollen kein Urteil haben, sollen schweigen und warten, wenn die heiligen Interessen des Ordens auf dem Spiel stehen?«

Einige Patres hätten gar damit gedroht, jene »Brüderlein«, die mit der neuen Reform nicht zufrieden seien, einfach in europäische Klöster zurückzusenden. Dagegen verwehrt sich Bruder Nivard vehement. Er führt sogar die »feierlichen Ordensgelübde« an, an denen niemand rütteln dürfe. (vgl. Schreiben vom 17.04.1908 / GA)[32]

Weitere Betrachtungen über die »Mariannhiller Reform« Bruder Nivards Briefe an den Generalabt in Rom

Am 23. Mai desselben Jahres wandte sich Bruder Nivard abermals an den Generalabt der Trappisten in Rom. Er erwähnt Bischof Millers (Transvaal) Vermittlungsversuche unter den Mönchen, weist aber gleichzeitig darauf hin, dass dessen Ausführungen widersprüchlich und verwirrend gewesen seien: Mal habe er davon gesprochen, Mariannhill werde eine eigene Kongregation mit einem eigenen Generalsuperior, mal habe er betont, alle Mariannhiller blieben Zisterzienser! – Bruder Nivard und seine 240 Mitbrüder (Laienbrüder) konnten sich darauf keinen Reim machen.

Darüber hinaus sorgt sich der Erdinger vor allem um die Harmonie im Kloster: »Es war (mal) eine Zeit, das ist schon lange her, dass Religiosen (Chorpatres) und Brüder miteinander hinausgingen aufs Feld und auf die Straße – mit dem Prior oder Abt an der Spitze.« Von dieser Einmütigkeit sei nicht mehr viel übrig geblieben.

Der Grundtenor des ganzen Schreibens will letztlich dies: Eine Lanze brechen für die Laienbrüder. Für ihre Rechte. Für ihre Mitsprache. Für ihre Gleichstellung. Dabei findet Bruder Nivard zuweilen recht grobe, fast böse Worte. Seine zeitweise Verbitterung, vielleicht auch seine Befürchtungen und Ängste schimmern durch. Man spürt seine Verärgerung über die schlechte Behandlung der Laienbrüder. Die hätten ein besseres Los verdient!

Alt-Abt Wolpert wird erneut angegriffen. Der habe zwar Centocow zu einer Musterstation ausgebaut, aber über das Farmgelände der Station hinaus keinerlei missionarische Aktivitäten entwickelt.

Zum Schluss seines Schreibens grenzt er ein: »Meine Auseinandersetzungen mögen schroff und etwas ungeschlacht klingen, sie kommen aber aus einem aufrichtigen Herzen und sind ein Abbild von dem, was im Innern der älteren Brüder zur Zeit vorgeht… – Wir hoffen zuversichtlich, dass unsere Gedanken von unseren Ordensobern geeignete Berücksichtigung finden werden… – Wir (unsererseits) werden nicht aufhören, eifrigst zu beten in dieser Angelegenheit, damit ganz besonders der hl. Geist jene erleuchten und stärken möge, welche in dieser so schwierigen Angelegenheit zu richten und zu entscheiden haben.« (Mariannhill, 23.05.1908)

Die beiden Antwortschreiben des Generalabtes (vom 27. Mai und 3. Juli 1908) sind vage, im Grunde nichtssagend. Fromme Ausreden, möchte man sagen; beschwichtigendes Geschwätz!

Pater Dietmar Seubert dazu: »In Wirklichkeit war die Trennung Mariannhills vom OCR bereits auf dem Generalkapitel der Trappisten definitiv am 17. September 1907 beschlossen worden. Man veröffentlichte allerdings diesen Beschluss vorerst nicht.« – Bruder Nivard und Mitbrüder sollten offensichtlich noch einige Zeit hingehalten werden, vielleicht auch, um die Meinung der Propaganda (der römischen Kurie) und/oder des Papstes abzuwarten.[33]

Das dritte Schreiben Bruder Nivards an den Generalabt in Rom ist auf den 17. Juli 1908 datiert. Es enthält – wie die beiden vorausgehenden Briefe – allerlei Anklagen und Vorwürfe. So sei, zum Beispiel, den Kapitularen »auf das allerstrengste eingeschärft worden, (nicht) über die Verhandlungen und deren Resultate mit den *Brüdern* zu sprechen«. – Warum die Laienbrüder von jeglicher Diskussion ausgeschlossen werden sollten – das kann und will der Erdinger nicht verstehen.

Weil aber offensichtlich doch durchgesickert ist, dass es auf eine Loslösung Mariannhills von den Trappisten hinausgeht (auf Drängen Roms!), fragt Bruder Nivard rhetorisch: »Ist denn der Unterricht und die Belehrung über die hl. Gelübde, die man seit 30 Jahren gegeben hat, alles Schwindel und Humbug gewesen? Sind Regel und Reglemente, die man uns bisher als das heiligste und beste Mittel zur Vollkommenheit vorgestellt hat, auf einmal untauglich geworden zu diesem Zwecke?« – Etwas später, der Ausruf: »O heiliger Benedikt, werd nit bös!«

An anderer Stelle, weiter unten in seinem Memorandum, wird er zynisch: Er nennt seine Gemeinschaft einen »Orden von curiosem Mischmasch« (OCM) und stellt fest, er fühle sich an die Reformation Martin Luthers erinnert.

»Die Herren (er meint einige der aktiven Missionare draußen auf den Filialen; d.Verf.) wollen eben das Leben, in das sie sich nun seit langer Zeit hineingelebt haben, nicht lassen!« – Schließlich zum Abschluss, doch wieder etwas mehr Vertrauen: »Der liebe Gott, so hoffen wir zuversichtlich, wird uns nicht verlassen. Er wird uns zur gelegenen Zeit den Retter schicken.« (Mariannhill, 17.07.1908 / GA)

Ein Antwortschreiben auf diese dritte Eingabe Bruder Nivards liegt uns nicht vor; wahrscheinlich wurde gar keines verfasst, denn im Grunde waren – aus römischer Sicht – die Würfel längst gefallen.

Für Bruder Nivard – und die anderen Laienbrüder von Mariannhill, die ähnlich wie er dachten – mag dies zunächst sehr enttäuschend gewesen sein. Aber am Ende akzeptierten sie die Entscheidung Roms und schienen sehr bald auch damit zufrieden zu sein. Bruder Nivards nimmermüdes Planen und Schaffen der darauf folgenden Jahrzehnte ist der beste Beweis dafür. Er war und blieb Mariannhiller – bis zu seinem Tod.

Unsere Liebe Frau von Mariannhill, Monasterykirche

IXX.

Man sah ihn selten ohne seinen Rosenkranz

Die letzten Lebensjahre in den Niederlanden
Tod eines großen Beters

»Indem man sich an uns erinnern wird,
werden wir überleben.
Das Vergessen jedoch besiegelt den Tod.«
Günter Grass

Wir haben Bruder Nivard als wendigen und vifen Bauschaffner, als Mann mit gesundem Hausverstand und Sinn für das Praktische und Realisierbare kennengelernt. Seine Kirchbauten, Brücken, Staudämme. Seine landwirtschaftlichen Errungenschaften. Seine Leistungen als Ingenieur. Und vieles mehr. Zuletzt als Vertrauensmann mehrerer Äbte.

Wovon kaum die Rede war: Von Bruder Nivard, dem Beter. Aber auch das war er. Zeitlebens. Nur sprach und schrieb er nie darüber. Für ihn – erst als Trappistenmönch, dann als Mariannhiller Missionar – war es selbstverständlich, dass Beten und Arbeiten eine Einheit bilden müssten. Dass nur *der* etwas erreiche, der auch zum Beten sich Zeit nehme. Die alte benediktinische Losung stand ja weithin sichtbar über der Klosterpforte von Mariannhill: Ora et labora! (Bete und arbeite) Für Bruder Nivard keine leere Floskel, sondern eine Aufforderung für den Alltag.

Darauf kommen wir nochmals zurück, ohne es sehr ausweiten zu wollen. Eben weil es für ihn, den Mönch und Missionar, so selbstverständlich gewesen ist. Zuvor noch einen kleinen Exkurs über den Tod Franz Pfanners und dessen Beerdigung auf dem Friedhof von Mariannhill.

Als der 84-jährige Alt-Abt sein Ende nahen fühlte, äußerte er mehrmals den Wunsch, man möge ihn in Mariannhill zu Grabe tragen. Deshalb hatte man in Lourdes, das Emaus, dem »Alterssitz« Pfanners, benachbart ist, schon vor geraumer Zeit einen Holzsarg sowie einen zweiten aus Zink angefertigt. Der verlötete Zinksarg wurde – nach dem Tod des Vorarlbergers – in den reichverzierten Holzsarg gehoben und in der Kirche von Emaus aufgebahrt. Hier erfolgte auch die Aussegnung. Dann brachten die Mönche den Toten nach Lourdes. Hier wurde er in der Kirche erneut ausgesegnet. Und weiter ging's nach Riverside, zur Bahnstation. Am andern Morgen – es war der 26. Mai 1909, zwei Tage nach Pfanners Tod – reiste die Trauergemeinde weiter nach (Pieter) Maritzburg, wo Bischof Dr. Delalle sowie zwei Oblatenpatres sich anschlossen. In Pinetown wartete die Klostergemeinde von Mariannhill. Bruder Nivard stand mit seinem Pferdegespann bereit, um die Leiche seines väterlichen Freundes die letzten Kilometer bis zum Klosterfriedhof zu transportieren. Dabei geschah etwas Unvorhergesehenes: Die Pferde scheuten vor dem Menschenauflauf in der Nähe der Bahnstation und »rasten mit dem für sechs Personen bestimmten Wagen in gestrecktem Galopp Mariannhill zu, wo sie gegen einen Siringabaum prallten und dann stehen blieben. Die beiden Hinterräder waren beim Aufprall zu Schaden gekommen. Bruder Nivard war unter den Wagen geraten, hatte jedoch, von einer starken Schwellung am linken Arm abgesehen, keine Verletzungen. Er half nach wie vor überall mit Rat und Tat mit und ließ es sich auch am nächsten Tag nicht nehmen, den Sarg mit zum Grab zu tragen. – Nur mussten (in Pinetown), mit Ausnahme des Bischofs, für den ein eigenes Gefährt bereitstand, die von Lourdes und Maritzburg gekommenen Priester den Weg bis Mariannhill zu Fuß zurücklegen.« (Vgl. Der Trommler Gottes, Freiburg 1981/1984, 339)

Ein würdiges Denkmal für den Gründerabt

Nach der feierlichen Beisetzung Pfanners pflanzte man auf den frischen Grabhügel ein einfaches weißes Holzkreuz. Für später hatte man ein Grabmal[34] vorgesehen. Dafür hatte sich auch Bruder Nivard ausgesprochen. In einem Brief an Herrn Josten in Neuss schrieb er vier Monate nach Pfanners Tod, er habe sich an seinen (leiblichen) Bruder Mathias Streicher gewandt, damals Professor am Polytechnikum in Aachen, »um Entwürfe zu einem würdigen Denkmal für Abt Franz« anzufertigen. Bruder Nivard dachte an »ein markig modelliertes Relief-Brustbild oder eine Büste, in Bronze gegossen, mit dem nötigen Stein-Unterbau«.

Die Steinarbeiten wolle man vor Ort, in Mariannhill besorgen, Relief bzw. Büste müssten aber in Europa hergestellt werden. »Es würde mich freuen, wenn Sie (Herr Josten ist gemeint; d. Verf.) als einer der ältesten Freunde des verstorbenen Abtes meinen Bruder gelegentlich besuchen würden. Sie können ihm am besten über den Charakter des merkwürdigen Mannes informieren und ihm beim Modellieren des Kopfes wertvolle Winke geben. Er wohnt in der Kurfürstenstraße 46. Ich habe ihm die Möglichkeit eines Besuches Ihrerseits bereits in Aussicht gestellt. Auch Herr Dr. Oidtmann, Linnich, dürfte sich dafür interessieren.« (10.10.1909 / Vgl. TK, Bd. 4, 985/986)

Als Bruder Nivard im Januar 1911 von Gerard Wolpert nach Europa geschickt wurde, ging es vor allem um den Bau des neuen Missionshauses Sankt Paul in den Niederlanden sowie um die unselige »Bentz-Affäre«, aber sicher auch um das Pfanner-Grabmal, das inzwischen sein Bruder Mathias Streicher entworfen hatte, das heißt, er hatte mehrere Entwürfe vorgelegt – und dann den Auftrag bekommen, den ausgewählten umzusetzen. Beim Generalkapitel 1912, das in Mariannhill stattfand, verkündete Pater Notker freudestrahlend, dass das Denkmal »für unseren unvergesslichen Vater und Stifter Abt Franz, dessen Bronzestatue bei einer Missions-Ausstellung auf dem Katholikentag in Aachen zur Schau gestellt wurde«, fertiggestellt sei. (Vgl. FN 10/1912; TK, Bd. 4, 988)

Im gleichen Jahr, 1912, war das Grabmonument auf dem Mariannhiller Friedhof errichtet worden: In der Mitte Abt Franz Pfanner; links Abt Amandus Schölzig, rechts die vorgesehene Grabstätte für Gerard Wolpert.

»Die lebensgroße Bronzestatue von Abt Franz ruht auf erhöhtem Sockel; sie überragt die beiden anderen Grabmäler« (T. Kempf). In der Chronik von Mariannhill wurde damals vermerkt: »Er (Pfanner) war ein großer Mann, der hier zu Grabe getragen wurde. Noch kommende Generationen werden das Andenken an ihn dankbar ehren, wenn sie an diesem Monument vorbeiziehen.« (TK, Bd. 4, 988)

Als Bruder Nivard im Sommer 1922 vor diesem Grabmal stand, nahm er Abschied für immer. Es war kurz vor seiner Abreise nach Europa. Er war krank und brauchte ärztliche Hilfe.

Der kranke Bruder Nivard kehrt nach Europa zurück

Schon im Sommer 1921 hatte Bruder Nivard in einem Brief darauf hingewiesen, dass seine Arbeitskraft nachlasse. »Ich fühle immer mehr die Beschwernisse des beständigen Reisens ...« (14.8.1921)

Es war, wir wissen es längst, nicht das Alter allein. Bruder Nivard war 67 geworden, als er dies schrieb!

Vom Juni 1919 bis zum Juli 1920 hatte er an Paratyphus und dessen Folge-Erscheinungen zu leiden gehabt. Er erholte sich wieder einigermaßen, und es ist erstaunlich, was er in dieser Zeit noch an Arbeit und Reisen bewältigt hat. Doch dann setzte mit Beginn des Jahres 1922 ein spürbarer Zerfall seiner Gesundheit ein. Am 9. Januar 1922 schrieb er an eine Verwandte, die Zisterzienserin in der Abtei Waldsassen in der Oberpfalz war: »Das wird wohl meine letzte Kirche sein; ich fühle, dass die Energie und die Schaffenskraft immer mehr nachlässt... Die Untertanen (die Beine; d. Verf.) wollen ihren Dienst nicht mehr verrichten.«

Und im März (desselben Jahres) begründete er die Ablehnung eines Auftrages damit, dass er wegen seiner schlechten Augen keine exakten Zeichnungen mehr ausführen könne. (D. Seubert, FN 2/1984)

In einem Brief vom 9. März 1922 schreibt er: »In den letzten sechs bis acht Monaten bin ich um zehn Jahre älter geworden. Meine Energie ist dahin, und ich fühle mich furchtbar müde. Bischof Delalle, der mich letzthin sah, hat mir noch ein Jahr Lebenszeit gegeben, nicht mehr, und er kennt mich gut.«

Noch deutlicher äußerte sich Bruder Nivard am 2. Juni 1922 in einem Brief an seinen alten Geschäftspartner und Freund Josten in Neuss: »Mit meiner Gesundheit geht es gewaltig bergab. Seit Monaten leide ich an Schlaflosigkeit mit all den schlimmen Folgen. Kann

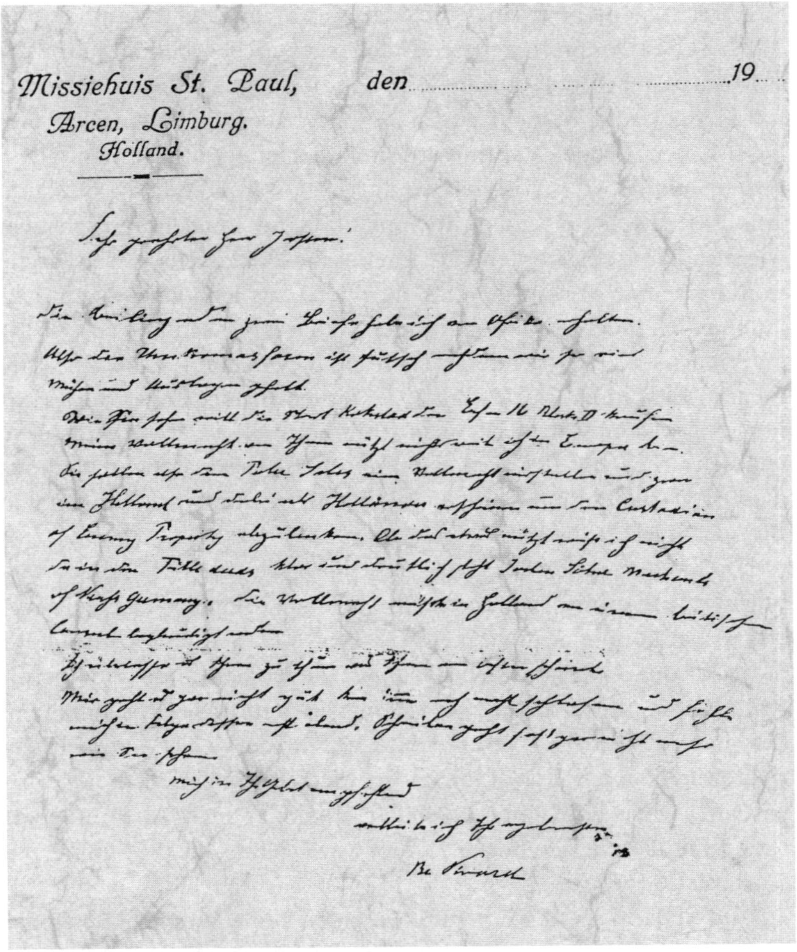
Missiehuis St. Paul, den .... 19...
Arcen, Limburg.
Holland.

Bruder Nivard an Herrn Josten in Neuss, der den Eingang am 1. Mai 1924 bestätigte

fast keine Kopfarbeit mehr verrichten. Das Schreiben kommt mir schrecklich schwer an, wie Sie sehen. Die Hand will nicht mehr dem Kopf folgen. Habe alle Energie verloren. Der Doktor hat mir eine Seereise empfohlen nach Europa. Ich glaube aber nicht daran, dass das mir helfen kann. Die Lebenskraft ist verbraucht und kann durch nichts ersetzt werden.«

Ähnlich schreibt er an Pater Canisius Pfingstmann – am 4. Juli 1922: »Drei Doktoren haben mir den Rat gegeben, für ein Jahr nach Europa zu gehen und dorten der Ruhe zu pflegen. Obwohl ich mich mit Händen und Füßen dagegen gewehrt habe, will es der Pater General haben. Bruder Martin wird mich begleiten, da ich nicht allein reisen soll. Am 10. Juli sollen wir abreisen, wenn die Pässe bis dahin kommen. Bis heute sind sie noch nicht da. Sie müssen nun schauen, wie sie allein fertig werden … (Er meint die Fertigstellung der Kirche in Mariazell; d. Verf.) Beten Sie für mich, dass ich glücklich zurückkomme; ich möchte die Zeller Kirche doch fertig sehen!«

Wir wissen bereits: Dieser Wunsch, so verständlich er war, ging nicht in Erfüllung. Am 12. Juli 1922 verließ Bruder Nivard – zusammen mit Bruder Martin Heinlein – Mariannhill, wo er vor 39 Jahren, nämlich am 12. Juli 1883, angekommen war. »Was war inzwischen aus diesem Mariannhill geworden – nicht zuletzt durch das Wirken von Bruder Nivard selbst!« (D. Seubert, FN 2/1984)

Die letzten, vielleicht auch schwersten Jahre seines Lebens verbrachte Bruder Nivard im holländischen Sankt Paul. »An irgendwelche Arbeit konnte er nicht mehr denken«. (D. Seubert) Umso mehr nützte er diese Zeit, um sich selber auf die letzte Stunde vorzubereiten. Man sah ihn in dieser Zeit fast nur noch mit dem Rosenkranz in der Hand; das Einzige, wie er meinte, was ihn der liebe Gott noch verrichten ließ, war Beten. Gewiss, er war zeitlebens dem Beten verpflichtet; wie jeder Mönch und jeder Missionar auch. Aber jetzt hatte er besonders viel Zeit dazu. Leider waren jetzt auch die Schmerzen schwerer zu ertragen.[35]

Und Südafrika war weit – und es schien keine Möglichkeit zu geben, dass er nach dort zurückkehren würde. Nichts hätte er sehnlichster gewünscht! Aber die Ärzte (und die Mitbrüder in Europa) trauten ihm die Beschwerden des Reisens (und der Seekrankheit) nicht mehr zu. Sie meinten es, auf ihre Weise, sicher gut. Aber dem greisen Bruder Nivard fiel es von Tag zu Tag schwerer, auch dieses Opfer anzunehmen: Dass er sein geliebtes Mariannhill und die zahlreichen Bauten dort und auf den Filialen nie mehr sehen würde.

Wehmut kam auf. Und Schwermut. Und Depression. Und immer wieder Sehnsucht nach dem von der Sonne geküssten Land am Kap der Guten Hoffnung.

Der heitere Bruder Nivard, der humorvolle und fast immer für einen Schalk aufgelegte, der über Jahrzehnte gerade wegen seines Witzes und seines Esprits überall so gern gesehen war – er war in den letzten Jahren seines Lebens nach-denklicher geworden; auch ein wenig traurig. Vielleicht weil er spürte, dass seine Träume als Baumeister und Architekt nun nicht länger zum Tragen kämen.

Am Abend des 25. Februar 1927 saß er noch im Kreise seiner Mitbrüder. Erinnerungen wurden ausgetauscht. Auch und vor allem an das südliche Afrika. Am nächsten Morgen, es war 26. Februar, fand man ihn tot auf seinem Zimmer. Die Beerdigung fand am 1. März statt – auf dem Klosterfriedhof von Sankt Paul in den Niederlanden. Eine schlichte Grabplatte, an ein Kreuz befestigt, erinnert an ihn – an diesen überaus fähigen, eifrigen und stets loyalen Mariannhiller Missionsbruder.

Sankt Paul, die Niederlassung der Mariannhiller in den Niederlanden
Hier verbrachte Bruder Nivard die letzten Jahre seines Lebens

Nachruf und nach-gereichte Würdigung

Im Nachruf seiner Gemeinschaft hieß es: »Am 20. November 1880 erhielt er das heilige Ordenkleid; am 24. Dezember 1882 legte er die ersten heiligen Gelübde ab. Am 2. Februar 1886 weihte er sich für immer durch die feierlichen Gelübde. Nach einem 40-jährigen überaus arbeitsreichen Leben in der Mission verbrachte Bruder Nivard die letzten Jahre im Missionshaus St. Paul, um dem kranken, abgearbeiteten Körper vielleicht noch einmal Genesung zu verschaffen. Müßig war er aber auch in dieser Zeit nicht. Allen gab er das Vorbild eines frommen, innigen Gebetslebens. Den Rosenkranz ließ er nicht mehr aus der Hand.

Unzählige mal floss wohl das Ave Maria von seinen Lippen. Am Samstag, den 26. Februar 1927 erlitt er einen Schlaganfall, an welchem er nach Empfang der heiligen Ölung und der Generalabsolution schnell verschied.« (GA)

Viele Jahrzehnte sind seither vergangen. Am 26. Februar 2002 waren es 75 Jahre, seit dem Tod Bruder Nivards. Sein Name und sein Werk, vor allem die zahlreichen Kirchenbauten – haben nach wie vor Klang und Farbe. Schon spricht man am Kap vom »Baustil des Bruder Nivard Streicher«. Es erscheint kaum ein Buch über Mariannhill und die Südafrika-Mission der katholischen Kirche, in der nicht auf diesen Brudermissionar verwiesen wird. Ein weißer Architekt ist seit einiger Zeit dabei, eine Expertise über den Baustil Bruder Nivards zu schreiben.

Die von ihm errichteten Kirchen zählen zu den ältesten und schönsten des Landes. Einige wurden inzwischen restauriert; eher innen als außen. Die meisten sind in gutem baulichen Zustand. Die Klosterkirche und die Kathedrale von Mariannhill, der Prachtbau von Mariazell, die Kirchen von Ratschitz und Centocow und die auf anderen Missionsstationen wurden über die Jahre im Innern erneuert. An den eigentlichen Bauwerken gab es nicht viel auszubessern. Die soliden, von Bruder Nivard entworfenen Grundkonstruktionen haben zum Teil schon ein Jahrhundert überlebt. Sie werden noch weit in die Zukunft hinein steinerne Zeugen sein, die wie betende Hände gen Himmel ragen. Dank Bruder Nivard, seiner Mitbrüder und zahlreicher afrikanischer Helfer.

Ein Großneffe Bruder Nivards, Dr. Gebhard Streicher, von Beruf Kunstgeschichtler, besuchte Anfang dieses Jahrtausends Mariannhill. Er hatte ein besonderes Geschenk dabei: eine Bronze-Büste Bruder Nivards. Sie wurde in Mariannhill aufgestellt – zur ständigen Erinnerung – und als Dankeschön – für den Mann, den man seit Jahrzehnten den »braunen Abt von Mariannhill« nennt.

Die Familie Streicher in München besitzt eine Gipsbüste von Bruder Nivard, eine Arbeit seines (leiblichen) Bruders Mathias, desselben Künstlers, der seinerzeit das Grabdenkmal Franz Pfanners entworfen hatte. So bleibt auch in der Verwandtschaft der Streichers die Erinnerung an den großen Vorfahren erhalten. Schon denkt man daran, in Erding, dem Geburtsort Bruder Nivards, eine Tafel anzubringen – oder eine Statue aufzustellen, eine weitere Erinnerung an den Mönch und Architekten am Kap der Guten Hoffnung. Vielleicht schafft es ein »Bruder Nivard-Förderkreis«, diese Ideen schon in Bälde zu verwirklichen. Wenn nicht schon früher, dann doch zum 150. Geburtstag des großen Erdinger – im August 2004.

Ohne zu weit in die Zukunft schauen zu wollen; ohne auch nur den Hauch einer Prophetie abgeben zu wollen, sei an dieser Stelle dennoch vermerkt: Wir brauchen Männer und Frauen, zu denen wir aufschauen können. »Wir werden getragen und bewegt von der Christus-Erfahrung der früheren Geschlechter der Kirche; durch ihre Zeugnisse davon, ihre Bekenntnisse, Lieder, Gebete; durch das Erbe an Erfahrung der Väter, das so auf uns zukommt. Die Gemeinde lebt von ihren Heiligen, den im Glauben sonderlich Bewährten. Sie dienen ihr, wenn sie ihrer gedenkt.« (Paul Althaus, lutherischer Theologe, 1888–1966, in: Die christliche Wahrheit, Gütersloh 1948, 309)

Karl Barth (1886–1968) dachte ähnlich: »In der einen ›Gemeinschaft der Heiligen‹ haben nicht nur die jeweils Lebenden recht, sondern auch die Toten; reden und wirken auch notorisch nicht nur die jeweils Lebenden, sondern mit ihnen die ihnen Vorausgegangenen, ihre Worte und Werke, ihr Geschichte, die ja mit ihrem Hingang keineswegs abgeschlossen ist, vielmehr oft genug erst lange nach ihrem Hingang inmitten ihrer Nachfahren in ihr entscheidendes Stadium tritt, die mit der Geschichte der jeweiligen Gegenwart in einem gar nicht aufzulösenden Zusammenhang steht.« (KD IV/1, 1953, 747)

Mehr soll auch hier nicht gesagt werden. Das Leben und das Werk, vor allem seine großen Kirchbauten – sprechen die beredtere Sprache des Bruder Nivard Streicher. So sehr seine Briefe und Aufsätze uns nahe gehen, sein Beispiel ist es, das vor allem überzeugt. Und sein Rosenkranz, den er bei allen Aktivitäten immer bei sich trug und häufig betete.

Grab Bruder Nivards in Sankt Paul, Niederlande

ANHANG

Anmerkungen und Abkürzungen
Literatur und Dokumente

Die Gemeinschaft der Mariannhiller heute
Kontakt-Adressen

Anmerkungen

1 Dr. Groetschel wurde als Frater Hector in die Gemeinschaft der »Franziner« aufgenommen, die mit den Mönchen von Mariannhill eng zusammen arbeiteten. Er trat später wieder aus; Abt Franz Pfanner mühte sich, für ihn eine Stelle als Arzt in Südafrika zu bekommen. Vgl. auch das Kapitel über die Nigg-Brothers: Dr. Groetschel hat die Beinamputation an Bruder German Nigg vorgenommen!

2 Der junge Georg Streicher (Bruder Nivard) »soll nach dem Erlebnis der Oberammergauer Passionsspiele im Jahre 1880 den Entschluss gefasst haben, ins Kloster zu gehen. Vorher war er als (Kunst) Tischler in München in der Türkenstraße tätig. Während dieser Zeit hat er bei einer Lotterie zur Errichtung der Auer-Kirche (Mariahilf) soviel Geld gewonnen, dass er sofort heim zu seinem Vater gefahren ist und von dem (gewonnenen) Geld das Elternhaus mit einem Kupferdach decken ließ. Er hat dann bei der Einweihung der Mariahilfkirche das Kreuz befestigt.« (Vgl. A. Kreutner an d.Verf., 18.02.1982) – Dazu D. Seubert: Belege für die »Kirchturmkletterei« sowie für das elterliche Kupferdach gebe es nicht. Wohl gebe es ein Foto vom Kirchturm in Mariannhill; es wurde am 14. September 1903 (Fest Kreuzerhöhung) aufgenommen. Ferner: Georg Streichers Entschluss, ins Kloster zu gehen, habe lange vor seinem Besuch in Oberammergau festgelegen.

3 Mathias Streicher (er schrieb sich immer nur mit einem »t«) – so ergaben die Recherchen von D. Seubert – starb in der Irrenanstalt Eggl-

fing bei München: »Er war eine schwierige Persönlichkeit… Seine Frau Adele (A. Kreutners Großtante) trennte sich von ihm. Kinder hatten sie keine. Bruder Nivard hielt bis zuletzt mit ihr Verbindung…«

4 Diese etwas eigenartige Schreibweise für das sonst übliche »Schorschl« benützt der junge Georg Streicher durchgehend in seinem Gedicht.

5 D. Seubert teilt nicht die Meinung der Streicherschen Verwandtschaft: »Nach seinem Militärpass wohnte Georg Streicher nicht in München, sondern in oder bei Stuttgart.« Ob er dort bereits ein eigenes Geschäft eröffnete – oder erst später in München – wissen wir nicht.

6 Der Aufbruch von Mariastern in Bosnien, das seit 1878 zu Österreich gehörte, könnte – nach anderen Quellen – auch am 21. Juni erfolgt sein. – Pfanner erwähnt wiederholt »30 Mönche und einen Laien«. Möglicherweise waren es auch ein paar Mönche mehr oder weniger. Sicher ist, dass der Laie Heinrich Seibels, Setzer und Buchdrucker, von Anfang an dabei war. Er brachte auch die ersten »Fliegenden Blätter aus Dunbrody« mit heraus. Seine alten Tage verbrachte er als »Familiar« in Mariannhill. Auf dem dortigen Friedhof fand er die letzte Ruhe.

7 Eine Kopie seiner Leserzuschrift hielt Bruder Nivard in seinem Kopierbuch 1905–1907 fest. Der Beitrag erschien im »Natal Dep. Of Agriculture and Mines, Vol. IX 1906 / The Natal A. J. & M. Record 1/1906,16)

8 Mit dem Großgrundbesitzer, Geschäftsmann und Makler Strachan arbeitete Bruder Nivard in den kommenden Jahren sehr eng zusammen. Strachan schenkte dem Bruder einen wetterfesten Mantel und ab 1909, als der Mariannhiller Mönch eine Frei-Fahrkarte auf der Natal-Eisenbahn erhielt, ließ Strachan ihn umsonst mit seinem »Omnibus«-Unternehmen (Kutschen) reisen.

9 In Ordensgemeinschaften war es allgemein üblich, dass der Briefwechsel nur mit Erlaubnis des Abtes bzw. Rektors / Superiors erlaubt wurde. Damals – und bei den Trappisten – wurde diese Regelung streng eingehalten. Das Original des Briefes befindet sich nach wie vor im Besitz der Streichers.

10 Die Fortentwicklung vollzog sich in Schritten: Nach der Trennung bis zum Generalkapitel 1910 lautete die Abkürzung O.M.M. (Ordensmissionare der Mariannhiller Mission); dann bis 1936 R.M.M. (Religiosi Missionis de Mariannhill) – und ab 1936 C.M.M. (Congregatio Missionariorum de Mariannhill).

11 Es war zeitweise üblich, dass der Spender einer Taufgabe (»Heidenkind«) neben dem Vor- auch seinen Nachnamen dem Täufling überließ. Später ließ man diesen Brauch wieder fallen.

12 Nach neuesten Erkenntnissen (Vgl. Albert Eberles Semesterarbeit »Gottesfürchtige Rebellen aus Liechtenstein«, Päd. Hochschule St. Gallen) bewohnte die Familie Nigg den »Meierhof« bei Triesen. Wegen Ausbesserungsarbeiten am Zufahrtsweg kam es zu Streitereien »in puncto Bezahlung« mit der Gemeindeverwaltung. Als eine friedliche Einigung nicht in Sicht war, versperrten die Niggs den anderen Ortsbewohnern den Zugang zum Gemeindewald. 20 Männer, geschützt vom bewaffneten Dorfpolizisten, sollten die Mauer wieder abbrechen. Da gingen die Niggs mit Heugabeln und Gewehren auf sie los. – Später verschanzten sich die Niggs im Wald und feuerten einige Schüsse ab. Schließlich wurden die »vier Niggs – Franz, Johann, Florian und (ihre Schwester) Maria »des Verbrechens des schweren Aufstandes angeklagt und wegen Verdunkelungs- und Fluchtgefahr in Untersuchungshaft genommen«. Alle vier erhielten zwei Jahre Kerker – und mussten die Kosten des Strafverfahrens zahlen. Verschiedene Gnadengesuche erreichten, dass für Florian die Kerkerstrafen auf sieben und für Franz und Johann auf fünf Monate – und für Maria auf sechs Wochen – reduziert wurden. (Vgl. Jahrbuch des Histor. Vereins f. d. Fürstentum Liechtenstein, Bd. 95, 1998, 75-116). Anfang Mai 1883 erreichten die beiden Brüder Mariastern, wurden am 13. Mai eingekleidet – und von Pfanner am 28. Mai für Mariannhill in Südafrika bestimmt.

13 Pater Josef war allgemein als »Klosterarzt« bekannt; er hatte schon zusammen mit Prior Franz Pfanner in Mariastern (Bosnien) die Kranken betreut und sich dabei aus- und weitergebildet. – Weitere Krankenpfleger in Mariannhill waren die Brüder Alex Mühlen und Abel Scholz.

14 Die Glockeninschriften lauten: »Laudate Dominum, omnes gentes!« (Ps 117), und: »Laudate eum omnes populi!«

15 Abt Obrecht aus den USA, vorübergehend Administrator in Mariannhill, hatte den offiziellen Auftrag vom Generalkapitel der Trappisten, »unter allen Umständen« aus Mariannhill ein reguläres Kloster zu machen – inklusive Klausurmauern. Bislang war die Missionsabtei nach allen Seiten offen. Die einfache »Missionskirche« (von den Mönchen auch »Predigtschuppen« genannt) sowie die Knabenschule lagen innerhalb des Klosterbereichs. Beide mussten »nach draußen« verlegt werden. So entstanden das St. Francis College und die große St. Josefskirche (Kathedrale).

16 Zur Geschichte und Namensnennung von Triashill siehe auch die Biografie »Thandabantu – Der Wandermönch von Triashill« / Bruder Ägidius F.X. Pfister und die Sambesi-Mission, Bernardus Verlag Langwaden 2002.

17 Den Kauf tätigte Rev. Fr. Sykes SJ, der Missionsobere und Apostolische Präfekt der Sambesi-Mission – im Auftrag der Mariannhiller Mönche.

18 Neu-Köln genannt, weil der Kölner (Weih)Bischof Fischer den damals für Gare zuständigen Apostolischen Vikar Rt. Rev. Allgeyer (Spiritaner) zum Bischof geweiht hatte. Es war dessen Wunsch, die erste Mariannhiller Station in Ostafrika solle deshalb Neu-Köln heißen.

19 Offensichtlich hatte der »Board of Education« in London den Chefredakteur der kath. Illustrierten um diesbezügliche Informationen gebeten. Der wiederum wandte sich an die Bischöfe in den Missionen – und so landete der Auftrag letztendlich bei Bruder Nivard.

20 Eigentlich »Chorpatres«; nur sie waren die »Religiosen«, die »echten Mönche« – im Gegensatz zu den »Konversbrüdern«. Man hat alle Religiosen »Patres« genannt, auch die Nicht-Priester. Zuweilen hießen sie auch »Choristen«.

21 Er stammte aus dem bekannten Weinort Markelsheim an der Tauber.

22 Pater Dominikus Frey war von 1896 bis 1902 Prior von Mariannhill. Abt Wolpert ernannte ihn 1901 zum Redakteur der »Mariannhiller Zeitschriften«. Mit ihm erhielt das VG einen tüchtigen Redakteur. Ab 1911 befand sich die Redaktion in St. Paul/Niederlande.

23 Die bekannteste Glasmalerei der Firma Oidtmann ist das große Rundfenster von Centocow – mit Abt Franz Pfanner, Abt Amandus Schölzig, Bischof Jolivet sowie mit Brüdern und Schwestern Mariannhills. Gelungen sind auch die »Katechesen« in den Kirchenfenstern von Mariazell. (s. Kap. über MZ)

24 Dieser Kreuzweg befindet sich heute noch im Kreuzgang des Monastery zu Mariannhill.

25 Apollo war der Kurzname für Apollinaris; er stammte aus der Oberpfalz und hat das große Hospital in Centocow gebaut, das heute noch seinen Namen trägt, wenngleich jetzt in staatl. Trägerschaft.

26 Zur Glasmalerei im großen Stil kam es in Mariannhill nicht. Allerdings wurden die Chorfenster in Maria-Ratschitz von Bruder Otto Mäder hergestellt – mit Abbildungen der Apostel Petrus und Paulus. Auch für die Kirche in Monte Cassino (Simbabwe) hat er zwei Fenster gestaltet – mit den Heiligen Benedikt und Scholastika – und zwar im Kriegsjahr 1917.

27 Bruder Nivard schreibt bewusst OCD statt OCR (Ordo Cisterciensium Reformatorum) und definiert damit »Ordo Cisterciensium De-

formatorum). – Vielleicht ein Zeichen mehr, wie sehr er dem Trappistenorden verbunden war:

28 Gemeint ist Mr. Strachan, ein weißer Farmer und Geschäftsmann.

29 Die im Ersten Weltkrieg erbaute Brücke wurde später bei einem starken Hochwasser zerstört; heute sind nur noch Ruinen übriggeblieben.

30 Vgl. dazu die Schilderung der Begegnung zw. Pfanner und Rhodes zu Beginn des XII. Kapitels dieses Bandes.

31 Abt Edmund Obrecht von der Abtei Gethesemani in den USA war vom Generalkapitel der Trappisten beauftragt worden, als Administrator von Mariannhill in Südafrika anzutreten – und zwar von 1904 bis 1907. Er kam am 24. Februar 1905 erstmals nach Mariannhill und verließ es am 8. August 1907 wieder.

32 1908 fiel der Karfreitag auf den 17. April; Bruder Nivards Brief wurde also an diesem Tag verfasst – in, man möchte fast sagen, trister »Karfreitagsstimmung«.

33 Vgl. dazu die Dissertation von Anton Roos: Mariannhill zwischen zwei Idealen«, MS Innsbruck 1961

34 Schon Jahre vor Pfanners Tod hatte Pater Josef Biegner sich Gedanken darüber gemacht, wo später einmal die sterblichen Überreste des Alt-Abtes ihre letzte Ruhe finden sollten. Bruder Nivard geht darauf konkret ein: »Ihren Vorschlag habe ich den Patres Ehrw. Vater Gerard, Willibald, Sales, Beda und Solanus unterbreitet, und die Meinung ging dahin, dass Abt Franz in der Mariannhiller Kirche (Monastery) vor den Stufen des Presbyteriums, also unter der Lampe begraben werden soll.« Er, Bruder Nivard, habe inzwischen auch mit dem Prior und dem Bischof gesprochen. Beide seien mit dem Vorschlag einverstanden: »Ich werde also in Bälde die nötigen Vorbereitungen treffen insofern, dass wir eine entsprechende Gruft ausgraben und ausmauern und eine Marmorplatte in Bereitschaft halten.« (Brief an J. Biegner, 24.10.1905)
Dieser Plan Pater Biegners und die Entwürfe Bruder Nivards wurden nie verwirklicht.

35 In einem handgeschriebenen Brief an Herrn Josten in Neuss, undatiert, doch wohl vom Ende April 1924, heißt es: »Mir geht es gar nicht gut; kann immer noch nicht schlafen und fühle mich in Folge dessen recht elend. Schreiben geht fast gar nicht mehr, wie Sie sehen.«

Abkürzungen

CMM	Kongregation der Mariannhiller Missionare
E	Erinnerungen des Bruder Nivard Streicher
F	Familia, ordensinternes Magazin
FN	Familiäre Nachrichten / ordensinterne Zeitschrift
GA	Generalats-Archiv der Mariannhiller in Rom
ICM	Illustrated Catholic Magazine, Großbritannien
JB	Josefsblättchen, Zeitschrift
KP	Kloster-Protokolle Mariannhill
mmk	Mariannhiller Missionskalender
mmm	Missionsmagazin »mariannhill«
PB	Pastor Bonus, ordensinternes Magazin aus Mariannhill
RMM	Religiosen Mariannhiller Missionare (Vorläufer von CMM)
SJ	Jesuiten (Gesellschaft Jesu)
TK	Timotheus Kempf, I–IV; vier umfangreiche Dokumentationsbände »Der Herold Gottes in Südafrika« / Franz Pfanner-Recherchen
TR	Der Trappist unter Kaffern / Zeitschrift Ende 19. Jahrhundert
VG	Vergissmeinnicht / Mariannhiller Zeitschrift; Vorläufer von »mmm«

Literatur / Dokumente und Quellen (Auswahl)

Balling, Adalbert Ludwig, Der Trommler Gottes / Franz Pfanner, Ordensgründer und Rebell, Freiburg 1981; TB Freiburg 1984

Balling, Adalbert Ludwig, Abenteurer in der Kutte / Franz Pfanner, Würzburg, 5. Auflage 1998

Balling, Adalbert Ludwig, Binde deinen Karren an einen Stern / Bernhard Huss, Sozialreformer aus Liebe zu den Schwarzen, Würzburg 1981; 2. Auflage 2001

Ders., Ein Herz für die Schwarzen / Bernhard Huss, Sozialreformer im südlichen Afrika, Mödling/Wien 1981

Balling, Adalbert Ludwig, Eine Spur der Liebe hinterlassen / Engelmar Unzeitig, Märtyrer der Nächstenliebe im KZ Dachau, 2. Auflage Würzburg 1988

Balling, Adalbert Ludwig, Gute Menschen sterben nicht (Bd. 1) und: Sie waren Boten der Liebe (Bd. 2); Mariannhiller Porträts, Würzburg 1989 und 1990

Balling, Adalbert Ludwig/Reinhard Abeln, Speichen am Rad der Zeit / Priester in Dachau, 2. Auflage Freiburg 1993

Balling, Adalbert Ludwig/Hopfgartner Josef, Für wen gehst du? / Ordensmänner berichten über ihre Berufung, 2. Auflage Freiburg 1986

Balling, Adalbert Ludwig/Hopfgartner Josef, Es gibt viele Wege zu Gott / Ordensfrauen berichten über ihre Berufung, Freiburg 1988

Balling, Adalbert Ludwig/Riebartsch Norbert, Liebe macht keinen Lärm / Ein Ordensmann, eine Ordensfrau für jeden Tag, Würzburg 1998

Hansen, Susanne, Die deutschen Wallfahrtsorte, Augsburg 1991

Niedermayer, Hans, Erdinger Stadtführer, Erding 1993

Seubert, Dietmar, Nivard-Streicher-Dokumente, Briefsammlung, Expertisen zu und über Leben & Werk des »braunen Abtes von Mariannhill«, MS-Kopien und FN-Drucke (Vgl. Quellen-Vermerke im Text des Gesamtbandes)

Dank

Ich danke Pater Dietmar Seubert CMM, der dieses Manuskript gegen-gelesen und, wie schon in der Einleitung erwähnt, zahlreiche Unterlagen und Dokumente zur Verfügung gestellt hat. Sein profundes Wissen und seine ergiebigen Recherchen haben mich vor diversen historischen Stolpersteinen bewahrt.

Ich danke Frau Franziska Abbing für die Bereitschaft, das Buch-Manuskript per Computer zu erfassen. Es war für mich eine wertvolle Hilfe. Ich danke allen, die mir auf irgendeine Weise Anregungen zu diesem Buch oder die mir bei meinen Recherchen wertvolle Tipps gegeben haben.

Ich danke den Herren Karl Steinmeyer, Roman Schmuker und Gerhard Fink sowie ihren Teams in der Druckerei Mariannhill für ihre Hilfen bei der drucktechnischen und gestalterischen Aufbereitung dieses Buches.

Ich danke in besonderer Weise denen, die zwar ungenannt bleiben wollen, aber deren Großzügigkeit es mir ermöglicht hat, diese biographische Spurensuche in Druck zu geben. Ohne ihre finanzielle Unterstützung wäre dies nicht möglich gewesen.

A.L.B.

PS: Im Englischen sichern sich Autoren bisweilen so ab: Please remember – overlapping can not be avoided totally. Das gilt auch für diesen Band: Gelegentliches Überschneiden (oder Wiederholen) war nicht zu vermeiden. Ich bitte die Leserinnen und Leser, dies zu entschuldigen.

Die Gemeinschaft der Mariannhiller

Ursprung und Entwicklung
Von den Gründer-Vätern bis ins 3. Jahrtausend

Es begann recht abenteuerlich – mit einem »gehorsamen Rebellen«, einem Abenteurer in der Kutte: dem »Trommler Gottes« Franz Wendelin Pfanner aus Langen-Hub in Vorarlberg/Österreich. Der ehemalige Weltpriester, Schwestern- und Gefängnisseelsorger trat mit 38 Jahren bei den Trappisten-Mönchen in Mariawald ein, um sich dort, im Eifelkloster, auf den Tod vorzubereiten. Er kränkelte seit Jahren. Doch das Klosterleben tat ihm gut – die einfache Kost und tägliche Handarbeit, vor allem Holzhacken. Pater Franz, wie er jetzt hieß, wurde wider Erwarten gesund, ja er meldete sich alsbald zu wagemutigen Abenteuern. In Banjaluka/Bosnien gründete er das Kloster Mariastern. Das war 1869. Innerhalb von zehn Jahren hatte er eine Neugründung geschaffen – und zudem rund 70 Mönche für seine Gemeinschaft gewinnen können, fast alle Neulinge im Klosterleben.

Dann, 1879 – Pfanner war damals 54 Jahre alt – erklärte er sich bereit, es am Kap der Guten Hoffnung abermals zu probieren. Mit 30 Mönchen aus Banjaluka und einem Laien, einem Buchdrucker, fuhr er gen Süden. 1882 legte er in der Nähe der südafrikanischen Hafenstadt Durban den Grundstein zur heutigen Missionszentrale Mariannhill. Aus der ehemaligen Abtei – sie war zeitweise die größte der Welt (mit über 300 Mönchen!) – wurde das Zentrum der seit 1909 selbständigen Kongregation der Missionare von Mariannhill (CMM).

Nur wenige Jahre zuvor war aus der Gemeinschaft von Missions-Helferinnen, die Abt Franz Pfanner (er war 1885 erster Abt von Mariannhill geworden) ins Leben gerufen hatte, ebenfalls eine selbständige Kongregation geworden: die Mariannhiller Missionsschwestern vom Kostbaren Blut (CPS).

Heute arbeiten Mariannhiller Patres, Brüder und Schwestern in verschiedenen Ländern der Dritten Welt – vorwiegend in Natal und Transkei (Südafrika), Simbabwe, Sambia, Mosambik, Kenia, Kongo, Tansania, Korea und Papua Neuguinea. Sie leiten Missionsstationen, betreuen Basis-Gemeinden, sorgen sich um den einheimischen Klerus- und Ordensnachwuchs und kümmern sich um Schulen, Jugendgruppen, Krankenhäuser, Sozialzentren, Pressearbeit usw. Glaubensverkündigung geht Hand in Hand mit Sozialarbeit und Entwicklungshilfe.

In den Europäischen und nordamerikanischen Ländern (Deutschland, Österreich, Schweiz, Polen, Holland, Spanien, Kanada und USA) wirken die Mariannhiller in Schulen, Krankenhäusern und Pfarreien sowie über die modernen Medien, um so auf die Völker der Dritten Welt aufmerksam zu machen und um Verständnis und Interesse für ihre Nöte und Probleme zu wecken.

Die Gemeinschaften der Mariannhiller Patres und Brüder stehen allen offen, die ihr Leben und Wirken kennenlernen wollen. In ihrer »Regel« heißt es: »Wir sind bereit, den Menschen, zu denen wir gesandt sind, in Freundschaft und Liebe zu dienen. Wir setzen uns für die Gleichberechtigung aller Menschen und Rassen ein. Wir nehmen in besonderer Weise Anteil an der missionarischen Sendung der Kirche. Wir betrachten es als unseren Auftrag, bei der Gründung und beim Ausbau von Ortskirchen zu helfen, bei den Gläubigen das Verantwortungs-Bewusstsein für die Gesamtkirche wachzuhalten und zu vertiefen sowie Missionsberufe zu fördern und die missionarische Arbeit geistig und materiell zu unterstützen.«

Bittet jemand um Aufnahme in die Gemeinschaft der Mariannhiller, so wird die nötige menschliche Reife erwartet. Als schulische Voraussetzung das Abitur für Priester-Studenten – und Haupt- oder Realschul-Abschluss für Brüder-Kandidaten. Ferner erwarten wir die Bereitschaft zur Mitarbeit am missionarischen Leben und den Willen zu einem Leben in der klösterlichen Gemeinschaft nach den evangelischen Räten (Armut, Ehelosigkeit, Gehorsam).

»Wenn es uns gelingt, Gemeinschaften zu bilden, in denen ein Gespür für andere Menschen, für persönliche Entfaltung und Initiative sowie eine aufrichtige Besinnung auf die Botschaft des Evangeliums lebendige Wirklichkeit sind, können wir hoffen, den Erwartungen derer zu entsprechen, die zu uns kommen wollen.« (Aus der »Regel« von Mariannhill)

Prominente Mariannhiller

Missionsabt Franz Wendelin Pfanner (1825–1909)

Gründer des Trappistenklosters Mariastern in Banjaluka/Bosnien; Gründer der Missionszentrale Mariannhill bei Durban/Südafrika; Stifter der Mariannhiller Missionsschwestern vom Kostbaren Blut (Vgl. die Biografie »Der Trommler Gottes«, Herder Freiburg 1981: TB 1984)

Pater Bernhard Huss (1876–1948)

Sozialreformer im südlichen Afrika. Begründer von Lehrer-Seminaren und Volksbanken; Landwirtschafts-Experte; Autor von Bühnenstücken; Kommentator in Tageszeitungen und Wochenblättern. (Vgl. die Biografie »Binde deinen Karren an einen Stern«, Verlag Mariannhill Würzburg, 1981; 2. Auflage 2001)

Bruder Ägidius Pfister (1876–1932)

Wandermönch am Sambesi; Wegbereiter für nachfolgende Priestermissionare; von der schwarzen Bevölkerung hoch geschätzt und bis heute in Ehren gehalten. (Biografie: »Thandabantu – der Wandermönch von Triashill« / Ägidius Pfister und die Sambesi-Mission; Bernardus Verlag Langwaden, 2002)

Pater Engelmar Hubert Unzeitig (1911–1945)

Märtyrer aus Nächstenliebe im KZ Dachau; der »Maximilian Kolbe der Deutschen«. Vier von sechs Priesterjahren verbrachte er im Konzentrationslager. (Vgl. die Biografien »Eine Spur der Liebe hinterlassen«, Verlag Mariannhill Würzburg 1984; und »Speichen am Rad der Zeit«, Priester in Dachau, Herder Freiburg, TB 2. Auflage 1985

Kontakt-Adressen für weitere Informationen

Pater Provinzial – Mariannhillstraße 1, 97074 Würzburg,
Tel. 0931-79699-99; Fax 0931-79699-97

Pater Provinzial – Mariannhiller Mission, Rainerstraße 15,
A-4600 Wels, OÖ; Tel. (0043) /0/7242-46837-0;
Fax-46837-31

Pater Provinzial – Mariannhiller Mission, Kettelerstraße 27,
CH-3900 Brig/Wallis; Tel. 027-9231318; Fax 027-9234338

Pater Generalsuperior – Mariannhiller Missionare,
Via S. Giovanni Eudes 91, I-00163 Roma, Italia;
Tel. (0039) /0/6-6641-1919; Fax: -66414128

Sr. Provinzialin – Neuenbeken, Alte Amtsstraße 64,
33100 Paderborn; Tel. 05252-9650-0; Fax -965060

Sr. Provinzialin – Missionskloster Wernberg, Klosterweg 2,
A-9241 Wernberg; Tel. 0043 (0) 425216; Fax: 221619

Sr. Oberin – Internationales Mutterhaus »Hl. Bloed«,
Postbus 3, NL-5740 AA Laarbeek;
Tel. (0031) /0/492-461324; Fax -465458

Anschrift des Autors
Pater Adalbert Ludwig Balling CMM, Brandenburger Straße 8,
50668 Köln; Tel. 0221-121146

Keine Götter, die Brot essen

Dieses Buch ist einmalig: 10 Missionare (ein Bischof, zwei Patres, vier Brüder, zwei Ordensfrauen und eine Missionsärztin), die in Rhodesien/Simbabwe während der Bürgerkriegs-Unruhen ermordet wurden, werden hier in einem Sammelband beschrieben: ausführlicher und intensiver als je zuvor.

Die »Tatorte« werden ebenso gründlich geschildert wie ihr je persönliches Leben: ihr Gutsein, ihre Spiritualität, ihre Probleme, Hoffnungen und Sehnsüchte.

Es sind erschütternde Lebensläufe – nicht aus fernen Zeiten, sondern aus unserer eigenen Epoche; Männer und Frauen, die uns viel zu sagen haben!

Der Buch-Titel geht auf ein Wort der Amandebele-Stammesleute zurück: Als sie die ersten Weißen ins Land kommen sahen, sagten sie: »Das sind ja Götter, die Brot essen!« – So überwältigt waren sie beim Anblick der Europäer.

Diese Missionare wollten nie »Götter« sein; wohl aber Freunde der Afrikaner – und Brückenbauer zwischen Schwarz und Weiß:

Bischof Adolph Gregor Schmitt
Pater Possenti Weggartner
Pater Edmar Sommerreisser
Bruder Edmund Geyermann
Bruder Kilian Knoerl
Bruder Matthias Sutterlüty
Bruder Andreas von Arx
Schwester Francis van den Berg
Schwester Ferdinanda Ploner
Frau Dr. Hanna Decker

sondern Brückenbauer
zwischen Schwarz & Weiss

Mariannhiller Geschenkbände

von Adalbert Ludwig Balling

»Wo man verstanden wird«, kart., 4. Aufl.
»Das Glück wurde als Zwilling geboren«, 56 S., kt. 5. Aufl.
»Alle guten Wünsche wünsche ich Dir«, 40 S., kt., 21. Aufl.
»Freude – Eine Liebeserklärung an das Leben«, 56 S., 10. A.
»Dankeschön für Selbstverständliches«, 56 S., kt., 13. Aufl.
»Glücklich ist…«, 56 S., kart., 8. Aufl.
»Wissen, was dem andern wehtut«, 80 S., kart., 7. Aufl.
»Wer lobt, vergißt zu klagen«, 64 S, kart., 7. Aufl.
»Hoffentlich geht alles gut!«, 64 S., kart., 5. Aufl.
»Wenn die Freude an dein Fenster klopft«, 72 S., kt., 5. Aufl.
»Die Stunde der Rose«, 96 S., kart., 11. Aufl.
»Alles Liebe und Gute«, 64 S., kart., 9. Aufl.
»Hab Sonne im Herzen«, 72 S., kart., 6. Aufl.
»Wo man Liebe sät, wächst Freude«, 80 S., kart., 5. Aufl.
»Und versuche gut zu sein ...«, 80 S., kart., 6. Aufl.
»Die Weisheit der Humorvollen«, 72 S., kart., 5. Aufl.
»Gott ist die Heimat der Menschen«, 80 S., kart., 5. Aufl.
»Segnen bringt Segen«, 80., kart., 10. Aufl.
»Bäume, Freude der Menschen« , 96 S., kart., 3. Aufl.
»Ein Brunnen in der Wüste«, 80 S., kart., 3. Aufl.
»Kinder – Träume und Geheimnisse Gottes«, 64 S., kt., 5. A.
»Mensch, ich mag dich gut leiden«, 80 S., kart., 5. Aufl.
»Jeder Tag ist ein kleines Licht«, 80 S., kart., 5. Aufl.
»Die Sonne ist für jeden da«, 80 S., kart., 3. Aufl.
»Öffne das Ohr deines Herzens«, 64 S., kart., 3. Aufl.
»Hand in Hand in guten Händen«, 80 S., kart., 4. Aufl.
»Mit den Augen der Liebe«, 72 S., kart., 4. Aufl.
»Reife Ähren neigen sich…«, 80 S., kart., 6. Aufl.
»Blumen – Gottes schönste Handarbeit«, 64 S., kart., 3. Aufl.
»Gute Worte machen Mut«, 88 S., kart. 6. Aufl.
»Es ist das Herz, das gibt …«, 72 S., kart., 3. Aufl.
»Gebt mir eure Sorgen«, 96 S., kart., 4. Aufl.
»Zu Gast beim lieben Gott«, 80 S., kart., 3. Aufl.
»Vom Geheimnis des Kreuzes«, 80 S., kart., 2. Aufl.
»Tanzen vor Gott und den Menschen«, 80 S., kart., 2. Aufl.

»Von der Heil-Kraft des Gebetes«, 88 S., kart., 3. Aufl.
»Gott ist gut«, 72 S., kart., 2. Aufl.
»Freude darf nicht einsam sein«, 88 S., kart., 2. Aufl.
»Aus ihren Flügeln rauschen Liebesworte«, 96 S., kt., 2.A.
»Weisheit der Völker«, 64 S., kart., 2. Aufl.
»Ohne Liebe wäre alles umsonst«, 72 S., kart., 2. Aufl.
»Die Zeit, Gott zu finden«, 80 S., kart., 2. Aufl.
»Was tut der Wind, wenn er nicht weht?«, 80 S., kart.
»Gott ist ganz nah«, 72 S., kart., 2. Aufl.
»An der Sonnenseite Gottes«, 80 S., kart., 2. Aufl.
»Wer Freude schenkt, schenkt Hoffnung«, 64 S., kart., 2. A.
»Aller guten Dinge sind drei«, 80 S., kart.
»Für wen gehst du?«, 72 S., kart.
»Abenteurer in der Kutte«, 88 S., kart., 5. Aufl.
»Es gibt viele Wege zu Gott«, 96 S., kart.
»Mein Herz fließt über in froher Kunde«, 72 S., kart.
»Liebe rechnet nicht«, 88 S., kart., 2. Aufl.
»Ihr habt die Uhr, wir haben die Zeit«, 64 S., kart., 2. Aufl.
»Geh zur Ameise und werde weise«, 80 S., kart.
»Die schönste Sprache der Welt«, 64 S., kart.
»Wer Gott sucht, findet Freude«, 72 S., kart., 2. Aufl.
»Gottes Kraft geht alle Wege mit«, 80 S., kart.
»Wo das Leben Liebe ist«, 88 S., kart.
»Was ich dir wünsche«, 48 S., kart., 3. Aufl.
»Vom Glanz und von der Kraft der Steine«, 88 S., kart.
»Gib der Seele einen Sonntag«, 80 S., kart.
»Suche die Weisheit bis nach China«, 80 S., kart.
»Was man mit Liebe betrachtet«, 80 S., kart.
»Ich wünsche dir Flügel für deine Wünsche«, 48 S., 2. Aufl.
»In Harmonie mit Gott und der Welt«, 64 S., kart.
»Die Welt ist ein Garten voller Wunder«, 76 S., kart.
»Wo der Tag den Saum der Nacht berührt«, 88 S., kart.
»Gesammelte Licht-Blicke«, 64 S., kart.
»Ein fröhliches Herz ist die beste Medizin«, 80 S., kart.
»Dem Wort Gottes Zeit lassen«, 80 S., kart.
»Gott wird Gnade üben«, 88 S., kart.
»Reif werden heißt dankbar werden«, 72 S., kart.
»Gute Menschen lachen gern«, 88 S., kart.

»Alle Dinge schmecken nach Gott«, 88 S., kart.
»Wir sind geliebter als wir wissen«, 64 S., kart.
»Ein kleines Geschenk für dich«, 40 S., kart.

Weitere Publikationen von Adalbert Ludwig Balling:
»Liebe macht keinen Lärm«, 392 S., Pappband
»Immerwährender Kalender«, 80 S., Fadenheftung, kart.
»Eine Spur der Liebe hinterlassen«, 424 S., kart., 2. Aufl.
»Keine Götter, die Brot essen«, 308 S., kart.

Missionsdruckerei & Verlag Mariannhill
Hauptstraße 1a, 86756 Reimlingen